全本周易

精
读
本

寇方墀 著

中华书局

图书在版编目（CIP）数据

全本周易精读本/寇方墀著. —北京:中华书局,2018.2
（2022.10 重印）
（全本经典今读）
ISBN 978-7-101-12565-8

Ⅰ.全… Ⅱ.寇… Ⅲ.《周易》-注释 Ⅳ.B221.2

中国版本图书馆 CIP 数据核字（2017）第 098468 号

书　　名	全本周易精读本	
著　　者	寇方墀	
丛 书 名	全本经典今读	
责任编辑	祝安顺　李　猛	
责任印制	管　斌	
出版发行	中华书局	

　　　　　　　（北京市丰台区太平桥西里 38 号　100073）
　　　　　　　http://www.zhbc.com.cn
　　　　　　　E-mail:zhbc@zhbc.com.cn

印　　刷	三河市宏盛印务有限公司
版　　次	2018 年 2 月第 1 版
	2022 年 10 月第 4 次印刷
规　　格	开本/787×1092 毫米　1/16
	印张 23½　插页 2　字数 430 千字
印　　数	16001-20000 册
国际书号	ISBN 978-7-101-12565-8
定　　价	59.00 元

总　序

　　《周易》这部书对传统文化的影响至深且巨，在中国文化史上占有极为重要的地位。自《周易》成书以来，解易之书已逾数千，然而，无论解读路径和解读方式有多少种，都必然有一个共同的特点：每个时代的易学都是那个时代的产物，运用易学智慧解决当时所面临的时代课题，无不贯穿着在易道指引下追求"明体达用"的精神。无论《周易》为卜筮之书还是哲学之书，无论以象数解易还是以义理解易，无论是科学易还是人文易等，最终落地还是在立身决策上。人们通过《周易》这部书，认识客观规律，"开物成务""极深研几"，把握事物发展趋势并根据形势的变化采取正确的决策，这正是易学发展的生命力所在。我们当下所处的互联网时代，信息全球化，资讯多元化，给人们带来方便的同时，也带来了困扰。人们在信息的海洋里沉浮，需要到古老的典籍中寻求洁净永恒的智慧，《周易》是当然之选，但由于文言与白话的障碍和以往解读书籍的艰深繁杂，读者往往望而生畏，从而使宝贵的精神文化财富被束之高阁，少人问津。当代易学解读就应该切合时代，为读者提供通俗易懂的易学书籍，将易道的博大精深通过深入浅出的方式介绍给大家，使易道为更多人所了解，为更多人提供智慧的指导，这是传统向现代转型的必然趋势，也是当代学者应尽的责任。

　　这套"全本经典今读"丛书首期出版包括《全本周易诵读本》、《全本周易导读本》和《全本周易精读本》共三本书，其着眼点正是如此。

　　《周易》是一部古老的典籍，文本中的卦辞、爻辞往往古奥难懂，对于普通读者来说，一些字如何读都会成为问题。自东汉以来，一直到十九世纪初，传统书籍中均以反切的方式标注读音，然而没有进行过文科古典专业学习的现代人却很少有人掌握这种方法，因而对于初学者来说，运用拼音字母标注读音，正音正读，是读易的第一步，意义殊为重要。这是一项很多学者不愿做或者不屑做的事情，因为，有些字往往一字多音多义，一字字敲定下来，需要花很大功夫，而且拼音读本给人的感觉似乎是专为少年儿童准备的书籍，但寇方墀坚持做了这项基础工作。我看到《全本周易诵读本》分为两大部分：原文和译文。原文部分为《周易》经传原文全部标注了读音，文中的通假字也有标注，并在每一卦的后面配以该卦卦名的小篆字体，系以简短的《说文解字》注释，既雅致又能帮助理解卦义，可见其用心之细。译文部分对经传作了相应的白话翻译，适合现代读者阅读理解。从这些安排也可以看出，《全本周易诵读本》并非仅仅是少年儿童的诵读范本，亦是为初学《周易》者准备的入门书籍。

　　《全本周易导读本》是三本书中字数最多的一本，也是最"接地气"的一本，里面的内容非常丰富，可以说是铺开了写的，从《周易》的基础知识开始介绍，卦、爻、彖、象逐一分析，六十四卦经传解读，每个卦都有一个颇为有趣的小标题，除了对经传的白话翻译外，每卦每爻都有结合卦时的解读分析，后面附事例辅助解读。内行人都知道，为三百八十四爻系上相应的事例，这是一项耗时费力且很难做好的工作。宋代的杨诚斋以历史上的人物事件作例解，耗费了十七年时间写成《诚斋易传》，但仍不免有文例难符之处。《全本周易导读本》中的例解取材广泛，古今中外的事例皆可入解，可谓别开生面，当然达到完全契合是很困难的事，但对于加深了解卦义、爻义，增加可读性，确实起到了很好的作用。六十四卦每卦后面的小结以及《易传》中各章的小结颇为精到，这一点非常值得肯定。我认为写书有个很难调和的矛盾，就是生动性和严谨性的矛盾，偏于严谨就会缺乏生动，读之令人备觉枯燥古板，往往中途而废；偏于生动就会缺乏严谨，读之令人津津有味，却往往流于表面，缺乏深度。好的作品可以深入浅出，引人入胜，既有严谨的学术内容，又有生动的表达形式，这本书在这方面做出了努力。书中每一爻的解读观点，在易学史上都有相应的文献支持，可谓持之有故，这是严谨的一面，而最终对不同解释的选择和总结又显示了作者独到的见解和思想脉络，可谓言之成理，切合现代社会的需求，这是生动的一面。总之，《全本周易导读本》为广大读者学习《周易》、把握《周易》思维、推天道以明人事、立身决策提供了有益的指导和参考。

因《周易》一书的形成经历了漫长的历史过程，经多人之手写就，后世的易学家又开辟了很多的解释维度，因此易学体系庞大复杂，而梳理这些体系需要读大量的学术文献，如何化繁为简，凸显文本内在的哲理智慧，就需要对《周易》做更深入的探讨和研究。《全本周易精读本》为有一定易学基础的读者和易学研究者提供了更进一步的介绍，该读本分别从史篇、象数篇、义理篇对《周易》进行了概括式的梳理。在史篇中，作者对易学史上的"两派六宗"分别进行了介绍，要言不烦，切中肯綮，使易学发展的主脉络清晰显现；在象数篇中，作者结合近年来的考古文献，对象数概念的形成及八卦起源进行了深入的探索，认为《周易》的符号系统经历了由繁入简、再由简入繁的演变过程，不能不说，这是卓有见地的。此篇中对《周易》的占筮决策功能以及在《左传》《国语》中的一些占筮体例进行了归类分析，将有助于读者了解先秦时期《周易》的应用及发展情况。在义理篇，对于《周易》这本书的核心思想、思维方式、卦爻辞中所蕴含的价值理念、六十四卦卦爻体例分析等作了深入的分析和探讨，是书中具有较高哲学思想性的部分。《全本周易精读本》中提到的读易"五观"：宏观、中观、微观、博观、综观的方法，确实为读者提供了很好的读易启示。在上述三本书之外，作者以其优秀的文学功底与易学思维相结合，为《周易》六十四卦的每一卦填词一首，另成一册以飨读者。诗词与卦义相得益彰，哲思隽永，文采焕然，是《全本周易精读本》的又一大亮点。整本书打破派系壁垒，以开阔的视野做扎实的研究，是新时代易学兴盛融合趋势的缩影，读之令人欣慰。

记得冯友兰先生在晚年时曾说过"中国哲学会大放异彩，要注意《周易》哲学"。当前，中国哲学复兴大势已成，社会对于传统文化的现代转化充满期待，《周易》作为群经之首、大道之源，更是大众所渴望了解和学习的经典。这套"全本经典今读"丛书，以现代解读的方式诠释经典，面向不同水平的读者，具有较高的可读性和学术价值，为现代人学习《周易》、立身决策提供了有益的途径，确实是值得一读的。

余敦康

目录

一、史篇

五、《易传》解读

周易

一

史篇

《左传》所记诸占，盖犹太卜之遗法。汉儒言象数，去古未远也；一变而为京、焦，入于禨祥；再变而为陈、邵，务穷造化，《易》遂不切于民用；王弼尽黜象数，说以老庄；一变而胡瑗、程子，始阐明儒理；再变而李光、杨万里，又参证史事，《易》遂日启其论端。此两派六宗，以互相攻驳。

——《四库全书总目·经部·易类》

在本系列丛书的《全本周易导读本》中，已对《周易》的基本知识作了相应的介绍，我们将在这本《全本周易精读本》中对《周易》作更为深入的探讨。按照传统的说法，《周易》成书经历了数千年的历史演变，"人更三圣（或曰四圣），世历三古"为大众所认可。如此说来，《周易》的发生史可以追溯到新石器时代（参看本书第二章《象数篇》），据考古发掘，人类早在那个时期就开始利用占卜预测吉凶了。那些古老的占卜方式，是原始宗教巫术文化的产物。先民们对占卜结果的记录，逐渐形成了一套符号体系。这套符号体系必然散发着出于卜筮本质的巫术气息。因而，以这套符号体系为基础构建的《周易》，称其为卜筮之书，符合事实。

随着时间长河的向前奔流，历史演进到殷周之际，这套巫味十足的符号体系迎来了新的发展，卦辞、爻辞参入符号系统中，形成了一套依附于符号体系的文字表意系统，并给符号体系赋予了丰富的意义，呈现出符号和象形文字互为参证的表述模式，从而引发了象数思维，逐步形成了通过象数的象征意义来表达思想观念的特点。由于这些观念及某些占断的结论是经由卜筮得来，而卜筮的特点是接受天命神意，所以这种观念与卜筮的结合，构成了以天人关系为核心的天人之学。在这个时期，《周易》依然以卜筮之书的面貌存立于世，但在其文字系统中已经蕴含了丰富的人文思想和价值理念。在这个时期形成的卦辞、爻辞，受殷周之际的宗教、政治思想大变革的影响，隐含了"敬天保命，以德配天"的理性因素，只不过由于特定历史时期社会人事的限制，仍然以卜筮之辞的形式呈现。

直到近古时期《易传》形成，《周易》迎来了质的飞跃。《易传》作者发现"《易》之为书也，广大悉备，有天道焉，有人道焉，有地道焉"（《周易·系辞下传》），于是作"十翼"，使《周易》实现了划时代的转变，从对鬼神崇拜的原始宗教转向哲学理性的人文觉醒。

1973 年长沙马王堆出土的帛书《周易》之《要》篇，有一段文字记载了孔子"老而好《易》，居则在席，行则在橐"，子贡联系到平时老师重德轻筮的教诲，对夫子这样的行为表示不解。

孔子回答说："《易》，我后其祝卜矣，我观其德义耳也。幽赞而达乎数，明数而达乎德，又仁〔存〕者而义行之耳。赞而不达于数，则其为之巫；数而不达于德，则其为之史。史巫之筮，向之而未也，好之而非也。后世之士疑丘者，或以《易》乎？吾求其德而已，吾与史巫同途而殊归者也。君子德行焉求福，故祭祀而寡也；仁义焉求吉，故卜筮而希也。祝巫卜筮其后乎？"

这段文字翻译成现代汉语为：

孔子说："对于《易》，我是把祝卜功能放在次要位置上，我着重观察其中的德、义。默默地祈求鬼神佐助，而达于蓍策之数；明白了蓍策之数，而达于道德，以此来守仁行义。（如果）隐求鬼神佐助，而不能达到数占，这是巫之筮；达到数占，而不能达到德、义的层面，这是史之筮。对史之筮和巫之筮，我也向往、喜好，但他们运用《易》的旨趣，我是反对的。后人质疑我孔丘的，或许因为《易》吧？求求索《易》中的德、义而已，在学习《易》的筮占方面我与史、巫他们是一样的，但学习《易》最终归向是不同的。君子以修养德行来求得福分，故而很少祭祀；君子以践履仁义来求得吉祥，故而很少卜筮。对于《易》，我们应该把祝巫卜筮行为放在次要位置了吧？"

这段记载是证明孔子赞《易》的重要文献，同时说明了《易经》和《易传》的关系。如果我们将眼光放在中国古代文化演变的历史背景下，从文化史的角度去理解，《易传》从巫文化和术数文化的土壤中生发出来，又在此基础上超越了原有的文化形态，上升到了理性哲学的层面。巫文化具有神性和非理性的性质；术数文化是在巫文化中分化和发展起来的，一方面它继承了巫文化"神鬼敬事"的本质，另一方面它又形成了自己独特的知识系统，而《易传》是在两者之后产生并实现了本质上的超越，以哲学思想与卜筮巫术相结合的途径，实现了卜筮的哲学化。孔子对《易》的诠释，突破了古代筮占将吉凶祸福寄托于不可知的神秘力量的旧思维，而把重点转向于人自身对于德义的修持。同时，涤除了占筮文化不可把握的非理性因素，使《周易》的思想境界由听命于客观外在进入一个强调主体理性自觉的新层面。同时并不彻底抛弃原有的符号文字系统，而是兼容并包，有序共存，从而形成了《周易》亦巫亦哲、主客兼顾、三才并举的整体大格局。这种兼容的特征，使得《周易》在其几千年的易学发展史中具备了多种性质，它既是卜筮之书，也是哲学之书，更记录了史学内容，还有象数知识系统形成的科学理念，使其性质无法被准确界定。

由于《周易》的多重结构，容纳了不同时期的文化，导致人们对《周易》的解读众说纷纭，莫衷一是。从宏观的角度来看，不同派别彼此促进，相得益彰，体现了易学的丰富性和可诠释空间的无限性，也展示易学不竭的生命力；从微观的角度来看，又体现了易学的分裂和内耗，杂多的诠译往往使真实和有价值的东西被遮蔽。

由《易经》和《易传》所形成的今本《周易》，在其形成至今的两千多年中，有诸多易学大家产生，易学研究也出现了明显的派别分歧，派别之间互相攻驳，形成了复杂的易学发展史。关于易学的演变，清代编纂的《四库全书总目·经部·易类》有一个概略性的描述，即"两派六宗"，是为人们所熟知常用的一种说法，以此为线索，我们将在本篇中对其内容进行梳理和介绍。

1. "两派六宗"说

《四库全书总目·经部·易类》中有这样一段话：

> 《左传》所记诸占，盖犹太卜之遗法。汉儒言象数，去古未远也；一变而为京、焦，入于禨祥；再变而为陈、邵，务穷造化，《易》遂不切于民用；王弼尽黜象数，说以老庄；一变而胡瑗、程子，始阐明儒理；再变而李光、杨万里，又参证史事，《易》遂日启其论端。此两派六宗，以互相攻驳。

就是说，在《左传》中所记录的那些占筮方法，大概还是古代太史占筮的传统方法。到了汉代，经学大师运用象数之学来进行说明，其方式、方法与古代的传统还比较接近。之后象数派中出现了京房、焦延寿的"京焦易"，建立了一整套的象数体系，《周易》一变而成为说明占验征兆的书；当易学发展到宋代时，出现了陈抟、邵雍这样的象数易学家，《周易》变成了以河图、洛书为根据而探究天地奥秘的书，想要穷尽天地造化，象数派学说越来越复杂，《周易》不再是一般民众能够明白和使用的学问。以上汉儒的占筮、京房和焦延寿的禨祥、陈抟和邵雍的"图书"之学，是由象数派演变而成的三宗；另一派则发展演变成为义理派三宗：魏晋时期，出现了一个天才少年，名叫王弼，他一扫汉代易学庞大繁杂的象数学说，用老子、庄子的道家思想来解易，他认为《周易》重在义理，而不在象数。这一派发展至宋代出现了胡瑗和程颐这样的大家，用《周易》义理来阐明儒家的思想。后来又出现了李光和杨万里，用历史事件来证明《周易》中的儒家思想，于是又形成了义理派的三宗，这样就形成了易学史上的"两派六宗"。（两派即象数派和义理派，六宗就是以上列举的几位易学大家所代表的学宗。）象数和义理如同《周易》中的阴和阳，既相互攻讦，又彼此依附，既相反相成，又对立统一。

接下来我们会按照上述"两派六宗"说所列举的顺序（而不是按照历史发展的顺序）对所涉及的易学家及其学说依次进行介绍。

2. 太卜之遗法

上古时期，人们卜问吉凶的方法主要有两种：龟卜和占筮。殷商时期认为龟卜更为灵验，其方法是用火对大龟进行烤灼，使其忍受不了疼痛，从壳中窜出，然后取其背甲或腹甲钻小孔，用点燃的木条烤灼小孔，直到小孔周围的甲壳因高温而产生裂纹，依裂纹的走向和形状来断定吉凶，这就称作"卜"。后来由于生长期太长的大龟越来越少，就改用兽骨或牛胛骨进行占卜，殷墟出土的大量的甲骨文即为那时的占卜记录，证实了当时占卜活动的频繁和以龟卜为主的特点。殷人事无大小都要求神问卜，把鬼神看作统治民众的神秘威力，而忽视了事物发展中人的因素。

在古代的王官体系中，有专门掌管卜筮的太卜，《周礼·春官·宗伯》记载：

太卜掌三兆之法：一曰玉兆，二曰瓦兆，三曰原兆。其经兆之体，皆百有二十，其颂皆千有二百。掌三易之法：一曰《连山》，二曰《归藏》，三曰《周易》。其经卦皆八，其别皆六十有四。

周代虽然也重视龟卜，认为"筮短龟长"，但由于受一定的社会历史条件制约（殷人长期从事渔牧业，因而将龟甲和兽骨作为向天神卜问吉凶的工具；周人以农业生产为主，出于对农作物的崇拜，对蓍草的崇拜顺理成章），周人逐渐由龟卜转向占筮，或者两者互为参用，其最后断定决策的结果也从盲目地依赖卜筮而转为筮、人合参。即"人谋""鬼谋"兼而有之。《尚书·洪范》记载：

稽疑：择建立卜筮人，乃命卜筮。曰雨，曰霁，曰蒙，曰驿，曰克，曰贞，曰悔，凡七。卜五，占用二，衍忒。立时人作卜筮，三人占，则从二人之言。汝则有大疑，谋及乃心，谋及卿士，谋及庶人，谋及卜筮。汝则从、龟从、筮从、卿士从、庶民从，是之谓大同；身其康强，子孙其逢，吉。汝则从、龟从、筮从、卿士逆、庶民逆，吉。卿士从、龟从、筮从、汝则逆、庶民逆，吉。庶民从、龟从、筮从、汝则逆、卿士逆，吉。汝则从、龟从、筮逆、卿士逆、庶民逆，作内吉，作外凶。龟筮共违于人，用静，吉；用作，凶。

可见，在决策过程中，龟卜和占筮只是五种参考因素中的两种，另三种因素则取决于人的考虑和态度，正所谓"天地设位，圣人成能，人谋鬼谋，百姓与能"（《周易·系辞下传》）。由此可以看出，从殷商到周代，出现了从重鬼神巫术向重理性人文的转变，这是一次伟大的变革。

太卜"掌三易之法"现今传下来较为完整的仅存《周易·系辞上传》中"大衍之数五十"的揲蓍成卦之法，其余或佚失无可考，或残缺不全，下面仅重点介绍古筮法中的揲蓍成卦之法。

1）揲蓍成卦古筮法

记载于《周易·系辞上传》的揲蓍成卦法原文如下：

大衍之数五十，其用四十有九。分而为二以象两，挂一以象三，揲之以四以象四时，归奇于扐以象闰，五岁再闰，故再扐而后挂。

乾之策二百一十有六。坤之策百四十有四。凡三百有六十，当期之日。二篇之策，万有一千五百二十，当万物之数也。

是故四营而成易，十有八变而成卦，八卦而小成。引而伸之，触类而长之，天下之能事毕矣。

（用揲蓍成卦法）推演天地之数的蓍策总数为五十根，实际运用的是四十九根（其中一根拿出来虚置不用，象征天地未分前的太极）。

将四十九根蓍草任意分成两部分，以象征天地两仪，此为"分二"；

从其中一部分中取出一根夹在左手小手指和无名指间以象征三才，此为"挂一"；

将象征天地的其中一份蓍草以每四根为一组，分数之以象征四时，此为"揲四"；

将每四根为一组，数过后余下的（等于或小于四根）蓍草取出夹在左手无名指和中指间，以象征闰月；五年有两次闰月，所以再以每四根为一组，分数另一部分并将余下的（等于或小于四根）蓍草夹在左手中指和食指间，此为"归奇"。

如上所述完成了四道程序，也就是四营。经过四营，只属于一变，要再重复两次相同的操作，完成三变可得一爻之数。第一变结束，结果有两种：余四十四根，或余四十根。

第二变与第一变操作相同，差别在于：在第一变的基础上操作，本数为四十四或四十根，记着要将第一变时"挂一"的一根拿回来加进本数中，接着进行"分二"，分成两部分，然后"挂一"，从其中一部分中抽去一根，然后"揲四"，以每四根为一组分数之，将余出的等于或小于四根的蓍草"归奇"；第二变结束，结果有三种：四十根，或三十六根，或三十二根。

第三变在第二变的基础上操作，记着要将第二变时"挂一"的一根拿回，然后再"分二""挂一""揲四""归奇"，第三变结果所得的蓍草根数会出现四种情况：三十六、三十二、二十八、二十四根。以上各数以四除之，得到的商分别为九、八、七、六四种情况，九和七是奇数，为阳，分别称为老阳、少阳；八和六是偶数，为阴，分别称为少阴、老阴。老阳和老阴将成为卦中的动爻，或称变爻。至此，初爻成。

《乾》卦的六爻由六个"老阳"爻组成，每个"老阳"爻的揲算之数是三十六，那么，《乾》卦的六个爻揲算总数就是三十六乘以六，等于二百一十六；《坤》卦由六个"老阴"爻组成，每个"老阴"爻的揲算之数是二十四，那么，《坤》卦的六个爻揲算总数就是二十四乘以六，等于一百四十四，乾坤两卦的揲算总数为二百一十六加一百四十四，和数为三百六十，约等于一年的日数。上下两经共六十四卦三百八十四爻，阳爻和阴爻各占一半，即分别为一百九十二爻，分别乘以三十六和二十四后相加（192×36＋192×24＝11520），和数为一万一千五百二十，相当于万物之数。

所以，经过"分二""挂一""揲四""归奇"这四次经营才能完成一爻的一变，每个爻要经过三变才能完成，因每个卦有六爻，所以完成一个卦要经过十八变。

《周易》的八卦是经卦，每个卦由三个爻组成，只需九变就可成一卦，因此称为"小成"。以八卦为基础，向着六十四卦进行推广演绎，用占筮配合易理，遇到同类便推演发挥它，天下可能发生的一切变化就囊括其中了。

2）筮仪

上述揲蓍法是筮占法的前半部分，后半部分应为变占法则。所谓变占法则就是解释筮占结果所依据的方法。具体而言，即通过揲蓍法求得的卦象，为"本卦"，将"本卦"中的老阳、老阴进行阳变阴、阴变阳之后得出另一个卦，为"之卦"，参考本卦、之卦的各方面信息进行裁断吉凶，所要运用的方法，就是变占法则。非常遗憾的是与揲蓍法同时期的西周筮术变占法则已佚失无存，后世仅能见到春秋时期的一些筮例，它们在《左传》和《国语》中有记载，但没有变占法则的记载。南宋大儒朱熹对这些筮例进行了归纳研究，并参考前人的著述，拟订了较为完整的揲蓍成卦法的筮仪和变占法则。

朱熹在《周易本义》卷首，记载了揲蓍成卦前的筮仪，现摘录如下：

择地洁处为蓍室，南户，置床室中央。

床大约长五尺，广三尺，毋太近壁。

蓍五十茎，韬以纁帛，贮以皂囊，纳之椟中，置于床北。

椟以竹筒或坚木或布漆为之，圆径三寸，如蓍草之长，半为底，半为盖，下别为台函之，使不偃仆。

设木格于椟南，居床二分之北。

格以横木板为之。高一尺，长竟床，当中为两大刻，相距一尺。大刻之西为三小刻，相距各五寸许，下施横足，侧立案上。

置香炉一于格南，香合一于炉南，日炷香致敬。将筮，则洒扫拂拭，涤砚一，注水，及笔一、墨一、黄漆板一，于炉东，东上。筮者齐洁衣冠北面，盥手焚香致敬。

筮者北面，见《仪礼》。若使人筮，则主人焚香毕，少退，北面立，筮者进立于床前少西，南向受命。主人直述所占之事，筮者许诺。主人右还西向立，筮者右还北向立。

两手奉椟盖，置于格南炉北，出著于椟，去囊解韬，置于椟东。合五十策，两手执之，薰于炉上。

此后所用著策之数，其说并见《启蒙》。

命之曰："假尔泰筮有常，假尔泰筮有常，某官姓名，今以某事云云，未知可否。爰质所疑于神于灵，吉凶得失，悔吝忧虞，惟尔有神，尚明告之。"

在完成上述筮仪后，即可以开始上述"大衍之数五十"揲著成卦的演卦过程，以此来使心思纯净，实际上人在履行筮仪和进行演卦的过程，也是一个去除杂念、净心澄虑、无所旁骛的过程，会起到静定生慧的作用，使内心诚敬清明，接收洁净精微的天地神灵的信息。

揲著的最终结果出现六个数分别自下而上形成六爻，来形成"本卦"，每个爻的数只会有九、八、七、六四种情况，九对应的阳爻是动爻，六对应的阴爻是动爻，并因动爻的变化而形成"之卦"。

3）变占法则

朱熹整理拟订的一整套变占法则记录在《易学启蒙》中。这种古老的揲著成卦法，最后所出现的结果不外乎以下八种情况。对这八种情况解析如下：

①一爻变，则以本卦变爻辞占。

六爻中只有一爻为九（老阳）或六（老阴），则此爻为此卦中唯一的变爻。应以本卦中的这一变爻的爻辞占断，对所询问的情况进行推测。例如：演卦得到的数字为8、8、6、8、8、8，六爻皆阴，本卦为坤卦☷☷，第三爻为老阴，则为变爻，阴爻变为阳爻，得之卦为谦卦☷☶。这种情况下，应取坤卦第三爻的爻辞为占断的依据："含章可贞，或从王事，无成有终。"（参见本书第四章《经传解读篇·坤卦》的解释）占者可以根据爻辞的提示联系自己要占问的事情，做相应的推断。

②二爻变，则以本卦二变爻辞占，以上爻为主。

六爻中有两个爻为老阴或老阳，就会有两个爻变。应以本卦两爻的爻辞占断，并以上面的变爻为主。例如：演卦得到的数字为7、8、9、6、7、8，得到的是既济卦☵☲，其中三爻、四爻是老阳、老阴，老阳变阴，老阴变阳，变成的之卦是随卦☱☳。这种情况下，应以本卦既济卦☵☲第三、第四爻的爻辞占断。其中，以居于上面的变爻第四爻为主，六四爻辞为："繻有衣袽，终日戒。"而以九三爻辞"高宗伐鬼方，三年克之，小人勿用"为辅助参考（参见本书第四章《经传解读篇·既济卦》的解释），占者可以根据爻辞的提示联系自己要占问的事情，做相应的推断。

③三爻变，则占本卦及之卦之象辞，而以本卦为贞，之卦为悔。前十卦主贞，后十卦主悔。

六爻中有三个爻为老阴或老阳，就会有三个爻变。三个爻变的情况又分为两种：初爻不变和初爻变。三个爻发生变化的卦体共有二十个，以本卦和之卦的卦辞进行占断，其中，初爻不变的称"前十卦"，基础未动，因而以本卦卦辞为主要依据，以之卦为辅；初爻变的称"后十卦"，基础已动，因而以之卦卦辞为主要依据，以本卦为辅。例如：演卦得到的数字为8、6、7、7、6、9，得到的是旅卦☶，其中二、五、上爻变，之卦是大过卦☱。由于初爻未变，这种情况下，应以本卦旅卦☶的卦辞和象辞"旅：小亨，旅贞吉。《彖》曰：'旅，小亨'，柔得中乎外而顺乎刚，止而丽乎明，是以'小亨，旅贞吉'也。旅之时义大矣哉！"为主要依据，且以本卦为"贞"，即代表问卦者，并以之卦大过卦☱的卦辞和象辞"大过：栋桡，利有攸往，亨。《彖》曰：'大过'，大者过也。栋桡，本末弱也。刚过而中，巽而说行，'利有攸往'，乃'亨'。'大过'之时大矣哉！"为参考依据，且以之卦为"悔"，即代表问卦者的对方（参见本书第四章《经传解读篇·旅卦》和《经传解读篇·大过卦》的解释）。如果初爻变，属于"后十卦"，应以之卦的卦辞和象辞为主要依据，且以之卦为"贞"，并以本卦的卦辞和象辞为参考依据，且以本卦为"悔"。

④四爻变，则以之卦二不变爻占，仍以下爻为主。

六爻中有四个爻为老阴或老阳，就会有四个爻变。应以之卦中两个不变爻作为占断的依据，且以处于下位的不变爻为主，以处于上位的不变爻为辅。例如：演卦得到的数字为6、6、6、6、7、8，得到的是比卦☵，其中初、二、三、四爻都是老阴，老阴变阳，得到之卦是夬卦☱。这种情况下，应以夬卦☱中的两个不变爻即五爻和上爻占断，且以夬卦☱九五爻的爻辞"苋陆夬夬，中行无咎"为主要依据，而以夬卦上六爻辞"无号，终有凶"为参考依据（参见本书第四章《经传解读篇·夬卦》的解释）。

⑤五爻变，则以之卦不变爻占。

六爻中有五个爻为老阴或老阳，就会有五个爻变。应以之卦中唯一的不变爻作为占断的依据。例如：演卦得到的数字为9、9、9、6、8、9，得到的是大畜卦☶，其中初、二、三、上爻是老阳，老阳变阴，四爻是老阴，老阴变阳，得到的之卦是豫卦☵。在这种情况下，应以豫卦的唯一不变爻即六五爻辞"贞疾，恒不死"进行占断（参见本书

第四章《经传解读篇·豫卦》的解释）。

⑥六爻变，占之卦象辞。

六爻都为老阴或老阳，就会六个爻全变。应以之卦的卦辞和象辞作为占断的依据（乾、坤两卦除外）。例如：演卦得到的数字为6、6、6、9、9、9，得到的是否卦☷☰，六爻全变得到之卦为泰卦☷☰。这种情况下，应以泰卦的卦辞和象辞"泰：小往大来，吉，亨。《彖》曰：'泰，小往大来，吉，亨'，则是天地交而万物通也，上下交而其志同也。内阳而外阴，内健而外顺，内君子而外小人。君子道长，小人道消也"进行占断（参见本书第四章《经传解读篇·泰卦》的解释）。

⑦六爻变，乾、坤占二用（用九、用六）。

六爻都为老阴或老阳，且本卦为乾卦或坤卦。应以用九或用六作为占断的依据。例如：演卦得到的数字为9、9、9、9、9、9，得到的本卦是乾卦☰☰，六爻全变得到的之卦为坤卦☷☷。这种情况下，以乾卦"用九，见群龙无首，吉"进行占断（可参看本书第四章《经传解读篇·乾卦》的解释）。如果演卦得到6、6、6、6、6、6，得到的本卦是坤卦☷☷，六爻全变得到的之卦为乾卦☰☰。这种情况下，以坤卦"用六，利永贞"进行占断（参见本书第四章《经传解读篇·坤卦》的解释）。

⑧六爻皆不变，则占本卦象辞，而以内卦为贞，外卦为悔。

六爻没有老阴或老阳，称为"静卦"，不发生爻变，只有一个本卦卦体。应以本卦卦辞和象辞作为占断的依据。例如：演卦得到的数字为7、7、8、8、7、8，得到的本卦是节卦☵☱。这种情况下，以节卦的卦辞和象辞"节：亨，苦节不可贞。《彖》曰：'节，亨'，刚柔分而刚得中。'苦节不可贞'，其道穷也。说以行险，当位以节，中正以通。天地节而四时成，节以制度，不伤财，不害民"进行占断（参见本书第四章《经传解读篇·节卦》的解释）。

上述八种占断原则是对揲蓍成卦可能出现的各种情况提出的推断规则，这些规则多见于殷周古筮例，《左传》《国语》等文献中有记载，朱熹对古筮例进行了分析和概括，形成了这样一套规则，其中包含着对事物运动变化规律的把握，脉络清晰，简单易操作，成为自宋元以来运用揲蓍成卦古筮法占断的重要依据。

关于朱熹所整理的这套变占法则，后世学者多有疑义，现将清代李光地所撰《周易折中》的一段话录于此，补充讨论这个问题：

而后学之疑义有二：一曰筮法用九六，不用七八，今四爻五爻变者，用之卦之不变爻占，则是兼用七八也；二曰周公未系爻之先，则《象》辞之用，有所不周也。三代筮法，既不尽传，今惟以《经》《传》为据而推之，则用九用六，《经》文甚明，而用七八者，诸书皆无明文，惟杜预以为夏商用之，先儒已摘其非也。考之《春秋》内外传，盖无论变与不变，及变之多寡，皆论卦之体象与其《象》辞。即一爻变者，虽占爻辞，而亦必先以卦之体象与其《象》辞为主，则知古人占法，未有爻辞之先，即《象》辞而已周于用。既有爻辞之后，则全以专动者占，而初亦不离乎《象》辞以为断。惟其一卦可变为六十四，则两卦相参，而可以尽事物之理。故卦之有变者，意主于生卦，不主于成爻。爻之有变者，专动则有占，杂动则无占。如是则传记之文皆合，而学者之疑可释矣。

至内外传言得八者三：一曰《泰》之八，则不变者也；一曰贞《屯》悔《豫》皆八，则三爻变者也；一曰《艮》之八为《艮》之《随》，则五爻变者也。诸儒以八为不动之爻，考之文意，似未符协。盖三占者，虽变数不同，然皆无专动之爻，则其为用卦一也，卦以八成，故以八识卦，犹之爻以"九""六"成，则以"九""六"识爻云尔。

这段话表达的观点是：筮法以九为老阳、六为老阴，以变爻占，即用九、六为占，不用七、八，但在朱熹的变占法则中，一卦中有四个爻和五个爻变时用之卦的不变爻占，这是在兼用七、八占断。然而以七、八为占，诸书皆无明文。考察《春秋》内外传，无论卦中有没有爻变，也无论爻变多少，都是以卦体、卦象和相应的《象》辞占断。即便是有爻变，也是先以卦象和《象》辞为主，后以爻辞为占断。所以，李光地认为，卦有变化，主要用意在于生出新卦，而不在于成就爻变。爻有变动，一爻专动就参与占断，如果是多爻变动，就不以爻辞参与占断而仅以卦象和《象》辞进行占断。

李光地在这里还提到了一个至今没有确解的难题，即在《左传》《国语》筮例中《易》筮言得"八"的问题。李光地将这仅有的三例总结为三种情况：一是静卦，诸爻不变；一是三个爻变；一是五个爻变。

这三例有一个共同的特点，就是没有专动之爻，所以，都是以卦象《象》辞为占断，因为"卦以八成"，所以《易》筮言"八"。这样就和李光地所主张的"凡筮皆以卦为主、以专动爻为辅进行占断"的观点契合了。

以上引用李光地的观点，用作对朱熹变占法则的补充。

对于《左传》《国语》中的占筮体例，本书将在第二章《象数篇》中进行进一步介绍。

3. 京房、焦延寿解易

《四库全书总目》中说："汉儒言象数，去古未远也；一变而为京、焦，入于机祥"，是说西汉的儒家以象数解易，与古代的太卜之遗法相差不远，然而当出现了京房和焦延寿时，解易方法为之一变，而入于机祥。机祥是指祈禳求福之事，以阴阳变异预测吉凶之先兆。据《史记》《汉书》记载，孔子死后，《周易》传数代至汉兴，汉初由田何传于周王孙、丁宽、服生，后又授于杨何。其中，丁宽传于田王孙，田王孙授易施仇、孟喜、梁丘贺，而其中的孟喜又传易于焦延寿，焦延寿的易学影响了京房，于是产生了"京氏之学"，这时已到了西汉中后期。

朱伯崑先生在《易学哲学史》中总结认为，西汉学者解易的学风分为三种倾向。

一是以孟喜和京房为代表的官方易学，宋人称之为"象数之学"，其特点有三：其一，以奇偶之数和八卦所象征的物象解说《周易》经传文；其二，以卦气说解释《周易》原理；其三，利用《周易》，讲阴阳灾变。

二是以费直为代表的易学，费氏著作已失传，从一些文献所述可看出，费氏易学以《易经》文意解经，注重义理，多半是继承汉初的易学传统，后来发展为"义理学派"。

三是以道家黄老之学解释《周易》，是将易学同黄老学说结合起来，讲阴阳变易学说。

这三种解易的倾向中，影响最大的是孟喜和京房的易学，他们是汉易象数派的创始者和代表人物。

《四库全书总目》中言"两派六宗"只提到了"一变而为京、焦"，本书就依此顺序不言孟喜，而仅就京房易学和焦延寿易学作一些相应的介绍。

1）京房解易

西汉象数易学，以京房最为博大，对后世的影响也最为深远。他继承了孟喜、焦延寿的象数易，并加以丰富和改造，建构了上至天文、下及地理、中涵人事的庞大易学体系。京房的易学体系启发了后来的郑玄。郑玄继承和发展了京房易学，遂成东汉象数大家。在汉代易学中，京房既是一位开拓者，同时又起到了重要的承先启后的作用。

京房，字君明。据史传记载，京房是一位兼具易学家、思想家和政治家三重身份的人物，他曾多次上疏给汉元帝，以"天人感应"的思想分析时局，表达政见。京氏易学详于灾异，著作有《京氏易传》三卷传世，其特点是"观乎天文以察时变"，将《周易》看作占算吉凶的典籍。

《四库全书总目》将《京氏易传》归于子部术数类，对其性质、内容、体例、影响作了以下评述：

> 其书虽以《易传》为名，而绝不诠释经文，亦绝不附合易义。上卷、中卷以八卦分八宫，每宫一纯卦统七变卦，而注其世应、飞伏、游魂、归魂诸例。下卷首论圣人作易揲蓍布卦，次论纳甲法，次论二十四气候配卦，与夫天、地、人、鬼四易，父母、兄弟、妻子、官鬼等爻，龙德、虎形、天官、地官与五行生死所寓之类，盖后来钱卜之法，实出于此。故项安世谓以《京易》考之，世所传《火珠林》即其遗法。

《京氏易传》三卷中的易例可概括列表如下：

篇　目	易　　例
八宫篇	①八宫 ②世应 ③值月 ④飞伏
卦气篇	①四监司·二分二至·二十四气 ②十二辟卦 ③六日七分
甲子篇	①十母 ②十二子 ③二十八宿 ④律吕 ⑤纳甲 ⑥爻辰
五行阴阳篇	①五行 ②阴阳五行（五行五合、五行六合、五行三合、地支藏人元五行、六冲、六害、三刑、五行生克、五行休旺、天干生旺死绝、纳音五行、八卦五行、五行五星）
杂篇	①月建积算 ②六亲 ③六神 ④互体

综观此表，京房易学体系中的八宫、世应、值月、飞伏、十二辟卦、纳甲、爻辰以及阴阳五行、六亲、六神、互体等仍为今日术数家所必用的易例。

下面对京房易学中的重要易例进行简要的介绍。

①八宫

京房"八宫说"打破了《周易》中六十四卦的传统排序，采用一套不同于《序卦传》的易卦排序。其排序方法是由爻变逐位推出的自然结果。京房八宫方位是按照《说卦传》所说的"天地定位，山泽通气，雷风相薄，水火不相射"确定的，其宫次的排列顺序按照乾坤六子中的父亲、长男、中男、少男，母亲、长女、中女、少女排列，即：乾、震、坎、艮、坤、巽、离、兑。前四卦为阳卦，后四卦为阴卦，这种排列顺序，与1973年长沙马王堆汉墓出土的帛书本为同一系统。这样就分为了八宫，每宫的第一卦（也称纯卦）各统率七个卦，这七个卦是由爻的变化而自然形成的，具体爻位自下而上变化，初爻变而称为一世卦，二爻变而称为二世卦，三爻变而称为三世卦，四爻变而称为四世卦，五爻变而称为五世卦，上爻为宗庙不变，然后返回四爻再变而称为游魂卦，最后下卦三爻一起变而称为归魂卦。见下表：

世游归	八宫卦							
八纯上世	乾 ䷀	震 ䷲	坎 ䷜	艮 ䷳	坤 ䷁	巽 ䷸	离 ䷝	兑 ䷹
一世	姤 ䷫	豫 ䷏	节 ䷻	贲 ䷕	复 ䷗	小畜 ䷈	旅 ䷷	困 ䷮
二世	遁 ䷠	解 ䷧	屯 ䷂	大畜 ䷙	临 ䷒	家人 ䷤	鼎 ䷱	萃 ䷬
三世	否 ䷋	恒 ䷟	既济 ䷾	损 ䷨	泰 ䷊	益 ䷩	未济 ䷿	咸 ䷞
四世	观 ䷓	升 ䷭	革 ䷰	睽 ䷥	大壮 ䷡	无妄 ䷘	蒙 ䷃	蹇 ䷦
五世	剥 ䷖	井 ䷯	丰 ䷶	履 ䷉	夬 ䷪	噬嗑 ䷔	涣 ䷺	谦 ䷎
游魂	晋 ䷢	大过 ䷛	明夷 ䷣	中孚 ䷼	需 ䷄	颐 ䷚	讼 ䷅	小过 ䷽
归魂	大有 ䷍	随 ䷐	师 ䷆	渐 ䷴	比 ䷇	蛊 ䷑	同人 ䷌	归妹 ䷵

京房认为"八卦之要，始于乾坤，通乎万物"。在此图式中，包含着阴阳消息的思想，八宫中乾坤二宫，自上世至五世，共为十二卦，其变化规律与十二消息卦一致。京房把这种变化规律用于八宫，创造发明了游魂、归魂体例。以坤宫为例：坤为本宫卦（亦称纯卦，为上世），初爻变成为复卦，称为一世；第二爻变成为临卦，称为二世；第三爻变成为泰卦，称为三世；第四爻变成为大壮卦，称为四世；第五爻变成为夬卦，称为五世；到这里不能再继续变上去，否则就会变成乾卦而犯入他宫，因此只能再退回去，顺着五世卦夬卦第四爻再变，成为需卦，称为"游魂卦"；最后将需卦的下三爻同时变，成为比卦，称为"归魂卦"。京房说："易有四世，一世二世为地易，三世四世为人易，五世八纯为天易，游魂归魂为鬼易。"（《京氏易传》）

②世应

京房在八宫说的基础上，对卦中的六个爻确立了主从关系，即"世应说"。仍以坤宫为例，初爻变化而成的复卦，即一世卦，一世的意思是以初爻为世爻；二爻变化而成的临卦，即二世卦，二世的意思是以二爻为世爻；以此类推，三世卦以三爻为世爻，四世卦以四爻为世爻，五世卦以五爻为世爻；游魂卦由于是变第四爻而成，因此是四世卦，以四爻为世爻；归魂卦由于是变下三爻而成，因此用下卦的最上一爻，以三爻为世爻。本宫卦则以上爻为世爻，称为上世。

有世爻之后，就可以找到应爻。这是卦中"比应"关系的发展，即初与四应、二与五应、三与上应，所以世爻既定，应爻即可随之而定。比如：初世卦，世爻在初，应必在四；二世卦，世爻在二，应必在五；三世卦，世爻在三，应必在上；四世卦，世爻在四，应必在一；五世卦，世爻在五，应必在二；游魂卦，世爻在四，应必在一；归魂卦，世爻在三，应必在上；本宫卦，世爻在上，应必在三。

世应的体例，目的在于阐发六爻的主从配合关系，由于爻变会造成卦变，因此，变爻在卦中具有重要的作用，会对全局产生影响。由上述世爻确定体例可知，第几世卦是由相应的第几爻变化形成，此变爻为一卦之主，称为"居世""临世""治世"，世为主，应为从。在设定世应说的同时，京房发挥《周易·系辞传》"列贵贱者存乎位"的说法，为一卦六爻订了爵位，以初爻为元士，二爻为大夫，三爻为三公，四爻为诸侯，五爻为天子，上爻为宗庙。把卦爻的结构等同于社会结构，若尊者居世，则卑者应顺从尊者，若卑者居世，则尊者应俯就卑者。从社会意义而言，世应说适应时代的需要，对调节社会政治秩序有指导作用。从占筮角度而言，世爻、应爻在占筮中的作用非常大，《火珠林》筮法传至今日仍在沿用世应说，《京氏易传·姤》云："定吉凶只取一爻之象。"这一爻，即指世爻。

③值月

京房将世爻值月之卦称为"世月"，亦称"建"，今日的术数家进行卜筮常用的"卦身"即是由"世月"起算。"世月"的推算方法非常简单，即：若世爻属阳，就由子值初爻位起算；若世爻属阴，就由午值初爻位起算。举例如下。

震☳，上世卦，即世爻在上六，为阴爻。由初九起午（五月），向上数至世爻，为亥，亥为十月，所以震卦是十月卦。

恒☳，三世卦，即世爻在九三，为阳爻。由初六起子（十一月），向上数至世爻，为寅，寅为正月，所以恒卦是正月卦。

以此规律可推算出八宫卦中所有卦的世月，列表如下：

	世爻为阴		世爻为阳	
上世	十月	亥	四月	巳
五世	九月	戌	三月	辰
四世	八月	酉	二月	卯
三世	七月	申	正月	寅
二世	六月	未	十二月	丑
一世	五月	午	十一月	子

④飞伏

京房对八宫卦的解释，提出了"飞伏说"，认为阴阳变化总是处于显隐、有无、往来的状态，显者为飞，隐者为伏，来者为飞，往者为伏。《京氏易传》中解释乾卦说"与坤为飞伏"，解释坤卦说"与乾为飞伏"，对于震与巽、坎与离、艮与兑，亦皆如此解释，称它们互为飞伏，这是指八宫卦的背后都潜伏着其对立的卦象。

《京氏易传》在解释丰卦时指出：

阴阳升降，反归于本，变体于有无。吉凶之兆，或见于有，或见于无。阴阳之体，不可执一为定象，于八卦阳荡阴，阴荡阳，二气相感而成体，或隐或显。故《系》云：一阴一阳之谓道。

"飞伏说"揭示了"一阴一阳之谓道"的道理，阳中伏阴，阴中伏阳，彼此包含，相互联系，从而促使卦爻产生变化。

在京房看来，在八宫六十四卦中普遍存在着飞伏关系，卦的飞伏体例可梳理如下。

八纯卦与其正对卦为飞伏关系。即乾与坤、震与巽、坎与离、艮与兑，互为飞伏。

八宫中非纯卦，即上世卦之外的一世卦至归魂卦可分为三个阶段：一世卦、二世卦、三世卦，都属于下卦爻变，因此，与其下卦飞伏。比如：屯卦为坎宫二世卦，下卦为震，所以屯与震飞伏；四世卦、五世卦，属于上卦爻变，因此，与上卦飞伏。比如：升卦为震宫四世卦，上卦为坤，所以升与坤飞伏；游魂卦、归魂卦，游魂卦属于从五世卦的第四爻变化而来，因此，同五世卦，比如：中孚卦为艮宫游魂卦，艮宫五世卦为履卦，上卦为乾，所以中孚同乾飞伏，而归魂卦是下卦复归本位而来，因此，同本宫纯卦，比如同人卦是离宫归魂卦，离宫纯卦为离，与坎卦飞伏，所以同人与坎飞伏。

卦中爻的飞伏则以世爻与本卦相应的爻飞伏，即爻变之后与爻变之前飞伏。比如：

巽宫无妄卦，九四为世爻，与巽卦六四飞伏；艮宫贲卦，初九为世爻，与艮卦初六飞伏。

京房设立的飞伏体例处处体现着阴阳二气变易消息的规律，这种解释体例比附在人事占验吉凶方面，使卦与卦的关系更加密切和复杂，并且由表及里，极大地丰富了卦爻之间的联系，也使卜筮占验具有了更大的灵活性。

⑤卦气

如本章节第一个表格所示，京房所倡"卦气说"包括"四监司·二分二至·二十四气""十二辟卦""六日七分"等内容（关于二十四气和十二辟卦，参见本书《史篇·易图五例》中"十二辟卦方位图"和"卦气全图"的介绍）。京房的卦气说与孟喜的学说大同小异，此处暂不作详细叙述。

⑥纳甲

所谓纳甲，是以八卦配十干，举甲以该十日，故称"纳甲"。此为京房所创，八宫卦各配以十干，其各爻又分别配以十二支。甲为十干之首，所以称为"纳甲"，配以十二支，称为"纳支"。

《京氏易传》下卷曰：

> 分天地乾坤之象，益之以甲乙壬癸。震巽之象配庚辛，坎离之象配戊己，艮兑之象配丙丁。八卦分阴阳，六位配五行，光明四通，变易立节。

这种配法很简单，就是以十干中的奇数甲、丙、戊、庚、壬为阳，以偶数乙、丁、己、辛、癸为阴，与乾坤六子相配，如下：

乾 ☰	震 ☳	坎 ☵	艮 ☶	坤 ☷	巽 ☴	离 ☲	兑 ☱
内纳甲 外纳壬	纳庚	纳戊	纳丙	内纳乙 外纳癸	纳辛	纳己	纳丁

其依据为乾为天、为父、为阳，坤为地、为母、为阴，六十四卦始于乾坤阴阳，阴阳二气乃万事万物之本，天文历法的天干，始于甲乙，终于壬癸，因此乾纳代表阳之始终的甲壬，坤纳代表阴之始终的乙癸。其他"六子"依阴、阳各有所配。

除纳甲之外，还有"纳支"，是以八卦各爻再配以十二支，其配法也是把十二支分为阴阳两组，子、寅、辰、午、申、戌为阳支，丑、卯、巳、未、酉、亥为阴支，阳卦包括乾、震、坎、艮，阴卦包括坤、巽、离、兑，阳卦纳阳支，阴卦纳阴支，根据"阴从午，阳从子，子午分行，子左行，午右行"的原则进行相配，即"阳起子顺行，阴起未逆行"，这一思想来源于京房对阴阳二气产生的认识。京房认为，阴盛于子月而阳生，阳盛于午月而阴生。以乾卦为例：乾六爻自下而上分别配子、寅、辰、午、申、戌。震同乾，坎、艮卦六爻依次向后推一位，配以寅和辰为初爻，向上配阳爻，按十二支顺序，隔位相配，这是四阳卦的纳支方法；四阴卦坤、巽、离、兑自下初爻分别配阴支，向上各爻逆行纳阴支，如坤卦六爻自下而上分别配未、巳、卯、丑、亥、酉。隔一位逆取纳支。现将八卦纳甲、纳支图列表如下：

	乾 ☰	坤 ☷	震 ☳	巽 ☴	坎 ☵	离 ☲	艮 ☶	兑 ☱
上爻	壬戌	癸酉	庚戌	辛卯	戊子	己巳	丙寅	丁未
五爻	壬申	癸亥	庚申	辛巳	戊戌	己未	丙子	丁酉
四爻	壬午	癸丑	庚午	辛未	戊申	己酉	丙戌	丁亥
三爻	甲辰	乙卯	庚辰	辛酉	戊午	己亥	丙申	丁丑
二爻	甲寅	乙巳	庚寅	辛亥	戊辰	己丑	丙午	丁卯
初爻	甲子	乙未	庚子	辛丑	戊寅	己卯	丙辰	丁巳

上述排列中，各卦每爻的纳支为何以此顺序排列？这就又引出了京房的"爻辰说"。

⑦爻辰

纳甲是用卦纳十天干，纳支是用卦纳十二地支，将十二地支纳入卦内，就会有阴阳之分，十二地支分阴阳，六爻也分阴阳，因此，纳支的依据是爻辰。京房的爻辰说实际上用六子卦值二十四节气，属于"卦气说"的范畴。

我们对上面纳甲、纳支图中八卦各爻与十二地支相配的顺序排列问题进行分析。

乾为八卦阳之首，配十二地支之首的子，自初爻至上爻，六爻配六阳支，顺序为子、寅、辰、午、申、戌。

震为长男，所以爻辰同乾，也从子配起，六爻配六阳支，顺序为子、寅、辰、午、申、戌。

坎为中男，二爻为阳爻，从乾而来，所以爻辰从六阳支的寅配起，六爻配六阳支，顺序为寅、辰、午、申、戌、子。

艮为少男，三爻为阳爻，从乾而来，所以爻辰从六阳支的辰配起，六爻配六阳支，顺序为辰、午、申、戌、子、寅。

坤为八卦阴之首，由于阳盛于午月而阴生，午之后为未，为阴初生，因此坤卦初爻配阴支中的未，按照"阳起子顺行，阴起未逆行"的原则，坤自初爻至上爻，六爻配六阴支，顺序为未、巳、卯、丑、亥、酉。

巽为长女，得坤初六，由于是阴卦，与阳卦爻辰排列方法相逆，所以先纳外卦后纳内卦，巽外卦初爻即全卦四爻自六阴支的未配起，依次排列，自上返初，得到的结果为初爻纳丑，自下而上的顺序为丑、亥、酉、未、巳、卯。

离为中女，得坤六二，先纳外卦后纳内卦，离外卦二爻即全卦五爻自六阴支的未配起，依次排列，自上返初，得到的结果为初爻纳卯，自下而上的顺序为卯、丑、亥、酉、未、巳。

兑为少女，得坤六三，先纳外卦后纳内卦，兑外卦三爻即全卦上爻自六阴支的未配起，依次排列，自上返初，得到的结果为初爻纳巳，自下而上的顺序为巳、卯、丑、亥、酉、未。

⑧五行

《京氏易传》说："生吉凶之义，始于五行，终于八卦。"又说："八卦分阴阳，六位五行，光明四通，交易立节，天地若不变易，不能通气。五行列迭，四时更废。"京房将五行纳入《周易》解说体系，以五行配卦爻，并规定八卦五行的属性，创立了以五行解《易》的先河。京房根据《说卦》中以乾为金，坤为地（即为土），震为專，为草木生发之象，故为木，巽为木，坎为水，离为火，兑为毁折，为刚，故为金，从而规定八卦的五行属性：乾、兑卦属金，坤、艮卦属土，震、巽卦属木，离属火，坎属水。以此，由八卦相重而来的六十四卦就可以看成是皆由五行元素构成，从而，由六十四卦构成的宇宙图式也就无不在五行之中了。

《尚书·洪范》记载："初一曰五行……一曰水，二曰火，三曰木，四曰金，五曰土。水曰润下，火曰炎上，木曰曲直，金曰从革，土爱稼穑。润下作咸，炎上作苦，曲直作酸，从革作辛，稼穑作甘。"

京房认为，五行生旺各有其时，于天干而言，甲乙木旺于春，丙丁火旺于夏，庚辛金旺于秋，壬癸水旺于冬。于地支而言，寅卯木旺于春，巳午火旺于夏，申酉金旺于秋，亥子水旺于冬。还有丑未辰戌，为土，于方位为四维，于月历为四季，分别在四立（立春、立夏、立秋、立冬）前的十八天，合共七十二天，其余的木火金水，各值七十二天，五行平均。

京房将天干、地支、五行配入八宫，即成为《火珠林》所载的八卦六位图：

乾宫金	坎宫水	艮宫土	震宫木	坤宫土	兑宫金	离宫火	巽宫木
壬戌土 —	戊子水 --	丙寅木 —	庚戌土 --	癸酉金 —	丁未土 --	己巳火 —	辛卯木 —
壬申金 —	戊戌土 —	丙子水 --	庚申金 --	癸亥水 —	丁酉金 —	己未土 --	辛巳火 —
壬午火 —	戊申金 --	丙戌土 --	庚午火 —	癸丑土 --	丁亥水 —	己酉金 —	辛未土 --
甲辰土 —	戊午火 --	丙申金 —	庚辰土 --	乙卯木 —	丁丑土 --	己亥水 —	辛酉金 —
甲寅木 —	戊辰土 —	丙午火 --	庚寅木 —	乙巳火 —	丁卯木 —	己丑土 --	辛亥水 —
甲子水 —	戊寅木 --	丙辰土 --	庚子水 —	乙未土 --	丁巳火 —	己卯木 —	辛丑土 --

这是一个占验系统的图式，也可以看作一个宇宙模型。干支五行配八卦，卦爻阴阳的变化与历法配合，以卦气的运行流转，推算人事的吉凶。

在《京氏易传·五行阴阳篇》中，包含了"五行五合""五行六合""五行三合""地支藏人元五行""六冲""六害""三刑""五行生克""五行休旺""天干生旺死绝""纳音五行""八卦五行""五行五星"等内容。

"五行五合"是指五行与十天干合；"五行六合"是指五行与十二地支合；"五行三合"是指十二地支每支隔四位与另两支相合，即：申子辰合水局，寅午戌合火局，巳酉丑合金局，亥卯未合木局。其"六冲""六害"等，均是根据天干、地支所排列的位置，以及干支所归属的五行，以生克的原则确定彼此的关系。

此处仅就"五行生克说"作进一步的介绍。

京房的"五行生克说"本于《淮南子·天文训》："水生木，木生火，火生土，土生金，金生水。子生母曰义，母生子曰保，子母相得曰专，母胜子曰制，子胜母曰困。以胜击杀，胜而无极。以专从事，专而有功。以义行理，名立而不堕。以保畜养，万物蕃昌。以困举事，破灭死亡。"京房将其纳入八宫，以八宫卦为母，以其爻位为子。按照上述五行的关系，母子之间存在着相生或相克的关系。京房指出："八卦鬼为系爻，财为制爻，天地为义爻，福德为宝爻，同气为专爻。"系是制我者，财是我制者，天地是生我者，福德是我生者，同气是同我者。

按照京房以"六亲"（又名"六神"）形式对易卦卦爻的标示，六亲分别以官鬼、妻财、天地（父母）、福德（子孙）、同气（兄弟）来表示。则制我者为官鬼，我制者为妻财，生我者为父母，我生者为子孙，同我者为兄弟。这里的"我"指有着五行属性的八宫中的某一卦。这些都是五行生克的思想。有了这种指导思想，再看八卦六位图，就可以知道将天干、地支、五行纳入八宫的意义所在了。京房以一套层次分明、井然有序、彼此依存又相互制约的功能体系，架构出一个天人同构的价值世界。

以上也是京氏易学纳甲筮法体系的重要组成内容，下面以乾卦卦例来说明京氏易学的思维模式：

乾为天

— 壬戌土　父母　世

— 壬申金　兄弟

— 壬午火　官鬼

— 甲辰土　父母　应

— 甲寅木　妻财

— 甲子水　子孙

乾宫为金，纳甲、纳支后，可知五爻为金，因此为"兄弟"；上爻、三爻为土，土生金，因此为"父母"；二爻为木，金克木，因此为"妻财"；初爻为水，金生水，因此为"子孙"；四爻为火，火克金，因此为"官鬼"。因乾卦是纯卦，所以上爻为世，则三爻为应。这些排列分析的结果即可用于进行占验的依据。京房以阴阳转化运行和五行生克制化的原理，结合卦象、爻象、八宫、世应以及飞伏、卦气等信息，构筑了一整套的占验体系。

综上所述，京房认为，天地万物的运行是一个有规律的过程，体现为自然整体的和谐，人类社会处于这个完备的系统规律之中，顺应规律就会和谐顺畅，违逆规律就会祸乱败亡。京房精心创建了一整套的象数模式，以象数规律体现天道规律，倡导社会与自然的整体和谐，以阴阳灾异之说分析时局、预测趋势、表达思想。

京房通过八宫、世应、值月、飞伏、卦气、纳甲、爻辰、五行生克等理论构建起的象数易学系统，揭示了事物的规律性和复杂性，呈现出多层次交错、反馈的作用关系，体现了天人合一且多维立体的思维模式。

京房建立了以阴阳五行为架构的哲学体系，将阴阳二气的运行和五行之气的生克表现在八卦、六十四卦、三百八十四爻之中，借助天文历法理论，阐释《周易》所蕴含的事物变化，这种思维模式和论证方法对汉代及后世思想文化的发展产生了重要影响。

2）焦延寿解易

焦延寿是介于孟喜与京房之间的一位易学家，其学说早于京房。焦延寿从孟喜的学说中得到启发，而京房是焦延寿的弟子，焦延寿的思想影响了京房。

《汉书·儒林传》说："至成帝时，刘向校书，考《易》说，以为诸易家说皆祖田何、杨叔（杨何）、丁将军（丁宽），大谊略同，惟京为异党。焦延寿独得隐士之说，托之孟氏，不相与同。"如此说来，焦延寿是"独得隐士之说，托之孟氏"，没有明确地言明孟焦有师承关系，而焦延寿被前后两个易学大家的光芒所掩，似不如孟、京为世人所瞩目。同时，因为焦延寿为人淡泊，和光隐几，并不自明易例，于是其易学思想未得彰显。

《汉书·京房传》记载焦延寿在陈留郡小黄县做县令时，"以候司（伺）先知奸邪，盗贼不得发"，是说在任职期间，他常先知奸邪，而使为盗者不敢轻举妄动。据说他曾预言京房将会"得我道而亡身"，并不幸而言中。可知，焦延寿是一位颇有传奇色彩的人物。

焦延寿有《焦氏易林》一书传世。全书四千零九十六则筮辞，凡八万余字，比较完整地展现出焦延寿的易学风貌。唐代的王俞形容《焦氏易林》："辞假出于经史，其意合于神明"，认为是不朽之作。但由于《焦氏易林》叙述形式独特，且东汉以来《易象》失传，所以对《焦氏易林》一书，"二千年来，无有通其义者"（尚秉和《焦氏易林注》）。这本书之所以还能流传下来，钱锺书说："卜筮之道不行，《易林》失其要用，转藉文词之末节，得以不废。"也就是说，《焦氏易林》是凭借其文词得以流传至今。该书在文本形式上，以《诗经》四言诗传统的四言韵文为主体，又在《周易》六十四卦基础上以通行本六十四卦卦序为框架结构全书。筮辞多数为四句，偶有三句、五句或六句不等，全书四千零九十六则筮辞，其实就是四千零九十六首四言诗歌，有很高的文学和史学价值。当然，其最重要的价值还在其易学价值，由于焦氏易的特殊性及其对京房的深刻影响，加之京房在汉易中至关重要的地位，《四库全书总目》才会将京、焦并列为"两派六宗"之一宗。

①焦林直日

焦氏易学的体例，最著名的就是"焦林直日"。《汉书》卷七十五《眭两夏侯京翼李传》记载："（焦延寿）其说长于灾变，分六十四卦，更直日用事，以风雨寒温为候，各有占验。""六十四卦，更直日用事"，就是说以六十四卦轮流在一年中值日，统摄一年中"时"的阴阳变化。具体而言，就是由每一卦变六十四卦，六十四乘以六十四，共可变为四千零九十六题。所谓题，就是"乾之坤""坤之蒙"等，每卦可变成六十四卦，就有六十四题，每题附有一则林辞，用作占测吉凶的依据。

"焦林直日"是一种分卦值日法，《周易》卦序中的六十四卦，除震、离、兑、坎外，其余六十卦进行轮流值日，一爻值一日，六十卦值三百六十日，震、离、兑、坎四卦为方伯监司之官，掌管二分二至（春分、秋分、夏至、冬至），这四个卦同时又专主四时之气。在二十四节气中，每两节气共三十日，由五个卦值日，每个卦排班，六爻值完六天，就接着排下一个卦。这样，每一天都有卦在值班，当需要占卜的时候，就看当日得到的是什么卦，将值班的卦和卜到的卦联系到一起就出现了"某卦"之"某卦"的题，由题看相应的林辞，依此占断吉凶。

比如，在兑卦值日的六天内，在某一天进行卜筮，得到了大有卦，那就是"兑之大有"，去《易林》中查相应的林辞即可。此筮法不管爻变。按这样的方法进行占筮，由于每天有一卦值日，则其筮得的卦就只有六十四种可能，而不是四千零九十六种可能。

这种筮法，蕴含的是"常"与"变"动态结合的思想，并将这种结合贯穿到四时、节气之中，体现了天人合一的思想，其形式相较于京房易学而言，堪称简易，体现了焦延寿易学"大道至简"的旨趣。

②林辞

焦延寿《焦氏易林》的筮辞别具一格，世称"林辞"，全书四千零九十六则林辞，古雅玄妙，是《诗》与《易》珠联璧合的杰作，如"乾之颐"："纯服素裳，载主以兴。德义茂生，天下归仁。"林辞中有多处直接引用《诗经》的内容，如"小畜之睽"："芽蘖生达，阳昌于外。左手执钥，公言锡爵"，语出《邶风·简兮》。有时直接征引《周易》经传内容，如"贲之比"："鸟飞无翼，兔走折足；不常其德，自为羞辱"，明显化自《恒卦》九三"不恒其德，或承之羞"。

与其他典籍相比较，《周易》的独特之处在于：卦爻符号与文字所构成的话语系统是以"象"为根基的，对于《焦氏易林》中的筮辞，越来越多的易学家认为必由《易象》而来，只是深奥难解，一直未能清晰显现其体例。近代易学家尚秉和先生著《焦氏易林注》，认为《易林》无一字无来历、无一字不根植于卦象。他广泛运用伏象、覆象、中爻、半象，以及先天卦、后天卦、纳甲、辟卦、九宫等法来解《易林》，以求无一字不合象，共发掘《易林》用象一千五百余例，远远超过了《说卦传》所载。比如，《易林》中的"益之萃"，林辞有"送金出门，并失玉丸。往来井上，破瓮坏盆"之辞。尚氏认为这是"以萃三至上正反兑"，是说萃卦 ䷬ 四、五、上形成正兑之象，三、四、五又形成反兑之象，所以会有"往来井上"之辞，尚氏称此为"正覆象"。由此可略见近代象数派解易的基本风格与思维方式。

《焦氏易林》林辞的神秘与魅力有待于更多维度的诠释与解读，而焦延寿和京房师徒二人的风格一隐一显，一简一繁，奠定了汉易的精神风貌，而京房最终成为汉代象数易学的一代宗师。

4. 陈抟、邵雍解易

《四库全书总目》在"太卜之遗法，去古未远也，一变而为京焦"之后，接着说："再变而为陈邵，务穷造化，《易》遂不切于民用"。这就说到了象数派的第三宗：陈抟和邵雍。

易学发展到北宋，又开启了一个新的阶段，新儒家兴起，对经典的解读注重阐发义理，对《周易》的研究和解读，更是达到了一个新的高潮。据《宋史·艺文志》记载，北宋解易的著作有六十余家，明显地分为两大流派，即象数派和义理派。宋代象数易学与汉易相比，摒除了汉易中的阴阳灾异和天人感应的成分，将象数易学哲理化，其表现形式突出的特点是以各种图式解说《周易》，这些《易》图又被后人附会发明，自宋至清，形成了数千种《易》图，蔚为大观，自清代学者始，宋易象数学被称为图书之学。当然，所谓"图""书"，主要指"河图"与"洛书"，据今人李申、刘大钧先生考证，图书之说，绝非宋人自造，而是对前人的传承和发挥，"以易图解《易》，由来久矣，隋唐之前，早已有之。"（《周易图释大典·序》）

关于北宋易学的传授系统，南宋初的易学家朱震有一番叙述：

> 陈抟以先天图传种放，放传穆修，穆修传李之才，之才传邵雍。放以河图、洛书传李溉，溉传许坚，许坚传范谔昌，谔昌传刘牧。（《宋史·朱震传》）

朱震是南宋时期的象数派易学家，他将陈抟看作宋代易学的创始人，居于宋易整个传授系统的顶端，之后经过四传而至邵雍。朱震所说的这个传授体系为后世研究宋易提供了资料。南宋的王偁在《东都事略·儒学传》中也提到了这个传授体系："陈抟读易，以数学授穆修，以象学授种放，放授许坚，坚授范谔昌。"这里面说到了陈抟所授乃数学和象学。因此，陈抟可以说是宋代象数之学和图书学派的创始人。

1）陈抟解易

陈抟是历史上有名的神仙家，居华山四十年，人称"华山道士"，字图南，号希夷，是五代末、北宋初的道教大师。《宋史》说"抟好读易手不释卷。常自号扶摇子。著《指元篇》八十一章言导养及还丹之事。"他的象数学的渊源出自道教炼丹术，从炼丹术的角度研究《周易参同契》，借助《周易》卦爻象和阴阳之数阐释炼内丹的过程，其所采用的方式继承五代以来用图式解《周易》的学风，融会贯通，创立图式，形成了其卓有成效的图书之学。据宋、元、明三代学者的记载，陈抟易学有三类图式流传下来。一是先天太极图，二是龙图，三是无极图。下面就陈抟所传的先天太极图、龙图和无极图分别作简要的介绍。

①先天太极图

此图参考朱伯崑先生《易学哲学史》第六章，书中介绍此图为北宋陈抟之"先天太极图"，保存在明初赵撝谦《六书本义》中。朱伯崑先生认为：按赵氏领会，此图式是对《系辞》文中"易有太极，是生两仪"的解释。图中黑白两条鱼形，乃阴阳二气环抱之状。阴气盛于北方，为纯阴，居坤卦之位；阳气盛于南方，为纯阳，居乾卦之位。阴气极于北，阳气始生，居东北震卦位，卦象为一阳二阴，表示阳气尚微弱。其后，经过东方离卦位，东南兑卦位，至正南方的乾卦位，阳气达到极盛，卦象为三阳。阳气极于南，同时一阴生起。阴气初生，居西南巽卦位，卦象为一阴二阳，表示阴气尚薄弱。其后，经过西方坎位，西北艮位，至北方坤卦位，卦象为三阴，阴气极盛，一阳初生。如是，循环不已。

此图的左边白色部分，居于东方，与右边的白色部分代表阳，彼此响应，两阳环抱的黑色部分代表阴，形成二阳夹一阴之象，是离卦象 ☲。右边黑色部分，居于西方，与左边的黑色部分环抱白色部分，形成二阴夹一阳之象，是坎卦象 ☵。

图中的白色部分，由弱到强的转变，自震卦 ☳ 一阳生，到离卦 ☲ 二阳夹一阴，再到兑卦 ☱ 二阳增长，再到乾卦 ☰ 三阳极盛，阳气达到全盛，这是阳长阴消的过程。

图中的黑色部分，由弱到强的转变，自巽卦 ☴ 一阴生，到坎卦 ☵ 二阴夹一阳，再到艮卦 ☶ 二阴增长，再到坤卦 ☷ 三阴极盛，阴气达到全盛，这是阴长阳消的过程。

图中黑白两条鱼形，白鱼头部有黑点，黑鱼头部有白点，意味着阳中蕴含着阴的因子，阴中蕴含着阳的因子。平时这两个点隐藏不显，当阳的势力达到极盛的时候，盛阳将变革，阳中蕴含的阴的因子开始发挥作用，与对方的阴彼此感应，发挥能量并成为生阴之本，这就是白色中显露的黑点。同样，黑鱼头部的白点，是生阳之本。

陈抟的先天太极图式当本于《周易参同契》。《周易参同契》乾坤居上下，坎离居左右，乾坤为天地之象，坎离为日月之象，再与其他四卦相配，以说明阴阳二气的消长，此图亦明此理，因此也可以称作卦气图。清代经学家胡渭在其《易图明辨》中阐释此图，认为其本于《周易参同契》月体纳甲说，阳气自东北的震卦生起，经离、兑至乾，是月光增长的过程，即阳息；阴气自西南巽卦生起，经坎、艮至坤，是月光亏损的过程，即阴息。图中白、黑两条鱼形，为东离西坎，离为日，坎为月。黑中的白点和白中的黑点，称阳精、阴魄。代表阴中含有阳精，阳中含有阴魄。换言之，月中有阳精，日中有月魄。炼丹家认为，体味此图式中所蕴含的自然规律，对于人身法天象地，顺应天地造化，炼身体内的阴阳二气有指导意义。周敦颐有诗赞曰："始见丹诀信希夷，盖得阴阳造化几。"

此图生动形象地描画出了太极含阴阳、阴阳含八卦的关系，亦精妙传神地表达了阴和阳的关系：相因相反，相辅相成，此长彼消，对立统一，对待流行，生生不已。

②龙图

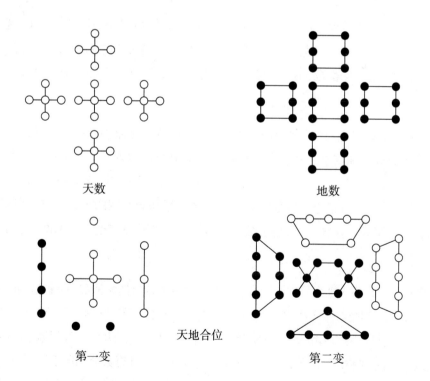

天数　　　　　　　　　　　　　地数

第一变　　天地合位　　　　　第二变

《宋史·艺文志》著录陈抟《龙图易》一卷，"龙图"即龙马负图，是关于河洛一类的图式，是河洛之学的前身。上面的图式出自元朝张理所著《易象图说》，第一行的左边的图式是天数，经过第一变，成为第二行左边的图式。第一行右边的图式是地数，经过第二变，成为第二行右边的图式。这样就由原先的纯天数图式和纯地数图式变成第二行的天地合位图式；第三变是将天地合位的两个图式合在一起，称为龙马负图。

这三变称为"龙图三变"，之所以要经过三变，是因为孔子在《周易·系辞下传》中"三陈九卦之义"，即对履卦、谦卦等九卦之德陈述了三次：

是故履，德之基也；谦，德之柄也；复，德之本也；恒，德之固也；损，德之修也；益，德之裕也；困，德之辨也；井，德之地也；巽，德之制也。履，和而至；谦，尊而光；复，小而辨于物；恒，杂而不厌；损，先难而后易；益，长裕而不设；困，穷而通；井，居其所而迁；巽，称而隐。履以和行；谦以制礼；复以自知；恒以一德；损以远害；益以兴利；困以寡怨；井以辨义；巽以行权。

而这三次变化的依据是《周易·系辞下传》中"天数五，地数五，五位相得而各有合。天数二十有五，地数三十，凡天地之数，五十有五，此所以成变化而行鬼神也。"所以上图第一行的天数和地数，天数是以五个数为一组，五组等于二十五，地数是以六个数为一组，五组等于三十。

第一变，是在天数的五组中去除十个数，根据《龙图序》所说，分别从上、左、右、下组去除四、一、二、三共四个数，中组的五数不动，变成第二行左边第一变的图式，剩下十五个数，三个奇数，两个偶数，成为奇偶之数相配合的图式，称为"参天两地"之象。

第二变，是在地数的五组中进行拆分，将中间的一组拆成一、二、三共三个数，把这三个数分别加到上、左、右三组中去，下组的六个数不动，这样就在上、左、右、下四个方位形成了七、八、九、六个四个数，即《龙图序》所说的"六分而成四象"。然后，再把之前天数中去除的十个数添加到此图的中央，就形成了第二行的右面的图式。这样，"天地之数五十有五"的总数没有变，而两图已各成天地合位之图。

第三变，是将天地合位的两图合在一起，这种相合有两种情况：一种是两图相重，另一种是两图相交。两图相重，即如《龙图序》所言，天一同地六相重，天一居上，地六居下，依此类推，地二同天七，天三同地八，地四同天九，天五同地十。两图相交，是第二行左图中的五不动，右图中的十隐藏不显，凡奇数分别居于四正位，偶数分别居于四隅位。上述两种相合的方式变成下面两个图式，称为龙马负图，就是我们如今常见的河图、洛书的图式。

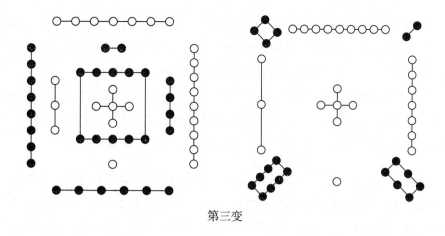

第三变

上述的变化过程可参照《宋文鉴》中陈抟的《龙图序》一文。"龙图三变"解释"天地之数五十有五"，以图来显示天地之数的演变，从而说明八卦卦象起于龙图，七、八、九、六这四个数即少阳、少阴、老阳、老阴四象皆由数演变而来，天地之数变化组合而成龙马负图，这为宋代易学对于河图、洛书图式的形成和研究开了先河。

③无极图

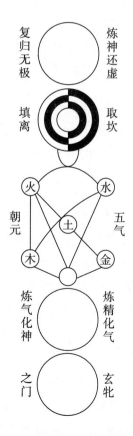

此图据称为陈抟所传，清代朱彝尊在《曝书亭集》卷五十八《太极图授受考》中

描述："陈抟居华山，曾以《无极图》刊诸石，为圜者四，位五行其中，自下而上。初一曰'玄牝之门'；次二曰'炼精化气，炼气化神'；次三五行定位，曰'五气朝元'；次四曰'阴阳配合'，曰'取坎填离'；最上曰'炼神还虚，复归无极'。故谓之《无极图》，乃方士修炼之术尔。"明末清初黄宗炎（黄宗羲弟，与兄黄宗羲、弟黄宗会号称"浙东三黄"）在其所著《图学辨惑》中认为此图始于河上公，传自陈图南，名为无极图，乃方士修炼之术，黄宗炎在其书中录有此图，并解释说：

乃方士修炼之术，其义自下而上，以明逆则成丹之法。其大较重在水火，火性炎上，逆之使下，则火不燥烈，唯温养而和燠；水性润下，逆之使上，则水不卑湿，唯滋养而光泽。滋养之至，接续不已；温养之至，坚固而不败；律以老氏虚无之道已为有意。其最下圈名为玄牝之门，玄牝即谷神。牝者窍也，谷者虚也，指人身命门两肾空隙之处，气之所由以生，是为祖气。凡人五官百骸之运用知觉，皆根于此。于是提其祖气上升为稍上一圈，名为炼精化气，炼气化神。炼有形之精，化为微芒之气。炼依希呼吸之气，化为出入有无之神。使贯彻于五脏六腑，而为中层之左木火、右金水、中土相联络之一圈，名为五气朝元。行之而得也，则水火交媾而为孕。又其上之中分黑白而相间杂之一圈，名为取坎填离，乃成圣胎。又使复还于无始，而为最上之一圈，名为炼神还虚，复归无极，而功用至矣。

上面这段话，依据无极图式，细致地讲述了炼内丹的过程，最下一圈和最上一圈皆为虚无，从虚无到虚无之间的一段为有，最终"炼神还虚，复归无极"，因而此图式名为《无极图》。

陈抟《无极图》旨在为返归于道提出一个理论依据及方法论，这个图式主要包括两个部分：一是"从无到有复归于无"的宇宙演化，大道背后是"反者道之动"规律。一是具体的内修方法即"炼精化气""炼气化神""炼神还虚"的修炼内丹三大步骤。

关于陈抟所传的三个图式：先天太极图、龙图、无极图在易学哲学史上的地位，朱伯崑先生作了如下评述："其龙图易，讲天地之数的变化和组合，由此而形成的河洛之学应属于数学；其无极图，讲坎离卦象和五行之象，当属于象学；其先天太极图，既讲八卦之象，又讲阴阳变易的度数，象和数兼而有之。但三类图式的共同点都讲阴阳变易的法则，就这一点说，陈抟的易学可以说是宋代易学哲学的先驱。"

2）邵雍解易

邵雍，字尧夫，谥号康节，自号安乐先生、伊川翁，后人称百源先生，是北宋著名的易学家，"北宋五子"之一。其易学特点，当时被称为数学。"北宋五子"中，张载创气学派，程颐创理学派，邵雍的数学派与前两者共成鼎足之势。我们在前面曾引用《宋史·朱震传》谈宋代象数易学的传承体系：

《周易》六十四卦读卦诗词

寇方墀　著

御街行·乾为天

潜龙勿用知时早。隐于下，何忧恼？逢得龙见在田时，舒展东风怀抱。朝乾夕惕，进德修业，无待光阴老。

飞龙叱咤风云到。畅九霄，风光好，神明天地且弗违，和乐万民欢笑。知时进退，持盈难久，无首方合道。

兰陵王·坤为地

踏长路，长路无穷归处。斜阳外，云幕轻合，寥落星辰任谁主？
远方且趋赴，牝马蹄声无数。漫遥望，大地无疆，品物咸亨映天舞。

霜露，奈何履？恐暗里坚冰，朝暮难度，始凝霜月穿朱户。
事不谙无不利，但因德厚，直方敬义载南亩，含美不称富。

收束，莫求誉。括囊天地闭，看尽荣辱，琼楼望处多风雨。
叹黄裳美至，堪作长赋。玄黄龙战，梦陷落，见拂曙。

少年游·水雷屯

乱云积聚，雷声如促，草木盼逢春。

盘桓不字，乘马逐鹿，识路待虞人。

草创几多艰难处，君子以经纶。

切莫功成高业就，其膏吝，泣中闻。

苏幕遮·山水蒙

水清莹，山陡峭，芳草萋萋，潭上遮行道。
懵懂儿郎年尚小，求我童蒙，初筮殷勤告。

教无穷，人未老，庠序音清，养正行恒道。
纳妇包蒙家教好，无困击蒙，薪火相宜照。

浪淘沙·水天需

宴乐笑谈中，危厉重重，当年渭水钓鱼翁。
坐等青丝生白发，王梦飞熊。

行路莫匆匆，涵养从容，沙泥血去险途终。
中正安舒犹主敬，海阔天空。

卜算子·天水讼

人世有争端，诉讼何时了？
世事交结慎始终，书契焉可少？

持正一颗心，孚信无机巧。
向善修德日日新，无讼心安好。

破阵子·地水师

君子容民畜众，王师行险出征。

天宠丈人三赐命，舆尸弟子大无功。失律否臧凶。

田里有禽弗让，阵前无敌堪封。

师旅以正天下事，开国承家唱大风。邦宁百废兴。

蝶恋花·水地比

天下家邦须众辅，惟保人和，循道得天助。
肯把至诚盈瓦缶，终来它吉无忧阻。

内外比之心自主，莫比匪人，伤害一何苦！
王用三驱人不语，后夫迟至凶无属。

小重山·风天小畜

昨夜青萍起巽风，密云西郊外，雨未生。
料得车马逆风行，殷勤劝，牵复吉在中。

止健几人踪，一番积厚意，与谁同？
待它雨过月辉浓，德积载，苍翠见青松。

唐多令·天泽履

何处觅封侯？舍身登虎丘。一年年，怕虎回头。
曾羡幽人中不乱，独行愿，畅然游 。

跛眇不能休，武人志未酬。又几回，萧瑟深秋。
如履薄冰终了日，视履迹，庆风流。

满庭芳·地天泰

冬去春来，三阳开泰，畅达天上人间。

履和通志，相并建坤乾。

天地森然万物，人为贵、行道合天。

民心向，月圆花好，盼岁岁年年。

尤难，千古事，因循起落，治乱相牵。

忆携手拔茅，共苦同甘。

涉水包荒汇贤，天地际、共舞翩翩。

歌声断，于隍城覆，忘虑变居安。

惜分飞·天地否

秋月阳消阴降露，凋落繁枝碧树。

天地虽朝暮，冷风吹散两厢处。

辟难俭德君子赴，乱世何干利禄？

休否艰辛路，苞桑固本天不负。

永遇乐·天火同人

明媚天光，火熔金日，和乐风貌。

刚健文明，同人于野，共勉金兰好。

出门无咎，同宗吝道，何不敞开怀抱！

莽苍苍，伏戎三岁，欲夺不得堪恼。

乘墉远眺，困而弗克，默默抽身贵早。

大师号咷，相见恨晚，含泪相拥笑。

古今不异，同心断金，幸有合志同道。

共携手，风光尽览，江湖笑傲。

望海潮·火天大有

乾坤开辟，屯难雷雨，文明初绽新芽。

需养苦辛，纷争难断，汹汹战火兵家。

烽燧落栖鸦，并肩起新邑，天木开花。

履礼而行，泰和盛世，畅天涯。

奈何好景如霞。看于隍城覆，枉自嗟呀。

否泰往来，更迭治乱，千年风卷云沙。

天下共一家，美政成大有，几世堪夸？

祈祝吉无不利，愿天祐中华！

减字木兰花·地山谦

谦谦君子，尊道贵德谦受益。

地下高山，卑厚担当涉大川。

哀多益寡，称物平施衡玉瓦。

一片丹心，众里劳谦鸣好音。

好事近·雷地豫

逸乐恋红尘，酒醉浑无时节。
呜豫矜夸豪富，惯雀台歌榭。

终来犹悔羡豪门，赏自家明月。
耿介如石磊落，看烈风飞雪。

阮郎归·泽雷随

泽雷随动效鸿轩，晚来入宴安。

丈夫小子辨尤难，毁成一念间。

孚在道，忘忧欢，随王享西山。

穆姜占断历千年，穷达岂在天。

浪淘沙·山风蛊

风啸谷山间，恣意回旋，草石摇落奈何天。
独上高楼抬望眼，风雨如磐。

蛊乱已经年，澄澈尤难，振民干蛊利涉川。
古往今来多少事，犹在人间。

过秦楼·地泽临

会稽巡游，秦皇临浙，激起几多嗟叹？

项籍欲代，陈涉揭竿，大泽火急风变。

阡陌僻壤之间，云聚英豪，地摇山颤。

对白蛇当径，骊山途远，沛公挥剑。

秦世灭，四海八荒，群雄逐鹿，万载梦空肠断。

堪为借鉴，天下人君，莫赖霸权行遍。

亲下咸临，与民同苦偕甘，至临无怨。

更敦临厚德，壮写升平画卷。

齐天乐·风地观

盥而不荐观天下，颙若有孚深远。

地上风行，观民设教，众仰大观圣典。

童观窥眼，叹井底观天，屋隅门畔。

君子反观，知时进退德风渐。

士人卿相贤众，遇清平盛世，才思何限？

利用宾王，百官美富，大政光辉尽览。

北辰星灿，须政教自观，以民为鉴。

允执厥中，畏天则浩瀚。

琐窗寒·火雷噬嗑

有物颐中，合而后畅，噬嗑清阻。

朝行暮宿，偏有恶石当路。

必除之，明罚敕法，人间察恶方用狱。

小惩而大诫，灭鼻灭趾，小人之福。

相顾，忧危处。正整饬艰难，噬嗑遇毒。

直顽交割，善恶谁为刀俎？

看古今，天道周流，逆时逞恶劫不复。

存道心，一片慈悲，并刚柔以渡。

烛影摇红·山火贲

离火摇红，映山赋色青林暖。

柔来泽润与阳刚，石立清流浅。

早有夫子占验，贲无华、方为文冠。

昼明夜暗，交错刚柔，天文可辨。

宜作人文，化成天下文明衍。

君子徒步舍车行，惟义天涯远。

濡润光泽充满，登丘园、浮华尽敛。

天然雕饰，出水芙蓉，风清云淡。

谒金门·山地剥

暮秋至，凄雨寒霜消息。

秋叶凋零秋风起，落花何处觅。

步步风霜迫急，切近肃杀寒意。

阴气欲凌犹不及，一阳枝头立。

鹧鸪天·地雷复

冬至子时夜半分，一阳初动见天心。
地中雷蛰凭阳复，天下春耕待气新。

归善道，静修身。中行独复正为君。
不堪迷复失行远，敦复得一天地根。

念奴娇·天雷无妄

雷行天下，显阳刚正义，不藏行迹。

正道朗然无虚处，匪正又何之矣！

人世沧桑，祸福来去，焉取平安策？

历来倾废，几多孤旨私意。

亦有无妄往吉，顺时行履，刚健逍遥客。

知命穷达皆受正，不做岩墙下立。

无耕而畲，丧牛于易，天道云何意？

去疾无眚，莫非中正贞吉。

采桑子·山天大畜

不积跬步难行远，山下云天。

利涉大川，实健辉光岂等闲？

向来大任归贤士，磨砺艰难。

良马驰边，换取江山万里田。

倾杯·山雷颐

言语风波，饮食睚眦，由来口出祸起。

观我朵颐，舍尔灵龟，羡别人生意。

登高履下求颐养，得一声怜惜。

逐逐其欲，凭虎视、切切颠颐得吉。

由来天生地养，万般皆庶，天道酬勤利。

必养正则吉，道合人聚，莫求人养己。

山下雷声，慎言节饮，世事留踪迹。

庆由颐，方知晓、圣人深意。

菩萨蛮·泽风大过

世人只道阳刚好，阴衰阳盛枯杨老。

泽水欲淹舟，舟升浮浪头。

栋桡缘大过，柔以白茅错。

老树欲生花，亲贤仁勇嘉。

定风波·坎为水

习坎重重沧海横，水流浪涌显英雄。

天地时来皆同力，时去，宠荣均作袖边风。

坎险难为大得计。

若计，身临坎窨水连空。

处险不失忠信诺，有孚刚中，济险维心亨。

如梦令·离为火

昨夜履声杂错，日中黄离倾昃。

不鼓缶而歌，忧叹一生如客。

嗟若，嗟若，日落日升不忒。

凤求凰·泽山咸

山上有泽兮，通感相亲。

少男恋女兮，相望频频。

初咸其拇兮，羞涩持矜。

次咸其腓兮，心急如焚。

咸股执随兮，失则往吝。

憧憧往来兮，相思铭心。

咸脢无悔兮，正果修真。

终成眷属兮，情语相闻。

钗头凤·雷风恒

雷风与，齐眉举，愿同君赴终生旅。

调琴瑟，修恒德。立方不易，君子之宜。

记、记、记。

浚恒早，振恒老，不恒其德承羞恼。

情相系，责不弃。携手回眸，雨踪云迹。

忆、忆、忆。

临江仙·天山遁

萧瑟霜天时欲遁，匆匆策马西风。

当年把酒诉衷情。

海枯凭石烂，不负此生盟。

长叹秋来非春意，退藏为避寒冬。

愿得肥遁一身轻，

高天飞鸿影，江海寄余生。

殿前欢·雷天大壮

抚膺听，高天之上震雷声。

夜来风雨涤长梦。

高岸谷倾。

深谿变陡陵。

阳刚颂，御宇何为凭?

怀柔以正，天下民生。

翠华引·火地晋

升晋，升晋，优遇频传佳讯。

世人俱盼得之，莫忘明德载持。

持载，持载，柔进勤行不怠。

乌夜啼·地火明夷

日落丘陵暗，庙堂寂寂无声。

疾飞垂翼仓惶隐，余悸叹遭逢。

亦有明夷南狩，获心于出门庭。

权奇磊落艰贞志，守夜待光明。

卷珠帘·风火家人

火烈风生相顺助，君子持家，内外皆成务。

教子少成若天赋，严君慈母两相顾。

家族荣盛当惜福。穷约难处，守分方行路。

种德修身担勤苦，清白知义家道睦。

关河令·火泽睽

同根分作两枝立，竟睽违相弃。

火泽背离，世间多乖异。

思来天地异趣，和生物、同则不继，

存异合睽，包容成化育。

迈陂塘·水山蹇

水连山、密云沉雾，依稀难辨前路。

深潭石壁威如虎，尤恨脚力难足。

堪踌躇，居难地、一怀愁绪斜阳暮。

向谁倾诉?

任梦里云天，好风借力，争奈现实误。

人间事，星夜匆忙赶路，难逃山重水复。

怅然驻足回眸处，荒了自家田圃。

往蹇乎? 且来反、且来连、修德内顾。

有朋来助。

便似种田蔬，躬耕南亩，硕果沁甘露。

解连环·雷水解

雷鸣雨作。望山河万里，冰消甲坼。

沐雨泽、壳破芽新，蕴生机蓬勃，草木百果。

君子达生，顺天道、宽刑赦过。

莫当生发处，铁尺刚肠，刻薄纠错。

人间名缰利索，系吉凶福祸，生死交割。

觅解脱，中正贞吉，必田获三狐，解除危厄。

远佞亲贤，去损友，忠诚不惑。

高墉上，王公射隼，解顽黜恶。

减字浣溪沙·山泽损

泽水和柔山色青，周流动静看虚盈，刚柔损益道中行。

二簋祭神文可简，十朋益友质惟诚，修身窒欲诚君铭。

汉宫春 · 风雷益

双木潇湘，向风雷汇处，鼓动无疆。

由来天施地与，其益无方。

雍熙天下，重生民·固本安邦。

君子道、迁善改过，见不善如探汤。

布衣丈夫得益，劝勇为大作，精进担当。

官身大公益民，无愧朝堂。

君王益孚，惠心诚、善政流芳。

延颈望、河清海晏，清风丽日天光。

别怨·泽天夬

说甚惜别，苦经营，只为决绝。

王庭申诉罢，兵戈暗动镇宫阙。

暮夜惕号吴钩月。

夬夬独行客，言不信、遇雨逢劫。

岂容苟且？牵羊正是时节。

莫沉迷欲壑，肠断处，泪飞血。

相见欢·天风姤

风花一朵旖旎，舞天低。

仲夏阴生一缕判云泥。

花有主，宾来迟，女为妻。

自是人生相遇运难期。

龙山会·泽地萃

萃聚高台庙，攘攘纷纷，云雾香炉燎。

众声齐祝祷，天顺保，人寿年丰征兆。

天下望升平，大人现，庄严礼乐。

爱群生，独行若号，相逢为笑。

尘世错落难平，泽水无根，漫澧浮云漂。

赖宽和大地，兴众庶，清浊皆在怀抱。

相聚乐陶陶，享朝暮，清辉日照。

莫遗失，赍咨涕洟，唱悲伤调。

步蟾宫·地风升

东风遂与青云便，高阶进、琼楼玉殿。

允升虚邑踏平川，抬望眼，银河如练。

岐山献祭虔诚宴，等闲视、风行云变。

莫凭冥昧妄升迁，留归处、清香庭院。

醉落魄·泽水困

人生落魄，由来何处无枷锁，

哪堪困顿穷乡陌。

株木无枝，幽谷埋名客。

纵贵何人能避得？金车酒食伤沦落。

位高犹困凭权策。

葛藟多言，不若笙箫默。

酒泉子·水风井

村邑可迁，惟井默然不改。

挹无失，添不满，众欢颜。

宁修得井壁清鲜，酣畅饮甘泉冽。

燕飞来，孩提笑，见炊烟。

撼庭秋·泽火革

时逢泽火相灭，铸革心如铁。

革言三就，行嘉巳日，起西风烈。

维新改命，文明以悦，正当时节。

看千古风云，秋来夏逝，入冬飞雪。

宝鼎现·火风鼎

苍茫神禹，铸九鼎、九州新立。

望不尽、滔滔江河，宛转东流融海底。

歌声颂、百族齐欢聚，致礼庄严神器。

夏后氏、王朝四百，敬宝鼎飨天帝。

夏末犹记商汤事。

至盘庚、迁鼎殷墟。

商六百、年年凭祭，数世奢华天命弃。

周室起、鼎迁营洛邑，礼乐兴衰痕迹。

八百年、鼎之轻重，觊觎凭谁问起？

风雨数世更迭，唯鼎道、千秋不易。

鼎方成、颠趾除污，现清新鼎底。

善调剂、烹和五味，

奉鼎求贤士。

鼎黄耳、玉铉合功，成就万民福祉。

水龙吟·震为雷

迅雷滚滚而来，震惊百里如天吼。

谁持匕鬯？指挥若定，笑言依旧。

麇鹿奔前，山崩其左，无眉头皱。

念江山万里，云翻波聚，堪担负，方为首。

君子修身省过，寸心知、惧常无咎。

九陵跻至，勿逐丧贝，复得当有。

因惧得天，失天因惧，翻盘覆手。

且荣观看透，如临如履，清风盈袖。

山花子·艮为山

两立青山相对看，光阴如水静如莲。
犹止尘心对风信，水云间。

庭院日斜随步影，阑干荫重伴人娴。
花落雨停行且止，合十参。

山渐青·风山渐

孤雁飞，众雁飞。飞过水涯陡岸危，远空隐隐雷。

劲风吹，弱风吹。振翅高天云梦追，羽仪映日辉。

罗敷媚·雷泽归妹

千般娇媚寻归宿，独上西楼，
望断江头，何处云帆鸾凤俦？

古来女子择佳婿，心慕情柔，
祈愿白头，尤恐袂良无德羞。

最高楼·雷火丰

花着锦，犹烈火烹油，雷电遇相酬。

日中则昃安可久，月盈即缺鬼神愁。

须知它，丰有度，预绸缪。

遇配主、往行知大节。有孚若、窃疑如暗夜。

明与动，不能休。

光风霁月一江水，天高云淡半庭秋。

莫封尘，高遮幕，自为囚。

思远人·火山旅

苍翠青松陵上柏，不似人间客。

看匆匆羁旅，怀资携仆，

悲喜皆行色。

客身何必强追索，梦断烟云阁。

叹笑罢号咷，丧牛于易，行人满城陌。

杏花风·巽为风

杨花柳絮随风舞，宛转落，墙边沟渎。

风前亦有千竿竹，柔韧萧萧瘦骨。

方行路，亦趋亦步，进退间谁为心主？

巽风拂草穿庭树，化入春秋朝暮。

调笑令·兑为泽

心悦，心悦，蹈刃迎难不怯。

君子朋友讲习，知行和悦未疑。

疑未？疑未？中正谦和为贵。

清江行·风水涣

风行水上涣波心，漾漾千里流散分。
多姿何曾独对酒，旁观忧作乱离深。

先王设教诚立庙，君子知时重行道。
舍身散群涣有丘，涣汗驱疾和泪笑。

捣练子令·水泽节

甘节吉，苦节凶，天地调节四季风。

或进或出门庭处，礼节数度议德行。

风入松·风泽中孚

和风顺雨古边城，泽水载船行。

燕儿恋子孵巢内，安然卧，寸寸柔情。

鸣鹤清音幽谷，好爵与友相倾。

夜来月映万川盈，弃马且独行。

泣歌击鼓非常事，此何如，心澈诚明。

一点存存真意，中孚万物生生。

喜迁莺·雷山小过

飞影过，叫声留，穷力不胜愁。
但凭薄翅上云头，肠断梦魂休。

过其祖，遇其妣，翘首盼西郊雨。
劝君常记莫称雄，辽阔望苍穹。

赞成功·水火既济

水深火热，水沸火红。相因成败一重重。

渡河行路，车马东风。伐边拓土，众志成城。

昨夜草莽，今日庭中，漏船无语载人行。

渐生骄奢，粉饰升平。初吉终乱，足诚后生。

山坡羊·火水未济

临河回顾，波翻云聚，

当年鬼方知何处？

曳其轮，濡其尾，

漫漫浮沉求济路。

风雨怎堪成险阻？

难，心不移；

易，志更笃！

陈抟以先天图传种放，放传穆修，穆修传李之才，之才传邵雍。放以河图、洛书传李溉，溉传许坚，许坚传范谔昌，谔昌传刘牧。

《宋史·道学传》中，亦有邵雍从李之才那里"受河图，洛书，宓牺八卦六十四卦图象"的记载，因此，邵雍易学属于来自陈抟的象数学派系统。

邵雍将易学分为先天之学与后天之学，认为先天之学是第一性的，后天之学是第二性的，先天之学明其体，后天之学明其用，因而易学应以先天之学作为主要的研究对象。因此，邵雍的易学又被称为"先天易学"。

邵雍认为以乾坤坎离为四正卦的图式是伏羲所画，称"先天图"，而以坎离震兑为四正卦的图式是文王所画，称"后天图"，邵雍易学的基本原则之一就是依据先天图推衍易学图式。他发展了陈抟以图解易的风格，也继承了汉易的卦气理论，同时摒弃了汉易中烦琐复杂穿凿附会的部分，呈现出宋代象数易学不同于汉易的新风貌。

邵雍的易学哲学著作有《皇极经世书》，据文献记载，书中包括《元会运世》、《声音律品》、《观物内篇》和《观物外篇》，然而我们读两宋间人王湜《易学》及清人王植《皇极经世书解》，即知邵雍《皇极经世书》原本已失传，其内容思想皆从后人整理和注解中得来，比如邵伯温的《皇极系述》《观物内外篇解》，张行成的《周易通变》，蔡元定的《经世指要》，以及朱熹的《周易本义》《易学启蒙》等。

朱熹撰《周易本义》，取《伏羲八卦次序图》《伏羲八卦方位图》《伏羲六十四卦次序图》《伏羲六十四卦方位图》载于卷首，指出"伏羲四图，其说皆出邵氏。盖邵氏得之李之才挺之，挺之得自穆修伯长，伯长得之华山希夷先生陈抟图南者，所谓先天之学也。"下面分别对这几个图作简要的介绍。

①伏羲八卦次序图

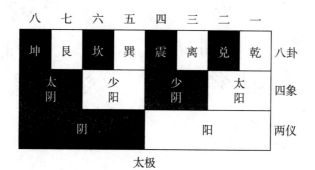

《周易·系辞上传》曰："易有太极，是生两仪，两仪生四象，四象生八卦。"邵子曰："一分为二，二分为四，四分为八也。"《说卦传》曰："易，逆数也。"邵子曰："乾一，兑二，离三，震四，巽五，坎六，艮七，坤八。自乾至坤，皆得未生之卦，若逆推四时之比也。后六十四卦次序放此。"（《周易本义》）

此图式显示伏羲八卦的排列次序，由太极而生两仪，两仪生四象，四象生八卦，八卦由乾一至坤八，以"乾一，兑二，离三，震四，巽五，坎六，艮七，坤八"的顺序排列，皆是阴阳刚柔自然生成，此图又被称为小横图。

如果用符号来代替上图中的文字，即可成为下图所示，则阴阳一层层叠加，三层而成八卦的过程清晰可辨，自右向左，从乾到坤的排列顺序是阴阳相交而形成的自然排列。

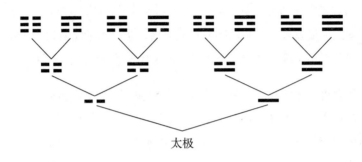

太极

邵雍在《观物外篇》中说：

太极既分，两仪立矣。阳上交于阴，阴下交于阳，四象生矣。阳交于阴，阴交于阳，而生天之四象。刚交于柔，柔交于刚，而生地之四象，于是八卦成矣。

②伏羲八卦方位图与文王八卦方位图

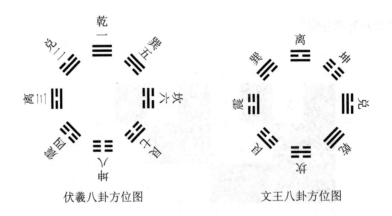

伏羲八卦方位图　　　　　　　文王八卦方位图

伏羲八卦方位图（又称"先天八卦方位图"）和文王八卦方位图（又称"后天八卦方位图"）同出于邵雍。若将上述的小横图从中间拆分左右两半，然后拼成圆图，即得伏羲八卦方位图。《周易·说卦传》说："天地定位，山泽通气，雷风相薄，水火不相射，八卦相错。数往者顺，知来者逆。是故易逆数也。"邵雍以此为依据，以"天地定位"为乾一居南，坤八居北；以"水火不相射"为离三居东，坎六居西，形成了伏羲八卦方位图。乾与坤，山与泽，雷与风，水与火是相对的关系，而图的左半圆各卦及右半圆各卦又有流行消长的关系。"数往者顺"即由左半圆一个阳爻的震经历各两个阳爻的离和兑，至三个阳爻的乾，是阳气渐长的过程，现在按照乾一、兑二、离三、震四的顺序自乾往回数，所数的各卦都已是生成之卦，因此是在追数其往，称作"数往者顺"。"知来者逆"即由一个阴爻的巽经历各两个阴爻的坎和艮，至三个阴爻的坤，按照巽五、坎六、艮七、坤八的顺序自巽往前数，所数的卦都是未生之卦，因此是在推测未来，称作"知来者逆"。

邵雍此图式阐明了一年四季阴阳消长变化的规律，其在《观物外篇》中说：

震始交阴而阳生，巽始消阳而阴生，兑阳长也，艮阴长也。震兑在天之阴也，巽艮在地之阳也，故震兑上阴而下阳，巽艮上阳而下阴。天以始生言之，故阴上而阳下，交泰之义也，地以既成言之，故阳上而阴下，尊卑之位也。乾坤定上下之位，离坎列左右之门，天地之所阖辟，日月之所出入，是以春夏秋冬、晦朔弦望、昼夜长短、行度盈缩，莫不由乎此矣。

再说文王八卦方位图，此是邵雍后天之学。邵雍依据《周易·说卦传》："帝出乎震，齐乎巽，相见乎离，致役乎坤，说言乎兑，战乎乾，劳乎坎，成言乎艮。"得出文王八卦方位图，邵雍认为"起震终艮一节，明文王八卦也"。此图式的八卦方位是离南坎北，震东兑西，坤西南，乾西北，巽东南，艮东北。

邵雍在《观物外篇》中说：

至哉！文王之作《易》也，其得天地之用乎？故乾坤交而为泰，坎离交而为既济也。乾生于子，坤生于午，坎终于寅，离终于申，以应天之时也。置乾于西北，退坤于西南，长子用事而长女代母，坎离得位，兑震为偶，以应地之方也。王者之法，其尽于是矣……乾坤纵而六子横，易之本也；震兑横而六卦纵，易之用也。

从这段文字可以看出，邵雍认为后天八卦方位图是由先天八卦方位图转化而来，乾由南退居西北，坤由北退居于西南，这样就可以使震居东方，东方生物，震为长男，此即"长子用事"；巽居东南，东南长物，巽为长女，此即"长女代母"；离居南，坎居北，即"坎离得位"；兑居西与东方的震相配，艮居东北与东南的巽相配，即"兑震为偶"，兑能成物，艮能终物，这样的后天八卦方位图式体现的是地道，而先天八卦方位图式体现的是天道。邵雍因此认为先天八卦是易之体，后天八卦是易之用。

③伏羲六十四卦次序图

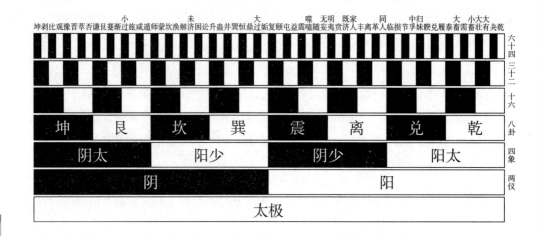

此图式见于《周易本义》和《宋元学案·百源学案》，是邵氏四图之一的"六十四卦次序图"，又称"大横图"。《易学启蒙》这样解释此图：

八卦之上各生一奇一偶而为四画者十六，于经无见，邵子所谓八分为十六者是也。又为两仪之上各加八卦，又为八卦之上各加两仪也。四画之上各生一奇一偶而为五画者三十二，邵子所谓十六分为三十二者是也。又为四象之上各加八卦，又为八卦之上各加四象也。五画之上各生一奇一偶而为六画者六十四，则兼三才而两之，而八卦之乘八卦亦周。于是六十四卦之名立而易道大成矣。

如上图所示，邵雍排列此图式的基本法则是"一分为二，二分为四，四分为八……"。程颢称此法则为"加一倍法"，朱熹称之为"一分为二法"。邵雍以加一倍法（一分为二法）解释六十四卦卦数和卦象的形成，是把奇偶二数的演变置于第一位，采用的是一种数学推衍的方法，同近代的数学中的二进位制有相似之处，奇偶二数相当于二进位制中的1和0两个数码，从两仪开始，类似于逢二进位。

邵雍在《观物外篇》中详细叙述了八卦和六十四卦形成的基本法则：

太极既分，两仪立矣。阳下交于阴，阴上交于阳，四象生矣。阳交于阴、阴交于阳而生天之四象；刚交于柔，柔交于刚，而生地之四象，于是八卦成矣。八卦相错，然后万物生焉。是故一分为二，二分为四，四分为八，八分为十六，十六分为三十二，三十二分为六十四。故曰"分阴分阳，迭用柔刚，故《易》六位而成章"也。十分为百，百分为千，千分为万，犹根之有干，干之有枝，枝之有叶，愈大则愈少，愈细则愈繁，合之斯为一，衍之斯为万。

在同一篇中，邵雍又说：

> 阴阳分而生二仪，二仪交而生四象，四象交而生八卦，八卦交而生万物。故两仪生天地之类，四象定天地之体；四象生日月之类，八卦定日月之体；八卦生万物之类，重卦定万物之体。类者，生之序也，体者，象之交也。推类者必本乎生，观体者必由乎象。生则未来而逆推，象则既成而顺观。是故，日月一类也，同出而异处也，异处而同象也。推此以往，物奚逃哉！

可见，邵雍的六十四卦次序不仅以数学的方式解释六十四卦的形成规律，同时也用来说明世界形成的过程，具有世界观或宇宙论的意义，天地万物都是按照八卦、六十四卦的生成次序演变而来。

④伏羲六十四卦方位图

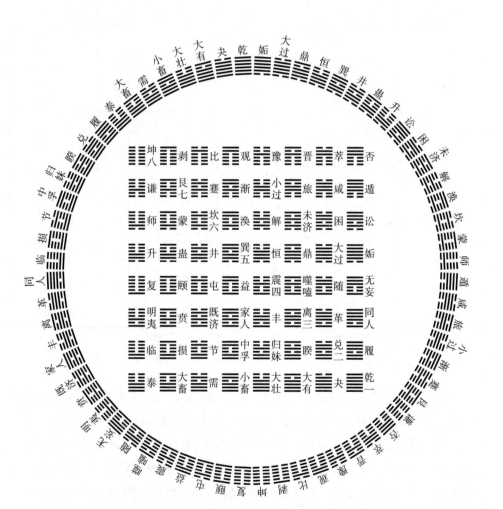

伏羲六十四卦方位图，图式外圆内方，将六十四卦次序按一定规律排列，方图的排列层次，可看作上述大横图"六十四卦次序图"从中（姤和复之间）拆开，将从乾

到复的半部变作半圆形置于左边，再将从姤到坤的半部变作半圆形置于右边，左右拼接到一起，即是大圆图。然后，将大圆图分为八段，左边半圆分四段，右边半圆分四段，每段八个卦，自下而上叠成八层，先排左半圆的：第一层从乾到泰，第二层从履到临，第三层从同人到明夷，第四层从无妄到复。再排右半圆的：第五层从姤到升，第六层从讼到师，第七层从遁到谦，第八层从否到坤，六十四卦就按此次序排成了中间的方图。

方图的排列可以用数字图来显现，按照先天八卦的排列顺序：乾一、兑二、离三、震四、巽五、坎六、艮七、坤八，将卦以数字代替，列入方图中会更直观地发现其中的规律。

8 8	7 8	6 8	5 8	4 8	3 8	2 8	1 8
8 7	7 7	6 7	5 7	4 7	3 7	2 7	1 7
8 6	7 6	6 6	5 6	4 6	3 6	2 6	1 6
8 5	7 5	6 5	5 5	4 5	3 5	2 5	1 5
8 4	7 4	6 4	5 4	4 4	3 4	2 4	1 4
8 3	7 3	6 3	5 3	4 3	3 3	2 3	1 3
8 2	7 2	6 2	5 2	4 2	3 2	2 2	1 2
8 1	7 1	6 1	5 1	4 1	3 1	2 1	1 1
坤 8	艮 7	坎 6	巽 5	震 4	离 3	兑 2	乾 1

朱熹解释此方圆合一图说："圆图象天，一顺一逆，流行中有对待，如震八卦对巽八卦之类。方图象地，有逆无顺，定位中有对待，四角相对，如乾八对坤八之类。此方圆图之辨也。"（《宋元学案·百源学案》引）"有逆无顺"，是说方图上下八层，就六十四卦的顺序说，都是从右到左。按朱熹的解释，圆图的重点在于讲阴阳流行，方图的重点在于讲阴阳定位。前者是就时间过程说的，后者是就空间方位说的。此图后世俗称"六十四卦方圆图"。

邵雍指出了此图式的结构和运行原理："阳起于复，而阴起于姤""夫《易》根于乾、坤，而生于复、姤。盖刚交柔而为复，柔交刚而为姤，自兹而无穷矣。"

邵雍认为，坤为纯阴，阴为阳母，母孕长男而生复，坤、复之间非阴非阳，称"无极"，"天根"以生。乾为纯阳，阳为阴父，父生长女而为姤，乾、姤之间，"月窟"以伏。所以，自复卦开始，沿东边（圆图左半边）运行至乾，是阳气渐长的过程。至乾而阳气达至极盛，于是姤卦一阴生，沿西边（圆图右半边）运行至坤，是阴长而阳消的过程。然后，坤又接复，周而复始，循环不已。

由上面的大横图可以看到，太极、二仪、四象、八卦、六十四卦是阴阳二爻自然叠加而成，井然有序，顺理成章，六十四卦方圆图由大横图演变而来，六十四卦阴阳消长的顺序仍是一派自然，这是一种不假安排的自然之序，阴阳转化，此消彼长，形成对称结构，其中阴阳运行循环无端，其根本皆本于太极，万物化生皆从此出。邵雍认为此图即为伏羲所画的图式，伏羲当初只画了图式，没有文字，但天地万物之理已经尽在其中了。

邵雍的六十四卦方圆图是由时间和空间搭建起的宇宙模式，或者说，是邵雍描摹了自然形成的宇宙架构，天地万物和人类生活都处在此架构之中，无不是一阴一阳的循环消长和对待流行。如果将邵雍的先天易与汉易相比，可以发现，邵雍只讲阴阳，不讲五行，宇宙万物的生成是一个阴与阳不断分化组合的过程，一分为二，二分为四，四分为八，以此类推逐次展开，直至无穷。这种说法倒有些现代宇宙学中的"宇宙大爆炸"学说的意味。邵雍这种宇宙认识论和思维方式，对宋代易学的发展有很大的影响，这也是宋代象数易学明显异于汉易之处。

⑤皇极经世图

邵雍以元会运世和岁月日时制定了一个历史年表，用以计算宇宙演变和人类历史的演变，元会运世与天之四象相对应，岁月日时与地之四象相对应，并以八卦的符号系统来表述。此年表称为皇极经世图。其子邵伯温解释说："至大之谓皇，至中之谓极，至正之谓经，至变之谓世。"经是治理的意思，"皇极经世"意为以大中至正应变之道来治理世事。

邵雍认为，太阳一年绕天一周，故以日配元。日月交会一年十二次，故以月配会。经星一年运行三百六十度，故以星配运。一日十二时辰，故以辰配世。由此而规定了一套具体的算法，一元为十二会，一会为三十运，一运为十二世，一世为三十年。这样算下来，一元就等于 129 600 年（ $1 \times 12 \times 30 \times 12 \times 30$ ），一元只是宇宙时间的初始阶段。一元中有元、会、运、世，接下来，一会中也有元、会、运、世，同样用乘法计算，可得出一会所统率的时间为 155 200 年，以此类推，运和世中也分别有元会运世，也作如此的次第相交，到世之世，得到一个庞大的数字 559 872 000 年。接着再配以地数，即以岁月日时分别与元会运世次第相交，如此终始循环，直至无穷。

朱熹的弟子蔡元定对邵雍的《皇极经世》作了高度赞扬:

康节之学，虽作用不同，而其实则伏羲所画之卦也，明道所谓加一倍法也。其书以日月星辰、水火土石，尽天地之体用。以暑寒昼夜、风雨露宿，尽天地之变化。以性情形体、走飞草木，尽万物之感应。以元会运世、年月日时，尽天地之终始。以皇帝王霸、《易》《书》《诗》《春秋》，尽圣贤之事业。自秦汉以来，一人而已。(《皇极经世绪言》)

这个年表可以看作邵雍为宇宙历史制定的年谱，邵雍将此宇宙周期表与六十四卦圆图中的六十四卦相对应，六十四卦分为八宫，八宫顺序即为伏羲八卦次序图中乾一、兑二、离三、震四、巽五、坎六、艮七、坤八，这八个卦分别对应元、会、运、世、岁、月、日、时，每宫中的八个卦再分别配以元、会、运、世、岁、月、日、时，然后次第相交，每宫中的八个卦，居奇位数则乘以十二，偶位数则乘以三十。从乾卦开始，为元之元，到坤卦为止，为辰之辰，最终可以算出一个周期的天数和地数之总和为1216192320年。看上去，非常繁杂，其实把握了规律就是次第相乘，用邵伯温的说法即"其法皆以十二、三十相乘"，以现代的计算机来进行这些乘法计算并不困难，而邵雍以这样的数学算法，并非只做算术游戏，而是要将时间周期与历法、卦气、卦象相配，以供起卦占卜之用。邵雍依据六十四卦圆图制定了一个历史年表，如蔡元定所言"其书以日月星辰，水火土石，尽天地之体用"，以天象日月星辰配元会运世，为宇宙历史制定了年谱。

邵雍在其《皇极经世一元吟》中说:

且以一元言，其理尚可识。一十有二万，九千余六百。中间三千年，迄今之陈迹。治乱与废兴，著见于方策。吾能一贯之，皆如身所历。(《伊川击壤集》卷十三)

上图为黄宗羲《易学象数论》中的"挂一图"的"元之元"部分，黄氏于"皇极二"中释此图曰：

> 乾、兑、离、震为天之四卦，四卦自交成十六卦，十六而十六之得二百五十六卦，谓之《挂一图》，以之分配元、会、运、世、年、月、日、时。然在一元会止十二，止以辟卦配之。一元之中有三百六十运，一会之中有三百六十世，一运之中有三百六十年，一世之中有三百六十月，一年之中三百六十日，一月之中三百六十时，凡此六者，则以《挂一图》配之。皆用四爻直一，三百六十尽二百四十卦，余十六卦，每气之首各用四爻，二十四气恰尽余卦。

"挂一图"中，从"元之元"到"世之世"，共有二百五十六卦。一元有十二会，与十二辟卦相配，再配以二十四节气。黄宗羲以此方法起卦得运卦、世卦、年卦、月卦、日卦、时卦，论证分析后，认为朱子说"《经世》书以十二辟卦管十二会，绷定时节，却就中推吉凶消长。尧时正是乾卦九五"所言不确，黄宗羲算出"唐尧在星之癸，一百八十，是上爻将终，安得云九五哉？于其易明者且然，况科条烦碎，敦肯究心于此乎？"邵雍的这种算法确实科条烦碎，难怪《四库全书总目》说"务穷造化，易遂不切于民用"。

我们发现，这种逐次以一配多，然后再配以卦气、历法的方式颇似"焦林直日"，焦氏是以值日之卦与六十四卦次第相配，可以出现四千零九十六种结果，以所占得的结果对应林辞，而邵氏是以各卦配元、会、运、世、岁、月、日、时，将时间纳入卦中，以流年对应卦爻象，得出占卜结果，两者另一个共同的特点是将卦气纳入体系中。

邵雍将如此漫长宏大的时间和空间纳入计算之中，用辩证的易学思维，洞察宇宙运行、世事兴衰的大规律，真可谓思贯千古、胸怀宇宙。人类在思考与追求中不断前行，现代科技发达到可以使人类进入太空，对于宇宙天体间的距离，以光年来计算，通过对时间和空间的探寻和把握以期进一步了解宇宙运行的真相及规律。邵雍在《观物外篇》中说："易之数，穷天地始终。或曰：天地亦有终始乎？曰：即有消长，岂无终始？天地虽大，是亦形器，乃二物也。"天地虽然大，也是有形的器物，是器物就有生灭，宇宙有它的运行周期，整个宇宙是众多世界生灭连续的过程。当下，人类对地球之外的星体以及宇宙有越来越多的了解，太阳系、银河系，以及那些恒星、黑洞、黑洞之间形成的吸力波，无不遵循着生灭相续、循环不已的规律，每一种状态的显现都是这个规律中的过程，正所谓"天地虽大，是亦形器，乃二物也"，邵雍试图用他的《皇极经世图》揭示宇宙运行的规律及其过程。

邵雍以他的这一图式制定出这样的宇宙历史年表，是对易学卦气说的推衍和扩充，他以阴阳消长的法则推出天地有终始的结论，宇宙同样是阴阳消长不断变化的过程。在将整个宇宙万有的变化纳入阴阳消长的过程之后，邵雍将关怀的目光回到人类社会，人类历史的变迁遵循阴阳消长的运行法则，盛衰荣辱、生死穷通，无不在过程之中，因此，邵雍提出了"观物"的人生观，既然明白了事物发展的规律，知晓了眼前的一切不过是阴阳消长的过程，人就应该从纷繁的表象中超脱出来，冷静观察万般变化，不以物伤心，亦不以心伤物，做到两不相伤，而自得于自在的境地。当胸中装得下整个宇宙，自然界的风月可以去自由品评的时候，人生便获得了高尚的乐趣。这种道家气质的宇宙观人生观，加上儒家气质的人文意识和终极关怀，使邵雍成为易学史上一位儒道兼综易学大家。

至此，我们已经简略介绍了象数派三宗的易学特点，为了使读者更多地了解象数派尤其是图书之学，特补充易图五例如下。

3）易图五例

①河图、洛书

朱熹《周易本义》卷首所载河图洛书：

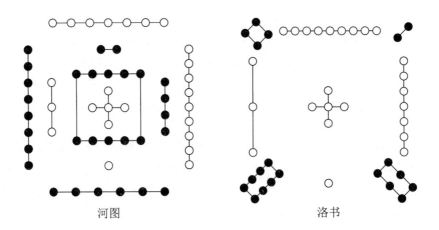

河图　　　　　　　　　　　　　洛书

《周易本义》在此两图之后有一段文字说明：《周易·系辞上传》曰："河出图，洛出书，圣人则之。"又曰："天一、地二，天三、地四，天五、地六，天七、地八，天九、地十。天数五，地数五，五位相得而各有合。天数二十有五，地数三十。凡天地之数五十有五，此所以成变化而行鬼神也。"此河图之数也。洛书盖取龟象，故其数"戴九履一，左三右七，二四为肩，六八为足"。

河图之数，按汉易的说法，乃五行之生数同五行之成数合在一起，以十数合五方、五行、阴阳、天地之象。图式以白圈为阳、为天、为奇数；以黑点为阴、为地、为偶数。并且以天地合五方，以阴阳合五行，所以图式结构分布为：一与六共宗居北方，为天一生水，地六成之；二与七为朋居南方，为地二生火，天七成之；三与八同道居东方，为天三生木，地八成之；四与九为友居西方，为地四生金，天九成之；五与十相守，居中央，为天五生土，地十成之。

河图中数字的排列所依据的规则是什么呢？这个问题，清代李光地在《周易折中》卷二十一《〈启蒙〉附论》部分，把这一排列过程表述为"阳动阴静"与"阴动阳静"的法则。

大意是说，一到十这十个自然数当中奇数为阳，偶数为阴，河图与洛书都是由奇数与偶数进行有规律的变化而形成的。现以"阳动阴静"为例：

河图阳动阴静图

河图就是十个数字的排列，"五"和"十"居中央，然后其他的八个数分别排列在四个方位上，从上方（即南方）开始排，从"一"开始，一个方位排两个数，从外向内排列，外"一"内"二"。然后按顺时针，也就是往右转，在右方（即西方），三四从外向内排列，外"三"内"四"。然后在下方（即北方），六七从外向内排列，外"六"内"七"。然后在左方（即东方），八九从外向内排列，外"八"内"九"。这八个数这样分布于四方。接下来就是所谓的"阳动阴静"，也就是这样排好之后，一和七是阳数，阳动，就是单数"一"和"七"交换位置，这个"一"本来在上面挪到下面，"七"本来是下面移到上面。左右"三"和"九"交换位置，如此交换后的结果是：一、六居乎北，二、七居乎南，三、八居乎东，四、九居乎西，就形成了"河图"的数字排列。

黄寿祺先生在《周易译注》的"读易要例"中说："事实上，'河图'方位以'五行数'（见扬雄《太玄经》）当之，'洛书'方位以'九宫数'（见《大戴礼记·明堂》）当之。"也就是说，"河图"是五行生成图，"洛书"是九宫图。

我们来看洛书图式与九宫图。中国古代天文学家将天宫以"井"字划分九个等份，以正中的方位为中宫，对应四正四隅八宫方向，在晚间从地上观天的七曜与星宿移动，可知方向及季节等讯息。对于古代天文学来说，"九宫图"非常重要。洛书的数字排列与九宫图相符。

4	9	2
3	5	7
8	1	6

洛书　　　　　　　　　　　　　　九宫图

　　此图式中，每一行，每一列，以及两条对角线上的和都等于十五，这种数学现象在当代国际数学界叫作"幻方"。中国的"洛书"是世界上最早出现的"幻方"，是三阶幻方。洛书看上去像一只大乌龟，记忆这个图式的口诀："戴九履一，左三右七，二四为肩，六八为足。"

　　"洛书"所表示的这样的三阶幻方的数字排列是怎样形成的呢？我国南宋时期有一位著名的数学家叫杨辉，在他所著的《续古摘奇算法》一书中，讨论了河图和洛书的数学问题。其中对于洛书所表示的三阶幻方的排列，找出了一种奇妙的规律。杨辉的表述是："九子斜排，上下对易，左右相更，四维挺出。"所谓"九子斜排"就是从一到九这九个数，从左上到右下斜着排下来，就是一二三、四五六、七八九这叫"九子斜排"。然后"上下对易"就是"一"和"九"对调位置。"左右相更"是左右两个数对调位置，也就是"七"和"三"对调位置，然后"四维挺出"，四维就是四个角上这四个数。"挺出"往四个方向挺出去，这样就形成了这个洛书的数字排列。

九子斜排　　　　　　上下对易、左右相更　　　　　　四维挺出

洛书阳动阴静图

杨辉所总结的洛书的数字生成过程简捷而且非常容易记住。李光地在《周易折中》中，把杨辉所概括的这种排列方法也用"阳动阴静"来表述，由于上下左右这四个数都是单数，即阳数，"对易"和"相更"就是互相对调位置，是动。二、四、六、八这四个数不动，是静，在这个动静过程完成之后再"四维挺出"，就成了洛书的排列。

　　朱熹在《易学启蒙》中对河图、洛书进行详尽的介绍后，言道："（圣人）则河图者虚其中，则洛书者总其实也。河图之虚五与十者，太极也；奇数二十、偶数二十者，两仪也；以一二三四为六七八九者，四象也；析四方之合以为乾、坤、离、坎，补四隅之空以为兑、震、巽、艮者，八卦也。洛书之实，其一为五行，其二为五事，其三为八政，其四为五纪，其五为皇极，其六为三德，其七为稽疑，其八为庶征，其九为福极：其位与数尤晓然矣。"朱熹的这段话将"河图""洛书"之数落实到圣人效法"河图"作"八卦"，效法"洛书"制《洪范》"九畴"。

　　②十二辟卦方位图

十二辟卦消息图

　　十二辟卦择取六十四卦中的十二个特殊卦形，配合一年十二月的月候，指示自然界万物"阴阳消息"的意义，故又名"月卦""候卦""消息卦"。

　　黄寿祺先生在其《周易译注》的"读易要例"中介绍此卦图说："十二辟卦的来源甚古，其说首见于《归藏》云：'子复，丑临，寅泰，卯大壮，辰夬，巳乾，午姤，未遁，申否，酉观，戌剥，亥坤。'（马国翰《玉函山房辑佚书》）"辟"字之义，犹言"君"、言"主"，谓此十二卦为十二月之主。

　　此图十二卦中，阳爻逐序递生的有六个卦，从子月复卦到巳月乾卦，阳爻从初爻的位置逐次上升：复卦初爻为阳爻，临卦是初、二爻为阳爻，泰卦是初、二、三爻为阳爻，大壮卦是初、二、三、四爻为阳爻，夬卦是初、二、三、四、五爻为阳爻，而乾卦则六爻皆阳，在此六个卦象中阳爻逐次增长，故称为"息卦"，"息"为生长之意。

阳极而生阴，乾卦全阳之时，一阴生于地下，初爻之阳被阴所替代，从午月姤卦到亥月坤卦，阴爻逐序上升，阳爻依序递减：姤卦初爻为阴爻，从姤卦、遁卦、否卦、观卦、剥卦，以至坤卦，此六个卦象中阳爻逐步消减，以至全无，故称为"消卦"。在十二辟卦中，子月（中气冬至）为复卦，为一阳来复之象（初爻为阳爻），表示冬至过后阳气初生，而午月（中气夏至）为夏至过后，阳气盛极而转衰，阴气初生（初爻为阴爻），寅月阴阳调和（三阳爻、三阴爻）故初春为"三阳开泰"，其义即源于十二辟卦。

"十二辟卦"是《周易》研究中的重要学说。《周易译注》云："十二辟卦，自西汉孟喜、京房、东汉马融、郑玄、荀爽、虞翻，以迄清代汉学家，莫不采用。"

③卦气全图（含六十卦值候）

西汉易学家孟喜易有"卦气""十二月卦""六日七分"等例，以卦配时，以卦气开象数易，但卦气的源头早于孟喜，据今人刘大钧先生《"卦气"溯源》考证，"卦气"起源应于先秦，可推至殷商。孟喜的卦气之说用意在于以六十四卦、三百八十四爻的卦象、爻象配合四时、十二月、二十四节气、七十二候、三百六十五日又四分之一日，俨然是一个历法系统。

其法以坎、离、震、兑为四正卦分配四时，每一卦主一时：坎冬、离夏、震春、兑秋。每卦六爻，每爻主一气，共主二十四气，四卦的初爻分别主二分（春分、秋分）二至（冬至、夏至），即震初九春分、离初九夏至、兑初九秋分、坎初六冬至。四正卦已经各管一季，共余六十卦来配日，若每卦配六日，六十卦即共配三百六十日，然而每岁实有三百六十五又四分之一日，须再分配于六十卦。五又四分之一除以六十，得数不是整数，于是孟喜创一日有八十分的说法，这样，五又四分之一乘以八十，得四百二十分。将四百二十分分配至六十卦，于是得每日七分，加上之前每卦所配的六日，就形成了每卦"六日七分"。六十卦已经配日妥当，接着将六十卦分配于四正卦之下，每一正卦可得十五卦，每一正卦管一季，刚好是三个月，十五卦分到三个月中，得每月五卦。所以在卦气系统中，形成五卦为单元的结构。在每一单元中，刚好配入十二月卦中的一个卦，因为十二月卦本来就分值十二个月，刚好配合，于是每单元中便成为一个月卦（十二辟卦之一）配上四个杂卦（非月卦）。孟喜再将十二月卦称为辟，其余称为公、侯、卿、大夫，五卦值月的次序，先为侯，然后次第为大夫、卿、公、辟。下图将孟喜"月卦配七十二候图"与"六日七分卦气图"综合到一起，即成包含六十卦值候的"卦气全图"：

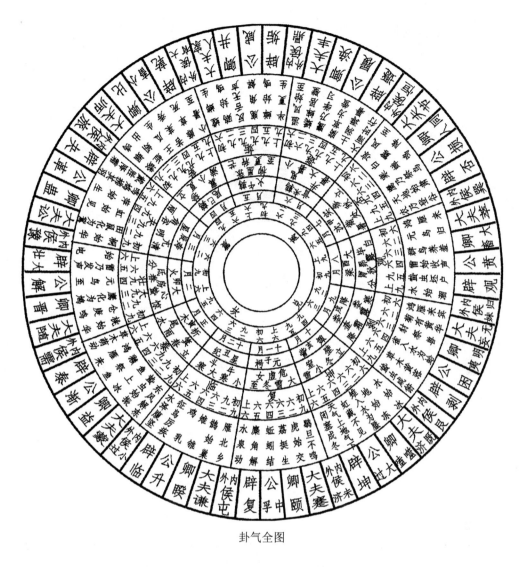

卦气全图

　　卦气全图分为八层，由内起第一层为坎、震、离、兑四正卦（图中四正卦的位置并未依东南西北的位置摆正，原因是要将十一月冬至复卦放在最接近读者的正方向，所以四正卦放在了四隅的位置）；第二层为四正卦六爻；第三层为十二月；第四层为十二月建辰，如十一月为子，十二月为丑等，所附元枵、星纪等，为黄道十二宫名；第五层为二十八宿及二十四节气；第六层为值月的十二消息卦及其六爻；第七层为消息卦每爻的值候，如蚯蚓结、麋鹿解、水泉动等；第八层为五爵六十卦，如公中孚、辟复、内候屯等。

　　卦气说的应用，其初为《易》筮占验，象数易家注经，多依卦气图而注，其后复用于历学，此中所含古代历法、气候等方面的知识是研究古代天文、历法、气候等重要的参考资料。

④《太极图说》

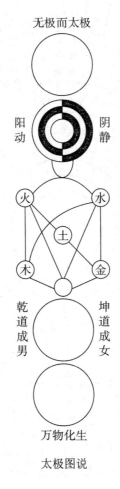

无极而太极

阳　　阴
动　　静

火　　水

土

木　　金

乾　　　坤
道　　　道
成　　　成
男　　　女

万物化生

太极图说

　　此图参考朱伯崑先生《易学哲学史》第六章第三节，书中介绍周敦颐的《太极图说》有图和说两部分，《太极图说》是对图式的解说。今本《太极图说》是经过朱熹的整理而流传下来的（上图）。南宋的朱震为宋高宗讲《周易》时所进周敦颐的太极图与此图不同。朱伯崑先生认为，儒家学者周敦颐将道教的太极图加以改造并作了新的解说，吸收了其中的宇宙论，抛弃了成仙得道的炼丹术，从而形成了《太极图说》，以此作为儒家成圣人的理论依据。周敦颐在图式中还保留了阴阳动静分上下的注文，而朱熹修订过的图，从图式上去除了道教炼丹术的影响。朱熹修订的太极图成为明、清时期的标准图式。

　　现将朱熹所修订的周敦颐《太极图说》摘录于下：

　　无极而太极。太极动而生阳，动极而静，静而生阴，静极复动。一动一静，互为其根。分阴分阳，两仪立焉。阳变阴合，而生水火木金土。五气顺布，四时行焉。五行一阴阳也，阴阳一太极也，太极本无极也。五行之生也，各一其性。无极之真，二五之精，妙合而凝。乾道成男，坤道成女。二气交感，化生万物。万物生生而变化无穷焉。

唯人也得其秀而最灵。形既生矣，神发知矣。五性感动而善恶分，万事出矣。圣人定之以中正仁义（圣人之道，仁义中正而已矣）而主静（无欲故静），立人极焉。故圣人"与天地合其德，日月合其明，四时合其序，鬼神合其吉凶"，君子修之吉，小人悖之凶。故曰："立天之道，曰阴与阳。立地之道，曰柔与刚。立人之道，曰仁与义。"又曰："原始反终，故知死生之说。"大哉《易》也，斯其至矣！（《周子全书》卷一）

朱熹认为无极是用来形容太极的，表示太极无有形迹，既无极而又太极，二者无时间先后关系。对于"说"的部分，"无极而太极"是朱熹作了修订的（原句为"自无极而为太极"）。

周敦颐的《太极图说》将道家的无极观念引入解易系统，并以阴阳动静解释太极和两仪的关系，朱熹接续其说，稍作修订后成为其理学体系重要的组成部分，其学说在易学史上有着重要的意义，对后世易学有较大影响。

⑤《序卦》圆图

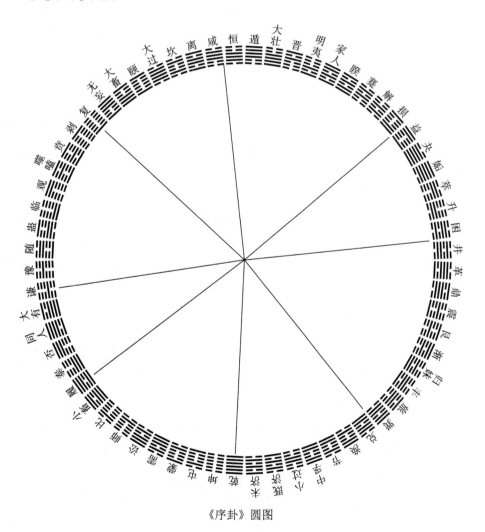

《序卦》圆图

《周易折中》在卷二十二"《序卦》、《杂卦》明义"中录有《序卦》圆图，并作文字解释说：

孔子《系辞传》，叙上下篇九卦曰："履，德之基也；谦，德之柄也；复，德之本也；恒，德之固也；损，德之修也；益，德之裕也；困，德之辨也；井，德之地也；巽，德之制也。"先儒以其卦推配上下经皆相对，盖乾与咸、恒对，履与损、益对，谦与困、井对，复与巽、兑对，每以下篇两卦，对上篇一卦，凡十二卦而二篇之数适齐矣，然十二卦之中，又止取九卦者，乾、咸其始也，兑其终也，略其终始，而取其中间之卦，以著阴阳消息盛衰之渐，故止于九。前所推上下篇各四节，阴阳消息盛衰之次，与此图密合。

此图将《系辞》中所提及的九个卦的关系在《序卦》所述卦序所形成的圆图中用连线体现出来，这九个卦我们在介绍陈抟的《龙图序》时曾经提及，称之为"夫子三陈九卦之义"，孔子对这九个卦的卦德讲了三次，可见对这九个卦的重视。《周易折中》总结先儒对这九个卦关系的认知，发现上经的每一卦正好对应沿直径所指向的下经的两个卦，这样就有十二个卦出现在对应关系中，略去这十二个卦中处于上、下经首卦的乾、咸以及十二卦末尾的兑，取其中间就是篇中所论的九个卦，以此来阐明阴阳消息盛衰渐进的变化。

图中所呈现出的这种对应关系确实很奇妙，既体现了卦序中所蕴含的变化流行、生生之义，又体现了上、下经之间的对待关系，可见，三陈九卦，并非偶然。

5. 王弼解易

按照《四库全书总目》中"两派六宗"的顺序，下面介绍"义理派"的第一宗：王弼。

王弼，字辅嗣，三国时期曹魏人，重要的易学著作有《周易注》和《周易略例》。其中，《周易略例》是一部划时代的著作。易学史上义理派与象数派明显的分野即是以这部著作的出现为标志。

在王弼出现之前的数百年间，汉易象数之学致力于编织卦气图式来讲阴阳灾异，主要是受了当时以天人感应论为理论基础的经学思想的影响，汉代的这种经学思想将儒家的文化价值理念借助阴阳家的宇宙图式用推算灾异的方式表现出来，用以表达天人整体和谐的价值理想，在实际政治生活中发挥有效的调节功能。到了东汉末年，随着政治文化环境的日趋恶劣，士气颓丧而儒风寂寥，象数之学的天人感应、阴阳灾异之说逐渐失去了在政治生活中的调节功能，越来越不为君权和世人所信服，而汉易象数之学本身也越来越烦琐，越来越脱离实际，最终走向了衰落。

王弼在《周易略例》中如此评论象数之学："互体不足，遂及卦变，变又不足，推致五行，一失其原，巧愈弥甚，纵复或值，而义无所取，盖存象忘意之由也。"

王弼易学的形成，主要受当时社会崇尚老庄道家学说的影响。道家思想提倡清静、简易、无为，相对于汉代烦琐的学风，曹魏时期社会上兴起的道家思潮是一股清新之风，出现了以老庄思想解易的新流派，史称义理学派，王弼是这一学派的创始人。

所谓象数和义理，其实就是《周易》的形式和内容。讲象数，是要阐发义理，说义理，脱离不开象数，两者本是相辅相成、互为表里的关系，同时又有矛盾的一面，关键是解释的时候以哪方面为主导，哪方面为附庸。如果以象数为主导，构建象数体系，编织宇宙图式，义理内容由象数生发而出，义理服务于象数，内容依附于形式，说不通时，就演绎出各种象来，以使其通，这就呈现出一种象数派的解释倾向；如果以义理为主导，构建义理体系，阐释人事结构及其关系变化的规律，义理先立，象数服务于义理，形式服务于内容，说不通时，就从经传文辞中找依据，不再重视象，这就呈现出一种义理派的解释倾向。

王弼易学就是从汉易象数派的解释转向了义理派的解释，或者说，王弼创立了义理派的解释方式。

①《周易略例》概述

王弼的《周易略例》共有七篇文章，分别讨论了以下内容：

■《明象》论卦，认为每个卦都有一个中心主旨，即一卦之体，《彖辞》就是对卦体的总体说明。

■《明爻通变》论爻，认为"卦以存时，爻以示变"。爻是表示变化的，卦为体，爻为用。

■《明卦适变通爻》进一步论述卦与爻的关系，突出"时"的重要，进一步阐明卦为体、爻为用的思想。在卦与爻以及爻与爻的关系中，时、位、中、承、乘、比、应、远近、内外等因素都会对发展变化的态势产生影响。

■《明象》论述象与意的关系，提出了"尽意莫若象，尽象莫若言"，然而"得意在忘象，得象在忘言"的观点，明确地指出卦爻象的象征及符号系统的意旨是根据意及情而定，因此否定了汉易的互体、卦变诸说。

■《辩位》论述六爻之位，阐明"初上无阴阳定位"、二至五爻论尊卑而成位，爻位是辨贵贱之处所。

■《略例下》从卦辞、阴阳、险易、卦体、一爻为主、有咎无咎等方面论述解卦体例。

■《卦略》列举了十一个卦，以爻的居位和爻与爻之间阴阳配合关系阐明卦义。

以上是王弼《周易略例》的主要内容。《周易略例》是一篇直接说明《周易》著作体例的专文，而《周易注》则是对《周易》的经文和《彖》《象》的注释，具体体现了他在《周易略例》中的观点。

下面就上述几章的内容结合《周易注》进行相应的分析。

②明彖

王弼认为，《彖辞》的作用，是在说明每一个卦的中心主旨，即统论一卦之体，通过卦名和《彖辞》就可以了解卦体，把握每一个卦总体性的思想，这个总体性思想即为卦义。解卦要先明卦义，才可以统宗会元，提纲挈领，知时知变，把握大局。他在《明彖》中开宗明义：

　　夫彖者，何也？统论一卦之体，明其所由之主者也。夫众不能治众，治众者，至寡者也。夫动不能制动，制天下之动者，贞夫一者也。故众之所以得咸存者，主必致一也；动之所以得咸运者，原必无二也。物无妄然，必由其理。统之有宗，会之有元，故繁而不乱，众而不惑。

其中说到"物无妄然，必由其理"，说明万物的运行不是随意杂乱地运行，而是有其内在的秩序，这种秩序就是理，万物皆由理而行，这个必然之理具有支配作用，六十四卦皆由理而来，三百八十四爻皆依理而备，这个理体现到每一个卦，即是此卦的卦义，卦名和《彖辞》就是用来彰显卦义的，"故举卦之名，义有主矣；观其彖辞，则思过半矣"。从上面这段话，可以看出，王弼解《周易》与汉易从象数切入的路径大异其趣，主张从义理入手，这样才能"统之有宗，会之有元，故繁而不乱，众而不惑"。

王弼《周易注·丰》对卦辞和彖辞这样解释：

　　丰之为义，阐弘微细，通夫隐滞者也。为天下之主，而令微隐者不亨，忧未已也，故至丰亨，乃得勿忧也。用夫丰亨不忧之德，宜处天中以遍照者也，故曰"宜日中"也。

　　大者，王之所尚，故至之也。……以勿忧之德，故宜照天下也。……丰之为用，因于晷食者也。施于未足则尚丰，施于已盈则方溢，不可以为常，故具陈消息之道者也。

王弼没有以震为雷象，离为火象来解卦义，而是以"阐弘微细，通夫隐滞"来说明卦义，卦名为丰，丰之义就是使那些微细者隐滞者也能得到弘大通达，从而推至人事，天下之主，能令微隐者亨通，乃得勿忧。用这样的德行处世，宜于处在天中遍照天下。在对《彖辞》最后的解释中，阐明"丰"施于"未足"和"已盈"情况下的不同效果，得出"不可以为常"的结论，这些都是事物消长运行的道理。

　　这就是王弼注《周易》的特点，以义理解易，罕言象数。

　　在《明象》中，王弼还论述了"一卦之主"的观点：

　　故六爻相错，可举一以明也；刚柔相乘，可立主以定也；是故杂物撰德，辨是与非，则非其中爻，莫之备矣！故自统而寻之，物虽众，则知可以执一御也；由本以观之，义虽博，则知可以一名举也……

　　夫少者，多之所贵也；寡者，众之所宗也。一卦五阳而一阴，则一阴为之主矣；五阴而一阳，则一阳为之主矣！……或有遗爻而举二体者，卦体不由乎爻也。繁而不忧乱，变而不忧惑，维以存博，简以济众，其唯象乎！

　　可以看出，王弼主张每卦均有其卦主，了解卦义，要能够从繁杂中得其精要，从众多中找出宗主，一卦之主由不同情况得出，以不同的情况了解卦义：

　　第一种情况，中爻为主："是故杂物撰德，辨是与非，则非其中爻，莫之备矣！"（《周易·系辞下传》）"中爻"指卦中的二、五爻。这是因为，周易"尚中"，中爻为卦主的情况在六十四卦中占很大比例。

　　第二种情况，唯一的阴爻或阳爻为卦主。"一卦五阳而一阴，则一阴为之主矣；五阴而一阳，则一阳为之主矣！"这是因为阴求阳，阳求阴的特性，卦中仅有一阴或一阳时，就会为其他爻所贵，成为众之所宗，即为一卦之主。《略例下》中说："凡彖者，通论一卦之体者也。一卦之体，必由一爻为主，则指明一爻之美，以统一卦之义，'大有'之类是也。"

　　第三种情况，以上下两体确定卦义。"或有遗爻而举二体者，卦体不由乎爻也。"是说有的卦不由爻来明卦义，而是由上下两经卦的卦体确定。

　　第四种情况，在六十四卦中常见，且很重要，那就是在一卦中，爻辞直接同卦辞相关联的一爻即为卦主，比如屯卦初九，王弼在《周易注·屯》中说："处屯之初，动则难生，不可以进，故盘桓也。处此时也，其利安在？不唯居贞建侯乎！"屯卦初九爻的爻辞中有与卦辞相同的"利建侯"句，于是王弼在解释卦中其他各爻时，以初九的爻义为本，因此，初九爻为屯卦之主。

在一爻为主的情况中，也会有主爻并不是统率一卦之义的主卦之主的情况，比如履卦六三，王弼在《周易注》中说："凡彖者，言乎一卦之所以为主也。成卦之体在六三也。"履卦卦辞说"履虎尾，不咥人"，六三是唯一的阴爻，以柔履刚，爻辞说"履虎尾，咥人凶"，说明六三爻辞虽有与卦辞相关联处，但却有"咥人"和"不咥人"的不同，说明六三并不是主卦之主，而是由于六三这样一个阴爻居处这样的爻位而形成了履卦的总体形势，王弼称之为"成卦之体"。

③明爻通变

《明爻通变》论爻，认为"卦以存时，爻以示变"。爻是表示变化的，爻所表示的变化主要是社会人事的变化，这种变化概由"情伪"而起。

> 夫爻者，何也？言乎变者也。变者何也？情伪之所为也。夫情伪之动，非数之所求也；故合散屈伸，与体相乖。形躁好静，质柔爱刚，体与情反，质与愿违。……能说诸心，能研诸虑，睹而知其类，异而知其通，其唯明爻者乎？……是故，范围天地之化而不过，曲成万物而不遗，通乎昼夜之道而无体，一阴一阳而无穷。非天下之至变，其孰能与于此哉！是故，卦以存时，爻以示变。

王弼认为变化无处不在、无时不有，变化是社会人事及各类事物的真实情状，变化是由"情伪"即"真"和"伪"相互作用引起的，情伪的变动用数无法求得，爻也只是表示这些变化而已，并不是变化的本身，爻因其"合散屈伸，与体相乖。形躁好静，质柔爱刚，体与情反，质与愿违"等情况所体现出来的变化，都是对社会人事及各类事物实际变化的拟议、模仿。卦体与爻义既可以相合，有时又会相反；爻的形与质、静与躁、柔与刚、体与情、质与愿，既统一于自身，又有着潜在的矛盾和张力；卦中刚爻与柔爻之间既有相异相斥的矛盾，又有相通相吸的联系。上述这些因素造成了纷繁复杂的变化，要想看清和把握这些变化，就需要明爻："能说诸心，能研诸虑，睹而知其类，异而知其通，其唯明爻者乎？"明爻就是认识爻的变化，从而认识事物的变化，把这种认识运用于实践。这些变化归根结底是"一阴一阳而无穷"的变化，一阴一阳的相互作用和彼此消长的关系就是变化之道。最后，王弼总结卦与爻的关系是"卦以存时，爻以示变"，爻变是在卦时下的变化，蕴含着适时以通变的理路在其中。

④明卦适变通爻

《明卦适变通爻》进一步论述卦与爻的关系，突出"时"的重要，于"时"的前提之下重点讲"变"，进一步阐明卦为体、爻为用的思想。在卦与爻以及爻与爻的关系中，时、位、中、承、乘、比、应、远近、内外等因素都会对发展变化的态势产生影响。因此，要适时而变，并综合考虑居位和爻与爻之间的关系：

夫卦者，时也；爻者，适时之变者也。夫时有否泰，故用有行藏；卦有小大，故辞有险易。一时之制，可反而用也；一时之吉，可反而凶也。故卦以反对，而爻亦皆变。是故用无常道，事无轨度，动静屈伸，唯变所适。故名其卦，则吉凶从其类；存其时，则动静应其用。寻名以观其吉凶，举时以观其动静，则一体之变，由斯见矣。

夫应者，同志之象也；位者，爻所处之象也。承乘者，逆顺之象也；远近者，险易之象也。内外者，出处之象也；初上者，终始之象也。

卦名和《彖辞》揭示了卦时，体现了时义，那么爻变显示的是在卦时之下事物变化的规律和趋势以及人们应采取的应变行为，而这种时也是不断变化的，因此要不断地适时而通变。比如，时有否泰的不同，人们的行为就相应地有行藏之别。一时受到的制约，却转而会变为可用的资源；一时的吉，也可以反而变为凶。因此，卦义因时而推移，爻义随时而变化，"动静屈伸，唯变所适"。

爻义除了随卦时而变之外，它也总是同自身所居处的位置密不可分，其适时的情况也各不相同。在一卦之中，某一爻的处境：有应还是无应？是否当位？是否居中？承还是乘？相远还是相近？居内还是居外？居初还是居上？这些因素都会影响爻义，所以分析爻义当根据这些条件进行观察。

故观变动者，存乎应；察安危者，存乎位；辩逆顺者，存乎承乘；明出处者，存乎外内。远近终始，各存其会；辟险尚远，趣时贵近。

这些条件也是"时"的一部分，接下来，再次强调适时动静的重要性："吉凶有时，不可犯也；动静有适，不可过也。"如果逆时、犯时，哪怕罪责不大，也会遭受凶险，如果动静不适其时，哪怕过错再小，也会产生严重的后果。所以，卦爻之义因时而变，人们动静出处的选择也应适时而变，实践中的行为选择要随着时、位的变化而有所不同，要由此形成适时应变的理性思维，善于对具体形势作出清醒的判断，提高应变的能力。这就是"适时通变"的重要。在《明卦适变通爻》最后，王弼写道："故当其列贵贱之时，其位不可犯也；遇其忧悔吝之时，其介不可慢也。观爻思变，变斯尽矣。"提醒人们对于"时"和"位"要有足够的警惕和重视，贵贱有其时，当处在贵贱位序之中时，这种位序不可触犯和更改，这是时和位对人形成的规范和压力；当遇到忧患悔吝的时候，即使那些极细小的事，也不可简慢，而应时刻谨慎行事，这其中往往蕴藏着吉凶的征兆。观察每一个爻，思考爻适时而变的变化原理，那么社会人事的变化尽在其中了。

⑤明象

《明象》论述象与意的关系，也就是形式与内容的关系，提出了"尽意莫若象，尽象莫若言"，然而"得意在忘象，得象在忘言"的观点，明确指出卦爻象的象征及符号系统的意旨是根据意及情而定，因此否定了汉易的互体、卦变诸说。

首先，王弼对于象、意、言的层次关系进行了说明。

> 夫象者，出意者也。言者，明象者也。尽意莫若象，尽象莫若言。言生于象，故可寻言以观象；象生于意，故可寻象以观意。意以象尽，象以言著。故言者所以明象，得象而忘言；象者所以存意，得意而忘象。犹蹄者所以在兔，得兔而忘蹄；筌者所以在鱼，得鱼而忘筌也。

从王弼的论述中可以看出，"意"在先，"象"在后，"象"是用来表现"意"的一种形式，而"象"又需要用"言"来进行解释，说明"言"又在其后，因此这三者由内而外、由先到后的顺序是：意—象—言，"意"即为卦爻义，"象"即为卦爻象，"言"即为卦爻辞。对于想要了解"意"的人来说，就要由外而内去了解，即"寻言以观象"，进而"寻象以观意"，通过研读玩味卦爻辞进而理解卦爻象，从观察分析卦爻象进而获知卦爻义，言和象是过程和工具，当得到卦爻义的时候，就不要再执着于象和言了，就好比渡河用的船，当到达对岸的时候，就应该弃船登岸，不必再流连于船中而不肯下船，更不应该错误地把船当作目的地。正所谓"故言者所以明象，得象而忘言；象者所以存意，得意而忘象。"得到了卦义，就应该忘掉卦象，王弼用的是蹄和兔、筌和鱼的比喻，应是取自《庄子·外物》："筌者所以在鱼，得鱼而忘筌；蹄者所以在兔，得兔而忘蹄；言者所以在意，得意而忘言。"用蹄这种工具抓住了兔子，用筌这种工具捞到了鱼，就应该把关注点放在兔子和鱼上而忘掉蹄和筌，明白了言语所说的意思，就可以把言语忘掉了。所以王弼接着说："义苟在健，何必马乎？类苟在顺，何必牛乎？"如果明白了卦义是刚健，就不必非得证明卦象是马，如果卦义是柔顺，也不必非得证明卦象是牛。若是用僵化的思维，非得找出某种卦象来，案文责卦，在卦象里打转，就会出现找不到与卦爻辞中相应之象的情况，于是"伪说滋漫，难可纪矣"，只好造作滋生出各种体例来，正所谓"互体不足，遂及卦变；变又不足，推致五行。一失其原，巧愈弥甚。从复或值，而义无所取"。王弼这段话直接批评了汉易象数学把手段当目的的弊病。他打破象数的樊篱，阐明了易学研究的目的在于"得意"，明确指出"忘象以求其意，义斯见矣"。王弼独创一派，不拘泥于卦象，这种创造性解释《周易》的方式，在汉易日益僵化并逐渐成为禁锢人们思想之樊篱的历史时期，开拓出一片崭新的天地，使易学研究迎来了新的发展阶段，同时也奠定了义理派在易学史上的地位。

⑥辩位

《辩位》论述六爻之位，阐明"初上无阴阳定位"、二至五爻论尊卑而成位，爻位是辨贵贱之处所。

王弼根据《象》文和《系辞》中的"二与四，同功而异位，其善不同，二多誉，四多惧，近也……三与五，同功而异位，三多凶，五多功，贵贱之等也"，认为阴阳爻位只限于二、四和三、五，不提及初、上，这是说明初、上不以阴阳定其位，因此王弼结合各卦初、上爻的共性，提出了"初上是事之终始，无阴阳定位也"的说法，并以乾卦上九《文言》说"贵而无位"和需卦上六《象》文说"虽不当位"论证了这一说法，并得出结论："历观众卦，尽亦如之，初上无阴阳定位，亦以明矣。"

王弼认为"位"是"列贵贱之地，待才用之宅"，爻有阴阳刚柔，位有尊卑贵贱。爻的功用就是守位分之任、应贵贱之序。尊为阳位，卑为阴位。如果去除初、上而论其他四爻的位分，下卦只有二和三，上卦只有四和五，则三、五各在一卦之上，上为尊，所以是阳位，二、四各在一卦之下，下为卑，所以是阴位。初、上两爻只表示卦体之终始，事物之先后。初为始，上为终，初为先，上为后。王弼认为事物的终始先后不能确定其阴阳，也就是说，初和上是阴是阳，不是固定不变的，所以以初上不论阴阳定位。他说：

初上者，体之终始，事之先后也，故位无常分，事无常所，非可以阴阳定也。尊卑有常序，终始无常主。故《系辞》但论四爻功位之通例，而不及初上之定位也。

但是，为什么会有"六位时成"之言呢？王弼解释说：

然事不可无终始，卦不可无六爻，初上虽无阴阳本位，是终始之地也。统而论之，爻之所处则谓之位；卦以六爻为成，则不得不谓之六位时成也。

这里的位只是指六爻的居位，而不是阴阳定位。由此，王弼确立了他的"辩位说"，其中包含着对事物变化的理解，即事之终始，或阴或阳，不确定阳始还是阴始，也不固定阳终还是阴终，在事物变化的中间过程，事物按尊卑贵贱而成位，既有其秩序性，又有其变化的规律性，一阴一阳相互作用，盛衰消长，变化无穷。

对于爻位的理解，王弼注释《乾卦·文言》说："以爻为人，以位为时，人不妄动，则时皆可知也。"可见，位体现了时，时和位是相辅相成的，爻居其位，犹若人遇其时。这种解读是从人事的角度出发，是与社会人事联系在一起的。因此，对于"辩位说"所提供的"初上无阴阳定位"，以及对二与四、三与五的"同功异位"的分析都是立足于社会人事的分析，通过爻与位的关系看出人与时的关系，指出人事所应遵循和体悟的规律和内在之理。

在《周易略例》的最后部分，王弼在《略例下》中从卦辞、阴阳、险易、卦体、一爻为主、有咎无咎等方面论述解卦体例。在《卦略》中列举了十一个卦，以爻的居位和爻与爻之间阴阳配合关系阐明卦义。

综上所述，王弼对《周易》的解释，是以义理为主导，卦象是用来表达义理的工具，从而排斥了象数易学的取象、互体、卦气、纳甲、爻辰等说法，立足于人事问题，去考量卦爻的变化，按照他所提出的"卦以存时，爻以示变""以爻为人，以位为时"的思路解读《周易》。《明象》而知卦义；《明爻通变》知变化；《明卦适变通爻》而知时用；《明象》而尽意；《辩位》而知位……以这些理论和方法指导人们掌握事物变化的规律，把握时位精义，从而采取正确的决策和行为。

王弼以义理解易，开风气之先，使易学获得了新的生机，有着重要的意义，成为义理派开山宗师。黄宗羲在《象数论序》中评论道："有魏王辅嗣出而注《易》，得意忘象，得象忘言，日时岁月，五气相推，悉皆摒落，多所不关，庶几潦水尽寒潭清矣。"

6. 胡瑗、程颐解易

1）胡瑗解易

易学发展到北宋时期，出现了新的高峰，涌现了一大批了不起的易学家。象数派代表人物有陈抟和邵雍，我们前面已有所介绍。义理派更是群雄并起，著作频出，李觏作《易论》及《删定易图序论》，胡瑗有《周易口义》，孙复作《易说》，石介作《徂徕易解》，欧阳修作《易童子问》，司马光作《温公易说》，苏轼作《东坡易传》，王安石作《易解》（已佚），张载作《横渠易说》《正蒙》等。在这个易学兴起的大时代，李觏、欧阳修开北宋义理学派的先河，拉开了宋代义理之学的序幕。李觏易学以实用为主，注重经世致用，在宋代易学中开创了一条经世之学的道路，欧阳修的易学思想突出地表现出了一种重人事而轻天道的倾向，认为《周易》的主旨是"圣人急于人事者也，天人之际罕言焉"。（《易童子问》）李觏和欧阳修都极力推崇王弼，继承王弼的解易思想，为北宋义理派发出了先声，他们继承的同时又力图超越，但这种超越直到程颐的《伊川易传》才算告以段落。在北宋这场长达半个多世纪伴随着儒学复兴运动的易学大发展进程中，李觏、欧阳修起到了开创、铺垫和引领的作用。同时期的胡瑗、孙复、石介等儒家学者于其时讲解《周易》，主张义理，对象数易学和王弼易学均有吸收和扬弃。

我们继续按照"两派六宗"的顺序进行介绍。《四库全书总目》中提到的义理派第二宗："一变而胡瑗程子，始阐明儒理。"胡瑗与程子（即程颐）是师生关系，二人共同成为"两派六宗"中义理派第二宗的宗师。

胡瑗，字翼之。泰州海陵（今江苏泰州）人。因居安定，世称安定先生。胡瑗与石介、孙复并称"宋初三先生"，是宋代理学酝酿时期的重要人物。胡瑗于庆历二年至嘉祐元年历任太子中舍、光禄寺丞、国子监直讲、天章阁侍讲等职，太学生、弟子众多，他讲学分经义、治事二斋，倡导"明体达用"之学，对宋代学风有着深远影响。《宋史·胡瑗传》记载他在太学讲学时，学生多得住不下，就租太学近旁的官舍安顿。当时礼部所录的官员中，胡瑗的弟子常占十之四五。无论才能高下，他们皆注意修身养性，严谨自律，别人遇见他们，即使不认识，也一看就知道是胡瑗的弟子，可见胡瑗对于宋初政治风气和学界风气的深刻影响。其易学著作有《周易口义》，但这部书非其自著，乃是他的门人倪天隐根据他的讲授进行记录编纂而成，朱彝尊《经义考》引李振裕之说云："瑗讲授之余，欲著述而未逮，其门人倪天隐述之，以非其师手著，故名曰《口义》。"

①《周易口义》要旨

《钦定四库全书荟要·周易口义·提要》记载："（胡瑗）其说易以义理为宗，而不参以象数之说，明白晓畅，最为精粹。程子教人读易'当先观王弼、王安石及此书'，朱子亦屡称之'盖北宋诸儒中言易之极纯者也'。"程颐和朱熹都对胡瑗倍加推崇，认为其言易极纯，可见胡瑗的思想学说对程、朱影响之大。

清代学者刘绍攽《周易详说》曰：

朱子谓程子之学源于周子，然考之《易传》，无一语及太极。于《观》卦辞云："予闻之胡翼之先生，居上为天下之表仪。"于《大畜》上九云："予闻之胡先生曰，天之衢亨，误加何字。"于《夬》九三云："安定胡公移其文曰'壮于頄，有凶。独行遇雨若濡，有愠。君子夬夬，无咎。'"于《渐》上九云："安定胡公以陆为逵。"考《伊川年谱》："皇祐中游太学，海陵胡翼之先生方主教道，得先生文试，大惊，即延见，处以学职。"意其时必从而受业焉。世知其从事濂溪，不知其讲《易》多本于翼之也。

这段考证，证明了程颐的易学思想多本于胡瑗，渊源有自，后有大成。

在《周易口义·发题》中，倪天隐以"先生曰"开篇，将胡瑗解易的中心思想列于篇首。

第一层意思，《易》是"伏羲、文王、周公、孔子所以垂万世之大法、三才变易之书"。伏羲时，由于世质民淳，三爻八卦就能够尽吉凶之变，实现大治。而到了桀纣之世，民欲丛生，奸伪万状，三爻已经不能尽万物之消长、究人心之情伪，于是文王"思周身之防，达忧患之情，通天人之渊蕴，明人事之始终，遂重卦为六十四，重爻为三百八十四，又于逐卦之下为之彖辞，故天地通变之道，万物情伪之理，一备于此然"，从这段话里可以看出，八卦、六十四卦、三百八十四爻，都是应人事而产生，是"通天人之渊蕴，明人事之始终"的结果，卦象、彖辞是用来体现天道人事的符号和语言工具，以此来获知和体悟"天地通变之道，万物情伪之理"，这正是义理派解易的理路。

第二层意思，认为《周易》的核心思想就是讲"变易"，否认"易一名而含三义"。胡瑗根据《系辞》所说："易，穷则变，变则通，通则久"以及"生生之谓易"，认为"大易之作"专取"变易"之义。

盖变易之道，天人之理也，以天道言之，则阴阳变易而成万物，寒暑变易而成四时，日月变易而成昼夜；以人事言之，则得失变易而成吉凶；情伪变易而成利害；君子小人变易而成治乱。

变易是天道人事的常道，数位圣人先后相继将变易之道蕴含于卦、爻、彖、象、文辞之中，并于周时大备，所以称为《周易》。研读《周易》就是要体悟和把握变易之道，在社会人事中指导决策和实践，尤其是居于上位者，只有明白了变易的道理，才能够在社会人事中更好地进行裁制和定夺：

苟知其君子小人相易而为治乱，则当常进用君子而摈斥小人，则天下常治而无乱矣；知其情伪相易而成利害，当纯用情实而黜去诈伪，则所为常利而无害矣；知其得失相易而成吉凶，当就事之得而去事之失，则其行事常吉而无凶矣！是皆人事变易不可不慎也。

这段话阐发的是"明体达用"之理。

第三层意思，《周易》上经，自乾坤至坎离三十卦，是天地日月之象，所以取为上经。下经自咸恒至既济未济，是夫妇之义、人伦终始之道，所以取为下经。并认为上下经之分是因为简帙重大而分之，即使不分也无损于义。将整部《周易》看作一个完备的整体，天道自然、社会人事以及变化发展的规律皆蕴含其中。

从《周易口义》的解释中可以看出，胡瑗以义理释《易》，直接继承和发扬了王弼解《易》的体例和学风，注重实际的人事义理，既不讲互体、卦变、旁通、飞伏，也不讲纳甲、纳支，更不言阴阳灾异，而是以天道人事的发展规律解释《周易》，他以"变易"为《周易》之核心，否定了"三易"说，重点阐释天道人事的变易之理，而最终关注的是《周易》所揭示的变易之理在社会人事中的运用和落实。

②明体达用

《四库全书总目提要》说："《易》之为书，推天道以明人事者也。"胡瑗在其《周易口义》中充分体现了这种天道人事所蕴含的变易规律的同一性，其对各卦爻于天道解释之后，接着以人事阐明其含义，这种同一性不是通过阴阳灾异和天人感应来体现，而是以其内在的义理来阐发。比如其解释《豫》卦的卦辞"豫，利建侯行师"：

> 以二体言之，则雷出于地上而蛰虫昭苏，勾萌皆达，万物无不得其悦豫也，故曰："豫"。"利建侯行师者"，天下之人既已悦豫，则当建立诸侯而分治天下，出兵行师以讨其叛逆，何则？夫民苟不顺何为而可哉？民心既已悦顺，虽驱之死地而亦从之。故豫而建侯行师，无所不利矣。若武王之伐纣，以其顺天应人，是以一怒而安天下，天下之民无不悦豫而顺从也。

这样的解释思路于篇中随处可见，朴素务实，注重人事，是胡瑗解《易》的显著特点。综览《周易口义》，胡瑗强调自然界与人类社会具有共同的盛衰发展的规律，人类要服从自然的普遍规律，主张道德原则、行为规范与自然原则相一致。这种规律即是天道，体会天道在于更好地处理人事，"明体"重在"达用"，"明体"是为了"达用"。胡瑗明确提出了圣人之道有体有用的学说。正如其弟子刘彝所述，胡瑗认为"圣人之道有体、有用、有文。君臣父子，仁义礼乐，历世不可变者，其体也。诗、书、史、传、子、集，垂法后世者，其文也。举而措之天下，能润泽斯民，归于皇极者，其用也。"

由上可见，"明体达用"是胡瑗易学的主旨。体，是指"仁义礼乐"，注重心性修养，即"内圣"；用，是指"举而措之天下，能润泽斯民"，注重社会事功，即"外王"。

③引史证易

在汉易时期，解易方式以象数见长，对于历史人物及事件涉及不多。而义理派解《易》，有注重社会人事的传统，倾向于以历史上的人物及事件来佐证义理。其实，在《周易》"十翼"中，就有不少以史证易的苗头（本书在介绍李光的章节里再作较详细介绍），汉唐人解《易》也有引征历史事件的先例，但只是偶然为之。宋代义理派发扬了这一传统，胡瑗当为宋代引史证易的先驱。据一些学者统计，《周易口义》中引证史实的事例有八十余条之多。如前面所举对《豫》卦卦辞的解释，即以"武王之伐纣，以其顺天应人"来证明在豫之时"利建侯行师"之义。

又如其解释《蒙》上九爻辞"击蒙，不利为寇，利御寇"：

> 今上九是蒙之大者，若诸侯群臣所以佐天子而反为反版之丑；若夷狄所以柔服于中国而反为叛乱之孽。罪深恶大，非五刑所能制，必在兴师动众以征伐之，故曰"击蒙"也。"不利为寇者"，夫兵，凶器也；战，危事也。若逞其凶器，肆其危事，以自寇于人，往必不利。故秦之始皇，汉之孝武，隋之炀帝，皆贪一时之欲，恃一己之威，穷兵黩武，长征远伐，使天下之男死不得缘南亩，天下之女罢不得就蚕室，而劳于馈饷，流离四郊，以至老母吊其子，幼妇哭其夫，怨毒之气彻于骨髓，愁痛之声沦于肠胃，此皆"为寇""不利"之明效也。言"利御寇"者，言征伐之事非务于穷兵黩武，盖在于御难备害而已，

若三苗之氏反道败德而舜征之，葛伯有先祖之奉而不祀，有千乘之富而夺人之馈饷，汤始征之；昆夷、猃狁为华夏之难而文王伐之；三监叛周而周公诛之；四夷交侵宣王伐之。此皆利于"御寇"之明效也。《象》曰："利用御寇，上下顺也者。"言诸侯之叛逆、四夷之不宾服、人神之所共怒也。故圣人选兵简将以击之，则上下之心无不承顺也。

对一个爻如此长篇宏论，在《周易口义》中俯拾皆是，其目的在于总结历史经验，借鉴历史教训，振聋发聩，使当权者明白执政为民、不擅权、不妄作的道理。因此，胡瑗的《周易口义》也可以称作一部经世济世之书，是一部政治哲学的教科书。

引史证易，自胡瑗起，在宋代形成日渐兴盛之势，发展至南宋，李光作《读易详说》，偏重于引史证易，杨万里作《诚斋易传》，更是于每卦每爻的解释中援引史实以参证易理，成为以引史证《易》为特色的义理派第三宗，而胡瑗是宋代易学引史证易的开风气者。

④阴阳相须

胡瑗在《周易口义》中对《系辞》"生生之谓易"解释：

> 生生者，阴生阳，阳生阴也。天地之道，圣人之德，以富有言之，则谓之大业，以日新言之，则谓之盛德。而又生成之道，变化死生，生而复死，死而复生，使万物绵绵而不绝者，天地圣人之德业也。夫大易之道，尽七九八六之数，写天地水火雷风山泽之象，总阴阳生杀之理，包人事万物之宜，变而必通，终而复始，随时之变，因事而制宜，准拟天地之功，则其功不异是生生相续而不绝也。

这段话体现了胡瑗的宇宙观，天地万物，变化死生，终而复始，是因为阴生阳，阳生阴，变化无穷，呈现出无限生生之意。《周易》的符号文字系统，包含了人事万物之宜，随时之变，因事制宜，将天地宇宙生生相续之功蕴藏其中，而所有的变化无非是阴阳之间的消长相须。"独阳不能自生，独阴不能自成，是必阴阳相须然后可以生成万物"（《周易口义·系辞》），阴阳相辅相成，生成万物，化育万物。阴和阳，二者缺一不可。

胡瑗的易学思想亦吸纳了汉代易学的卦气说，虽不参以象数，但将卦气说的内涵继承并融合于对《周易》变易思想的解读之中，其卦气说蕴含着乾阳、坤阴升降消息的易学内涵。胡瑗认为，六十四卦是乾阳坤阴、天阳地阴消息变化的表征系统，这个系统体现了天地万事万物的变化。比如他在《周易口义》中解释"时乘六龙以御天"说：

> 时乘六龙以御天者，夫以上下定位而言之，谓之六位，以阳气变化而言之，谓之六龙。阳气自十一月渐升，冬至之日萌于黄钟之宫，至五月而阴气渐升，是乘此六龙之位，以时而升降，故大明生成万物终始之道以控御天体也。且人之神气萃之则生，

散之则亡。天有刚阳之气，运行不息，故天体常存也。

这段话的意思是说：六龙是就阳气变化而言的，阳气运行，以时流行于六位，从十一月到五月，阳气从弱到强达到极盛，就是阳气乘六龙而"御天"的过程，而"统天"是指阳气具有至健之性。天有刚阳之气，所以天体常存。当阳达到极盛时，阴气渐升，于是进入坤卦阴气流行的过程：乾元是阳之始，创始万物，但这种创始同时要靠坤元的资助才能使万物生成，"至哉坤元，万物资生"，胡瑗说"万品之物莫不资取于坤元而生其形质"，坤元使天以刚阳创始万物的事业得以完成，乾元与坤元，阳气与阴气彼此配合，阴阳相须，创始和成就了万有的世界。胡瑗以阴阳二气解释乾坤二元以及"元亨利贞"等义理，从中也可以看出，胡瑗并非完全排斥汉易学说，而是立足于扬弃与融合，结合时代需求，开拓新的解易途径。

胡瑗易学思想在中国思想发展史上具有重要地位，推动了汉唐经学向宋明理学转化的学术变迁。对于胡瑗的易学思想，还需要学者进行更深入的研究与探索。

2）程颐解易

程颢和程颐两兄弟，是北宋易学义理派的代表，他们与象数派的周敦颐和邵雍都过从甚密，程颐称自己曾"受《易》于周子"（《程氏粹言》）而与邵雍"同里巷居三十年"（《程氏外书》）但他们的易学思想却各有不同的取向和路径。程颐对图书学派持批评态度，同时认为邵雍之学"难以治天下国家"。二程与张载的易学同属义理派，但也有很大的差异，二程认为张载的思想过分强调清虚一大，将有无、虚实、清浊的关系割裂开来，仍然陷入了天人二本、体用殊绝的误区。程氏兄弟年辈晚于周敦颐、邵雍、张载，此五人世称"北宋五子"。程氏兄弟后来者居上，特别是程颐，他提出了以理说《易》的思想，以理为其易学的最高范畴，他把体与用的关系归结为理与事、道与器、微与显的关系，最后的落脚点是"体用一源""显微无间""圣人凡一言便全体用"，在哲学上开创了本体论的体系。在易学史上，王弼把"体"和"用"提升为一对重要的哲学范畴来解说《周易》，以有无互训的方法证明二者的体用关系，但仍然没能很好地融合有无，程颐继承王弼以义理解易的思想，借鉴王弼的思维模式，自家体贴出一个"理"来，他以"理"为最高范畴，代替了王弼的"无"，将义理派推上了一个新的阶段，在易学史上具有划时代的意义。

程颐易学思想集中体现在他的《伊川易传》（又称《周易程氏传》）中，程颐二十几岁与张载论《易》，已具备了成熟的易学思想，他用了四十三年写成《易传》，又过了七年才出以示人，相当于从酝酿、撰写到修改完成用了近五十年的时间，倾注了他毕生的心血，凝结着他一生的政治实践、道德实践的现实体验和"明体达用"的价值理想。"体用一源，显微无间"是程颐易学思想的核心，并以此形成了完整的程氏易学体系，体现在程颐解《易》的各个层面，现简要介绍如下：

①随时变易，适时通变

在《伊川易传》的《易传序》中，开篇即言：

> 易，变易也，随时变易以从道也。其为书也，将以顺性命之理，通幽明之故，尽事物之情，而示开物成务之道也。

这段文字是程颐对《周易》的总体概括，从这里可以看到程颐与胡瑗易学的相通之处，胡瑗反对汉唐以来"易一名而含三义"之说，认为易的核心思想就是变易，并提出了"盖变易之道，天人之理也"的说法。程颐也强调《周易》就是一部讲变化法则的书，遵循"随时变易以从道"的原则，《周易》这部书顺达性命之理，通晓天地万物变化的原因，尽显事物的真实情况，从而揭示了开达物理、成就事务之道。也就是说，在程颐看来，《周易》是一本讲变易之道的书，变易之道重在随时，人们通过研读体悟《周易》这部书，通晓了其中所揭示的变易的法则和规律，就可以对性命之理、幽明之故、事物之情有理性的认识和准确的把握，从而适时通变，根据形势的变化采取正确的决策，用以指导自身开达物理、安身立命、经世处事的实践行动，成就世间的事务。

在对六十四卦、三百八十四爻的解读中，程颐的这种"随时变易"思想贯穿始终，任何一卦一爻的变化，无不以道为依据，用来统率卦、爻、象、数的变化。比如乾卦有刚健不息之道，最后以"用九"之道相济。程颐解释"用九"说："以刚为天下先，凶之道也。"同样，坤卦有阴柔载物之道，最后以"用六"之道相济。程颐解释"用六"说："阴道柔而难常，故用六之道，利在常永贞固。"以乾坤两卦合看，则体现了阴阳相须、刚柔并济之道。

睽卦下兑上离，程颐解释说："火之性动而上，泽之性动而下，二物之性违异，故为睽义。"阳气上升，阴气下降，阴阳不交而出现睽违，其卦义要阐释的是合睽之道，程颐说：

> 见同之为同者，世俗之知也。圣人则明物理之本同，所以能同天下而和合万类也。以天地男女万物明之，天高地下，其体睽也，然阳降阴升，相合而成化育之事则同也。男女异质，睽也，而相求之志则通也。生物万殊，睽也，然而得天地之和，禀阴阳之气，则相类也。物虽异而理本同，故天下之大，群生之众，睽散万殊，而圣人为能同之。

阴阳消息，变化无穷，所以生物万殊，表现为睽，但是万物得天地之和，禀阴阳之气，有共同的根源，有类似的本质，异是表象，同是根本，无论怎样睽违，总是会有合睽的基础。天地之合，以阳降阴升而成化育，万物都符合阴阳变化的道理。所以，人处在睽违之时，就该适时而通变，把握合睽之义，寻找合睽的契机和途径，实现合睽的良好局面。

然而，在革卦之时，随时变易，立身决策的选择就会有所不同。革卦下离上兑，与睽卦上下两体正好是置换关系。程颐解释说：

> 火之性上，水之性下，若相违行，则睽而已。乃火在下，水在上，相就而相克，相灭息者也，所以为革也。

革卦泽水在上，火在下，彼此想要消灭对方，形成了尖锐的矛盾对立，到了不得不革的地步。因而，革卦的卦义是讲如何进行革的问题。程颐阐释革的合理性说：

> 推革之道，极乎天地变易，时运终始也。天地阴阳推迁改易而成四时，万物于是生长成终，各得其宜，革而后四时成也。时运既终，必有革而新之者。王者之兴，受命于天，故易世谓之革命。

阴和阳在运行中，矛盾对立到了不可调和的地步，就到了要革新、革命的时候，天地阴阳的推迁改易促成了四时的更替，一个阶段的时运已经终结，另有新的阶段将要产生，新的阴阳和合的局面将要出现。所以，人处在革之时，就该适时而通变，把握革之义，顺应大势，推动革新，使新的局面应时而来。

根据上述分析，可以看到程颐易学思想对于随时变易的高度重视，并以此变易思想作为"推天道以明人事"的理论指导，由随时变易的天道法则而引出适时通变的人道原则。程颐通过这样的阐释，彰显了《周易》对社会人事的指导功能，正如《周易·系辞上传》所言：

> 夫《易》何为者也？夫《易》，开物成务，冒天下之道，如斯而已者也。是故圣人以通天下之志，以定天下之业，以断天下之疑。

②因卦明时，时以卦显

《周易》既然体现的是变易之道，而变易是随时变易，因此，时是至关重要的因素。《周易》的六十四卦各有其卦时，如何来准确地了解某一个卦代表什么卦时，程颐从几个方面来分析：

第一，从卦序来分析。程颐非常重视《序卦》，在他的《易传》中，他每注解一卦，必先引《序卦》文，将此卦置于《序卦》顺序中考量其来龙去脉，给该卦一个合理的定位，他认为："卦之序皆有义理。有相反者，有相生者，爻变则义变化也。"（《遗书》十八）知道一个卦从哪里来，又有《序卦》文辞的解释，这是确定卦时的第一个理由。比如，我们用颐卦 ䷚ 来举例，程颐解释说："颐，《序卦》：'物畜然后可养，故受之以颐。'夫物既畜聚，则必有以养之，无养则不能存息，颐所以次大畜也。"这就是给颐卦定位，按照卦序，颐卦前面是大畜卦，大量地蓄聚了物资，就可以用来颐养了，所以大畜卦后面是颐卦，因此，颐的卦时是养。

第二，从卦象来分析。这个卦象可以是整个卦的卦形，也可以是上下二体之象，或者取阴阳爻的交变之象。第一种：取整体卦形。比如，还拿颐卦来说，程颐说："以卦形言之，上下二阳，中含四阴，外实中虚，颐口之象，口所以养身也。"（《伊川易传·颐·象》）就是以整个卦形来看，上下两个阳爻，中间四个阴爻，外实内虚，形状就像人的嘴巴，嘴巴用来吃东西，身体得到食物的滋养，所以卦时是颐。第二种：取上下二体之象。这种取法非常普遍，比如剥卦，程颐说："山附于地，山高起地上而反附著于地，颓剥之象也。"山附著于地，有剥落之象，所以卦时是剥。第三种：取阴阳爻的交变。程颐认为，"卦之变皆由乾坤"，比如对于益卦 ䷩ 的解释："巽震二卦，皆由下变而成。阳变而为阴者，损也；阴变而为阳者，益也。上卦损而下卦益，所以为益，此以义言也。下厚则上安，故益下为益。"就是说，益卦的上体巽和下体震，是由这二体下爻的阴阳交变而成的。上体的巽 ☴ 是由乾 ☰ 下爻阳变阴而成，这是损；下体的震 ☳ 是由坤 ☷ 下爻阴变阳而成，这是益。上体损，下体益，所以《彖》文"损上益下"由此而来，下面的根基厚实了，上面才会安定，这是对整体的益。因此，卦时为益。

第三，从爻象来分析。比如：程氏解大有卦 ䷍："五以阴居君位，柔得尊位也，处中得大中之道也，为诸阳所宗，上下应之也。"一个阴爻处在君位，得大中之道，得到诸阳爻的拥戴，所以卦时是大有。其他一爻卦都有类似的解释。又比如解遁卦 ䷠："二阴生于下，阴长将盛，阳消而退，小人渐盛，君子退而避之，故为遁也。"两个阴爻在卦最下方，表示阴气将要旺盛，阳气逐渐消退，有阳气遁避之象，所以卦时是遁。诸如此类，皆以此思路推论。

第四，从上下二体的卦德来分析。比如以颐卦为例，程氏说："以二体言之，山下有雷，雷震于山下，山之生物，皆动其根荄，发其萌芽，为养之象。以上下之义言之，艮止而震动，上止下动，颐颔之象。"（《伊川易传·颐·象》）通过上下两体的卦德形成的关系彰显卦时。

对于六十四卦的解释，程颐用上述方法一以贯之，每个卦的分析解说基本按照《序卦》、卦象、爻象、卦德的步骤进行分析，相互参证，以阐明卦时，因卦明时，时以卦显，从而了解卦义。有的卦几个步骤全部用到，有的卦用到其中大部分步骤。

程颐对这些方法进行了清晰的梳理，并对这些情况及其他成卦体例有所论述，其在《伊川易传·贲·彖》的解释中写道：

> 凡卦，有以二体之义及二象而成者：如屯取动乎险中与云雷，讼取上刚下险与天水违行是也。有取一爻者成卦之由也：柔得位而上下应之，曰小畜；柔得尊位大中而

上下应之，曰大有是也。有取二体又取消长之义者：雷在地中复，山附于地剥是也。有取二象、兼取二爻交变为义者，风雷益，兼取损上益下；山下有泽损，兼取损下益上是也。有既以二象成卦、复取爻之义者：夬之刚决柔，姤之柔遇刚是也。有以用成卦者：巽乎水而上水，井；木上有火，鼎是也。鼎又以卦形为象。有以形为象者：山下有雷，颐；颐中有物，曰噬嗑是也。此成卦之义也。

③中正为佳，中胜于正

程颐认为，六十四卦，三百八十四爻，爻位既中且正者最为善好，如果不能两全，只能得其一，那么以中与正相比较，中比正更重要。这个价值理念程颐在《伊川易传》中作了反复强调，他在解释损卦☲九二爻时说：

九居二非正也，处说非刚也，而得中为善。若守其中德，何有不善？岂有中而不正者？岂有中而有过者？二所谓利贞，谓以中为志也。志存乎中，则自正矣。大率中重于正，中则正矣，正不必中也。

在解释震卦☳六五爻时说：

六五虽以阴居阳，不当位为不正，然以柔居刚，又得中，乃有中德者也。不失中，则不违于正矣，所以中为贵也。诸卦，二五虽不当位，多以中为美；三四虽当位，或以不中为过，中常重于正也。盖中则不违于正，正不必中也。天下之理，莫善于中。

这样的阐释在《伊川易传》文中有多处，这个"中"，从爻位上来看，是指中位；从价值标准上来看，是指中道；从社会人事上来看，是指中德；如果放在宇宙间阴阳消长、彼此交感的角度来看，是指阴阳和洽适中。因此，"中"具有不偏不倚、无过无不及、刚柔适度、和洽适中等义，程颐强调"以中为贵""中常重于正""天下之理莫善于中"，从而加以推崇，将"中"提升到最高价值准则的高度。程颐作为一个宋代大儒，他对于"中"的高度重视，与儒家所推崇的"中庸为至德"的思想是分不开的。

在对各爻位的分析中，程颐对于初爻和上爻的解释也与王弼有所不同，我们在介绍王弼时曾经提到王弼于《周易略例·辩位》中论述六爻之位，持"初上无阴阳定位"说，认为初爻和上爻代表始和终，不以阴阳定爻位，所以在这两个爻位上没有正与不正、得位不得位之说，王弼所说的位是阴阳之位，不是指爵位之位。程颐则认为，这个位就是指爵位或权位，王弼所举的两个例子：乾卦上九"贵而无位，高而无民"以及需卦上六《象》文"虽不当位，未大失也"，程颐也拿来论证，他认为乾卦上九已经脱离了君位，是"九居上而不当尊位"，所以说它"贵而无位"；需卦上六虽然柔居阴位，从这个角度来说是得位，但阴爻应处下，不应处上，所以说它"虽不当位"，因此，位还是在讲爵位和权位，而不是指"初上无阴阳定位"。我们说，程颐的看法是有道理的，初爻是还没有登到有爵位的位置上去，而上爻是已经从爵位上退下来了，可见有位、无位之"位"，仍是指地位、爵位。当然，王弼的说法也自成其说。在初、上两爻重在表示事物始、终之义上，程颐与王弼的看法一致。

④引史证易，道显史明

中华民族悠久的历史文化，各个时代中的各色人物，历史上发生的种种历史事件，是易学家用来与《周易》互参的丰富资源，而《周易》又是一本随时变易的"极深研几"之书，其中蕴含着事物发展的规律和法则。以历史人物印证和体现阴阳变易、吉凶消长之理，回过来再以《周易》所揭示的变易之道去诊断和指导现实的社会人事，就达到了"推天道以明人事"的目的。因此，用历史上的人物事件与《周易》卦爻相参证是使人们更好地理解卦爻义、看清历史发展规律并以此对行为进行指导决策的有效途径。

我们在前面介绍胡瑗时，就曾提到义理派引史证易的传统，胡瑗是宋代引史证易的先驱，程颐继承并发扬了这一学风，易学发展到南宋杨万里时，将此学风推向成熟，成为解易系统独树一帜的学宗。

在解释屯卦九五爻"屯其膏，小贞吉，大贞凶"时，程颐说：

> 唯其施为有所不行，德泽有所不下，是屯其膏，人君之屯也。既膏有所不下，是威权不在己也。威权去己，而欲骤正之，求凶之道，鲁昭公、高贵乡公之事是也。故小贞则吉也。小贞谓渐正之也。若盘庚、周宣修德用贤，复先王之政，诸侯复朝，盖以道驯致，为之不暴也。又非恬然不为，若唐之僖、昭也，不为则常屯，则至于亡矣。

这一整段文字，是以爻辞为根据，结合历史上的几个君主的作为进而对屯卦九五爻的分析和评价。程颐认为，九五"屯其膏"有不同的情况，当他无法施展作为、德泽不能惠及臣民时，这是人君之屯。之所以会这样，是因为威权不在自己的掌握中，在这种情况下，如果急于聚积威权，就是取凶之道。程颐列举了春秋时期的鲁昭公和曹魏时期的高贵乡公曹髦，这两个君主都是因为不能忍受威权旁落就动武讨伐权臣，最终一个被迫逃亡，一个被杀。所以"小贞吉，大贞凶"，不能做大动作，要慢慢匡正。接着又列举了历史上两个成功的人物盘庚和周宣王，认为这两个君主是顺道而行，不以暴力取胜，最终拨乱反正，诸侯复朝。但顺道而行又要防止无所作为，于是又列举了唐代的唐僖宗、唐昭宗，由于他们长期不作为，为政的途径日久堵塞难通，最终导致了消亡。通过这些历史事件，屯卦九五爻的爻义得以彰显，同时爻辞所言吉凶得到印证。因此，对于后世类似时、位的人事就有了普遍的指导和借鉴意义。

再比如程颐解谦卦九三，说："有功劳而持谦德者也，故曰劳谦。古之人有当之者，周公是也。"解随卦九四，说："唯孚诚积于中，动为合于道，以明哲处之，则又何咎？古之人有行之者，伊尹、周公、孔明是也"等。

这种引史证易的解易方法，既彰显了易道，又是对历史人物的品评和定位，能够对世人起到更为生动的教化和劝诫作用。

⑤以道为体，阴阳为用

解读《周易》离不开对道和阴阳的理解，程颐对道和阴阳关系有所解释，他说：

> 道者，一阴一阳也。动静无端，阴阳无始，非知道者，孰能识之。动静相因而成变化。（《易说·系辞》）

程颐认为道是一阴一阳动静相因所遵循的变化法则，道离不开阴阳，没有阴阳就不能体现变化，但阴阳自身不是道。程颐以《周易·系辞上传》中"形而上者谓之道，形而下者谓之器"解释道与阴阳的关系说：

> 离了阴阳更无道，所以阴阳者是道也。阴阳，气也，气是形而下者，道是形而上者。形而上者则是密也。"（《遗书》十五）

程颐认为阴阳是阴阳之气，气是形而下者，形而下者谓之器，道是形而上者，形而上者谓之道，是使阴阳所以成为阴阳的根据和本质，道不能脱离阴阳而存有，需要借助阴阳的变化运行来体现。因此，道和阴阳的关系是道为体、阴阳为用的关系。

依据这样的原理，程颐建立了他的理气理论，他认为万物禀受阴阳之气，随着阳阳之气的消长变化而生灭相续，阴阳之气本身则动静相因，变化运行，无始无终。阴阳之气运行变化的内在依据是理，阴阳之气的消长变化是理的外在体现。

⑥体用一源，显微无间

程颐在其《易传序》中说道：

> 君子居则观其象而玩其辞，动则观其变而玩其占。得于辞而不达其意者有矣，未有不得于辞而能通其意者也。至微者，理也。至著者，象也。体用一源，显微无间。观会通以行其典礼，则辞无所不备。故善学者求言必自近，易于近者，非知言者也。予所传者，辞也。由辞以得其意，则在乎人焉。

这一段话，表达了程颐对于象、辞、意的看法，他以《周易·系辞上传》中"君子居则观其象而玩其辞，动则观其变而玩其占"作为立论的依据，这两句话说明了解读《周易》要通过必要的途径获知其意，那就是要通过象、辞、占来解，程颐不言占断，提出要通过象和辞来获圣人之意。程颐认为，读了卦爻辞而没有领悟卦爻意的大有人在，但没听说不读辞而能真正通达卦爻意的人。观象而系辞，象和辞是用来表意的，要通过象和辞来通意，这是象、辞和意的关系。接下来，程颐论证象和理的关系，他说至为隐微的是理，而至为显著的是象。《周易》以象明理，隐微的理要通过显著的象来显现，这是象和理的关系。它们是一体两面，所以，任何一方面都不能舍弃或偏废，程颐称这种关系为"体用一源，显微无间"。

他在《答张闳中书》中说：

谓义起于数，则非也。有理而后有象，有象而后有数。易因象以明理，由象而知数，得其义则象数在其中矣。必欲象之隐微，尽数之毫忽，乃寻流逐末，术家之所尚，非儒者之所务也。管辂、郭璞之徒是也。理无形也，故因象以明理。理既见乎辞矣，则可由辞以观象。故曰"得其义则象数在其中矣"。

信中讨论了非常重要的问题，程颐认为象和辞都是理的体现者，先有理，而后有象。有象，而后就会包含着数。象和数是为了体现理而产生的形式，通过象的形式去寻求理，当得到义理的时候，象数就已经在其中了。可见，程颐并没有简单地把象数排除在外，而是将其放在用、显的层面，通过显和用，最终要寻求的是体、微之理，体用一源，显微无间，不相分离，如此才能得圣人之意。程颐亦将这个原则用在理和事的关系上，其实，在引史证易的过程中，就已经隐含了这种关系，程颐明确提出："至显者莫如事，至微者莫如理。而事理一致，微显一源。"（《遗书》二十五）事为显、用，理为微、体，事是理的体现者，理是事的内在依据。所以，因事而知理，由理而行事，就是善学、善用《易》之人。

⑦理一分殊，殊途同归

上面说到，程颐将"体用一源，显微无间"这个原则运用到事理层面，推导出"事理一致，微显一源"的命题。在《易传》中，程颐亦将这个原则从宇宙本体的角度来进行阐释，他在解释咸卦时说：

天下之理一也，途虽殊而其归则同，虑虽百而其致则一。虽物有万殊，事有万变，统之以一，则无能违也。

在对同人卦的解读中，他说：

天下之志万殊，理则一也。君子明理，故能通天下之志。圣人视亿兆之心犹一心者，通于理而已。

程颐认为天下之理为"一"，其表现途径却有万殊，天下的事有万变，但统之在道，仍然是"一"。也就是说，万物虽殊，却有一个根本的原理在统率着万物，万物皆禀有这一根本之理，即"理一分殊"。如要得到此理，只需穷尽一事一物之理，就能够"复其初"，得到根本的"理"，万物皆然，此即"殊途同归"。

那么，这个"理"是指什么呢？程颐在解释损卦六五爻《象》文"元吉，自上祐也"时说："所以得元吉者，以其能尽众人之见，合天地之理，故自上天降之福祐也。"解释益卦《象》文"凡益之道，与时偕行"时说："天地之益无穷者，理而已矣。圣人利益天下之道，应时顺理，与天地合，与时偕行也。"正所谓"六十四卦，三百八十四爻，皆所以顺性命之理，尽变化之道也。"（《易序》）由此可以看出，理是随时变易的变化之道，程颐对变化之道的解释是"道者，一阴一阳也。动静无端，阴阳无始，非知道者，孰能识之。动静相因而成变化。"（《易说·系辞》）阴阳消长，无始无端，动静相因而成变化，其运行变化的法则即是道。道是就本体而言，相当于统万理的"一理"，"天地之间，万物之理，无有不同"（《易说·系辞》）理一而分殊，殊途而同归，万理同于一理，理即变化之道，是所有事物存在及其变化的根据。

7. 李光、杨万里解易

我们按照清代编纂的《四库全书总目·经部·易类》所言"两派六宗"的顺序，已经介绍了前五宗，下面介绍第六宗："再变而李光、杨万里，又参证史事，《易》遂日启其论端。此两派六宗，以互相攻驳。"这一宗的代表人物是李光和杨万里，其易学的主要特点是"参证史事"。

我们看到宋代的义理派自胡瑗始就已运用大量的史事援以证《易》，到程颐亦将此作为解《易》的一种方法。其实，这种方法并非肇始于宋代，在《周易》的经传中，就已有了引史证《易》的例子，比如泰卦、归妹卦中有"帝乙归妹"，明夷卦中有"文王以之""箕子以之"，既济卦中有"高宗伐鬼方"，在《周易·系辞下传》中有："古者包牺氏之王天下也……包牺氏没，神农氏作……神农氏没，黄帝、尧、舜氏作"，这些都体现了以史证《易》的苗头。汉易以象数为主，也偶见有以史实证《易》者，东晋时期的干宝引史证《易》的特点更为突出，在对乾卦进行解释时，从初九到九五，分别以"文王在羑里""文王免于羑里""文王返国大理其政""武王举兵孟津""武王克纣正位"这些历史事件来与各爻对应。在干宝的《易》说中，这样引史证《易》的例子很多，是其重要的论证手法。

太史公司马迁曾经说过："《春秋》推见至隐，《易》本隐之以显。"（《史记·司马相如列传》）意思是说：《春秋》以人事通天道，《周易》以天道接人事。在另一部史书著作《资治通鉴》中，有四十余处与《周易》相关的事件或论述，不少注《易》

的著作皆有承续这种学风的现象，可见，《周易》与史实互为参证的关系为历来易学家和史学家所共同认可。但将此学风发展成为一个易学史上独树一帜的流派，则是在南宋李光、杨万里的解《易》著作行世之时才真正形成。

李光、杨万里的易学代表著作分别为《读易详说》和《诚斋易传》，依循北宋以来义理派解易的总体学风而来，他们的解《易》特色是以大量的史实为参证，以历史上的人物事件与《周易》诸卦爻对应，旁征博引，密切关联，风格突出，创立了新的一宗。

1）李光解易

我们先来介绍李光。李光，字泰发，一字泰定，号转物居士，是北宋末南宋初的政治家、易学家。据《宋元学案》卷二十《元城学案》记载，李光之学本于刘安世，而刘安世是司马光的学生。刘安世曾说："为学惟在力行，古人云：'说得一丈，不如行得一尺。说得一尺，不如行得一寸。'故以行为贵。"刘安世认为力行是为学的目的所在。《宋史》的《李光传》中记载道："刘安世居南京，光以师礼见之。安世告以所闻于温公者曰：'学当自无妄中入。'光欣然领会。"就是说，刘安世将老师司马光的话讲给学生李光听，无妄就是不虚妄，诚意正心，将所学实实在在用在实处。李光欣然领会，以其毕生所为来看，这成了他做官、治学的宗旨。

北宋末年，蔡京擅权专政，当金兵入侵时，李光主战，与蔡京对抗，然宋主昏弱，最终徽、钦二宗被虏，宋王朝南迁，历史进入南宋时期。李光于南宋朝廷累官至吏部尚书、参知政事。由于对金兵的入侵坚持主战立场，反对割地求和，得罪了权臣秦桧而被贬谪到岭南，直到秦桧死，李光才被赦，在回归的途中去世。在遭贬谪近二十年的时间里，李光心忧朝廷，以士大夫的责任感，著书立说，以求明道救世。居处忧患之地，而研究《周易》，写有《读易详说》十卷。因李光自号"读易老人"，所以这本书又称《读易老人解说》。

《四库全书总目》卷三记载李光曾经作《胡铨易解序》：

"《易》之为书，凡以明人事，学者泥于象数，《易》几为无用之书。邦衡说《易》，真可与论天人之际。"又曰："自昔迁贬之士，率多怨怼感愤。衡流落瘴乡，而玩意三画，可谓困而不失其所亨，非闻道者能之乎？"其序虽为铨作，实则自明其著述之旨也。

胡铨与李光同朝为官，力主战，曾力抗秦桧议和的主张，并上书乞斩秦桧，声振朝野，与李光、赵鼎、李纲并称"南宋四大名臣"，亦被贬谪。上述李光在给胡铨《易解》所作的序中阐明了《易》是明人事之书，是有用之书，这也正是李光自己在解《周易》时所秉持的主张和宗旨。李光《周易详说》的易学特点，主要有以下几个方面：

①引史抒志，因经立义

李光作为一个有政治抱负的政治家、思想家，其治《易》的宗旨就是要明人事，就是要让《易》理能够见用于世，其出发点是非常务实的。他把历史上的人物和事件置于《周易》的框架体系中，尽述兴衰成败之理，使其论述既有经典的理论依据，又有史实参证，具有很强的说服力。这样的论述方式，在于从历史中获得经验和教训，通过《周易》所揭示的法则和规律，彰往而察来，对现实人事进行评判和指导。这是李光易学的最大特点。

比如李光在《读易详说》中对师卦九二爻和六三爻进行对比分析：

九二以刚而居柔，故为上所信倚，托不御之权，专阃外之寄，战可必胜，功可必成也。六三体柔而居刚，体柔则其才不足仗也，居刚则其任不可专也。九二为众阴所归，三当退听而受其节制，今乃欲共主其事以分权，其无功必矣。自古将相委任不专，则号令不一，号令不一，则众莫知所从，如此鲜有不败北者。汉祖登堂拜韩信，使尽护诸将，故能下齐破赵，卒成大功。唐肃宗大举节度之师以当安史，而无主帅，进退相顾望，虽郭汾阳、李临淮不免奔溃。将之成败，在委任之专与不专之间耳。

师卦 ䷆ 的卦义揭示兴师动众、用兵行师的规律，卦辞中强调"丈人吉"，军队的指挥权由沉着稳健且经验丰富的人来掌握才会吉祥，九二爻作为全卦唯一阳爻，以阳刚的才干居于下卦柔中之位，与上卦的六五相应，得到六五的充分信任，这样的军队去作战，战必胜，功必成。而六三爻是阴爻，居于阳位，不中不正，说明其才能不足却行事阳刚强势，智小而谋大，贪功冒进，凌乘于九二之上，分九二兵权，这样就形成了军队内部矛盾，主帅权力受到牵制，会造成号令不一，使兵众无所适从，这样的军队必吃败仗，其结果是"师或舆尸，凶"。所以，六五之君能够充分信任主帅九二，使九二有统一调度军队的最高权力，这是军队能够获胜至关重要的条件。李光援引了历史上正反不同的两个事例来证明这个论点：第一个例子是汉高祖刘邦听从萧何的建议登堂拜将，韩信拥有调度诸将的权力，所以能够下齐破赵，大功告成，协助刘邦建立了西汉王朝；而另一个例子是"安史之乱"时唐肃宗召集九个节度使平息叛乱，却不设立元帅，派遣宦官鱼朝恩为观军容使，进行决策联络，当时纵使有郭子仪、李临淮这样的帅才在兵阵中，也不免溃败。所以，李光得出结论："将之成败，在委任之专与不专之间耳。"

再比如在解释节卦 ䷻ 时，李光说：

圣人制经国之术，必量入为出，上之用度，有节故不伤对待，取于民有制，故不害民。夏后氏五十而贡，商人七十而助，周人百亩而彻，其实皆什一也，此三代取民之道也。秦、隋之君，至穷奢极欲，府库空竭，而百姓离叛，卒以亡天下者，由不知立制度以为节，故海内荡然也。

李光根据节卦的卦义，指出治国者当节用爱民，应制定合理的税收制度，量入为出，取用有度，不能伤财害民，否则便会动摇国本民心。他从正面列举了夏、商、周三代的税赋制度，彰显取民之道。又从反面列举了秦、隋两朝的君主，由于穷奢极欲，搜刮民财，轻用民力，致使百姓离叛，违背了《周易》"节以制度，不伤财，不害民"的古训，最终身亡国灭，王朝统治迅速崩塌。

李光引史证易，以抒发自己治国济世、忧国忧民的心志，依据《周易》而阐明世间大义，使历史的成败经验和教训成为后世镜鉴，李光希望为政者观其解而知大义，从而运用到政治实践中，以达到经世济民的效果。

②泛论世事，阐发义理

在阐发易理时，李光并非每卦、每爻必援引历史上具体的事件，有时会根据卦爻的时位情况进行广泛的论述，阐释具有普遍性的义理。比如对履卦☰九四爻辞"履虎尾，愬愬终吉"，李光解释道：

九四以刚强有为之才，而能以卑逊柔顺自处。位既逼上，行非坦途，而终获吉者，能恭慎畏惧而不以刚阳自处也。《象》曰："愬愬终吉，志行也。"四居近君之地，大臣也，大臣当近君之地常能愬愬而不自安，则必有难进易退之节，岂肯恋宠禄贪得而患失哉？盖遇可行之时，伸欲行之志耳。

履卦卦义讲如何循礼而行，卦中九四爻在履卦的卦时下，居于近君之臣的位置，上有九五之君，所以有"履虎尾"之象，而九四以阳居阴位，说明九四有阳刚的才干而行为处事谦逊柔和，不以阳刚自处，常怀"愬愬"戒惧之心，不贪得，不患失，进退知节，因此终吉。在这里，李光没有援引任何具体的历史事件，但把握住了居于近君大臣之位的四爻位"多惧"的共同特点进行了广泛的论述，阐发了《周易》对于时位与社会人事相对应所体现的规律，阐释清晰，切合实际，发人深思。

如其解释《坤》之六四爻辞云：

大臣以道事君，苟君有失德而不能谏，朝有阙政而不能言，则是冒宠窃位，岂圣人垂训之义哉！故《文言》以括囊为贤人隐之时，而大臣不可引此以自解。

这里充分显示了李光不逃避责任、敢于担当的儒家情怀，坤卦六四爻辞"括囊，无咎无誉"，是说要隐而不露，这样既没有咎害也没有荣誉。李光在解释时强调了大臣以道事君的责任，如果君有失德，大臣却"括囊"自保，不秉忠进谏，如果朝廷政令有缺陷，大臣也不去指出来，这是冒宠窃位、尸位素餐，这并非圣人在这里要教导的道理，所以李光说坤卦六四《文言》中的"天地闭，贤人隐"指明了"括囊"是针对贤人在隐去之时的状态，而在朝的大臣不能以这个借口来逃避责任。

无论是引用历史上的真实事件，还是泛论世事以明《易》理，李光的宗旨始终着眼于其易学思想在社会政治中的运用。

③运用易理，援古讽今

李光处于政治变动剧烈的北宋向南宋过渡时期，金兵入侵，山河破碎，国运衰落，而南宋的最高统治阶层被迫逃到江南，却偏安一隅，不思进取，尽显昏弱无能、得过且过的衰败之态，且奸佞当道，向侵略者屈辱求和，李光及其他几个忠臣纵有收复失地的抱负和筹策，不但得不到采用，反而被贬到偏远荒地，这必然使他心有郁结而不吐不快，于是在他的《读易详说》中，就明显具有了运用易理、援古讽今的特色，这是其忠心不泯希望其易学思想能够有补于现实的一个体现，也是其易学注重用世的一个重要方面。

如李光解释否卦 ䷋ 的上九《象》文"否终则倾，何可长也？"时说：

甚哉！治道之难成，小人之难去也。当否之世，阴邪当路以害治道，虽三阳同心不能一朝而顿除也。九五以中正得位，特能休之，而已至上九然后能力倾而显排之，犹先否而后喜也，其用力多矣！自昔未有常乱而不治者，秦之乱而汉祖取之，王莽之乱而光武兴之。苟非圣贤驰骛而经营，则乱之日必长。乱之日长，则君子之受祸必深，生民之被害必酷。

对否卦上九爻象的解释，充分显示了李光以历史的眼光观察世事治乱，知其必然规律，又充分认可人的主观能动性对于历史的作用。在否乱之世，想要成就治道是非常艰难的，而想要去除小人也绝非易事。九五之君有阳刚守中的才德，居中得位，才能够休止否势，到达上九的时候才能完成由乱向治的转化，这需要用很大的力量，历史上没有常乱不治之世，乱最终会转向治，但如果没有贤能之人努力经营，乱的时期就会很长，君子和生民被会被残酷地迫害很久。从这段解释和阐发，可以看出李光对身处否乱之世而得不到转变的忧虑，同时又对乱极必治的规律有着清醒的认识，作为有着深切责任意识的士人君子，就应有所作为，促使否乱之世尽早结束，以减少生灵涂炭之苦。

又比如李光解释蛊卦 ䷑ 初六爻时所言：

人君狃于宴安，湛于逸乐，天下蛊坏，非得善继之子堪任大事，曷足以振起之？宣王承幽王之后，修车马，备器械，复会诸侯于东都，卒成中兴之功。禄山之乱，明皇幸蜀，肃宗即位，灵武以复两京，可谓有子矣！故考可以无咎。然乱自我致，非吾君之子孰与兴之？然则中兴之业，难以尽付之大臣故，蛊卦特称父子者以此。然乾父之事，其间亦有不可尽循者，使为子者能每事加危惧，内常恐伤父之志，外不失责望者之心，意常承顺而不见背违之迹，如此乃可终获其吉也。岂若异姓相代，如汤、武应天顺人，声其恶过而无所忌畏者乎？或称父，或称考，盖兼存没而言。

蛊卦卦义揭示如何清除弊乱，李光认为天下弊乱蛊坏的原因是由于君主耽于享乐，日久而成积弊，面对已经形成的弊乱蛊坏，"善继之子"应振衰除弊，有所作为，可使王朝得以中兴，上辈的过咎由此得以改正，不会留下太大的恶果。若不如此治蛊，终将被异姓行顺天应人之举，以革命的形式取而代之，那样就是彰显父辈的罪过而自身也无立足之处了。李光列举了周宣王中兴周室、唐肃宗恢复两京的历史事件，以及桀、纣昏乱残暴终被汤、武革命彻底推翻的史例来参证此爻。

在《读易详说》中，李光不但援古讽今，甚至直接引用了一例当朝的实事，在对于比卦䷇《象》文"地上有水，比，先王以建万国亲诸侯"的解释中，他说：

靖康之祸，金人长驱如入无人之境，诸路守臣奔窜迎降之不暇，其间能仗节死难者，不过数人，何补于治乱哉？然则众建诸侯，或大封同姓，以复唐虞三代之制，岂非今日之先务哉！

这段文字饱含着其对于当朝所经历苦难的痛彻感受以及希望能够拯救危难的急切心情，其易学立足于经世致用、解决社会政治问题的宗旨更加鲜明。

《四库全书总目》对李光《读易详说》作过如下评价：

圣人作《易》以垂训，将使天下万世无不知所从违，非徒使上智数人矜谈妙悟，如佛家之传心印，道家之授丹诀。自好异者推阐性命，钩稽奇偶，其言愈精愈妙，而于圣人立教牖民之旨愈南辕北辙。转不若光作是书，切实近理，为有益于学者矣。

认为李光易学"切实近理"，颇为允当。

综上所述，李光立足于社会现实，凭着他对《周易》的理解和领悟，结合大量史实，并将自身对于现实的关怀和价值理想贯穿其中，运用"引史抒志，因经立义""泛论世事，阐明义理""运用易理，援古讽今"等方法，力图开辟出一条经世济民的途径。其学说沿承北宋义理派"以儒理阐《易》"的学风，广泛运用史实证《易》，风格鲜明，推动了这一学风的发展，在易学史上有着重要地位。

2）杨万里解易

杨万里，字廷秀，号诚斋，吉州吉水（今属江西吉水）人，是南宋初期著名的文学家、易学家，其生活的年代晚于李光四十余年。杨万里的父亲以教书为业，精于易学，受父亲影响，杨万里少而好学，曾先后向多位易学老师求教，其中包括李光的好友胡铨、胡安国的学生刘廷直等，他们均有易学著述。杨万里后受到南宋抗金名将张浚的深刻影响。《宋史·儒林》记载杨万里在调任永州零陵县做县丞的时候，当时张浚谪居永州，杜门谢客，杨万里三次前往拜谒而不得见，后以书信力请，终于得以接见。张浚勉励他以正心诚意之学，杨万里服膺其教终身，乃名读书之室曰"诚斋"。

《四库全书·诚斋易传·提要》评论杨诚斋易学说：

> 是书大旨本程氏而多引史传以证之。初名《易外传》，后改定今名。宋代书肆，曾与程传并刊以行，谓之《程杨易传》。

认为《诚斋易传》承续北宋义理派的学风，与程颐的《伊川易传》是一脉相承，在宋代很有影响，与程传并刊而风行于世。《宋元学案·赵张诸儒学案》记载清代著名学者全祖望（谢山）《跋诚斋易传》说：

> 易到南宋，康节之学盛行，鲜有不眩惑其说。其卓然不惑者，则诚斋易传乎！其于图书九十之妄，方位南北之讹，未尝有一语及者。得意忘象，得象忘言，清谈娓娓，醇乎其醇，真'潦水尽而寒潭清'之会也！中以史事证经学，尤为洞邃。予尝谓辅嗣之传，当以伊川为正脉，诚斋为小宗。胡安定、苏眉山诸家不如也。

如此高的评价，是因为《诚斋易传》除了特色鲜明地引史证易之外，还注重文字与义理的结合，将文字训诂和注释疏证融入对义理的阐发之中，凸显了宋代易学的特色，成为宋易义理学派继程颐之后解易的代表。

①引史证经，通变知易

我们在前面介绍胡瑗的部分已经提到，"引史证经"是易学传统中由来已久且常用的解易方法，可以说是伴随着整个易学发展史，只不过在不同的历史时期所占比重不同而已。当发展至南宋时期，李光、杨万里才有意识地通篇运用此方法，从而成为易学一大宗，被称为"史事宗"。在《诚斋易传》中，几乎每卦、每爻必以史事证之，而观其内涵，作者并非仅仅为证而证，"引史证易"只是他解易的一种方法，或者说是一种途径，通过这种方法和途径，杨万里将儒家价值理想、思维建构及精神气质贯注其中，形成了其完备的思想理论体系。

所谓"引史证经"，"引史"是手段，目的是"证经"，而所证之"经"是一部什么经？是用来讲什么的？证明它的意义何在？对这些问题有了明确的定位，整部书的宗旨也就确定了。杨万里在其《诚斋易传·序》中开宗明义道：

> "易"者何也？易之为言，变也。《易》者，圣人通变之书也。何谓变？盖阴阳，太极之变也；五行，阴阳之变也；人与万物，五行之变也；万事，人与万物之变也。

古初以迄于今，万事之变未已也。其作也，一得一失；而其究也，一治一乱。圣人有忧焉，于是幽观其通而逆绌其图，《易》之所以作也。

在这段文字中，杨万里认为"易"就是指"变易"。他概述了太极、阴阳、五行的变化从古至今从未停止。这个变化的图式与周敦颐的"太极图说"理论相契合，但这只是个引子，用来引出"人与万物之变"，即万事之变，变化兴起和发展表现为一得一失、一治一乱，这些得失、治乱的背后有其潜在的规律性，圣人观察和体悟到了这种规律性，对于世人在变化中妄作、沉浮而感到忧虑，于是深入地观察通达变化的途径，将变化的规律模写出来，将通变之道展示给世人，于是就作了《周易》这部书。杨万里最后将《周易》归结为研究人事变化法则的书，这是注重人事的易学思想。他突出"易"的含义是"变易"这一思想，并将"通变"的思路贯穿于始终，将指导解决社会人事的实际问题作为落脚点，在南宋朝廷内忧外患的时局下，承续和发展了南宋易学经世致用、治国济民的务实学风，并且在应用历史人物和历史事件方面更为深入和普遍。

"变易"之说，是易学史上的传统学说，但在汉唐易学中，"易一名而含三义"的说法一直为各家所称引，"变易"只是"三义"之一。此说法最早出自《周易·乾凿度》：

孔子曰："易者易也，变易也，不易也。管三成为道德苞籥。"易者，以言其德也。通情无门，藏神无内也。……不烦不挠，淡泊不失，此其易也。变易也者，其气也。天地不变，不能通气。五行迭终，四时更废。君臣取象，变节相和，能消者息，必专者败。君臣不变，不能成朝。纣行酷虐，天地反，文王下吕，九尾见。夫妇不变，不能成家。妲己擅宠，殷以之破，大任顺季，享国七百，此其变易也。不易也者，其位也。天在上，地在下。君南面，臣北面，父坐子伏，此其不易也。

按照郑玄注文的解释，"管三成为道德苞籥"是"言易道统此三事，故能成天下之道德"，意思是说："易"统包了"易（简）"、"变易"和"不易"这三义。《周易·乾凿度》描述"易"第一义之"易（简）"是易之德，是"通情无门，藏神无内也。……不烦不挠，淡泊不失"，是无为虚静、自本自根、不假外求的状态，同时又蕴含着通情、藏神的运动的因子。第二义之"变易"是易之气，已经由"易简"之形而上过渡到形而下的层面（并不排斥形而上），天地判分，阴阳之气流通消长，于是天地自然发生变化，五行迭终，四时更废。对应到社会人事中的变化也是如此，顺应阴阳之气的流通变化而成家、享国。《周易·乾凿度》引用了文王下吕、妲己擅宠、大任顺季的历史事件，阐明"能消者息，必专者败"的道理，强调的是流通与中和。第三义之"不易"是易之位，指具有恒常性的礼则和名位，强调的是分位与秩序。总起来看，第一义"易简"是本体，包含了变易和不易的因素。

唐代的孔颖达在《周易正义卷第一·论易之三名》中说："夫易者，变化之总名，改换之殊称。……盖'易'之三义，唯在于有。然有从无出，理则包无。"孔颖达认为"易"就是指变化、改换。变易之理包含了从无到有的全过程，因此也就包含了易之"三义"，孔氏突出了"变易"之义。

宋代义理派自胡瑗始就特别强调"变易"而不再提及"易一名而含三义"，与其明体达用、注重人事的易学思想有关。程颐说："易，变易也，随时变易以从道也。"随时变易就是通变的思想。杨万里的易学思想是对宋代义理派易学先辈的继承和发扬。

杨万里在其《易传序》开篇便确切指出"易"就是指变易，《周易》这部书是圣人通变之书，目的是有用于世，教化世人，使人们通晓变易之道，循道而行，从而开达物理，成就事务。其释《周易·系辞上传》云：

> 昔者圣人之作易果何为而作乎？有以作之，必有以用之，作而无用，则如勿作。开达物理，成就世务以覆冒天下，此其道之用也。如此而已，言不外乎此也。

《诚斋易传》中"引史证易"的例子比比皆是，但都紧扣随时通变的核心思想，在不同的卦时情境之下，根据卦爻的时位分析，以历史上类似情境中的历史事件相佐证，从而达到以古鉴今的目的。比如在解释乾卦 ䷀ 九四爻辞"或跃在渊，无咎"时说：

> 程子以为舜之历试时也。安定胡氏以此爻为太子之位，其说尤切。盖懦于跃则为汉之惠、元，仅为得之。躁于跃则为商臣，为元凶，其咎大矣。

汉惠帝、汉元帝当跃而不跃，是懦弱；楚成王的太子商臣，不当跃而跃，弑父夺位，为元凶。所以，杨万里认为在这样的时位，要"或"之，即疑之，可以跃则动，未可以跃则静。那么，跃还是不跃以什么为准绳呢？杨万里说："易之戒，义也。"义者，宜也，是否符合道义，是否合于时宜是决定跃不跃的标准。所"或"者，要考量的，即此。

又如杨万里在解释革卦 ䷰ 卦辞时说：

> 易之道至于革，圣人其喜于革乎，抑惧于革乎？曰：惧于革也。何以知之？曰：革者，圣人之不得已也。何以知其不得已也？曰：火逢水则灭，水逢火则竭，二女居则同而志则别，是可以不革乎？……革而不信，革而有悔，则如勿革。故曰：圣人惧于革也。……汤武得此理，故革而天人说。

革卦的卦体为离下兑上，水和火矛盾对立到要消灭对方的地步，离为中女，兑为少女，二女虽居一室却将嫁往不同的地方，其志不相得，这种局面必然会变革，杨万里分析了革卦的卦时后，认为圣人是不得已而革，在矛盾对立到不得不革时，要慎重地进行变革，如果民众拥护，革而能信，时机成熟，革而当，就应该积极去革，如果"不信""有悔"，不如勿革。他认为汤武革命是顺天应人，符合革而信、革而当的条件，符合《彖》辞所说的"文明以说，大亨以正"，是文明和正义的行为，因此汤武革命获得天人共悦的大好局面。在解释革卦 ䷰ 九五爻辞时，他说：

> 可革不革，是以敝济敝；既革悔革，是以敝易敝。革之道亦难矣。盖举国之欲止不能止苻坚之行，举国之欲动不能动汉文之静。虽然与其轻也宁重，与其喜也宁惧。

对于国家进行变革的大事，杨万里强调"与其轻也宁重，与其喜也宁惧"的警告，革道艰难，动辄关乎国运民命，必须沉着稳健，临事而惧，切不可轻举妄动。杨万里生活在南宋内忧外患的时局下，心系国家命运，精研易道，深知朝政成败的根结所在。他曾任太常博士、尚书左司郎中兼太子侍读、秘书监等职，一生力主抗金，为官清正廉洁、刚正不阿，晚年历任直学士、学士、提举兴国宫等清高之位，后来韩侂胄擅权，杨万里因之卧家十五年。杨氏八十三岁那年，韩侂胄为树立个人威望，欲起兵北伐，杨万里听到消息，知其必定大败误国，于是"亟呼纸书曰：'韩侂胄奸臣，专权无上，动兵残民，谋危社稷。吾头颅如许，报国无路，唯有孤愤！'又书十四字言别妻子，笔落而逝。"（《宋史·儒林三》）韩侂胄最终大败。杨万里能够预知成败，是因为精研历史，洞察易道，然而，忠贞智者不为统治者所用，为国忧愤而死，最终用生命续写了历史。

杨万里引史的方法，并不是拘囿于必须以某个具体的历史事实直接论证，有时会从广义上抒发见解和观点，阐明易理，并将儒家立身处世的学问和理想融入其中。《诚斋易传》在解释泰卦 ䷊ 时，有一段非常精彩的论述，尽显杨氏"引史证经"的风采：

> 泰，其上古之极治与？不惟后世不可复也，中古其庶乎尔。盖自有天地以来，非一圣人之力至是而后有就也。乾、坤，天地之太初；屯、蒙，人物之太初。有物此有养，故需以养之。养者，生之原，亦争之端。争一生焉，小者讼，大者战。师以除其恶，比以附其善，畜以生聚，履以辨治，而后至于泰，岂一手一足之力哉！故曰：古之无圣人，人之类灭久矣。乾、坤开辟之世乎，屯、蒙鸿荒之世乎，需、养结绳之世乎，讼、师阪泉涿鹿之世乎，畜、履书契大法之世乎，泰通尧舜雍熙之世乎。过是而后泰而否，否而泰，一治一乱，治少乱多，泰岂可复哉！故曰：泰，其上古之极治与！

杨万里叙述了天地自然、人类社会的发展历程，从乾坤开辟，到泰卦、否卦，顺着卦序中各卦一一登场和逐个退去，人类社会的发展演变与各卦的发展顺序相符，展现出历史逻辑的规律性，杨氏以漫长的古代人类发展史印证了《周易》，也以《周易》反证了历史。尧舜之世是上古盛世，圣王治天下，泰通和畅，天下大治，是儒家向往的理想社会，具有崇高的象征意义。

②穷理尽性，内圣外王

《诚斋易传·序》第二段说：

易之为言，变也。《易》者，圣人通变之书也。其穷理尽性，其正心修身，其齐家治国，其处显，其素穷，其居常，其遭变，其参天地合鬼神，万事之变方来，而变通之道先立。变在彼，变在此。得其道者，蚩可哲，愚可淑，眚可福，危可安，乱可治，致身圣贤而跻世泰和，犹反手也。

这一段对《周易》这本通变之书所蕴含的易道作了进一步阐释，认为书中铺展了一条儒家追求内圣外王之路。穷究天下万物根本之理，彻底洞明万物的天性本原。人持守天性淳然之正，正心诚意，进德修身，修养功夫有所成，进而承担齐家治国的社会责任。书中对于处于显贵、困穷、居常、遭变等情况时均有相应的变通之道以对人进行指导，正如乾卦九五爻《文言》所说："先天而天弗违，后天而奉天时，天且弗违，而况于人乎，况于鬼神乎？"因为易道参天地合鬼神，体现事物发展的法则和规律，所以，"万事之变方来，而变通之道先立"，得到此道的人，愚痴者会变得聪明，奸邪者会变得善良，灾会转为福，危会转为安，乱可转为治，得道者便是圣贤，圣贤治世必致泰和。杨万里将《周易》看作一部揭示人生通变之道的智慧宝典，是儒家实现内圣外王政治理想的经世致用之书。

对于如何学习《周易》这本书，如何把握易道之体用，《诚斋易传》在解释《周易·系辞下传》"易之为书也，不可远。为道也屡迁，变动不居，周流六虚，不可为典要"这一章时说：

故曰易道之用存乎变。然易之道有体有用，其变而无常者，用也；其常而不变者，体也。君子之学易，能通其变而得其常，极其用而执其体，是可谓善学易之书，而深明易之辞，力行易之道者矣。易道之体安在哉？曰敬而已矣。乾曰"夕惕若"，敬也；坤曰"敬以直内"，敬也。易之道千变万化，而归于一敬。大哉，敬乎！其入德之捷径，作圣之奇勋与？……君子何修何饰而臻此哉？……于是执而有之，躬而行之，故易之道为实用，不为虚言矣。

杨万里将学易之道归结为一个"敬"字。"敬"是儒家立身处世的准则，在宋代内化为儒者的涵养功夫。杨万里主张以诚敬、敬畏之心学易，观察变动不居的"易之用"，体会常而不变的"易之体"，易道之用既可以解决心性问题，也用来解决社会政治人事中遇到的实际问题。善学易者，能够得其体而达其用，在现实社会中践行易道，而不是只会讲道理、说空话。杨氏提出以"一敬"对应千变万化，通达变化而得其常道，这就是入德的捷径，作圣的奇勋，即内圣外王之道。

③中正之道，于心求易

《诚斋易传·序》第三段说：

斯道何道也？中正而已矣。唯中为能中天下之不中，唯正为能正天下之不正，中正立而万变通，此二帝三王之圣治，孔子颜孟之圣学也。后世或以事物之变为不足以撄吾心，举而捐之于空虚者，是乱天下者也；不然以为不足以遁吾术，挈而持之以权谲者，是愈乱天下者也。然则学者将欲通变，于何求通？曰道。于何求道？曰中。于何求中？曰正。于何求正？曰易。于何求易？曰心。

这段承接上段"万事之变方来，而变通之道先立"作进一步的分析，将变通之道归于"中正"，提出"中正立而万变通"的观点。从王弼指出《周易》具有"得位"（正）"尚中"的体例以来，"中正"成为义理派解易遵循的传统，程颐进一步提出"中正为佳，中胜于正"的观点，杨万里则直接将"中正"作为变通之道的核心，颇有"以中正应万变"的意蕴。前面提到杨万里以"敬"把握易道之体用，"中正"即蕴含了"敬"意，内心存敬，行事就会中正。立身中正，就会通达万事万物的变化，能够从容应对。知变而求通，既积极进取，又坚守原则，这是儒家立身行事的根本。在此处杨氏对佛道两家学说或漠然无视事物的变化，或将万物变化归于虚空的做法提出批评，同时对那些借事物变化而玩弄权谋诈术的人给予了更为严厉的批评，认为是祸乱天下者。接着，杨氏阐述了通变之道的次第，追寻到根本处，是于心求《易》。这正是杨万里服膺终身的正心诚意之学的核心。杨万里最终将"心"作为"求"的根本处，此心是何心，需于他所作的《易传》中求之。

杨氏认为，现实世界的善恶治乱皆由心而起，治世需先治心，心地纯净无私就会恢复善的本性，恶自不起，乱即不生。我们简单列举一下杨万里在《诚斋易传》中体现的治心而通变的方法。

■ **正心**。杨万里解释升卦 ䷭ 上六爻时说：

易，变也，变则通。上六以阴邪之小人，乘一卦之上，居升进之极，犹冥然冒昧求升而不已，宜其消亡而不富也。若进德之君子，变而通之，反而用之，移小人贪得不息之邪心，为吾求道不息之正心，何不利之有？大哉，易之道乎！岂一端而已乎！故讼之终凶，用之自讼则吉；随之说随，用之说随则凶……"

升卦的卦义阐明向上进升之道，升卦各爻一路向上升进，而易道是变化的，上升的势头不可能一直进行，要懂得通变。上六以阴爻而居于升卦之极，如阴邪的小人居升进之极，昏昧冥顽继续求升，必然会消亡而不再富有。如果是君子，就会返身修德，把小人贪得无厌的邪心换成求道不息的正心，就不会有不利的情况发生了。这样的道理在其他卦中多有所体现，比如在讼卦中，如果将争讼之心换作自我反省的心就会吉祥；在随卦中，随可以带来愉悦，但是若为了获取愉悦而追随就会凶险……这一段论述将善恶、祸福、治乱的源头归之于"心"，心正则终将获善、福、治，不正则相反。

正心就是正本清源，源清则流清。如《大学》中所言："心正而后身修，身修而后家齐，家齐而后国治，国治而后天下平。"

■ **虚心。**杨万里解释咸卦九四爻时说：

> 九四在一卦之体，如一身之心也。不言心而言思，责其废心而任思也。心者，身之镜；思者，镜之翳。镜则虚而照，思则索而照。虚而照，无物也。索而照，有物矣。惟无物者见物，有物矣安能见物哉？故虚而照则明，索而照则昏。仲尼系之曰"天下何思何虑"。盖此心何思焉？役思于事物往来屈伸之变，故思未能感通于事物，而事物万绪朋来从之而不胜其扰且害矣。非如贞吉无思之时，未感而无害也。以思穷物，适以物穷思，安能穷神知化而成光大之盛德哉！

咸卦的卦义阐释事物彼此的感应，若以身体来喻卦，九四在心的位置，杨万里认为，爻辞不言心而言思，是责备九四荒废了心的感应作用而陷入思虑之中，所以"未光大也"。这一段深入地阐述了心和思的关系，认为心就如人自带的一面镜子，可以照见万物，而思是镜子上的障蔽，出于一己之见的思往往有欲望和成见，镜子没有遮蔽才能够照见事物，如果被思虑所遮蔽，心就无法清澈地照见事物，思阻碍了心与事物之间的真诚感应。如果用思去与事物建立联系，则需要顺着思路去追索，通过复杂的求证，摒除成见，才能逐渐见到事物，最终仍需用至诚之心建立彼此的联系。在咸卦之时，重在相感，在与外物相感时，要用心而不是用思，应将心灵这面镜子擦干净，去除障蔽，这就是虚心，只有虚心才能明照，虚心才能感应万物，从而与万物一体感通，穷神知化，得天地之正，无私无邪，成就光大盛德。

■ **不动心。**杨万里对《周易·系辞下传》中的"子曰：知几，其神乎？君子上交不谄，下交不渎。其知几乎？几者，动之微，吉之先见者也。君子见几而作，不俟终日。"这样解释道：

> 夫微莫微于天下之几，妙莫妙于天下之神。是故难知者，几也；难至者，神也……盖天下有大患大欲，富贵，天下之大欲也；动心，天下之大患也。吾心一动，谄渎生焉。谄渎者，其富贵之捷径，而祸败之胚胎也与。……然其心之动也，其初至微也，能于其至微而察之，求其所谓渎者而绝之，天下之元吉，人莫之见而吾独先见之矣。

这段是对豫卦六二爻辞的发挥，在对这一段的阐述中，杨万里认为《周易·系辞下传》之所以强调重视"君子上交不谄，下交不渎"这样看起来细小的事情，是因为这些行为举止内在隐藏着对上攀结富贵、对下倨傲亵渎的心理，是因富贵而动其心。杨万里将这种"动心"看作天下之大患，是祸败的胚胎。要防止祸败，就要从内心至微处有所警惕，心念一动，就要自省觉察，杜绝谄渎之心的萌生，使心不为其所动，从而也杜绝了祸患的根由，这就是知几。"不动心"是儒家修身养德重要的修养工夫。

■ **天心。**杨万里对复卦☷☳《彖》辞解释道：

> 圣人极言复之亨矣，无咎矣，利矣，又一言断之曰"《复》其见天地之心乎"，然则孰为"天地之心"？动而生物，是天地之心。贵阳贱阴，是天地之心。长君子消小人，是天地之心。天地之心不可见也，圣人观于《复》而见之，又提之以示人。有天下者，可不求彼之心为此之心乎？体之圣，失之愚。履之治，舍之乱。圣愚治乱，此心而已。

复卦乃一阳来复、阳气初生之卦，杨万里认为圣人从复卦得出"见天地之心"的断言大有深意，他就此阐发天地之心充满了化生万物的仁爱之意、扶正抑邪的正义之心，为政者就应效法天地，以至诚仁爱、扶正抑邪、光明正大之心为政于天下。以此心为本体就是圣贤，失去此心就是愚人，以此心去践行就会天下大治，舍弃此心就会混乱。圣明、愚钝、大治、混乱，都在得失此心而已。杨万里所描述的"天地之心"，亦称"天心"。复卦对应的节气是冬至，邵雍有诗云"冬至子时半，天心无改移。一阳初起处，万物未生时"，是阳气生机待发的时刻。在杨万里这里，易道、天心、圣人，就本体而言是一致的，动而生物，阳气勃发。张载以圣人之心为天心，写下了气贯千古的"横渠四句"："为天地立心，为生民立命，为往圣继绝学，为万世开太平。"天心是儒家以天下为己任、充满责任意识和进取精神的至诚之心，是儒者为实现理想社会而不断追求的内圣外王之心。

杨万里通过"正心""虚心""不动心""天心"建立了一套儒家价值观的心本体论，本体已立，易道自得于心，通晓易道而行中正之德，中正立而万变通。这就是杨万里《诚斋易传》所述变通之道的核心内容。

④易道天理，一阴一阳

《诚斋易传·序》最后一段说："愚老矣，尝试与二三子讲之，二三子以为愚言之乎？非也。愚闻诸先儒，先儒闻诸三圣，三圣闻诸天。"对于最后这段话，似乎没有必要注意，但在一部用功十七年、经过反复锤炼所完成的著作中，《序》要起到提纲挈领的作用，杨万里不会浪费笔墨只为说些客套话，必经反复斟酌而定。这几句话表明了其思想的来源，是对先儒思想薪火不息的传承，先儒们的思想是从"三圣"（伏羲、文王、孔子）传承而来，"三圣"的思想通晓了大道天理，由天而来。因此，"三圣"作《易》，其中所贯穿的易道就是天理。他在解释《系辞》中的"子曰：易其至矣乎！夫易，圣人所以崇德而广业也"时说："易之道，何道也？天理而已。"明确地指出易道即天理，而天理就意味着是一套包括自然和社会在内的一切事物运行变化的法则，从这个意义上讲，《周易》就是一部揭示天理法则之书。

对于"天理"的解释，杨万里在同一段文字里说："是理也，在天地为阴阳，在日月为昼夜，在四时为生育长养，在鬼神为吉凶，在人为君臣父子，仁义礼乐，此易之道也。"从自然界中天地阴阳、日月四时的有序运行，到人类社会中君臣父子、仁义礼乐秩序关系，蕴含着阴阳消长、往来屈伸之理，受着阴阳运行法则的推动和制约。在解释《易经·系辞上传》中"一阴一阳之谓道"时说：

> 圣人用易之道，显乎天地人物之间。然易之道何道也？天地而已矣。天地之道何道也？一阴一阳而已矣。……天地可一息而无阴阳乎？阴阳可一息而不动静乎？故曰：天地之道本乎阴阳。

一阴一阳之谓道，杨万里将天地变化之道归结为阴阳二气的配合，阴阳配合所遵循的自然之理即为道，一阴一阳，无一息不存在，无一息不动静，化生万物，使万物变化不穷。圣人用《易》来体现道，用以揭示天地、人物之间的变化法则。

圣人体会此"理"而作《易》，杨万里称此理为"未画之易""未画者，易之理；既画者，易之书"，"既画"之易源于"未画"之易，易之书是对易之理的摹写。圣人所要表达的易之理，用象、辞、数整套体系来呈现。这套体系中各元素的产生有其先后顺序，杨万里对《周易·系辞上传》中"圣人设卦观象，系辞焉而明吉凶，刚柔相推而生变化，是故吉凶者，失得之象也。悔吝者，忧虞之象也。变化者，进退之象也，刚柔者，昼夜之象也"解释说：

> 谓观其有是象而吉凶之理已具系之……或以阳杂之阴，或以阴杂之阳，顺则合，逆则战，逆顺相推，合战万变而吉凶生焉……刚柔相推而生变化。盖谓某卦之吉凶生于某画之变化，某画之变化生于阴阳之推移。何谓象？物有事有理，故有象。事也，理也，犹之形。象也，犹之影也。……欲知理之进退消长也如何，卦爻象之以变化。理之昼夜往来也又如何，卦爻象之以刚柔。盖变化者，进退之影也，刚柔者，昼夜之影也。

杨万里认为，一阴一阳的配合中，刚柔相推而生变化，顺合逆战而生吉凶。理和象的关系就如同形和影的关系。先有易之理，后有卦爻象。

对于理和数的关系，杨万里则认为仍是理在先，而数在后。在解释《周易·系辞上传》中的"生生之谓易，成象之谓乾，效法之谓坤，极数知来之谓占，通变之谓事"时说道：

> 易者何物也？生生无息之理也。是理也，具于天地，散于万物。聚于圣人，形于八卦。合而言之，命之曰易。别而言之，自无象而之有象，则谓之乾；法乎乾而效学之，则谓之坤。合天地之数五十有五，穷其极以知方来则谓之占。通乎易之理以应乎物之变，则谓之事。

可见，理在先，圣人体之，形于八卦，从无象变为有象，产生了象的同时就有了数，乾坤卦象和天地之数都是因天地生生之理而来。

关于象和辞的关系，杨万里言"卦以象立，象以辞明"（《诚斋易传·系辞》）辞在象之后，卦爻辞用来阐明卦爻象的含义。这样，这套体系中几个重要元素产生的先后顺序为：先有理，后有象、数，后有辞。理为根本。总之，杨万里认为《周易》书中的一切都来源于"易之理"，也称易之道，易之道天理而已，一阴一阳而已。

朱熹对于易学四要素"理、象、数、辞"进行过深入的分析，他认为这四个要素，横看是未曾相离的一体结构，竖看则是按先后顺序生成的系列：理是易学的本体、象数的根源，属第一义。此理是自然之理，即程颐所称"天理"、邵雍所称"画前之易"（也即我们前面提到的杨万里所说的"未画之易"），张载称为"天易"。朱熹认为，伏羲仰观俯察见得此理，画八卦，于是生出了象数，属第二义。文王、周公观卦象、爻变而作卦爻辞，于是生出了义理，孔子作"十翼"，因象数已分明，于是只于义理上说，属第三义。从历史的生成体系来看，先有理，后有象数，象数之后始有义理。象数本于天理，义理本于象数。这个历史生成顺序也完全符合逻辑发展顺序。

通过对"两派六宗"的介绍，我们可以看到，易学思想的发展是与时代相关联的，随着历史的演进和社会条件的变化，易学思想在其自身被继承和扬弃的过程中不断涌现出新的学说，有生命力的学说往往是顺应时代而产生，对时代课题有着深入的洞察和思考，具有历史感和前瞻性。一些学说因其揭示了普遍规律和普适价值，建构了完整的哲学体系，从而具备了经久不衰的价值和意义。

象数派和义理派各有所长，象数派更关注自然之理，建构宇宙图式，侧重于"天学"；义理派更关注社会人事，推天道以明人事，阐发明体达用之义，侧重于"人学"。两者既互相攻驳，又互为补充，其内在的矛盾恰恰成为推动易学发展的不竭动力，两派学说在易学的发展演变中，分而合流，合而分流，动态向前，永无止息，衍化出丰富多彩的易学景观。

本章是根据清代编纂的《四库全书总目·经部·易类》提出的"两派六宗"说而对几位开宗派的易学家思想的概述。"两派六宗"说之所以自问世以来得到广泛认可，盖因这几位易学家在易学史上独树一帜，具有划时代的作用。然而，在两千多年的易学发展史上，曾经涌现出许多思想卓越的易学大家，易学的天空可谓群星璀璨，仅以"两派六宗"远不能涵盖全貌。本章做这样的一番梳理介绍，谨希望可以依此显现象数、义理两派不同的旨趣以及易学发展的大体脉络，使学易者于浩繁的易学典籍中得其主脉，纲举而目张，若能由此而触类旁通，便终归是有益的。

周易

二

象数篇

　　《易》本自有象数，而特非京、焦辈所云云。有如萝固为萝，松自有松，不得混萝于松，亦不得因萝之故没松也。

——清·黄宗羲《易学象数论·汪瑞龄序》

我们在介绍"两派六宗"的过程中，已经大概了解了象数派的"三宗"：太卜之遗法的"占卜宗"、以汉代京房和焦延寿为代表的"禨祥宗"、以宋代陈抟和邵雍为代表的"造化宗"。在这"三宗"之中，后两宗依托《周易》，运用自成一体的象数理论建构出一整套宇宙图式及占验体系，是对《周易》象数学的扩充与发挥。《四库总目》的总编纂官纪昀有这样的评述：

《易》之精奥，理数而已，象，其阐明理数者也。自汉及宋，言数者歧而三：一为孟喜，正传也；歧而为京、焦，流为谶纬；又歧而为陈、邵，支离曼衍，不可究诘，于《易》为附庸矣。（《四库全书学典》）

也就是说，纪昀认为象本是用来阐明《易》之理、数的，而京、焦的象数易学流为谶纬之说，陈、邵易学则务穷造化、支离曼衍，均是附庸于《周易》而自立学说，属于歧出别传，并非正宗。清代学者汪瑞龄在为黄宗羲的《易学象数论》所作《序》中也说道：

《易》本自有象数，而特非京、焦辈所云云。有如萝固为萝，松自有松，不得混萝于松，亦不得因萝之故没松也。

意思是说，京、焦等人的象数学说附着在《周易》上，遮蔽了《周易》象数的本来面貌，就如同群萝附着在松树上，使人们只见群萝，看不到松树。当认识到是萝不是松时，还以为天下无松。同样，人们看到京、焦等人的象数学说，以为这就是《周易》的象数，当发现其学说乃自创体系，不符合易之本义时，反而对《周易》自有象数这个事实产生了怀疑。因此，需要去芜存真、追根溯源，易学发展到明清时期产生了一种反思的倾向。以上评论是就象数的发端即所谓本义而言的，若就京、焦、陈、邵的象数易学对易学发展的贡献来说，其影响甚巨，自有其时代使命和卓越的思想价值。

在这一章里，我们试着从发生学的角度去探讨象数本源，并就朴素的象数观念及相关内容作一些探索和梳理。

1. 象与数

我们知道，《周易》中所谓的象，是就卦而言的，包括卦象和爻象两种，是通过卦爻符号表现出来的，象征着自然、社会各种事物的形态特征和含义属性。那些以三个爻或六个爻组合而成的卦，其所象征的事物形态及含义属性称作"卦象"，而以一个爻所象征的事物形态、含义属性称作"爻象"。卦和爻是《周易》最基本构件，如果把《周易》看作一个有机体的话，卦就是骨骼肌肉，而阴阳爻就是细胞。追根溯源，查明形成细胞骨骼的基因，就可以从根本上了解这个神秘有机体形成的原因了。

　　《周易》中的所谓数，是指用来确定卦爻象和表征卦爻象的数字。更多地与筮法相关，比如《系辞》中的"天数五，地数五，五位相得而各有合""大衍之数五十"，筮法中的九为老阳之数、六为老阴之数，以及河洛之数、九宫之数等。这些在本书第一章对象数派的介绍中已经讨论过，下面我们就《周易》成书之前的"象"和"数"进行一番探讨。

1）神秘的数字卦

　　《周易·系辞下传》说：

　　古者包牺氏之王天下也，仰则观象于天，俯则观法于地，观鸟兽之文，与地之宜，近取诸身，远取诸物，于是始作八卦，以通神明之德，以类万物之情。

　　这段话表明了先民认识自然的过程，通过对自然中的天地、鸟兽、万物以及自身的观察，描摹所观察到的外貌形状，认识其运行变化的规律，于是创作了八卦。从观察万物到形成八卦，应该经历了漫长的演变过程，并不是一蹴而就的。伏羲氏是中华民族的人文始祖，可能是指一个人，也可能是几代或若干代部落首领的统称。伏羲氏带领民众从对外在世界的形象认识，到形成抽象的概念，并通过大脑的加工形成思维然后将其画出来，这在上古时期需要经过一个漫长的发展过程。这个过程应该和文字的产生有着相同的渊源。

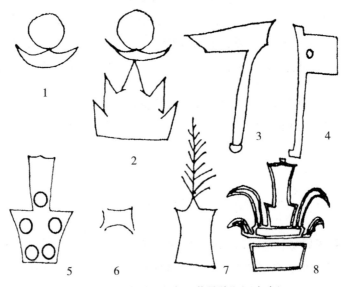

大汶口文化的图画文字（莒县陵阳河出土）

据考证，在远古的旧石器时代，大约二万五千年前，就已经有了整体性的图画文字。及至一万年前进入新石器时代，组合性的图画象形文字已经出现。图画文字经历了漫长的演变过程逐步变得简练和抽象。上图为在山东莒县陵阳河出土的大汶口文化的图画文字（参见苏秉琦主编的《中国远古时代》），那是铜石并用的时代，其早期大约是公元前3500年前后，晚期约当公元前3000年前后。上图这些图画文字有单体有复体，有些图形已有相当程度的抽象化，其结构又有一定的规律性，成为一种互有联系的图形，所以它是可以记事和传递信息的符号。学术界对其是否可定义为文字说法不一，但基本认为这是一种原始的象形文字、图画文字或象形符号，是后来古汉字体系的基础。我们联系到《系辞》所说的伏羲氏"观鸟兽之文与地之宜，近取诸身，远取诸物"，其初期对应客观事物画出的"八卦"应是图画文字。

有刻文的骨角柶和鹿角枝（江苏海安县出土）

1979年，江苏海安县青墩遗址发掘出土的骨角柶和鹿角枝上有刻符八个（如上图），这些神秘的刻符让古文字学家大伤脑筋。1980年，史学家、古文字学家张政烺先生发表的文章中认为那是早期的易卦，是由数字构成的。这些卦体所使用的数目字中有二、三、四这几个数，这是他以前所举考古材料中所没有的，说明它的原始性（参见《试释周初青铜器铭文中的易卦》）。之所以说这样的卦体更原始，是因为，由于一、二、三、三（四）数字自上而下相邻书写容易掺和而分不清，发展到后来"二、三、三"就不再使用（将二、三并入了六，三并入了一）。如果卦体还存有这几个数字就说明其时间更为原始。张政烺先生在文章补记中提到："这是长江下游新石器时代文化，无论其绝对年代早晚如何，在易卦发展史上应属于早期形式。"海安县青墩遗址是新石器时代的遗存，经测定，这处遗址距今 5015±85 年，即公元前 3000 年前后。对照上面两个图片的内容和时间，可以认为此处的数字刻符处于图画和文字之间的过渡期，晚于图画而早于文字。这个时期占卜所画之卦就应是这个形制的卦体了。

2）八卦的起源

世界文字大都起源于图画文字，文字的前身是图画和刻符。

有了第一批基础字符以后，表音和表意是图画－刻符文字发展的两大趋势。……汉字也起源于图画文字，而延续图画象形文字的发展趋势是表意，在数千年的历史发展中，汉字顽强地维护着自己的表意文字特点。（王宁《汉字构形学导论》）

关于汉字从发生到发展演变过程中顽强的表意特点，王宁教授在书中列举并分析了大量的汉字，由于篇幅所限，此处不作引述。但可以由此得出，象形表意是汉字得以形成的基因，数千年以来，无论其形状如何转变，表意的基因一直没有丢失。数字是简单的文字，古代的先民最早将自然数刻写为："一、二、三、亖、×、∧、十、〉ᐸ、⇃、十。"海安县青墩遗址的鹿角刻符介于图画与文字之间，图画表达的是象，数字表达的是数。所以，数字卦的构形同时具备"象"和"数"，仍然延续汉字生成过程中的象形表意功能。

随着考古材料的逐渐丰富，张政烺先生发现这种数字卦，到了殷商时期不仅被刻画在卜骨上，也被铭刻在钟鼎彝器上，而卦体的数字构造成分发生了重大变化。通过对所收集到的三十二个数字卦的比对，得出这样的结论：在进化的过程中，数字卦中的数字被逐渐分为两类，即奇数和偶数，出于刻写、辨别的需要和先民思维抽象化的作用，这种归类逐步清晰，最终出现了分别用奇、偶两个数字组成的卦形。上海博物馆于 1994 年从香港古玩市场购得一批战国时期的竹简，经测定当为战国晚期楚国贵族墓中的随葬品，其中有大半部《易经》，其爻画已经定型为仅有"一"和"〉ᐸ"两个数字，六爻一组的卦体皆由这两个数字构成。这两个数字的形状与我们现在看到的阳爻和阴爻已经非常相似。也有将爻画写为"一"和"∧"的，比如 2008 年清华大学收藏的战国竹简中的八卦图，卦体皆由"一"和"∧"组成：

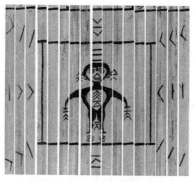

战国竹简（清华大学收藏）

　　无论是"ﾉﾚ"还是"ﾉﾍ"，具体的数目已经不重要，因为它们都只是用来代表偶数的符号。为什么先民用数字画卦只关注是奇数还是偶数，而对数字所表示的具体数目采取忽略的态度，从而最终变成了一奇一偶两个数字来组合成卦体？这从汉字生成发展过程中顽强的表意特点就可以得知，表意的基因在汉字形成过程中起着一以贯之的支配作用，这个作用在卦体的形成中同样重要，因为这就是先民的思维特点和表达方式。先民在漫长的社会实践中，对于周围事物的认知，对于自身行为的取舍，对于预测群体的安危，都要通过占卜来获取支持并据此作出决策。占卜的结果要求信息明确，比如，对于昼与夜、明与暗、晴与阴、吉与凶、胜与败、好与坏、动与静、行与止等判然两分的信息，往往能够提供最直接的指导答案。这些信息代表着上天的意旨，体现在卦体符号中，由数字符号来进行表意，从而，具体的数目变得越来越不重要，并逐渐演化成为只注重奇、偶的现象。

　　从图画刻符到用数字卦来表意，再到只注重数字奇偶的性质，是因为以意为贯穿的主线，形只是用来表达意的媒介。奇数表达一种意，偶数表示与奇数相对之意，将天地万物都归为相反相成、互为转化的两类，其中蕴含了先民对天地万物的生息运行的规律及自身存在的根本认知，整个演变是由繁入简、由具体到抽象、由记录过程到把握规律的过程。最终，奇、偶两数简化演变成了我们现在所看到的阳、阴两爻。

　　综上所述，从远古用图画表意，到最终用象形文字表意，其间在占卜活动中用数字组成卦进行表意，有时也会用图画文字和数字符号掺杂在一起进行表意，先民们通过这些方式来表达对宇宙自然、日月星辰、山川地理、天地万物演化运行的关系及规律的理解，包括先民自身对农渔狩猎、婚嫁出行等社会活动和生活状态的描述。在这个过程中，数字卦经历了由繁入简的过程，从混乱繁杂逐渐变得简练清晰，数字奇、偶的性质被归纳提炼出来得以凸显，并逐渐演化成为象征符号。当这些数字符号的象征意义被明晰确定后，先民便将这些符号进行排列组合，以更好地反映纷繁复杂的自然和社会，这又是一个由简入繁的过程，这个过程加入了先民的经验智慧和理性思考，条理清晰，井然有序。

随着历史的演进和社会的发展，先民洞察事物发展变化的根本规律，用已经抽象化为象征符号的数字符号，排列组合成有规律的卦体和卦图，并不断演进，形成了具有丰富象征意义、爻画排列错综有序的八卦。简言之，就是先民先从杂多的数字卦中，由繁变简，提炼出具备阳爻和阴爻性质的奇、偶数，这是一个从混沌到清晰的过程；之后，由简变繁，用奇、偶数组合成了八个卦，以象征八种不同性质的事物。然后再由八卦两两相重而成六十四卦，以表现事物之间形成的各种各样的关系，这是一个运用奇偶（阴阳）思维进行架构的过程。六十四卦在形成和演变的过程中，由于所处的时代不同和关注的重点不同，逐步演化形成了《连山易》《归藏易》和《周易》，"三易"也是经由不断地继承、演变而来。

3）再谈"人更三圣，世历三古"

上述过程与我们所言的"人更三圣，世历三古"的历史演变过程是一致的，只是第二圣将八卦重为六十四卦的时间要比周文王的时代早得多。《周礼·春官》曰：

> 太卜掌三易之法，一曰《连山》，二曰《归藏》，三曰《周易》，其经卦皆八，其别皆六十有四。

也就是说，《连山》《归藏》《周易》是三种不同的占筮方法，但都是由八个经卦重叠出的六十四个别卦组成的。这说明早在《周易》之前用《连山》《归藏》占筮的时期就已经是六十四卦了，那就不会是到周文王演《周易》时才将八卦重为六十四卦。魏晋时期的皇甫谧在《帝王世纪》中有这样的记述：

> 庖牺氏作八卦，神农重之为六十四卦，黄帝、尧、舜引而申之，分为二易，至夏人因炎帝曰《连山》，殷人因黄帝曰《归藏》，文王广六十四卦，著九六之爻，谓之《周易》。

伏羲氏画八卦，神农氏重为六十四卦，黄帝、尧、舜将六十四卦引而申之分为"两易"。神农氏就是炎帝，夏朝人崇拜炎帝，其六十四卦之《易》称为《连山》，以艮卦为首；殷商时期人们崇尚黄帝，其六十四卦之《易》称为《归藏》，以坤卦为首。目前已经有考古资料证实了"两易"《连山》和《归藏》确有其书（1993年3月，湖北江陵王家台15号秦墓中出土了《归藏》，称为"王家台秦简归藏"。清代马国翰《玉函山房辑佚书》中收有《连山》一卷，为学界重视。据媒体报道，2005年在贵州省发现了水族（来自北方的民族）的水书《连山易》，有学者称夏都河南二里头夏陶上22个难识的古文字中，有20个存在于水书文献里）。上述资料尚需进一步考证，而《连山》《归藏》是存在的且早于《周易》，这一点已基本为学界所认同。那么周文王演《周易》做了哪些工作呢？"文王广六十四卦，著九六之爻"，周文王在前"两易"的基础上，进行了整理修订，重新排列次序，将乾卦居于首位，对卦名和卦爻辞进行了整理和编写，并将阳爻和阴爻分别以九和六来命名。（《连山》《归藏》有以七、八为占的古说，即阴爻称"八"，阳爻称"七"。）经过文王的修订和编写，就形成了不同于《连山》《归藏》，但又是承继前两者而来的《周易》，形成了"三易"。第三圣孔子及其后学作"十翼"，使《周易》实现了哲学的飞跃。历代的易学家前仆后继、承传文脉，《易》以不改其象数的本来面貌，以不变其以象数表意的顽强功能，承载着生生不息的易之精神从远古绵延至今，贯穿了整个中华文明史。

（以上的论述与传统的说法有所不同，谨作为一种学术的探索求教于方家。）

2.《周易》的编纂体例及结构形式

《周易》这部书经历了漫长的演变过程，形成了其独特的结构形式。书中符号与文字并存，文字依托符号，符号借助文字，互为表里，层叠交错，共同构建了《周易》这座宏伟的理论大厦。

由于《周易》起源于卜筮，其中的卦辞、爻辞是对占卜结果的记录，有些学者认为每次的占卜结果都是随机产生的，因而卦辞、爻辞是由卜辞随机连缀而成，无规律可言。然而，在对卦辞、爻辞的解读中不难发现，卦和卦之间、卦和爻之间、爻和爻之间有着内在的联系和潜在的编排意识及编纂规律。

1）卦与卦之间的关系

八卦两两相重而成六十四卦，形成了《周易》以阴阳爻象为核心、以八卦物象为基础的完整的符号体系，这个体系有两条线索蕴含其中：一是大多数相邻卦存在彼此"反对"的关系，一是少数相邻卦存在彼此"正对"的关系。也就是人们常说的"非综即错"（或称"非覆即变"）的关系。即从乾坤开始，相邻的每两个卦构成一个小单元，这个小单元中的两卦在卦象上呈"综"或"错"的关系。"反对卦"被称为"综"（来知德语）或称"覆"（孔颖达语）是指两卦卦体互为倒置。"正对卦"被称为"错"（来知德语）或称"变"（孔颖达语）或称"伏"（尚秉和语）或称"旁通"（虞翻语），是指两卦相对同位爻的阴阳性质相反，《周易》由二十八对"综卦"和四对"错卦"组成：

综卦有：屯☶和蒙☶，需☶和讼☶，师☶和比☶等，共二十八对；

错卦有：乾☰和坤☷，坎☵和离☲，大过☰和颐☶，小过☶和中孚☰共四对。

每个小单元中的两卦在含义上也存在两两相对、相反相成的关系，《杂卦传》中有所阐述：

《乾》刚，《坤》柔，《比》乐，《师》忧。《临》《观》之义，或与或求。《屯》见而不失其居，《蒙》杂而著。《震》，起也；《艮》，止也；《损》《益》，盛衰之始也。《大畜》，时也；《无妄》，灾也。《萃》聚而《升》不来也……

卦与卦之间的关系如此安排，可见是有明确的编排意识的。整体六十四卦的卦序安排也有规律。《序卦传》认为六十四卦的编纂是有规律可寻的，并对此进行了阐释，使六十四卦成为一个有机的整体，将贯穿其中的思想显现出来。总体上勾勒出其大体脉络：上经自乾坤始，取乾、坤所象征的天地之象，说明乾、坤乃自然万物之始。下经自咸、恒始，取咸、恒所具备的感应和恒久的意义，说明咸、恒乃社会人伦之始。

《序卦传》的解释中，相邻卦之间的关系基本体现为相因或相反的关系，一卦一卦的发展、转变，有其内在的因果关系，从卦序结构可以看出其中变化周流、物极必反、对立统一的辩证思维特点。六十四卦的最后两卦以"既济""未济"结束，则表达了事物的变易和转化是没有穷尽的这一变化发展的观点。虽然人们认为《序卦传》中对一些卦的关系解释显得牵强，但迄今为止，对《周易》卦序的解释尚没有发现另外一种解释更优于《序卦传》。

《易传》较《易经》后出，虽不能够说它的解释就等于《易经》本义。但是，《易传》立足于《易经》筮法的结构形式，站在阴阳哲学的高度，上溯巫卜文化的源头，融合春秋战国时期百家学说的思想精要，将上古、中古和近古一脉贯通，阐释"推天道以明人事"之理，是打开古奥《易经》的金钥匙，其对卦义和编纂次序解释的重要性不容忽视。

2）卦与爻之间的关系

《周易》六十四卦，每卦有一个卦名，统摄全卦，规定卦时。如果卦爻的编纂是随机的、无序的，那么卦和爻之间就很难有相同的主题及文辞上的关联。但在六十四卦中，卦名与卦爻辞的关系却有着明显的联系。台湾著名学者黄沛荣教授对此现象进行了统计，其统计结果显示，全卦四爻以上系有卦名者四十一卦，三爻以上者多达四十七卦，总计六十四卦之中，有卦名者共二百四十一爻。这显然是卦爻辞编纂者的刻意安排，绝不是偶然形成的。

卦的名称在本卦爻辞中多次出现，体现了卦与爻之间的联系，而这种联系也有规律可循。卦名表示卦时，也等于一种限定，限定各个爻位须在考虑卦时的前提下作出选择，并因各爻时位和整体卦时以及其他爻的关系而作出吉凶悔吝的判别。

如果卦时为吉，则卦中各爻往往在讨论如何居安思危，防止物极必反。比如豫卦：卦时为宽裕安逸，其中爻辞就会有"鸣豫，凶""盱豫，悔，迟有悔""冥豫，成有渝，无咎"等辞，是针对处"豫"之时可能会耽于安逸享乐的告诫。

如果卦时为凶，则卦中各爻讨论的就是如何避免卦时带来的损失和伤害，并采取相应措施，扭转不利的局面。比如否卦：卦时为否闭不通，其中的爻辞就会有："拔茅茹，以其汇，贞吉，亨""包承，小人吉，大人否亨""有命，无咎，畴离祉""其亡其亡，系于苞桑"等辞，是针对处"否"之时如何适时有效地脱离否塞而提出的态度和方法，这些都显现了贯穿于其中的"以卦为时，以爻为用"的特点。

在六十四卦中，无论是处于吉卦、凶卦还是无明显吉凶的平常卦时，卦爻辞都体现出了谨慎预防、冷静劝诫的特点。

卦爻之间的关系不仅体现在上述几个方面，在一对综卦中，还会出现爻辞同出的现象，如损卦和益卦，是综卦关系，损卦的六五爻有"或益之十朋之龟"；损卦卦体颠倒后成为益卦，原来的六五变成益卦的六二，但其爻辞中仍有"或益之十朋之龟"；夬卦和姤卦，是综卦关系，夬卦九四和姤卦九三都有"臀无肤，其行次且"的爻辞；泰卦和否卦是综卦关系，卦时不同，但在初爻位，都有"拔茅茹，以其汇"的爻辞，只是泰卦因卦时为泰，所以"征吉"，而否卦因其卦时为否，所以"贞吉"。可见，爻辞的确立是充分考虑卦时的情况下作出的，不可能是随机产生。卦与卦之间，卦与爻之间所存在的种种联系，体现了编纂者宏观而又细密的思考。

3）爻与爻之间的关系

每个卦有六个爻，每个爻都与卦中其他爻有联系，形成某种特定的关系。

六级爻位自下而上，由初、二、三、四、五、上依次排列，初是时间概念，上是空间概念，六爻位由下而上的发展，既体现了"时"的变化，也体现了"位"的变化。所以爻辞里会显现这种发展，比如井卦："井泥不食""井谷射鲋""井渫不食""井甃""井冽寒泉""井收勿幕"，六个爻的描述依次表现为：井底的井泥、井下部的井谷、淘井、修治井壁、井上部的水甘甜、井口不要覆盖，由下而上，完整地叙述了井的结构和汲水的过程。像这样的卦很多，又比如：咸卦以正面的人体为喻，艮卦以背面的人体为喻，需卦描述了在自外而内的情境中等待，观卦描述自下而上不同的观者，渐卦以鸿雁由低向高飞翔为喻，鼎卦从鼎趾到鼎铉的描述等，都体现了六爻发展的秩序，更显现出爻辞编纂安排是有逻辑思想在其中的，用以揭示事物发展的规律。《周易》三百八十四爻所系有的爻辞多含吉凶占断之辞，这些占断之辞与爻位息息相关。上面所提到黄沛荣教授对吉、凶之辞进行了统计，结果是二、五爻吉辞最多，几乎达到所有吉辞的一半，三爻凶辞最多，上爻次之，初、四爻凶中求吉类最多。二、五爻之所以多吉，是因为它们分别居于下卦和上卦的中位，可以看出《周易》尚"中"的原则。

由于诸爻的性质、爻位、距离等因素，常因彼此关联中"承、乘、比、应"的关系而影响爻辞的占断，故历代解易家多据以解《易》。

承：相邻两爻，下对上叫作"承"，就是指下边的爻承接上边的爻，若下是阴爻，上是阳爻，阴承阳，为顺。反之，为逆。一般来说，顺则吉，逆则凶。

乘：相邻两爻，上对下叫作"乘"，就是指上边的爻凌乘下边的爻，若上是阳爻，下是阴爻，阳乘阴，为顺。反之，为逆。正常情况下，有顺无逆是良好的关系状态。

比：相邻两爻的关系叫作"比"，就是上下相邻的爻可以形成比的关系，如果是一阴一阳，叫作"相比"，如果是两阳或两阴，则不能比。从卦位上来说，初爻与二爻、二爻与三爻，若各为阴阳，则相比。三爻与四爻，处于上下两卦的转换交接处，不成比。四爻与五爻、五爻与上爻，若各为阴阳，则相比。有比则有依靠，无比则无援助。

应：由于有着六个爻的"别卦"是由三个爻的"经卦"组合而成，所以分为上下两个卦体，居下者称"下卦"（又称"内卦"或"贞卦"），居上者称"上卦"（又称"外卦"或"悔卦"）。这样，上下两卦相同位置的爻就显现出某种联系，下卦初爻与上卦初爻（即全卦第四爻）、下卦二爻与上卦二爻（即全卦第五爻）、下卦三爻与上卦三爻（即全卦最上爻），这种关系在解各卦六爻的相互关系中称作"应"，如果初与四、二与五、三与上彼此对应的爻分别为一阴一阳，则称"有应"或"相应"，如果为两阳爻或两阴爻，则称"无应"或"敌应"，应的含义指上下的关系，以是否彼此照应、上下同欲来推断吉凶。

《周易·系辞下传》说：

《易》之为书也，广大悉备，有天道焉，有人道焉，有地道焉。兼三才而两之，故六，六者非它也，三才之道也。

这段话的意思是，也可以把卦的六爻分为三部分来看，分别代表天、地、人"三才"。初爻、二爻代表地，三爻、四爻代表人，五爻、上爻代表天，这三个层次又可以代表一个团体组织的下、中、上三个层面，或事情发展的三个阶段。

上述卦与卦、卦与爻、爻与爻的相互关系，体现了《周易》对事物普遍联系的整体观，阴与阳、刚与柔、上与下、主与从，彼此依存，彼此制约，相互对立，又相互统一。从这几组关系中可以看到：当位得中、趋时有应、刚柔相济、阴阳协调、顺畅有序、融洽和谐是《周易》所倡导的最佳状态。

3.《左传》《国语》中的筮例

先秦时期是一个新旧制度交替、社会处于大变革大动荡的时代，在这样的历史背景下，各种理念、学说并起，出现了"百家争鸣"的格局。古代的文化观念、社会模式以及政治形态受到冲击，各种思想相互碰撞并彼此影响，这个被称为轴心期的时代所迸发出的思想火花，成为中国两千多年来文化发展的火种。

从远古图画文字源头延续而来的文化传统体系，带着象形表意的基因发展到春秋时期，孕育出的象数观念则充分体现在卜筮活动中，并逐渐成熟起来。《左传·僖公十五年》记载：

> 韩简侍，曰："龟，象也；筮，数也。物生而后有象，象而后有滋，滋而后有数。"

《周易·系辞上传》说：

> 圣人设卦观象，系辞焉而明吉凶，刚柔相推而生变化。

观象系辞，《周易》是先有象，后有辞，辞因象而定。延续了图画文字顽强的表意功能，象是用来表意的，辞是用来释象的，接下来的思维路径是因象而系辞，循辞而得意。从应用的角度看，《周易》本是卜筮之书，吉凶卦象的确立要借助龟卜和揲蓍，作为史官的太卜在筮占时就依据象数结合《周易》进行解释。久而久之，形成了一些相对规范化的变占法则。目前我们所能看到的一些筮例记载在《左传》和《国语》里，其变占法则可以参照本书第一章"太卜之遗法"。

据学者统计，《左传》及《国语》二书中所记载的筮例共有二十二则，其中《左传》十九则，《国语》三则。其中有四则不是依据《周易》之辞占断，所以后人可以用来参考研究《周易》变占法则的只有十八则筮例。根据这两部书的记载，史官在筮占活动中所使用的八卦基本卦象与《说卦》相一致，各筮例中所用到的相同卦的卦象也基本固定，取象的方法中已经有了变卦和互体等方法。

这些筮例的占断方法可以分为据象推断、据辞推断、据义推断、兼据象辞义推断等，下面分别举例介绍春秋时期的占断方法。

1）据象推断

这种方法仅取卦象分析，用以说明事物发展的原因及其内在的合理性。

例一：赵简子问季氏出其君

赵简子问于史墨曰："季氏出其君，而民服焉，诸侯与之，君死于外，而莫之或罪，何也？"（注：各本无"何"字，此处从金泽文库本增。）对曰："物生有两，有三，有五，有陪贰。故天有三辰，地有五行，体有左右，各有妃耦。王有公，诸侯有卿，皆有贰也。天生季氏，以贰鲁侯，为日久矣。民之服焉，不亦宜乎？鲁君世从其失，季氏世修其勤，民忘君矣。虽死于外，其谁矜之？社稷无常奉，君臣无常位，自古以然。故《诗》曰：'高岸为谷，深谷为陵。'三后之姓，于今为庶，王所知也。在《易》卦，雷乘《乾》曰《大壮》，天之道也。"（《左传·昭公三十二年》）

这次对话的背景是鲁昭公被季平子赶出了鲁国，在流亡中死于乾侯。晋国的赵简子就此事问史墨："季氏把国君赶出了鲁国，而民众却顺服于他，诸侯也都支持他。国君死在外边，却没有人去向他问罪，这是为什么？"史墨回答说："事物的存在有多种形式，并非固定不变，这就是自然法则。上天生了季氏，让他辅佐鲁侯，时间久了，民众顺服他是很自然的事。鲁国的国君世代放纵，而季氏世代勤恳，所以民众顺服季氏而忘记了他们的国君。即使国君死在国外，有谁去怜惜他？"史墨得出结论："奉祀社稷者不一定是某姓某氏之人，君臣的地位不一定永远固定不变，自古以来就是这样。所以《诗》说：'高高的堤岸变成深谷，深深的谷地变成高陵。'古代三王的子孙在今天都已经成了平民，若用《周易》的卦象来解释，则表现为有着雷动之象的震卦居于乾卦之上，是大壮 ䷡，这是天道。"

赵简子在晋国专国事，也是一个很有作为的大臣，与鲁国的季平子类似，他问史墨对季平子的看法，其实就是对自己的看法。史墨从自然法则说起，先打破社会阶层固化不变的思想，然后从德行和政绩的角度分析了鲁君与季氏君臣关系发生变化的必然性与合理性。最后以大壮卦的卦象来佐证，论证了鲁国发生的这件事合于天道之常。大壮卦是由乾下震上组成，乾为天、为君，震为雷、为臣。雷本应居于天之下，但大壮卦的卦象是雷乘乾，震雷响于天上，声威显赫，大为壮盛，乾却屈居于下，君臣易位。季氏与鲁君的关系即是大壮卦之象，大壮者是季氏，被凌乘者是鲁君，鲁昭公最终被逐出并客死他乡，是事态发展的必然结果。史墨没有经过占筮就直接用《周易》卦象来佐证，以意为先，以象为据，如同借助《诗经》中的句子一样，用以支持他要表达的观点，表现了当时政治结构的松动及人文思想的发达。史墨所引的大壮卦，用在这里非常契合，如果以乾作为下卦，上卦分别用八卦中其余三个阳卦震、坎、艮配合，后两卦会组成需 ䷄、大畜 ䷙，从卦象、卦义上都不能很好地表达臣强君弱的格局，只有乾下震上的大壮 ䷡ 能曲尽其妙，可见，史墨这样的史官运用《周易》已达从心所欲之致。

例二：单襄公论晋周将得晋国

成公之归也，吾闻晋之筮之也，遇乾之否，曰："配而不终，君三出焉。"……且

其梦曰："必骊之孙，实有晋国。"其卦曰："必三取君于周。"其德又可以君国，三袭焉。（《国语·周语》）

这段话是周王室单襄公的论述。他看到侍奉自己的晋国少年姬周（后来的晋悼公，此处称"晋周"）言谈举止庄敬合宜、德行高尚，禀赋超乎常人，于是断定将来晋周必得晋国。他在作此论述的时候，晋成公在位。单襄公引用晋人迎接晋成公回国时的占筮结果，预言晋国国君更换三次后，晋周将获得晋国。那次占筮的背景是晋国的赵穿杀了晋灵公，准备迎接客居于周朝首都的公子黑臀（晋成公）回国做国君，晋人为这件事占了一卦，占筮的结果是遇乾☰之否☶，辞曰："配而不终，君三出焉。"意思是晋成公的子孙将不能终享君位，只能出三代国君。从卦象来分析，乾卦下卦的三个爻动，三阳爻都变成了阴爻，于是变成否卦。以本卦和之卦的卦象来分析，乾为天、为君，上下皆乾，象征着上卦是天，下卦是君，有以君配天之象，但是乾卦三爻变动成为否卦，下卦就变成了坤，坤象为地、为臣，也就是说上卦的天没变，而下卦的君变成了臣，单襄公认为这预示着晋成公及其子孙共出三代国君，然后晋周会成为晋国国君。单襄公又分别从梦、卦、德三方面论证了这个观点（后来，晋成公、晋景公、晋厉公三世父子相传，晋厉公被弑，众大臣迎立晋周继位，即晋悼公，悼公是厉公的堂侄，而非直系子孙，应验了单襄公的推断）。这是仅以所占得的卦象进行推断的筮例。

2）据辞推断

这种方法仅取卦辞或爻辞进行分析，不取卦象。

例一：阳虎筮晋不可救郑

阳虎以《周易》筮之，遇泰☷之需☵。曰："宋方吉，不可与也。微子启，帝乙之元子也。宋、郑，甥舅也。祉，禄也。若帝乙之元子归妹而有吉禄，我安得吉焉？"乃止。（《左传·哀公九年》）

这次占筮的背景是，当时的郑武子在郑国执政，其宠嬖许瑕向他讨要封地，可郑国已无多余的地可以封赏，许瑕就请求郑武子发兵外取，郑武子便派兵攻占了宋国的雍丘，结果郑军几万人被宋军包围，命悬一线。于是，郑武子急派人向晋国的赵简子求救。郑国出不义之师抢人土地而被困，救还是不救？赵简子要通过卜筮来决定。在经过三个史官进行龟卜并解释之后，赵简子又让自己的首辅阳虎以《周易》占筮，用蓍草占筮的结果是遇泰之需，本卦是泰卦，六五爻动，爻辞为："帝乙归妹，以祉元吉。"阳虎就以六五爻辞为依据进行了分析。"帝乙归妹"在历史上有典故，殷王帝乙将妹妹（一说女儿）嫁给了当时周国的姬昌（后来的周文王），大为吉利。宋国是殷商王室后裔的封地，阳虎说："宋方吉，不可与也。"意思是说，爻辞里说的大为吉利是指宋国，既然天意让宋国吉利，我们就不能去救郑国。微子启是宋国的第一任国君，是帝乙的庶长子。祉是指吉禄，如若爻辞说的是宋国有吉禄，我们晋国去干涉的话，怎么能得吉呢？宋国和郑国是外甥和舅舅的关系，他们两国打仗，我们就不要去掺和了。阳虎的这一番分析，正中赵简子下怀，于是"乃止"，不救。接下来的结果是，宋郑雍丘之战，郑国几万人马除了留下两个活口外，其余全军覆没，那个要封地的许瑕也死在了乱军之中。阳虎的这番分析有理有据，根据动爻的爻辞，结合宋国祖上的典故，作出了不宜出兵的结论，使晋国不出兵有了堂皇的依据，并且心安理得。

这样的例子，充分显示了古人运用易学的精熟程度。更有谙熟此道者，随事取占，不用揲蓍布卦，仅根据耳闻目见，就可以结合《周易》卦爻辞推断吉凶，如下例：

例二：游吉论楚王将死

子大叔归，复命，告子展曰："楚子将死矣！不修其政德，而贪昧于诸侯，以逞其愿，欲久，得乎？《周易》有之，在复之颐，曰：'迷复，凶。'其楚子之谓乎？欲复其愿，而弃其本，复归无所，是谓迷复。能无凶乎？"（《左传·襄公二十八年》）

这段话是郑国的游吉说的，郑简公派他到楚国进行符合礼仪的国事访问，到达汉水后，楚国人让他回去，显示出一种大国的傲慢无礼。回到郑国后，游吉对子展说楚王将要死了，他不修明政事德行，却贪昧于诸侯对他的进奉，只想达到自己的愿望，想要活得长久，可能吗？游吉说《周易》里有复卦☷☳变成颐卦☶☳的情况，复卦的上六爻变，以这一爻的爻辞"迷复，凶"可以推断，楚王将要死了，他想要得逞所愿，却放弃修德的根本，想回去却没有了归路，这就叫作"迷复"，怎么会没有凶险呢？结果，不久楚王就死了。可见，善于把握易道的人，能够根据实际情况判断趋势，借用卦辞、爻辞来预言事物的发生，精熟于此的人可以省略占筮环节。

3）据义推断

这种方法从卦名的意义和上下两体的卦德进行分析推断。

例：重耳亲筮得晋国

《震》，车也。《坎》，水也。《坤》，土也。《屯》，厚也。《豫》，乐也。车班外内，顺以训之，泉原以资之，土厚而乐其实。不有晋国，何以当之？（《国语·晋语》）

重耳在流亡时亲自进行过一次占筮，筮得本卦为屯☵☳，之卦为豫☳☷，筮史认为不吉，而司空季子认为吉。上面的这段话就是司空季子进行推断中的一部分。他的推断既有卦象的根据，也有卦义的根据。他认为从卦象来看，屯卦的下卦和豫卦上卦为震，震为车，两个卦都有震，象征着车班内外。屯卦的上卦为坎，坎为水；豫卦的下卦为坤、屯卦二至五爻互体也是坤，坤为土。从卦名、卦义来说，屯有积厚之义，豫有逸乐之义，坤的卦德为顺，坎水有泉源滋养的功能，这样几个条件合起来，说明了既有车班内外的军队之威，又有顺路而行良好的时机，又有泉源滋养，又有土地丰厚，人快乐而有实实在在的收获。这样的条件，不象征拥有晋国，又象征什么呢？经过一番论证后，司空季子得出重耳将回到晋国成为国君的结论。

4）兼据象辞义推断

例：陈侯筮公子敬仲生

周史有以《周易》见陈侯者，陈侯使筮之，遇《观》之《否》。曰："是谓'观国之光，利用宾于王。'此其代陈有国乎？不在此，其在异国；非此其身，在其子孙。光，远而自他有耀者也。《坤》，土也。《巽》，风也。《乾》，天也。风为天于土上，山也。有山之材而照之以天光，于是乎居土上，故曰：'观国之光，利用宾于王。'庭实旅百，奉之以玉帛，天地之美具焉，故曰：'利用宾于王。'犹有观焉，故曰其在后乎。风行而著于土，故曰其在异国乎。若在异国，必姜姓也。姜，大岳之后也。山岳则配天，物莫能两大。陈衰，此其昌乎。"及陈之初亡也，陈桓子始大于齐。其后亡也，成子得政。（《左传·庄公二十二年》）

这次占筮是因为陈厉公生下了儿子敬仲，正值周太史经过陈国，陈厉公让周太史为儿子占筮将来的命运。占筮的结果得到观 ䷓ 之否 ䷋，所遇观卦六四爻动。因此用观卦的六四爻辞"观国之光，利用宾于王"作为占断的依据，得出的结论是他的子孙将会在异国拥有国土，所以说，这种荣光，虽然遥远却是自他而有。接下来太史进行卦象分析说：观卦的下卦为坤，坤的卦象为土。上卦为巽，巽的卦象为风。四爻变动后，之卦否的上卦为乾，乾的卦象为天，下卦坤不变。三者的关系是，风变为天而在土之上，在否卦中，第二爻至第四爻互体为艮，艮为山。否卦中既有艮象，亦有乾之象，象征着山上丰富的物产得到天光照耀，于是能够居于土地之上。所以爻辞说："观国之光，利用宾于王。"艮有门庭之象，诸侯朝于天子，或互相聘问，必将礼物陈列于庭内，谓之庭实，"旅"是陈列，"百"是形容礼物丰富多样。乾为金、为玉，坤为布帛，所以有奉之以玉帛之象。天地间的美物都具备了，否卦上卦乾为君，下卦坤为臣，有臣朝见君主以作宾之象，所以说："利用宾于王"。然而整个推断是就观卦而言的，观卦卦名义，既为可观，亦为观看，此处为依此卦得以观看到未来的情景，因此推断说这些荣光将在后世子孙身上，并不发生在其自身。观卦卦象是风行地上，风从这里吹起而落于他处，所以说这一切会发生在异国。如果在异国，一定是姜姓的国家。因为姜姓，是太岳的后裔。否卦中的互体艮与上卦乾相配，是以山岳配天，事物不能两大共存，所以，陈国将衰落，而他将在姜姓国昌盛。到后来，敬仲的八世孙田成子取代了姜姓国君的君位，获得了齐国的国政。

这个筮例，既用到了卦象、爻辞、卦名、卦义，也用到了互体、变卦，是综合占断的范例。

从上述几例可以看到，春秋时期占筮内容和解卦方式已非常丰富，象、辞、义均可成为推断的依据。从中我们也注意到，春秋时期的卜筮越来越世俗化和普泛化，在一定程度上满足了当时各阶层人们的心理需求，但这种倾向也使占筮活动越来越失去了它的庄严性和神秘性，解释维度的多元化，使同一个占筮结果可以有完全不同的推断，比如我们前面提到的"重耳亲筮得晋国"的例子，以及不用占筮而直接进行推断的例子。比如：

初，灵王卜曰："余尚得天下。"不吉，投龟，诟天而呼曰："是区区者而不余畀，余必自取之。"（《左传·昭公十三年》）

这里直接表达对于占筮结果的不信任，而要自主作为。再比如《左传·襄公九年》穆姜被贬东宫的卜筮，遇艮 ☷ 之随 ☷，史官认为是吉卦，推断说可以速出，而穆姜却根据自己德行上的不足推断说出不去了，结果她最后死在了东宫。这些都表现了那个社会大变革时期人们主体意识的觉醒和哲学思想的萌芽，人们已不大相信占筮可以决定人的命运，鬼神的力量不再像以前那样具有绝对的权威性，人们对于人本身的德行对事物产生的影响越来越重视，对于天道和人道的关系也有了新的认识，比如前面列举的史墨对天道人事的认识，领会到天道自然运行的规律和法则。春秋时期郑国的贤相子产说："天道远，人道迩，非所及也，何以知之？"（《左传·昭公十八年》）把目光和精力用在对人道的修养与践行上。精通易道的孔子说"不占而已矣"（《论语·子路》），更是一语道破。"十翼"的出现，将易学带进了哲学的殿堂。

周易

三

义理篇

万事之变方来，而变通之道先立……然则学者将欲通变，于何求通？曰：道。于何求道？曰：中。于何求中？曰：正。于何求正？曰：易。于何求易？曰：心。

——杨万里《诚斋易传·序》

1.《周易》的核心思想

《周易》是一部讲"变化"的书，所以又有《变经》之称，英文译为《The Book of Changes》。读《周易》就是要知变、应变、通变。通晓变化的规律，才能够处变不惊、从容应对，从而得以趋吉避凶、安身立命。那么如何才能"通变"呢？杨万里的《诚斋易传·序》言："万事之变方来，而变通之道先立……然则学者将欲通变，于何求通？曰：道。于何求道？曰：中。于何求中？曰：正。于何求正？曰：易。于何求易？曰：心。"如果把这个顺序按修身的次序调整过来，就是：用心研读，体悟易理；知易知几，立身处正；身正行中，由中达道。

《周易》强调"正"的重要性。《乾·彖传》说："乾道变化，各正性命，保合太和乃利贞，首出庶物，万国咸宁。"首先，乾元乃万物之始，变化伊始，便突出了一个"正"字，万物的性命各得其正，才有接下来的"保合太和乃利贞"。《乾·文言》说："知进退存亡，而不失其正者，其为圣人乎？"《坤·文言》说："直其正也，方其义也。"对于"正"的强调在《周易》经传之中几乎随处可见。对"正"的重视更多地体现在爻位上，阳居阳位，阴居阴位，称为"得正"或"当位"，象征事物发展遵循正道、符合规律，当位守正是趋吉避凶的重要条件。

比"正"更重要的思想是"中"，程颐说："正未必中，中则无不正也。"《周易》非常重视"中"的价值，表现在卦象上是指二、五爻，而其意义主要是在"时"与"位"上，如果能够在相应的时、位善于运用各种关系，执中用权，动静合宜，行止有度，便是"得中"，是在行"中道"，所以《周易》中常见"时中""位中""中行"等词。六十四卦，三百八十四爻，第五爻位没有言"凶"的，是因为它既在上卦的中爻位，也是全卦的君位，无论是刚爻还是柔爻，能行"中道"，便不致陷入过刚或过柔的境地，可以尽可能地避免错误和灾祸。二爻居于下卦的中位，直言"凶"的也只有剥、颐、节三卦，而这三个卦是在特殊情况下，二爻不得其"时"所致。所以，行"中道"是《周易》所倡导的最佳行为方式和价值标准。

《周易》不仅"尚中"，更"尚和"。所谓"和"，就是在承认差别和多样性的前提下，使多方达成和谐统一。《周易·系辞上传》中说："一阴一阳之谓道"，阳刚阴柔、动静消长，决定着宇宙万物的变化，阴和阳既对立又统一，既矛盾又和谐，孤阴不生，独阳不长，即"阴阳合则生，阴阳离则灭，阴阳错则变，阴阳平则佳"。比如，五爻和二爻各居于上下卦的中位，如果是一阴一阳彼此相应，这种情况就是"中和"，是吉利圆满的象征。一阴一阳的配合生成万物，生生不息，同时阴阳又相互激荡推移，衍生出无穷的变化，形成了丰富多彩的世界。六十四卦，三百八十四爻，在不同的情境下，无不体现着阴求阳，阳求阴，追求和谐的趋势和倾向。因而，《周易》是主张"和"的，由"中"致"和"，是契合并贯通天道的途径，以"中正"精神追求"太和"境界，是《周易》的核心思想。

2.《周易》的思维方式

关于《周易》观察天地万物变化而形成的分析和处理问题的思维方式，可以归纳为以下六个方面。

1）"天人合一"的整体思维

"天人合一"是中国古代哲学的一个重要观念，先秦各家的天人学说虽对"天"的理解不尽相同，但追求"天人合一"的观念却是一致的。《周易·系辞下传》说："《易》之为书也，广大悉备，有天道焉，有人道焉，有地道焉。兼三才而两之，故六。"将天、地、人统观为"三才"，体现出整体的、宏观的思维方式。《周易·序卦传》指出："有天地然后有万物，有万物然后有男女，有男女然后有夫妇，有夫妇然后有父子，有父子然后有君臣……"，在这段描述中，天地化生万物，人类是万物之一。人类组成了父子、君臣关系的社会，囊括于天地之间，展现了一幅天人相谐的关系图式。人置身于天地之中，应仰观俯察天地变化之道，充分尊重自然规律，从而发挥自身在天地间的作用，参与天地的化育"财成天地之道，辅相天地之宜""顺乎天而应乎人"，顺乎天是顺应自然发展客观规律，应乎人是适合人类历史的发展趋势。以人的主观能动性与客观条件相配合去实现"天人合一"的和谐状态。

2）动态变化的发展思维

宇宙中的一切都在变化之中，日日更新，没有一刻停滞。《周易》充分认识到这是一个变化流动的世界，因而它是一部以动态思维来把握变化的书："《易》之为书也，不可远，为道也屡迁。变动不居，周流六虚；上下无常，刚柔相易。不可为典要，唯变所适。"（《周易·系辞下传》）

事物永远处在变的过程中，或者正在量变，或者已发生质变。量变在不断积累，质变在向倾覆或被替代转变，所以，不能躺在固有模式中固执己见而不思变革。《周易》中不断阐释"物极必反"的规律：好的能变坏，坏的能变好，如今有利的条件有一天会变成负累和祸端，现在不利的条件不期然会变成动力和优势。《周易》提醒人们要具备动态思维，对外在事物和自身的变化要以发展变化的眼光看待，认识变化，适应变化，更重要的是要通于变化，"先天而天弗违，后天而奉天时"，有了洞察变化的动态思维和发展眼光，就有了前瞻性，从而在变化刚刚出现苗头的时候就能够"知几"，根据变化不断调整自身，时行则行，时止则止，避免在浩浩荡荡的变化大潮中成为"逆亡者"。

3）相反相成的辩证思维

《周易》讲"一阴一阳之谓道"，有阳就有阴，有刚就有柔，有乾就有坤，有泰就有否，这些因素彼此对立，相互补充，并且互相转化，形成了相反相成、对立统一的整体，这是宇宙的普遍法则。这种对立统一的关系就是"道"。

《周易·睽·象》说："天地睽而其事同也，男女睽而其志通也，万物睽而其事类也。睽之时用大矣哉。"睽就是睽违、背离，是对立面，智慧的人会充分利用"反"来促进"正"，用"睽"来达到"合"。

对于阴、阳关系的辩证认识，是《周易》思维的重要特征，阴与阳既存在此消彼长、相互推荡的对立关系，又存在彼此感应、相互吸引的融合关系，阳不能消灭阴，阴也不能除掉阳，因而阴和阳只有协调合作，和谐共存，才能化生万物。

4）普遍联系的关系思维

各种事物以及事物各层面之间的存在与发展，总是有着或深或浅、或明或暗的联系，没有任何一件事物是孤立存在的。《周易》思维很注重事物内部各层面之间及事物与事物之间的关系，这些关系错综复杂，构成了一个彼此关联的系统，牵一发而动全身，因此，关系思维很重要，我们要善于理解、分析和把握这些关系。

卦和卦之间、爻和爻之间的关系，可以看作"局势"与"局势"之间、局部与局部之间，或者层次与层次之间、阶段与阶段之间的关系，或者这些因素相互交错的关系。前面提到的卦和卦之间错综复杂的关系，爻和爻之间承、乘、比、应的关系等，就是关系思维的体现。

5）生克循环的平衡思维

《周易·说卦》提到的如今我们所熟知的先天八卦及后天八卦的架构模式，体现了事物循环制衡的关系模式："天地定位，山泽通气，雷风相薄，水火不相射，八卦相错。""帝出乎震，齐乎巽，相见乎离，致役乎坤，说言乎兑，战乎乾，劳乎坎，成言乎艮。"宇宙间的事物是对待和流行的关系，共同形成动态的平衡。

汉代易学将先秦"五行学说"和"阴阳学说"进行有机的联系与整合，与八卦数理相融合，形成了阴阳、五行、八卦、节气、方位等多种因素配合的时空统一的系统架构。其中的"五行相生相克学说"被运用于中医理论而为世人所熟知。

6）执中用权的中道思维

行"中道"是《周易》所倡导的价值标准和行为准则。《周易》对于"中"的强调与重视，我们在本书核心思想部分已经进行了阐释，不再重复，此处重点讨论一下什么是"执中用权"。权是古代称量物品时挂在秤杆上的秤锤，也叫秤砣，当秤盘里的物体较重的时候，秤砣就需要向秤杆的外缘处滑动，物品轻的时候向内缘滑动，以此来达到平衡从而称出物品的重量，这种根据物品的轻重来权衡出的秤砣的位置就叫作"中"，这个位置或远或近，但都与实际需要相对应，是最恰当最合适的位置，这就是"执中用权"。这里面包含了"时"的因素，古人把这种适时适度的做事方法叫作行"时中"。按照这种思维方式去行为做事尽量做到无过无不及，此谓"中道"。

3.《周易》六十四卦卦爻体例分析

1）上经三十卦

从整部书来说，《周易》是一个完整的"体"，六十四卦是《周易》的"用"。从六十四卦来说，每个卦又是一个"体"，每卦的六个爻又是各个卦的"用"，正所谓"卦以存时，爻以示变"（王弼语）。卦与爻之间、爻与爻之间错综复杂的关系以及由此而显现的"吉""凶""悔""吝"的征兆，无不蕴含着阴和阳如何对待、交流和配合的问题，无不贯穿着《周易》的核心精神，即"一阴一阳之谓道"的精神。阴与阳此消彼长、相对相须、生生不息，既充满了张力，又无限趋向于最高状态的"和"。对六十四卦的卦爻体例进行一番梳理，将有助于我们把握《周易》的精神并探求明体达用的途径，下面试简析六十四卦体例。

☰ 乾：乾为天。乾是纯阳之卦。在我们生活的世界里，不存在纯阳或纯阴之物，万物都是由阴阳和合生成，阴和阳之间，并不是孤立和静止不变的，而是存在着相对、依存、消长、转化的关系，阴和阳通过这些关系配合从而生成万物，正所谓"孤阴不生，独阳不长"。所以纯阳的乾卦是一个具有象征意义的卦，代表着《周易》中阳刚健进的力量，这种力量和特质体现在《周易》所有阳爻之中。乾卦因为六爻皆阳，缺少阴柔，所以后面加以"用九"，指出"群龙无首，吉"，是警醒刚健的乾卦本质是主动进取，但应防止阳刚太过，当以"无首"为吉，体现了阳刚应以阴柔进行调和的道理。九五爻是乾卦主爻，乾是天道、君道的象征，九五居上体之中，阳刚居正，是领导者的正位，故为卦主。

☷ **坤**：坤为地。坤是纯阴之卦，也是具有象征意义的卦，代表《周易》中阴柔的力量。这种力量和特质体现在《周易》所有阴爻之中。坤卦因是六爻皆阴，所以后面加以"用六"，指出"利永贞"，是警醒坤卦应阴柔顺从但不要丧失原则，其原则就是要坚守正道，体现了阴柔应以阳刚进行调和的道理。坤卦中六二爻是卦中主爻，坤是地道、臣道的象征，六二居下体地象之中，阴柔居正，是辅助者的正位，故为卦主。

乾坤两卦阳需阴，阴需阳，乾刚坤柔，阴阳互补，刚柔并济，乾坤并建，才有中和之美，才能获得和谐畅达的局面。

☵ **屯**：水雷屯。屯卦由两个阳爻和四个阴爻组成。卦时是事物草创的艰难之时。两个阳爻成为众阴爻追随和依附的对象。四个阴爻中，凡是与阳爻有正应或正比关系的，就会顺利或吉祥，没有应、比关系的，或者逆比、乘刚的，就会有遗憾或悲伤。所以，在屯卦中，阳应发挥领导作用，阴应发挥亲附作用，阴阳配合，彼此刚柔相济，变无序为有序，形成秩序与合力，才能共渡屯难。在草创的卦时之下，初九是阳刚发动者，也是组织者和建设者，因而是一卦之主。九五居于尊位，最困难的创业初始阶段已经基本完成，有了一定的积累，也是众阴爻所希望依靠的对象，但其"屯其膏"，气量狭隘，不是屯难时的卦主。

☶ **蒙**：山水蒙。蒙卦由两个阳爻和四个阴爻组成。卦时是蒙蔽昏昧之时。阴爻是需要被启蒙者，阳爻是具备阳刚明德能力的人，因此诸阴爻应主动去寻求阳爻的帮助和启发，而阳爻亦应负起启发蒙昧的责任。阴爻以真诚向学、意志笃定且能够求得阳爻的教导为善。阳爻则以正道、担当且对阴爻以启发关爱为善。阳和阴彼此唱和，刚柔相济，共除蒙昧，是蒙卦的意旨所在。此卦以启蒙和被启蒙者的良好互动为佳，因此具有刚中之德的九二和尊师好学的六五共同成为蒙卦的主爻。

☵ **需**：水天需。需卦由四个阳爻和两个阴爻组成。卦时是需待的局面。阳刚势力强盛，下体乾卦的三个阳爻有健进不已的本性，由于上体是坎卦，表示前方有险难，因而三个阳爻根据不同的境况调整自己的行为，待机而动，迂回前进，形成了需待的整体态势。两个阴爻居于上卦坎体，是组成险陷的重要部分，造成了三个阳爻前进中的险难。但当阳爻真正到来时，阴爻选择了谨慎退避和恭敬宽容的态度，使阴和阳由对立转换到统一。因此，在需待的卦时下，阳自我节制调整，不与阴发生冲突；阴恭敬顺从阳，不与阳直接对抗，最终阴阳和平相处，需待之道完成，终获吉祥。九五阳刚中正且居尊，是乾体三阳爻前进的目标和信心所在，因此是需卦主爻。

☰ **讼**：天水讼。讼卦由四个阳爻和两个阴爻组成。卦时是争讼。上体乾卦三个阳爻在外，代表刚猛外显，而内卦坎体代表存心险恶，一副与人争讼的架势。讼卦的主旨以不讼为佳，阴不与阳争并依顺于阳，阳也主动放弃争讼并包容于阴，阴阳相互谅解。讼卦中有五个爻陷入争讼，唯独九五是听讼的人，九五居尊，以中正之德平息争讼，是讼卦之主。

☷☵ 师：地水师。师卦由一个阳爻和五个阴爻组成。卦时是战争状态。九二是卦内唯一的阳爻，是众阴爻依赖的对象，且居于下卦中位，是军中统帅。六五阴爻居于君位，有任免统帅的权力，九二需要得到六五的充分信任，阴阳相应，上下同欲，才能在战争中取胜。六五和九二是师卦共同的主爻。

☵☷ 比：水地比。比卦由一个阳爻和五个阴爻组成。卦时是宜于亲附团结之时。九五阳刚中正居尊，是唯一的阳爻，自然成为众阴爻比附的对象，是比卦主爻。

☴☰ 小畜：风天小畜。小畜卦由五个阳爻和一个阴爻组成。卦时是以柔顺蓄止阳刚之时。六四是卦中唯一的阴爻，阴居正位于上体初爻的位置，以阴柔抑止下体三阳爻的阳刚冒进，以完成柔顺蓄止阳刚的小畜之道。六四以阴柔之质能够完成这样任务，离不开九五的支持，卦中六四和九五以正比关系彼此信任，阴阳相助，共同成为小畜卦的主爻。

☰☱ 履：天泽履。履卦由五个阳爻和一个阴爻组成。卦时是阴柔践履于众阳之间的时态。履，又被解释为礼，以谦为美。柔履刚时，多危惧，因此应时刻保持如履如临的谨慎态度。履卦五个阳爻中，阳处阴位、内刚外柔、行为谦和者为吉。九二既能以阳刚处于阴位，谦逊自守，又能行为中道，刚柔并济，堪当履卦主爻。

☷☰ 泰：地天泰。泰卦由三个阳爻和三个阴爻组成。卦时是泰和通畅之时。三阳爻居下而上行，三阴爻居上而下行，阴和阳顺畅地交流相通共同形成了泰和盛世。六五和九二代表了上下两体的阴阳力量，两者"上下交而其志同"。因此，六五和九二是泰卦之主。

☰☷ 否：天地否。否卦由三个阳爻和三个阴爻组成。卦时是否塞不通的局面。三阴爻居下而下行，三阳爻居上而上行，阴阳背道而驰互不相通，导致了否塞不通的局面。九五和六二是上下两体的中爻，在否塞之世能够各居正位，恪守中道，阴阳相应，是变否为泰的希望和力量所在。因此，九五和六二是否卦之主。

☰☲ 同人：天火同人。同人卦由五个阳爻和一个阴爻组成。卦时是与人和同之时。由于阳求阴、阴求阳的本性，五个阳爻都希望求得唯一的阴爻六二的青睐，以实现阴阳和同。六二爻和九五爻居位既中且正，又彼此阴阳相应，是最佳组合。因此，九五和六二是同人卦的主爻。

☲☰ 大有：火天大有。大有卦由五个阳爻和一个阴爻组成。卦时是盛大丰有之时。处于大有的时态下，以不贪不傲、虚己无私为吉，六五爻居于尊位而能谦虚中道，得到了众阳爻的拥护，是大有卦的主爻。

䷏ 谦：地山谦。谦卦由一个阳爻和五个阴爻组成。卦时讨论如何保持谦德的问题。卦中各爻皆有谦德，其中唯一的阳爻九三本质阳刚、勤劳、谦虚、有功而不自居，甘处于下体，是谦卦主爻。谦卦九三是六十四卦中难得的居于"三多凶"爻位而能获吉的爻。

䷏ 豫：雷地豫。豫卦由一个阳爻和五个阴爻组成。卦时是安逸欢乐之时。九四是卦中唯一阳爻，安逸欢乐的时局由九四而获得，其他众阴爻均以能依附于九四为务，而阴爻中真正能够善处豫乐的唯有六二：柔顺中正、耿介如石、不苟且于豫乐。因此，九四和六二为豫卦的主爻。

䷐ 随：泽雷随。随卦由三个阳爻和三个阴爻组成。卦时是"随从"之时。"随"含有"以己随人"、"为人所随"和"临事选择所随"之义。阳刚而能甘处于阴柔之下，随人随事皆以随"正"为原则，这就是处随之道。初九和九五符合这两个标准，因而是随卦的主爻。

䷑ 蛊：山风蛊。蛊卦由三个阳爻和三个阴爻组成。卦时是蛊坏、弊乱之时。卦中主要讨论如何治蛊、拯弊治乱。在整治长期积累而形成的坏乱时，过于柔和宽纵必会生吝，过于刚强难免会有悔恨，只有柔中寓刚、恰如其分，才能收到良好的效果。六五便是如此，因而是蛊卦的主爻。

䷒ 临：地泽临。临卦由两个阳爻和四个阴爻组成。卦时是监临之时，有临事、治人之义。在"临"的时候，处下位者应以阳刚贤能感应于居上位者，而居上位者应以柔和知人施惠于处下位者。九二"咸临"和六五"知临"树立了"临"的典范，此两爻为临卦的主爻。

䷓ 观：风地观。观卦由四个阴爻和两个阳爻组成。卦时是瞻仰可观之时。观卦以能见到可观瞻的美盛为吉，所以众阴爻距离九五、上九两阳爻越近越好，这两个阳爻既因具阳刚美德为众人所观仰，又能够自上观下、自观自省，使得上下沟通，彼此映照，体现了观的作用，符合观之道，因而九五、上九是观卦的主爻。

䷔ 噬嗑：火雷噬嗑。噬嗑卦由三个阳爻和三个阴爻组成。卦时是咬断梗阻而使上下和合通畅，重点讨论如何利用刑法治狱惩治罪恶的问题。从诸爻的爻辞中可以看出噬嗑卦推崇以正用刑、刚柔相济的治狱之道。六五爻居上体离卦中位，有虚中明察之德，且居于阳刚尊位，能够行事刚严，是噬嗑卦的主爻。

䷕ 贲：山火贲。贲卦由三个阳爻和三个阴爻组成。卦时关注"文饰"之事，集中阐发"文饰"的意义。贲卦讲究刚柔交饰互贲，既赞美文饰之美，更崇尚朴素自然，卦中九三爻有阳刚的本质又有文饰的润泽，有文质彬彬之象；上九贲极返素，本质阳刚，回归本真自然之美。因此，九三与上九为贲卦的主爻。

剥： 山地剥。剥卦由一个阳爻和五个阴爻组成。卦时是阳被阴剥落殆尽之时。上九是唯一的阳爻，处于剥卦终极，代表着阳刚终不会被剥尽。阴和阳是此消彼长、相反相成的关系，任何一方都不可能消灭另一方，宇宙万物由阴和阳构成并在阴阳消长中运行不息。上九在阴剥阳的态势下，保存了阳刚的力量，是剥卦的主爻。

复： 地雷复。复卦由一个阳爻和五个阴爻组成。卦时是阳气复苏之时。初九是唯一的阳爻，处于复卦初始位置，代表一阳复始，有阳气生发之势。因此，初九是复卦的主爻。

无妄： 天雷无妄。无妄卦由四个阳爻和两个阴爻组成。卦时是真实正当不虚妄之时，规诫"不妄为"之义。在这样的卦时下，守正得时可免祸患，否则动辄得咎。初九以刚爻居阳位，当位得正，是《彖》辞所言"刚自外来而为主于内"之爻，阳刚处下，与九四无应，没有不切实际的妄想，行动刚健而不狂妄，其诚心符合处无妄之世的原则，是无妄卦的主爻。

大畜： 山天大畜。大畜卦由四个阳爻和两个阴爻组成。卦时是蓄聚刚健正气、蓄养贤德之时。六五是居于上位的尊者，是蓄养阳刚正德的实施者，而上九是大畜之道得以实现的象征。六五、上九两爻阴阳正比，是大畜卦的主爻。

颐： 山雷颐。颐卦由上下两个阳爻和中间四个阴爻组成，形状如口。卦时讨论颐养的问题。阳爻代表有颐养的能力，下体三爻，皆宜自养，上体三爻，宜于养人。颐卦提倡"养贤以及万民"，上九既有阳刚美德，又能够居上而养下，是颐卦之主。

大过： 泽风大过。大过卦由四个阳爻和两个阴爻组成。卦时是阳盛阴衰、大为过甚之时。在阳刚过盛的时候，需要以阴柔调和才会吉祥，所以卦中九二、九四因其能够以阳爻居于阴位且不走极端，得以阴阳调和、刚柔并济而获吉，因此九二和九四为大过卦的主爻。

坎： 坎为水。坎卦由上下两个坎体组成，有两个阳爻和四个阴爻。卦时是险陷之时。两个阳爻分别居于上下两坎体的中位，阳陷于阴中，唯有心志阳刚亨通，才能涉过险难。九五阳刚中正，是坎卦的主爻；九二居于下体坎险之中，阳刚守中，危险之中仍能小有所得，其重要性仅次于九五。

离： 离为火。离卦由上下两个离体组成，有四个阳爻和两个阴爻。卦时是光明更迭、承继之时。《彖传》说："柔丽乎中正，故亨。"是指六二柔顺中正，具备光明德行。因而，六二是离卦的主爻。

2）下经三十四卦

☶ 咸：泽山咸。咸卦由三个阳爻和三个阴爻组成。卦时是阴阳交感的状态。咸是无心之感，崇尚挚诚无私。九五阳刚中正，处于上体兑卦之中，与人相感，无私无悔，是咸卦的主爻。

☳ 恒：雷风恒。恒卦由三个阳爻和三个阴爻组成。卦时讨论守恒之道。恒是常道，能长久守常，必不能过刚或过柔，也不能固执而无变。《象》说："日月得天而能久照，四时变化而能久成。"所以把握时、中是守恒的关键，九二阳刚而能柔顺，能择中道而行，因而"能久中也"，是恒卦的主爻。

☶ 遁：天山遁。遁卦由四个阳爻和两个阴爻组成。卦时是阴长阳消、阳刚隐遁之时。卦中阳爻躲避阴爻渐长的势头，君子不恶而严，全身避害，总体形势是遁得越早、离得越远越能够完成隐遁。然而遁之世亦有不遁之理，六二坚守中正之位，固志而不遁，辅助九五由遁而致亨。九五阳刚中正，以嘉遁的方式促成了亨通的局面，与六二相应，正志贞吉。因此，九五和六二是遁卦的主爻。

☳ 大壮：雷天大壮。大壮卦由四个阳爻和两个阴爻组成。卦时是阳长阴消、阳刚壮盛之时。刚柔相济是天地之正，所以在阳刚强盛的大壮之时，以能柔为善。四个阳爻中，质刚而处柔的只有九二和九四，获贞吉，是大壮卦的主爻。

☲ 晋：火地晋。晋卦由两个阳爻和四个阴爻组成。卦时是明出地上、顺势进取之时。六五是光明之主，柔而得中，接纳"顺而丽乎大明"的众阴爻，使晋升之路光明畅通，同时六五能够妥善处理与上下两个阳爻的关系。因此，六五是晋卦之主。

☷ 明夷：地火明夷。明夷卦由两个阳爻和四个阴爻组成。卦时是光明受迫害的黑暗之时。因此，明夷卦讨论乱世如何自处的问题。卦中六二、六五以中道自处，韬光养晦，维护大局，是明夷之世正义不致熄灭的火种，因而六二、六五是明夷卦的主爻。

☴ 家人：风火家人。家人卦由四个阳爻和两个阴爻组成。卦时阐明治家之道。阳爻代表家庭中的父亲，阴爻代表家庭中的母亲。以男主外女主内、刚柔相济、互敬互爱为家道之正。六二、九五既中且正，彼此相应，共为家人卦的主爻。

☲ 睽：火泽睽。睽卦由四个阳爻和两个阴爻组成。卦时是乖异睽违之时，主要探讨如何合睽的问题。在保留个性的基础上寻求共性、求同存异、刚柔互补、阴阳和合是正确的合睽之道。九二质刚用柔而居下卦之中，六五质柔用刚而居上卦之中，两爻刚柔相应，是睽卦实现合睽的核心力量，共为睽卦的主爻。

☵ 蹇：水山蹇。蹇卦由两个阳爻和四个阴爻组成。卦时是进退维谷的蹇难之时。

阴阳各爻在不同的时位有不同的处蹇之道，但目的都是要最终脱离蹇难。九五阳刚中正，处在大蹇的形势下能够汇聚各方的力量，六二阴柔中正，无私地配合九五，上下合力，共同完成了济蹇大业。因此，九五、六二是蹇卦的主爻。

䷧ 解：雷水解。解卦由两个阳爻和四个阴爻组成。卦时是宽舒缓解之时，阐述如何疏解各种困难和隐患的问题。刚柔并济、把握分寸、信守中道是缓解的重要方法。九二、六五刚柔相应，善处中道，因而是解卦的主爻。

䷨ 损：山泽损。损卦由三个阳爻和三个阴爻组成。卦时阐述减损之道。减损之道，损下益上，损刚益柔。但同时也要防止减损太过，造成新的不平衡。六五居于上卦中位，是受益者，能够以其所得成天下之公。上九刚德不损，接纳阴爻，最终得臣无家，其志大得。因此六五和上九是损卦的主爻。

䷩ 益：风雷益。益卦由三个阳爻和三个阴爻组成。卦时阐述增益之道。益卦损上益下、损刚益柔，意在固本安基。九五孚诚施惠，六二受益而能中正无私，与九五刚柔相应，使整体局面实现平衡增益，因而九五、六二是益卦的主爻。

䷪ 夬：泽天夬。夬卦由五个阳爻和一个阴爻组成，一阴居于上位。卦时是阳长阴消，众阳决一阴，到了最终要决断的时刻。夬卦的决断之道是"健而悦，决而和"，因此卦中各阳爻应遵循的原则是既要有阳刚决绝的勇气，又要行为中道不偏失。九五爻阳刚中正，不为阴气所惑，行为中道，最终完成了决断，是夬卦的主爻。

䷫ 姤：天风姤。姤卦由五个阳爻和一个阴爻组成，一阴居于初位。卦时是一阴初生，阴长阳消，有一柔变五刚之势，是阴阳相遇之时。此卦阐述阴阳相遇的原则：阴守贞而顺从阳，阳包容而牵制阴，乃为正当遇合。九二阳刚中道，以正比的关系及时包容牵制初六，使阴有所依顺，实现了相遇以正的姤遇之道，同时尽早抑制了阴气的滋长，防止了邪遇的发生。因此，九二是姤卦的主爻。

䷬ 萃：泽地萃。萃卦由两个阳爻和四个阴爻组成。卦时是萃聚之时。卦中阳爻是众阴爻萃聚的对象，九五阳刚中正，居主导地位，乃众阴爻萃聚的中心，是萃卦的主爻。

䷭ 升：地风升。升卦由两个阳爻和四个阴爻组成。卦时是升进之时。卦中前五爻无论阴阳皆顺应自然规律向上升进，一路亨通，积小以高大，到六五完成升进的大志。升卦以地中生木取象，初六阴柔处下，是树木之根，充满了生机，具备上升的力量和空间，是"柔以时升"的根本；六五柔中而居尊位，升道至六五而大成，是卦辞中的"大人"。因此，初六、六五是升卦的主爻。

䷮ 困：泽水困。困卦由三个阳爻和三个阴爻组成。卦时是处于困穷之时。卦中阳爻被阴爻围困，难以解脱，"困而不失其所亨"是处困之道。九二、九五内心阳刚，固守原则，同时不失中道，对于处境能够清醒认识，不为外境的诱惑和逼迫所动，是君子的品格。因此，九二、九五是困卦的主爻。

䷯ 井：水风井。井卦由三个阳爻和三个阴爻组成。卦时以井为喻阐述养德惠民之义。卦中阳爻代表井水，阴爻代表井体。井水洁净甘美，能够为民众所喜、所用，是井卦的价值所在。九五爻阳刚中正、廉洁自律而能以甘泉惠民，是井卦当之无愧的主爻。

䷰ 革：泽火革。革卦由四个阳爻和两个阴爻组成。卦时是革故之时。从由下而上进行变革的角度来看，卦中三个阳爻九三、九四、九五是重要的变革阶段和变革的有生力量，自九三争取民众支持到九四适时采取有力举措再到九五革道完成，每一步都至关重要，然而从自上而下推行变革的角度来看，九五和六二的中正相应、上下同心是变革成功的重要保障。因此，九五、六二是革卦的主爻。

䷱ 鼎：火风鼎。鼎卦由四个阳爻和两个阴爻组成。卦时是鼎新之时。鼎卦以能够用鼎中食物顺利养贤为义，六五和上九阴阳配合，完成了养贤之功。因此，六五、上九是鼎卦的主爻。

䷲ 震：震为雷。震卦由上下两个震体组成，有两个阳爻和四个阴爻。卦时是出现突发事件而受到震动之时。当震动局面突然出现时，具备阳刚坚定的本质、内心戒惧警惕、行为从容不迫的人，是震卦中堪当大任者，初九正是符合此卦义之爻。因此，初九是震卦的主爻。

䷳ 艮：艮为山。艮卦由上下两个艮体组成，有两个阳爻和四个阴爻。卦时是艮止之时。做到"时行则行，时止则止"，一定是经历了种种考验之后，既能保持阳刚的本质，又能把握行止的分寸，才能善用艮止之道。卦中两个阳爻中的上九"敦艮"最契合艮卦的卦义，是艮卦的主爻。

䷴ 渐：风山渐。渐卦由三个阳爻与三个阴爻组成。卦时是渐进之时。六二和九五在事物循序渐进的发展过程中彼此正应，既中且正，符合渐卦专一、守正的价值标准，是渐道大成的主要力量。因此，六二、九五是渐卦的主爻。

䷵ 归妹：雷泽归妹。归妹卦由三个阳爻与三个阴爻组成。卦时以少女主动嫁人为主题，阐述少女择偶出嫁应遵循的原则。六五柔中尚德，高贵谦和，以诚待人，体现了归妹卦所崇尚的择偶原则。因此，六五是归妹卦的主爻。

䷶ 丰：雷火丰。丰卦由三个阳爻与三个阴爻组成。卦时是盛大丰满之时，卦义讨论如何求丰、保丰的问题。在盛大之时，更需要虚心守中，诚意待人，防止被昏暗蒙蔽。六二是下体离卦之主，代表光明，九四是上体震卦之主，代表行动。丰卦的主旨是阐明"明以动"的道理，以光明指导行动。因此，六二、九四是丰卦的主爻。

䷙ **旅**：火山旅。旅卦由三个阳爻与三个阴爻组成。卦时是行旅的状态。人在旅途，卑下就会被欺侮，高调就会被嫉恨，所以执中不偏，柔而不失中，乃是处旅之道。六二、六五遵循此原则，是旅卦的主爻。

䷸ **巽**：巽为风。巽卦由上下两个巽体组成，有四个阳爻与两个阴爻。卦时是巽顺，卦义讨论如何巽顺以入的道理。阴柔巽顺的内在核心并非趋炎附势或柔弱畏懦，而恰是刚直不阿、顺乎中正的原则性。九五"刚巽乎中正而志行"，是巽卦的主爻。

䷹ **兑**：兑为泽。兑卦由上下两个兑体组成，有四个阳爻与两个阴爻。卦时是喜悦，卦义阐述应该以何为悦以及如何建立和悦关系的问题。初九阳刚守正，无所偏私，以和悦待人。九二阳刚中道，内刚外柔，诚信笃实，符合兑卦"刚中而柔外，悦以利贞"的卦义。因此，初九、九二两爻是兑卦的主爻。

䷺ **涣**：风水涣。涣卦由三个阳爻与三个阴爻组成。卦时是涣散之时，卦义讨论如何治涣、济涣的问题。收拾涣散的局面，需要居于尊位者的统领，同时需要各阶层的呼应，在众爻共同努力的基础上，六四配合九五共同完成了治涣的大业。因此，九五、六四为涣卦的主爻。

䷻ **节**：水泽节。节卦由三个阳爻与三个阴爻组成。卦时是节制，卦义阐述如何对事物发展进行适当约束和节制的问题。节的原则是守正和贵中。六四当位居正，安于节制，九五中正居于尊位，适中地施行节制，甘美恰当。两者配合，实现了良好的节制。因此，九五、六四是节卦的主爻。

䷼ **中孚**：风泽中孚。中孚卦由四个阳爻与两个阴爻组成。卦时是信，卦义阐述自信、信人和为人所信的原则。阳刚充实有原则、中道诚信不偏颇是信的基础。九二、九五具备这样的能力和品德，因此是中孚卦的主爻。

䷽ **小过**：雷山小过。小过卦由两个阳爻与四个阴爻组成。卦时是阴盛阳衰之时，卦义阐述如何把握"小有过越"的原则。六二居中守正，能恰当把握过与不过的分寸，可谓得小过之道的精髓。因此，六二是小过卦的主爻。

䷾ **既济**：水火既济。既济卦由三个阳爻与三个阴爻组成。卦时是阴阳各居其位、一切按部就班之时。既济卦卦义阐述了守成之难与居安思危的道理。九五与六二上下同心，刚柔相济，中正相应，是保持既济局面的关键力量，共为既济卦的主爻。

䷿ **未济**：火水未济。未济卦由三个阳爻与三个阴爻组成。卦时是尚未成功之时，阴阳均不得位，但各爻均有相应。此为六十四卦最后一卦，卦义阐述在未成功的情况下如何去求取成功的原则。六五与九二刚柔相济，是使局面由未济转向成功的关键力量。因此，六五、九二共为未济卦的主爻。

4. 读卦、解卦的步骤

读卦、解卦有次序，可分为五步走。

1）读卦第一步："先立乎其大"（宏观）

解读某一个卦，要先把这个卦放在《周易》六十四卦大系统中去认识，先确定从哪里来到哪里去，就可以给该卦有个大体的定位。

比如，我们要读上经的"大有卦"，要知道该卦是从乾、坤而来，经历了屯、蒙、需、讼等阶段，终于至泰，泰极而否，然后同人，以至于大有。如杨诚斋所言，从乾到泰的过程，就是人类经历的太初、需养、争讼、战争、蓄积、治理等过程，在终于实现了"泰"之后，历史就出现了一治一乱、治少乱多的态势。

从历史的角度来看，确有此规律。"否"为乱世，大乱之后趋向于"同人"，就如之前的"师"后趋向于"比"，都是天道人心所形成的趋势。"比"之后为"小畜"，而"同人"之后为"大有"。在"大有"之世，草创、争讼、战争、脱贫、重组等已不是这个"大有"时代的主题。读卦的时候有了这个意识，就会避免在解卦的过程中被乱象所迷，解出不符合规律的意思来。

当然各种可能性都存在，但那些只是隐在的和次要的，其作用和影响微乎其微，应抓大放小。

"大有"继"同人"而来。《序卦传》说："与人同者，物必归焉，故受之以大有。"与人和同，外物就会纷纷前来归附。"物"指各方面的资源，由于上下同心，时局稳定，人力、物力、财力都从四面聚集归附而来，因此"大有所获"，有"盛大丰有"之象。

有"同人"，然后有"大有"，而"大有卦"之后是"谦卦"，是在提醒"大有"之世容易出现的问题——"盛大丰有"易使人产生骄侈之心，当时刻自省，以履"谦"为益。

2）读卦第二步："次立乎其中"（中观）

即观卦，了解卦时，其大体次序是：观象、玩辞、知义。

观象可分为卦象、卦德、爻象三个层次来观。

比如"大有卦"，就卦象而言，乾为天，离为火。以卦象来看，下乾上离，离在天为日，火在天上，如同太阳高挂天空，光明照于四方，万物得以成长丰盛，一派光明富有的景象，是"大有"之象。

就卦德而言，"大有卦"上下两体：下卦乾体，卦德刚健；上卦离体，卦德文明。内怀刚健之德，外施文明之行，必然会"大有"。同时，也说明在大有之时，应以"内刚健，外文明"立身行事。

就爻象而言，大有卦由五阳爻和一阴爻组成，六五居上卦离体之中，有文明之德，且以柔体居于尊位，柔中而文明，刚柔并济，乃一卦之主，得到五阳爻的拥护和支持，可谓顺天应人、万众归心，是"大有"之象。

观象之后，玩辞。"大有卦"卦辞简练，两个字："元亨。"

对于"元亨"的解释，历代易学家基本解为"大为亨通""至为亨通"之义。

《周易》六十四卦，卦辞有"元亨"二字且连在一起读的有八个卦：屯、大有、随、蛊、临、无妄、升、革。（另有乾、坤卦辞中的"元、亨"是分开读的，鼎卦是"元吉，亨。"）

屯：元亨，利贞，勿用有攸往，利建侯。

大有：元亨。

随：元亨，利贞，无咎。

蛊：元亨，利涉大川。先甲三日，后甲三日。

临：元亨，利贞。至于八月有凶。

无妄：元亨，利贞。其匪正有眚，不利有攸往。

升：元亨，用见大人，勿恤，南征吉。

革：巳日乃孚，元亨，利贞，悔亡。

上面这八个卦中，其他卦的卦辞在"元亨"之后，会继以"利贞"，意思是说在大为亨通之时，宜于守持正固，防止因为大为亨通而行为失正。唯"大有"卦直言"元亨"，没有其他后缀条件。可见，"大有"之世，是可以充分发挥才干、大有作为的时代，正所谓"时来天地皆同力"……到了困卦时，就是"运去英雄不自由"了。当然，这是后话。这里是讲"时"的重要。

看过卦辞之后看《彖传》。《彖》曰："大有，柔得尊位大中而上下应之，曰'大有'。其德刚健而文明，应乎天而时行，是以元亨。"

这里重要的是"柔得尊位大中而上下应之"一句。这里特指"六五"。"大有"之意是指"所有者大"，凡有大者，本身必不自以为大，如果本身自高自大，就很难真正大有。六五一阴居尊，五阳相应，却仍能以柔中居之，不自以为大，表现为"其德刚健而文明，应乎天而时行"，是一位明君，因此实得"大有"之义，是以"元亨"。

程颐在解释《彖传》时又特别强调了"元"应释为"善"义，就是说即便是大有之世，亦必为"善"而能"亨"。程伊川先生的担心也不是没有道理的，盛大丰有之时，物质极大丰富，各阶层是否能够树立正确的财富观，既要有所作为，又能洁身自处，杜绝腐化堕落，对此确实应该有所警醒，后面的爻辞中会论及这个现实问题。

观卦玩辞之后，已知卦义。接下来看《大象传》。六十四卦《大象传》从卦象中推衍出各卦切近人事的象征意义，即"推天道以明人事"。《大有·象》曰："火在天上，大有。君子以遏恶扬善，顺天休命。"意思是说：火在天的上面燃烧（阳光普照），是盛大丰有之象；君子看到这样的卦象，在所获众多时要遏绝众恶、弘扬善行，顺应上天的意旨，善待万物的性命。

君子看到大有卦的卦象所展现的是光天化日、朗朗乾坤，光明美善得以彰显，阴暗丑恶被光明所驱逐。由此卦象，君子明白在大有之世，修身为政之道就在于惩恶扬善、顺应天意、休美万物的性命。

3）读卦第三步："次立乎其微"（微观）

卦为时，爻为用。前两步是分析卦时、卦义，把握整体，而真正要落实到具体的用，还是要看卦中每一爻的性质、居位、变化以及各方面关系等综合情况，易之"变化周流""微权妙用"当于每一爻中分析体会。这将于后面分析各爻时体现。

4）读卦第四步：触类旁通（博观）

讨论卦爻象义之中各种变化的可能性和丰富性，以及卦辞、爻辞所涉及的历史典故、经典筮例，反复把玩，就可以开阔思路，触类旁通。

5）读卦第五步：视履考祥（综观）

对全卦大旨进行回顾和总结，对于卦及各爻所表达的意思及其内在的联系进行综观、提炼和把握。

以上是读易的一些体会，通过这五大步骤基本可以把握卦的旨义，供读者参考。

周易

四

《经传》解读

《易》之有卦，《易》之已形者也；卦之有爻，卦之已见者也。已形已见者，可以知言；未形未见者，不可以名求。则所谓《易》者，果何如哉？此学者所当知也。

——朱熹《周易本义·周易序》

上经

1. 乾卦第一

乾下乾上

乾：元亨利贞。

乾坤两卦乃《周易》之门户，蕴藏着《周易》的精髓，在六十四卦中占有非常重要的地位。乾卦阳刚健进的性格和坤卦阴柔顺从的性格，体现在所有卦的阳爻和阴爻中，乾坤两卦之后的六十二卦，无非是因阳爻和阴爻的不同配合而形成的不同状况。所以，读懂乾坤两卦便打开了《周易》殿堂的大门，可以进一步去探触《周易》的深邃与精彩。

乾卦是六十四卦中的第一卦。乾，是卦名。元亨利贞，是卦辞。乾卦由上下都是乾体的两个经卦构成，是六爻皆阳的纯阳之卦，卦象是天，卦德为健，象征着宇宙万物的开始。

元亨利贞，是乾之四德。元指创始，亨指亨通，利指顺遂，贞指正固。元亨利贞就如同植物在春天萌发生长、在夏天长养茂盛、在秋天成熟收割，而在冬天收敛静藏；也如同太阳每天经历清晨、正午、黄昏、深夜，对应的人生阶段则是幼、壮、老、归。元是四德的核心，元亨利贞整个过程贯穿一个"生"字，是生命动态发展的运行状态。这个动态的过程发展到贞的阶段已经完成，但不是完全终结，而是孕育着一个新的开始，元亨利贞接下来就会是贞下起元，如同冬去春来，暮去朝来，生命消散在自然中的同时，就会在自然中以另一种新的形态展现。宇宙万物大化流行，生生不息，没有穷尽。

四

《经传》解读

一二三

《彖》曰：大哉乾元，万物资始，乃统天。云行雨施，品物流形。大明终始，六位时成，时乘六龙以御天。乾道变化，各正性命，保合太和，乃利贞。首出庶物，万国咸宁。

彖：彖者，断也。《彖传》是用来解释卦辞的文字。《乾卦·彖传》开篇便大为赞叹："伟大啊，开创万物的乾元之阳气，万物依靠它而得以创始，这种阳刚健进的元气统贯于天道运行之中！"这是对"元"的解释和对创生万物的生命力的赞美。

"云飘行流动，雨水沛然降落，品类不同的万物受到滋育而流布成形，长养亨通。"这是对"亨"的解释，乾元在开始创生之后，得到阴气的配合，阴阳和洽，云化而为雨，万物有了形体并蓬勃成长起来。

"太阳不停地升落运转昭示着天道的运行不辍，乾卦用六个爻模拟了这个运行过程而形成了六个时位，就像是阳气乘着六条龙在天宇翱翔。"这是对"利"的解释，乾道在这个阶段已经顺利获得成就，万物得以顺遂成熟。

"乾道（即天道）运行变化，万物由此而具备各自的品性和禀赋，它们保全各自的精神并彼此协调，达成有序共生的和谐，这样就有利于万物的性命得到守持而自全。天道周流不息，又开始新的创生，万物丰富多彩，天下万方都和平美好。"这是对"贞"的解释，天道运行到这个阶段使万物能够静守正固，而新的创生已经孕育其中。

元亨利贞，其重要的内涵在于揭示天道运行的规律。人应该体会天道，认识这个规律，从而效仿天道充分尊重万物各自的天赋禀性，在社会实践中使事物各得其所、各安其分，合理组织使彼此融洽配合，以达成有序和谐的局面，将"保合太和"作为人类追求的理想目标。

《象》曰：天行健，君子以自强不息。

乾卦的卦象为天。天道的运行阳刚健进，循序向前，从不停息，君子观此卦象，推天道以明人事，于是效法天道，刚健进取，发愤图强，自强不息。

从乾为"下乾上乾"纯阳之卦的卦象，《大象传》引申出"自强不息"的象征意义，将隐含于象中的哲理彰显出来，搭建了由"天道"到"人事"的桥梁。君子从"象"中得到启示，将天的刚健德行内化为自身的品格，从而作出正确的选择和行动。

《周易》六十四卦《大象传》均具有这样的特征，以六十四个不同的卦象彰显六十四卦不同的象征意义。

初九，潜龙，勿用。

《象》曰："潜龙，勿用"，阳在下也。

卦的爻位是自下而上按时位排列，因而读的时候从下往上逐次读。初九是乾卦第一个阳爻，如果把初九看作社会中的一个人，那么从时间上，代表他初涉世事；从地位上，代表他在最基层；从年龄上，也可以代表他还很年轻。

爻辞意思是说阳爻初九本身具备阳刚健进的品质和能力，有着龙的潜质，然而由于初涉世事、地位卑微、资历尚浅，所以这时候不应急于展现自己，而要默默地学习本领、积蓄力量，就像潜伏在地下的龙一样，不要轻举妄动。

九二，见龙再田，利见大人。

《象》曰："见龙再田"，德施普也。

见，通"现"。经过了一段时期的潜伏和积累，这条阳刚健进的龙终于脱离底层上升到了二爻的位置。也就是人们常说的"是金子总会发光的"。这条龙经历了一段时期的磨砺与积累后，终于出现在田野里。《周易》中"二爻"这个位置很重要，因为这个位置居于下卦的中位，表示居于这个位置的人能够行中道，并且因这个位置是整个卦的"大臣"位置而有了相应的地位和权力。如果继续用人打比方，那么这个年轻人已经成熟起来并在单位崭露头角，成为基层中的领导。出现如此可喜的进步，九二应该如何做呢？要"利见大人"，就是要去寻访和拜见比自己地位高、德行好、能提携自己的大人，这样才能有更广阔的前途和更大的成就。此时切不可被小成就冲晕了头脑。按照爻位相应的关系分析，九二需要寻求居于上卦中位的九五的支持。

九三，君子终日乾乾，夕惕若，厉无咎。

《象》曰："终日乾乾"，反复道也。

这条阳刚的龙继续向前奋进，来到了三爻的位置，三爻是下卦的最上爻，处在下卦和上卦的交界处，不上不下，既脱离了基层的实权岗位又没有进入高层，尊卑未定，是极不稳定的位置，也是最为危险的位置。因此，九三必须白天努力工作，晚上自我反省，天天如此，坚持不懈，才会在危险的阶段免于咎害。《周易·系辞下传》里有"二多誉，四多惧""三多凶，五多功"的说明，精辟地描述了在所有卦中这几个爻位的普遍特点。

九四，或跃在渊，无咎。

《象》曰："或跃在渊"，进无咎也。

四爻的位置也处在上下两卦的交界处，与三爻不同的是，九四已经进入上层机构。北宋的胡瑗认为这个爻位是太子之位，也就是说，此爻位是储君的位置。用现代的组织结构来描述就是二把手的位置。二把手的位置有什么特点呢？《韩诗外传》记载"人有三怨"："爵高者，人妒之；官大者，主恶之；禄厚者，怨逮之。"这就是九四的处境。由于地位高，就会有人嫉妒；由于接近于一把手的位置，有取而代之的可能，很容易被上司怀疑和厌恶，因而有伴君如伴虎的危险；由于俸禄比别人拿得多，就会招致别人的不满和怨恨。所以，九四必须时时心存敬畏，不能出差错。九四还有一个非常难把握的选择，那就是：当看似时机到来的时候，跃还是不跃？"或跃在渊"的"或"字有"根据时局考虑、衡量"的意思。跃是指向上跃居君位。九四如能根据时局选择进退，谨慎不失，这样可免于咎害。

九五，飞龙在天，利见大人。

《象》曰："飞龙在天"，"大人"造也。

在经历了多重考验后，这条阳刚健进的龙终于一飞冲天，翱翔于高天之上，成功上升到君位，成为九五至尊。在古代，九五代表真龙天子之位，在现代社会里，九五可以看作一个集团或组织机构的一把手。造是"兴起"的意思，指有所作为。九五爻辞与九二爻辞都出现了"利见大人"，对于居于君位的九五来说，谁是他的"大人"呢？在卦中，应为九二这个有能力的大臣。九五作为一个高高在上的决策者，纵然有再高的智商和魄力，其能力也是有限的，为了不使自己成为孤家寡人，必须有一班股肱之臣鼎力辅佐才能成功。

上九，亢龙有悔。

《象》曰："亢龙有悔"，盈不可久也。

这条刚健进取的龙一路奋斗而来，自强不息，经历了由潜龙到见龙、由惕龙到跃龙的艰难历程，终于在九五阶段实现了飞龙在天的辉煌，这使它坚信阳刚奋进的力量可以无往不胜，于是继续向上高飞，却忘记了盛极必衰、物极必反的道理，以致到了穷极的地步。它只知前进不知后退，胜利使它变得骄傲自负，亢进不已，结果是物极必反，丧失了民心，也断送了自己。如果它能及时知止，适时退让，或可避免最终的悔恨。

用九，见群龙无首，吉。

《象》曰："用九"，天德不可为首也。

　　见，通"现"。乾卦除了六则爻辞外，还有一则"用九"，即用九之道。由于乾卦是纯阳之卦，六爻皆刚，群龙全都具有阳刚健进的品质，容易出现过度阳刚的态势，然而客观环境和自然规律却时刻制约着每一条龙的行为，如果一味地以阳刚为天下先，就会阳刚太盛而走向凶险的道路，所以"用九"告诫群龙：当以无首为吉，不要阳刚过头，而应刚柔相济、行为中道，这样才会吉祥。纵观六条龙的爻辞和《象》辞：潜龙时，被告知要"勿用"；见龙时，告诫要"利见大人"；惕龙时，要"朝乾夕惕"；跃龙时，要慎重考虑"或跃"；飞龙时，要"利见大人"；亢龙时，被告知"盈不可久"。提醒每一条龙都不要阳刚过头，不要自居为群龙之首，天的美德是"不自居为首"。

　　《文言》曰：元者，善之长也；亨者，嘉之会也；利者，义之和也；贞者，事之干也。君子体仁，足以长人；嘉会，足以合礼；利物，足以和义；贞固，足以干事。君子行此四者，故曰："乾：元亨利贞。"

　　《文言传》是进一步阐发乾、坤两卦的文章，文辞优美生动，属于"十翼"之一。这一节文字对卦辞"元亨利贞"的意蕴作了深入探讨，将天道的运行规律落实在社会人事之中，"元亨利贞"分别对应"仁礼义智"四个道德范畴，以指导人的道德行为，能够践行这"四德"，便是遵循天道，与天道合，自然会顺利畅达。

　　这段文字的意思是：元，是众善的尊长；亨，是嘉美的会合；利，是事物各得其宜的和洽；贞，是成就事务的根本。君子修德以"仁"为本体，就能够成为人们所崇敬的尊长；使美好的事物荟萃，丰富而有序，就符合于"礼"；利于事物各得其宜，就和于"义"；坚持守正，就能够成就事务。君子效法天道践行这四种德行，就可以说"乾：元亨利贞"。

　　初九曰"潜龙勿用"，何谓也？子曰："龙德而隐者也。不易乎世，不成乎名。遁世无闷，不见是而无闷。乐则行之，忧则违之。确乎其不可拔，潜龙也。"

　　对于初九爻辞所说的"潜龙勿用"，《文言传》以问答的形式进行了阐释：这是一个具备龙的品德却被埋没于底层的人。他不会去迎合世俗而改变操守，也不会去追逐名利羡慕浮华；他隐遁在这个世间的底层被世人所遗忘而并不感到苦闷；不被人理解和称道也不会烦闷；虽然处境窘迫，但只有符合道义和自身价值操守的事他才乐意去做，不符合的他就坚决拒绝；具有这种坚定品格的人，才称得上是潜龙。

九二曰"见龙在田，利见大人"，何谓也？子曰："龙德而正中者也。庸言之信，庸行之谨。闲邪存其诚，善世而不伐，德博而化。《易》曰："见龙在田，利见大人"，君德也。

这段话是对进入公众视野、走上领导岗位的九二提出的忠告。对于九二爻辞所说的"见龙在田，利见大人"，《文言传》引用孔子的解释说，这是具备龙的品德而能够行中正之道的人。他们平时说话诚实可信，做事谨慎可靠，防止邪僻而保持真诚，做了好事有功劳而从不自我夸耀，德行广博而能感化众人。《周易》说："龙出现在田野里，利于见到大人物"，这是具备了君德的人啊。

九三曰"君子终日乾乾，夕惕若，厉无咎"，何谓也？子曰："君子进德修业。忠信，所以进德也；修辞立其诚，所以居业也；知至至之，可与几也；知终终之，可与存义也。是故，居上位而不骄，在下位而不忧。故乾乾因其时而惕，虽危而无咎矣。"

朝乾夕惕是每一个有抱负的创业者必要经历的攻坚克难的阶段，唯有如此，才能培养豁达坚毅的气度，避免折戟沉沙的遗憾，从而走出一片新天地。孔子对九三爻辞"君子终日乾乾，夕惕若，厉无咎"解释说："这是君子在增进德行修养促进事业发展。忠诚守信，就可以增进德行修养。言谈均出于诚意，就可以积累功业；知道事物发展的趋势而能充分运用这种趋势，这样的人可以与他谈论先兆和应对措施了；知道事物最终将会出现的结果而能顺应客观规律将事情安排妥当，这样的人可以与他保持配合而彼此合宜了。因此，他能够做到居于上位而没有骄气，处在下位而没有忧闷。所以他整天兢兢业业地干了又干，顺应时局而警惕自省，虽处境危险而没有咎害。"

九四曰"或跃在渊，无咎"，何谓也？子曰："上下无常，非为邪也；进退无恒，非离群也。君子进德修业，欲及时也，故'无咎'。"

九四说："或一跃而上，或退处在渊"，是什么意思呢？孔子说："上升或者下落，这不是确定不变的，切记不要因为贪求上升或惧怕下落就做邪僻妄为的事；进取或者退守也不是恒定的，切记不要脱离群众。自强不息的君子增进德行推进事业，抓紧时机创造条件，所以没有咎害。"

这里强调了上下进退的无常无恒，人的时运是由方方面面的因素构成的，外在客观条件的变化往往是人的主观意志所无法预料和把控的，人能够把控的是自身的德行和操守，以此来保障和推进事业的发展，为随时可能到来的时机做好充分的准备。还有一点时刻不能忘记，那就是决不能脱离群众。

九五曰"飞龙在天，利见大人"何谓也？子曰："同声相应，同气相求；水流湿，火就燥；云从龙，风从虎；圣人作而万物睹；本乎天者亲上，本乎地者亲下，则各从其类也。"

九五说："巨龙腾飞在天，利于见到大人。"这是什么意思呢？孔子说："同类的声音相呼应，同样的气味相寻求；水向低湿的地方流，火往干燥的地方烧；云随着龙腾起，风跟着虎呼啸；圣人兴起，万人都仰望并亲从他；就如同依存于天的亲从于上，依存于地的亲从于下，都各自追随自己的同类。"

这一段说明了物以类聚、人以群分的道理，九五作为领袖级的人物，应明白各从其类的道理而坚守中正之德。在组织结构中，有怎样的领导就有怎样的组织文化，树什么旗就会聚集什么兵，九五的德行将会引领整个组织的走向，而九五的一举一动也莫不在众人的瞻望之中。只有坚守正义、行为中道的领导，才能得到贤能之臣的辅佐和广大群众的拥护。

上九曰"亢龙有悔"，何谓也？子曰："贵而无位，高而无民，贤人在下而无辅，是以动而'有悔'也。"

"亢进过度的龙终将有悔恨"，是什么意思？孔子说："身份尊贵却失去了真正的职位，高高在上却失去了民心的拥护，贤能的人在下位却得不到他们的辅佐，所以他行动的结果必会有悔恨。"

亢龙有悔是因为上九阳刚过度，不知适可而止，以致出现悔恨的结局，如果他明白物极必反的道理，提前采取措施和行动，早做退身的打算，防止盈满倾覆，不让自己走到穷途末路的时候才追悔莫及，那么就有可能避免"有悔"的结局。

"潜龙勿用"，下也。"见龙在田"，时舍也。"终日乾乾"，行事也。"或跃在渊"，自试也。"飞龙在天"，上治也。"亢龙有悔"，穷之灾也。乾元"用九"，天下治也。

这段文字是《文言传》从人事的角度对六爻所作的进一步阐发。"龙潜伏在地下，不可以施展才用"，是因为身居卑下。"龙出现在田野里"，说明（有了展现才华的空间）能够顺应时势而随时舍止。"整天兢兢业业干了又干"，说明通过做事在实践中磨炼德行。"或一跃而上或退处在渊"，说明在自我考量。"巨龙飞腾在天"，说明实现了很好的治理。"亢进过度的龙终将有悔恨"，说明上升到了穷极的地步就会出现灾难。"阳刚健进的乾元之阳气运行符合用九而不为首的原则，实现刚柔并济"，天下因此而大治。

"潜龙勿用"，阳气潜藏。"见龙在田"，天下文明。"终日乾乾"，与时偕行。"或跃在渊"，乾道乃革。"飞龙在天"，乃位乎天德。"亢龙有悔"，与时偕极。

乾元"用九"，乃见天则。

此段是从天道运行的角度进行阐释，推天道以明人事，进一步阐发六爻的义理："龙潜伏在地下，不可以施展才用"，是因为阳气尚处于潜藏蓄积的阶段。"龙出现在田野里"，是因为阳气已经上升到地面，天下呈现出一派文采光明的景象。"整天兢兢业业地干了又干"，是说阳气随着时间不断前行，一路向前自强不息。"或一跃而上或退处在渊"，是说阳气进入变革的阶段，或上或下，疑而未定。"龙腾飞在天"，是说阳气到达鼎盛阶段，具备了天的美德。"亢进过度的龙终有悔恨"，是因为天道的运行遵循盛极必衰的规律，阳气随着时间推移已经发展到了穷极之地。"乾元用九"，体现了天道不自居为首的法则。

"乾元"者，始而亨者也。"利贞"者，性情也。乾始能以美利利天下，不言所利，大矣哉！大哉乾乎！刚健中正，纯粹精也。六爻发挥，旁通情也。时乘六龙，以御天也。云行雨施，天下平也。

这段是对卦辞的再次阐发：乾卦象征天，乾元是天道运行的元始，其功能在于创始万物并使万物成长亨通。利贞，是指天道变化利于使万物各得其性命之正，各安其本性与实情。天道创始之初就能够以大美大利来施利于天下，却从不说这是它推动并施予的利益，多么伟大啊！大公无私的天啊！阳刚健进，持中守正，纯粹至精。通过六爻的运动变化和充分发挥，可以触类旁通，展现出万物变化的规律和内在实情。就如同顺应时势的变化乘着六条龙翱翔于天空。于是，云飘行而雨降落，万物各得其宜，天下太平。

君子以成德为行，日可见之行也。"潜"之为言也，隐而未见，行而未成，是以君子弗用也。

君子学以聚之，问以辩之，宽以居之，仁以行之。《易》曰"见龙在田，利见大人"，君德也。

九三重刚而不中，上不在天，下不在田。故"乾乾"因其时而"惕"，虽危"无咎"矣。

九四重刚而不中，上不在天，下不在田，中不在人，故"或"之。"或"之者，疑之也，故"无咎"。

夫"大人"者，与天地合其德，与日月合其明，与四时合其序，与鬼神合其吉凶。先天而天弗违，后天而奉天时。天且弗违，而况于人乎？况于鬼神乎？

"亢"之为言也，知进而不知退，知存而不知亡，知得而不知丧。其唯圣人乎？知进退存亡，而不失其正者，其为圣人乎？

以上文字是《文言传》从君子道德人格实现的角度对六爻进行的阐释。

君子以成就道德修养作为行动的目标，体现在每天的行动中。初九属于人格潜修阶段，"潜"的意思是"隐藏着未曾显露"，行为作风还不够成熟，所以君子在这个时候还不适合施展自己。

君子勤奋学习以积累学识，发问讨论以明辨事理，以宽阔的胸襟接人待物，存仁爱之心以立身行事。《周易》九二爻辞说"见龙在田，利见大人"，这样的人虽没有居于君位但已经初步具备做国君的品德了。

九三爻位由多重的阳刚累加而成，不像二爻、五爻那样居于下卦和上卦的中位能得中道，九三所在的位置向上够不着天，向下踩不到地，是一个危险不安的位置，所以君子必须不断地激励自己、进德修业、自强不息，并随时保持自省与警惕，这样即使身处危险的处境也能免于咎害了。

九四爻位也是由多重阳刚累加而成，居位也不得中位，境况也是上够不着天，下踩不到地，而且已进入上卦，居于中上层位置，远离了下层民众，前途存在着极大的不确定性，九四因此而心存疑虑。由于九四不贪功冒进、坚持人格操守、无论进退都在进德修业，从而经受住了磨炼与考验。正因为九四能够有这样审慎的态度，所以可以免于咎害。

九五实现了完美的道德人格，由君子而上升为大人。九五爻辞所说的"大人"，他的德行像天地一样覆载万物；像日月一样普照化育万物；像四时一样运行有序，使万物各得其宜；像鬼神一样把握吉凶，神秘莫测。他通晓客观规律的变化，能够提前预见将要发生的事情，而自然的变化就会遵循他的预见发展而不会违背；在天象人事已经显现后，他能够顺应时势的客观规律。拥有这样的品德，天尚且不会违背他，何况人呢？何况鬼神呢？

上九爻辞所说的"亢"，是指只知道前进而不知道后退，只知道存有而不知道消亡，只知道得到而不知道丧失，这都是"亢"，亢的结果便是悔恨。知道进退存亡可以互为转化因而不偏失正确的途径，大概只有圣人才真正明白这个道理。

〔乾卦小结〕

从初九到九五，从潜龙到飞龙，《周易》铺展开一条修身成德的道路，沿着这条途径努力，由普通人到君子，由君子到大人，不断地进德修业，人就可以安身立命，并不断去攀登道德人格的最高峰，达到天人合一的太和境界。这已经成为中国传统主流文化中人生道德价值追求的最高理想。而上九和用九，是对阳刚过度行为的提醒和纠错，阐明了刚柔并济、阴阳协调的道理。

2. 坤卦第二

坤下坤上

坤：元亨，利牝马之贞。君子有攸往，先迷，后得主，利。西南得朋，东北丧朋。安贞吉。

坤：元始，亨通，利于像母马那样守正。君子有所前行，要是争先走在前头就会迷路，如果跟随在后面就会符合常道，这样是有利的。往西南方向将会得到朋友，往东北方向将会丧失朋友。安顺守正可以获得吉祥。

坤卦是六十四卦第二卦。坤卦由上下都是坤的两个经卦构成，是六爻皆阴的纯阴之卦，卦象是地，卦德为顺。乾卦和坤卦，阳刚和阴柔，进取和顺从，彼此对立又相辅相成，在一定条件下又互为转换，充分体现了易道的本质。

《彖》曰：至哉坤元，万物资生，乃顺承天。坤厚载物，德合无疆；含弘光大，品物咸亨。"牝马"地类，行地无疆。柔顺利贞，君子攸行。先迷失道，后顺得常。"西南得朋"，乃与类行；"东北丧朋"，乃终有庆。安贞之吉，应地无疆。

《彖传》对卦辞解释说：达到极致了呀，生育万物的坤元，万物依靠它而产生，它以阴柔顺承阳刚完成万物的生育。它是深厚的大地，负载着万物，它的德行广合无限的疆域。它含育万有、无不持载，它广大深厚，所有的物类在它的怀抱里成长亨通。它就像柔顺而能负重的母马，品性类同于大地，行走在没有边界的大地上，它柔和温顺利于守正。君子有所行动的时候，如果抢先带头就会迷路，如果跟随在后面就符合常道。它往西南方面去会得到同类的伙伴；往东北方面去就会失去同类，但最终会有喜庆的事发生。它安然守正的吉祥，应合了大地的美德，没有边界。

这段文字是对坤卦卦辞的解释，也是对坤德的赞美，坤的德行柔顺宽厚，配合乾完成了对万物的生养含育。坤需要约束自己的是以顺承和配合为本分，这样才能充分发挥自身的优势，配合乾共同把事情做好。"'西南得朋'，乃与类行；'东北丧朋'，乃终有庆。"有很多解释认为这句话是从后天八卦图中得来（如下图）。如果将后天八卦图用一条自左上到右下的斜线划分为西南和东北两部分，西南部分是四个阴卦：巽、离、坤、兑；东北部分是四个阳卦：乾、坎、艮、震。所以如果往西南方向走，就会遇到阴卦，为"得朋"，与坤卦是同类，就如女性朋友们聚在一起；如果往东北方向走，就会遇到阳卦，为"丧朋"，失去了同类的伙伴，但是却遇到了阳类，阴阳相遇，如同女子遇到了男子，可以结为伉俪，这实在是件值得喜庆的事，所以说"乃终有庆"。其实这个比方说明了阴求阳、阳求阴的道理，阴是"后顺得常"，要找到自己的伴侣，跟随着阳共同去努力前行，这样才能"安贞之吉，应地无疆"。

后天八卦图

《象》曰：地势坤，君子以厚德载物。

坤的卦象是"下坤上坤"，坤德为"顺"，为"地"之象，大地的气势宽厚和顺，承载和包容万物，君子看到这样的卦象，于是效法大地之德，宽厚涵容，以敦厚和顺的德行承载万物。

乾坤两卦乃《周易》之门户。乾卦的"自强不息"和坤卦的"厚德载物"，体现了乾刚坤柔的不同特质，两者是双向互补的关系。乾坤并建，刚柔并济，体现了易道所蕴含的"中和"之美。君子效法乾坤之德，既不失于过刚，也不流于过柔，追求既有阳刚奋进精神又有宽厚涵容德行的理想人格，能够达到平衡和谐是最佳状态。

初六，履霜，坚冰至。

《象》曰："履霜坚冰"，阴始凝也；驯致其道，至坚冰也。

初六阴柔居于纯阴之卦的最初位置，象征着阴气刚刚凝结，而这刚凝结的阴气已经揭开了阴气寒凝的序幕。顺着这个趋势下去，结成坚冰的寒冬必将到来。

六二，直方大，不习无不利。

《象》曰：六二之动，"直"以"方"也。"不习无不利"，地道光也。

六二柔爻居于阴位，又是下卦的中爻，既得正，又得中，且具备坤德的柔顺宽厚，所以说它正直、端方、广大，有了这样的品德，即便是在不熟悉的领域行动也无不顺利。

六三，含章可贞；或从王事，无成有终。

《象》曰："含章可贞"，以时发也；"或从王事"，知光大也。

六三，才德美质蕴含于内，可以持守正道。或者辅助君王的事业，但并不把成功归为己有，这样可以有好的结局。意思是说要在恰当的时机发挥作用，才智就会得到光大。

六四，括囊，无咎无誉。

《象》曰："括囊无咎"，慎不害也。

四爻多惧，因为它处在近君之臣的位置，正所谓"伴君如伴虎"，能够尽量避免祸端的办法就是"括囊"，在处境危险或者不明了的情况下，管住嘴巴，管住行为，要善于退藏避害，不去追求荣誉，也就远离了祸患，谨慎小心才不会有害处。

六五，黄裳，元吉。

《象》曰："黄裳元吉"，文在中也。

黄色既不过于耀眼、热烈，也不过于暗淡、冷酷，黄色是中色，象征着中道和尊贵。古人衣着是上衣下裳，裳是穿在上衣下面的裙子，象征着谦逊处下。"黄裳"象征尊贵而谦卑的品德。六五处于坤卦第五爻的君位，是尊贵的，同时具有阴爻柔顺谦和的本质，又是上卦中爻，能够守持中道，所以用"黄裳"来代表它的品德。具备这样品德的六五，达到了德行事业最圆满的状态，大为吉祥。

上六，龙战于野，其血玄黄。

《象》曰："龙战于野"，其道穷也。

城邑之外有郊，郊之外有野。在离开城郊之外的田野上，阴与阳相遇，发生了一场激战。坤卦是纯阴卦，阴爻一步步地上升到上六，阴气已经达到了极致，上六回头一看，全部都是阴爻，因而有一统天下的错觉，以为自身可以称为龙了，但真正的龙在城郊外的田野中，于是两相遭遇，相与争锋，两败俱伤，玄是青黑色，是天的颜色，黄是地的颜色，这种交战的结果，是其血色混杂，狼藉不堪。

用六，利永贞。

《象》曰：用六"永贞"，以大终也。

坤卦是纯阴之卦，由于六爻皆阴，容易导致阴气太盛，阴柔过度，所以"用六"提醒坤当以坚守正道为利。《周易》中的"大"和"小"往往代表的是阳和阴，比如后面的大过卦是阳刚过盛，小过卦是阴柔过盛；泰卦和否卦中的"小往大来""大往小来"中的"大"、"小"也是指阳和阴。因此，"用六永贞，以大终也"，是指坤卦用六要永远坚守正道，要以阳为归宿。

《文言》曰：坤至柔而动也刚，至静而德方。后得主而有常，含万物而化光。坤其道顺乎！承天而时行。

《文言传》说：坤的德行是至为柔顺的，但当它变动的时候却柔中有刚，坤是至为安静的，但它却不失方正的品格，它待阳而后动，跟随在阳的后面积极配合阳的创始健进，它涵容万物而化育广大。坤道是多么柔顺啊！它顺承天道，配合默契，顺时而行。

这段文字极具文采，它阐明了坤道的实质：坤处于从属地位，处处体现柔顺宽容、谦逊谨慎的品德，坚定而纯正。柔中有刚，外圆内方，顺承配合，含育广大，待阳而后动，依时而行。这里，一位有德君子的形象呼之欲出。

积善之家，必有余庆。积不善之家，必有余殃。臣弑其君，子弑其父，非一朝一夕之故，其所由来者渐矣！由辨之不早辨也。《易》曰："履霜，坚冰至"，盖言顺也。

积德行善的家族将来必然会有余下的吉庆，积累不善言行的家庭将来必然会有余下的灾殃。臣下弑杀了君主，儿子弑杀了父亲，其原因不是一朝一夕形成的，这都是长期积累的结果，只是该辨别而没有尽早辨别罢了。《周易》说："踩到深秋的薄霜上，预示结着坚冰的寒冬将要到来"，说的就是事物的发展趋势啊。

脚下踩到了霜，就应该预想到结着坚冰的寒冬将要到来，提醒人们要善于观察细微的苗头，要能够见微知著，尽早地辨别已出现的苗头，按照事物发展的规律推测出将要出现的大势，及早进行防范，避免灾患，尽可能地把握未来。

"直"其正也；"方"其义也。君子敬以直内，义以方外，敬义立而德不孤。"直方大，不习无不利"，则不疑其所行也。

直，是形容它真诚无伪的纯正品性；方，是形容它合理正义的行为。君子以诚敬使内心正直，以符合正义的要求使行为合理端方，诚敬和正义树立起来了，德行就会得到普遍认同而不会孤立。"正直、端方、广大，不熟悉也无不顺利"，说明这些美德会得到人们的充分信任和支持，对其行为不会有怀疑和阻碍，所以即便是不熟悉的领域也能够一路顺畅。

阴虽有美，含之以从王事，弗敢成也。地道也，妻道也，臣道也。地道"无成"而代"有终"也。

阴柔的六三虽然有才智美德，但要含藏起来追随君王去做事，不敢把成功归于自己啊。这是大地厚德载物之道，是妻子协助丈夫之道，是臣下辅佐君王之道。大地之道从不居功，安于本分顺承天道，柔顺配合刚健共同完成美好的事业。

六三爻以阴爻居于阳位，说明它品质兼具刚柔，是有作为的爻，但阴爻的特性和本分仍是以跟随为主，应蕴含才智而不示强外露，这样才能与乾阳形成互补配合，这并非是说阴柔就卑微，在乾坤并建的世界中，阴柔与阳刚同样重要，相互依存，缺一不可，必须有厚德者去承载和完成自强者的创始，才能有始有终，共同完成大业。在日常生活和工作中，每个人都可能是领导或下属，在下属的分位上时，要明白职责、懂得配合，辅助领导者完成共同的事业，不争功劳，不抢名利，这样就可以得到好的结局。

天地变化，草木蕃；天地闭，贤人隐。《易》曰："括囊，无咎无誉。"盖言谨也。

天地运行变化，草木繁衍茂盛。天地闭塞不通，贤人就会隐退避世。《周易》说："扎紧口袋，没有灾祸也没有荣誉。"是说要谨慎啊。

君子黄中通理，正位居体，美在其中，而畅于四支，发于事业，美之至也！

君子谦逊中道而通达事理，端正位置而安身立命，美德蕴含于心中，自然流露于行为，发挥于事业，真是达到了美的最高境界啊！

阴疑于阳必战，为其嫌于无阳也，故称"龙"焉。犹未离其类也，故称"血"焉。夫"玄黄"者，天地之杂也。天玄而地黄。

阴发展到极盛的时候把自己比拟成了阳，这样必然导致与阳的战争，因为它嫌弃自身没有阳的地位和名分，所以就自我比拟于龙了。但是它仍然是阴爻，并没有脱离阴类，所以称为血。所谓的玄黄，是指天地之色相杂，天是青黑色的，地是黄色的。

疑，通"拟"，比拟。阴和阳是一对矛盾的关系，同时又彼此依存，交融转换，此长彼消，在不断的动态变化之中达到平衡，如果阴太盛或者阳太盛都会推动形势向相反的局面转变。上六是坤卦的最上爻，阴已达到极盛，并且已经前无进路，其形势必然是向阳的转换，但这种转换如果不是出于阴自觉的配合，而忘记了自身宜柔顺辅助而不可争先的本质，甚至以抢夺阳的名位为手段以图达到取而代之的目的，就会出现与龙血战于野的状况，双方都会付出血的代价。

〔坤卦小结〕

　　乾坤两卦作为《周易》的门户，地位殊为重要。乾，元亨利贞，六条刚健的龙，"潜龙、见龙、惕龙、跃龙、飞龙、亢龙"，阳气由萌发至圆满再至穷极，穷极而反，阳极生阴，乾元用九而至于坤；坤从"履霜"到"龙战于野"，由阴气始凝到阴极而阳生，坤元用六而至于乾，循环往复，乾坤并建，和合为大，阴阳二气运行交感而生育天地间万事万物，这就是《周易》所蕴含的"生生之谓易""一阴一阳之谓道"的精神。

3. 屯卦第三

震下坎上

　　《序卦》："有天地，然后万物生焉。盈天地之间者惟万物，故受之以屯。屯者，盈也。屯者，物之始生也。"

　　天地生万物，乾坤两卦之后是象征初生的屯卦。"屯"字是象形字，一道横线代表地面，在地面下，一根苞芽绕过障碍弯曲向上，最终破土而出，象征事物初生之时。从屯卦的卦象来看，上卦是坎水，水在上面没有下落就是云，下卦是震雷，两卦合起来就是云中有雷声，是阴阳之气开始交流和合，但还没有形成雨，还没有达到通畅，就如同一个新生事物，自身柔弱，要面临很多困难，也如同事业初创时期，困难重重，前行的道路郁结未通。

小篆"屯"字

屯：元亨，利贞；勿用有攸往，利建侯。

《彖》曰：屯，刚柔始交而难生。动乎险中，大亨贞。雷雨之动满盈，天造草昧，宜建侯而不宁。

事业草创之初，必然艰难，但初创之始的屯卦，却蕴藏、积蓄着旺盛的生命力，其中更孕育着元亨大通的未来。若想创建大业，必须能够动心忍性、不急于求成，还要广纳人才，积蓄各方面的力量，屈尊就卑，礼贤下士，营建组织架构，刚柔立本，由小到大，从无序到有序，团结有生力量，共度屯难，以待发展时机。

《象》曰：云雷，屯。君子以经纶。

经纶，本义是整理丝缕、理出丝绪和编丝成绳。后来引申为治理、筹划。屯卦的卦象是乌云雷声交相活动，象征着创始之初，就像一团乱麻，等待有人来梳理整治。君子看到这样的卦象，会在事物初创之际努力经营谋划，改变无序的局面，并通过治理达致有序，为成长发展积蓄力量。

初九，磐桓；利居贞，利建侯。

《象》曰：虽磐桓，志行正也；以贵下贱，大得民也。

初九有阳刚之质，是下体震卦的主爻，是全卦的动力所在，因此也是整个卦的主爻，并且与六四相应，说明内部动力和客观条件都对发展有利，其前途大有希望，但由于尚处在初始阶段，时机未成，原地盘桓，很难向前。这个时候不可冒进，正确的做法是：内心坚守志向，为人谦卑处下，广揽英才，埋头组建人才队伍，等待时机成熟。初九若能合民所望、礼贤下士，又有着阳刚的志向和才干，自然会吸引和积聚大量的人才前来会聚。

六二，屯如，邅如，乘马班如。匪寇婚媾。女子贞不字，十年乃字。

《象》曰：六二之难，乘刚也。"十年乃字"，反常也。

邅是"难行不进"的意思。反：通"返"。在屯难之世，柔弱者希望依附于阳刚有为者，以求得阳刚者的带领和庇护。六二爻以阴柔之质处在初创艰难的时局下，希望能得随其主。六二面临两种选择：要么就近违背正道嫁给初九（这是逆比、阴乘阳的关系，不符合爻位间的正当规范），要么坚守正道苦苦等待与九五结成正应相配的关系。六二最终选择了坚贞持守，这是非常艰难的选择，但只要心正志坚，终会难极必通，回归常理，结成良缘。

此爻运用到事业中有这样的启示：事业刚开始，根基浅，力量弱，举步维艰，有时会遇到外来强势力量逼迫其就范，左右其志。这时候要意志坚定，相信自己所追求的目标终将会实现，要威武不屈，同时要相信难久必通的道理。

六三，即鹿无虞，惟入于林中，君子几，不如舍，往吝。
《象》曰："即鹿无虞"，以从禽也。君子舍之；"往吝"，穷也。

虞，是古代掌管山泽的官，是进入山林的向导。在创业途中遇到的困难，不只有威逼，还会有利诱，在没有足够的信息和实力证明可行的情况下，最好不要贪功冒进。要懂得舍，不然，很可能会遭遇困境，甚至血本无归。

六四，乘马班如，求婚媾，往吉，无不利。
《象》曰："求"而"往"，明也。

六四的位置和条件都很好，柔居阴位，当位得正，亲比于九五，又相应于初九，说明一切条件具备，应该迈开步子去大胆进取。他的事业在经过了徘徊难进、谦下求贤、坚定信心、抵御强势、拒绝诱惑等阶段后，各方面的经验都逐渐成熟，外部环境也逐步好转，但团队作战能力仍显不足，行动时还是有些犹豫不决。这时，组织者应该勇敢地去寻求各方面的支持，并努力争取缔结战略联盟，合力寻求事业发展的光明前途。总之，到六四阶段，已经具备了一定条件，在位正行端的前提下，要积极寻求更多的机会，团结更多的同道，扩大气势和力量，努力向前进取。

九五，屯其膏，小贞吉，大贞凶。
《象》曰："屯其膏"，施未光也。

在屯难之时，到达九五的位置实属不易，团队领导也深切地体会到了这一点，因此，他对自己所获得的资源和收获倍加吝惜，于是他把这些膏泽屯集起来，仅仅分给自己亲近的人一些恩泽，舍不得广施于众。可以推知，这样的做法，在做小事情时坚持这样做还可以获得些吉利，如果要做大事，恐怕就才德不及，出现凶险而乏人辅助了。拿破仑说过："不能分享胜利的军队是无法作战的。"

上六，乘马班如，泣血涟如。

《象》曰："泣血涟如"，何可长也？

在屯难之时，上六以柔爻居屯卦极上之地，与六三不应，虽然与九五相比，却是逆比，加之九五"屯其膏"，偏私狭隘，使其无所应援。上六乘马欲行，又进无去处，想摆脱险境却不可得，以致悲痛万分，泣血涟涟。在此情况下，"若阳刚而有助，则屯既极可济矣"（程颐语），如果以阴柔之体能够得到阳刚的援助，那么即使是在屯难之极的情况下也可以渡过难关。

〔屯卦小结〕

天地开创，万物萌生，一声春雷，预示着新的开始。世间万事万物，在草创之初，危机四伏，困难重重。屯卦告诉我们：在这时候，第一，要本着刚柔立本的原则组建团队，谦虚守正，广纳贤才，不断地积聚力量，"君子以经纶"，使一切从无序到有序；第二，要坚定战略目标，遇到威势逼迫、利益诱惑等考验时要意志坚定，把握方向，不苟且于权势，也不盲目追逐利益；第三，要有向导，有规划，不盲目乱闯；第四，要寻求合作伙伴，增加抗风险能力；第五，在有所收获时，当谦和豁达，要将所得的胜利成果分享给大家，这样才具备做大事的胸襟，事业才可能进一步发展；第六，要维护团队的团结相助，防止走到孤家寡人的地步。总之，屯难之时，要积极进取，正确选择，内正自身，外求援助，方有可能开拓出一片光明的前景。

4. 蒙卦第四

坎下艮上

《序卦》："屯者，盈也。屯者，物之始生也。物生必蒙，故受之以蒙。蒙者，蒙也。物之稚也。"

蒙卦由艮卦和坎卦组成，艮的卦象是山，代表静止，坎的卦象是水，代表险陷。从卦德来看，艮在上，坎在下，象征山下有险，遇到危险就停止下来，不知道该往哪里去，这是蒙昧的卦象。从卦象来看，下卦是水，水是流动的物体，但刚从山下流出来还没有方向，也是蒙昧的样子。但当它继续前进的时候，就有亨通的势头了。

蒙：亨。匪我求童蒙，童蒙求我。初筮告，再三渎，渎则不告。利贞。

《彖》曰：蒙，山下有险，险而止，蒙。"蒙亨"，以亨行，时中也。"匪我求童蒙，童蒙求我"，志应也。"初筮告"，以刚中也。"再三渎，渎则不告"，渎蒙也。蒙以养正，圣功也。

蒙，有启迪蒙昧之义。坎卦在内，艮卦在外，如同一个人或一个集体内心深陷坎险之中，中无定见，犹疑不决，而外表却不知所之，停止不动。这时，需要有深明大义、洞察时势的人予以启发，给蒙稚者揭除蒙昧，让他内心的光明本性焕发出来，以使其摆脱困惑，确定方向，勇敢向前，但这也需要受启蒙者有主动性，一个愿学，一个愿教，彼此真诚互应，才能有良好的启蒙效果。

《象》曰：山下出泉，蒙。君子以果行育德。

蒙卦的卦象是山下流淌出泉水，聚成小潭，尚不知该流向何方，就像一个幼稚的小孩子初入世间，懵懂无知，不知该如何作为，不知道人生的方向，需要大人对其进行启蒙和教育。君子看到这样的卦象，明白了自己肩负的责任，对蒙稚有启迪指导之责，于是果断地采取行动，以启蒙发智，培育美德。

初六，发蒙，利用刑人，用说桎梏；以往吝。

《象》曰："利用刑人"，以正法也。

"利用刑人"的"刑"字，可以有两种解释：一为刑罚之"刑"，一为榜样之"型"。初六以柔爻居于最下方，象征孩童懵懂无知。说，通"脱"，解脱，摆脱。对于蒙昧童子的教育，开始启发教育的方法是：树立楷模典范来引导他，让他明白什么是努力的方向；用适当刑罚来规范他的行为，让他知道什么是不可以做的。这样不仅可以帮助他摆脱蒙昧偏见和不良陋习，也可以使其以后不至于因没有教养、不守规矩法度而犯法带上枷锁。如果没有这样的教导，任其肆意妄为，则终将害了他。注意教育孩童刑罚要适当，以教化为旨归。

九二，包蒙，吉。纳妇，吉；子克家。

《象》曰："子克家"，刚柔接也。

九二和六五是蒙卦主爻。两个阳爻中，上九过乎刚，而九二刚而得中，与六五正应，能够包容，这样必会吉祥。在一个家庭中，九二如同父亲，温而厉，在严厉教导的同时，又宽容豁达，给孩子以足够的空间，妇人的建议也悉心采纳，整个家庭的气氛是自由活泼而团结向上的。六五如孩子，其在教育关系中的重要性使其居于五爻这样的位置，六五虚心向学，与九二形成正应，这样的教育定能将孩子培养成为一个可以兴家立业的人。在政治领域中，二是臣位，九二是贤臣重辅；在教育领域，九二是博学宽厚的师长。

六三，勿用取女，见金夫，不有躬，无攸利。

《象》曰："勿用取女"，行不顺也。

六三以柔爻处在蒙昧之时，又居于下卦坎险的上爻，既不中道也不正派，和它正应的上九离得太远，近处见到九二既有阳刚的品质又条件优越，得时之盛，因此六三舍弃上九的正应，而选择逆比于九二。六三就如同一个女子，见到九二这样的"金夫"就去依附，不顾体统，不能保有自身，这种行为邪僻不顺的人，不可以娶。

如果在教育领域探讨，六三蒙昧无知，本该潜心修身求学，但他却不以正道去求，不去树立坚定的志向，而是心浮气躁，只慕浮华，见到哪些学科流行就去报名，见到哪位老师有名气，就放弃原来的老师而转投其门下，这样的学生，就像爱慕虚荣的女子，见到有钱人就去巴结靠近，他这样做终将误了自身，也影响了别人。所以对这样并不是虚心求学的人还是要有清醒的认识，"勿用取女"，不收为好。

六四，困蒙，吝。

《象》曰："困蒙"之"吝"，独远实也。

六四是阴爻，本质柔弱，希望得到阳的援助，然而却独陷于上下阴爻之间，周围没有与之亲比的阳爻扶持，远方也没有与之相应的阳爻接应，只能孤独无助地困于暗昧之中。如同那些失学的少年，因缺乏教育而昏然无知，这并不是他们的错，而是因为他们居处在偏僻卑陋的地方，得不到贤者师长的教导而困于蒙昧之中。

六五，童蒙，吉。

《象》曰："童蒙"之"吉"，顺以巽也。

六五居于蒙卦的君位，又与九二刚爻相应，既有良好的资质和柔中的德行，又有至诚专一的志向。在接受九二的教导时，舍己从人，诚心诚意，学业日进，心地渐明。这良好的氛围和状态是老师和学生至诚互动、教学相长、阴阳中和带来的，是非常吉祥的。

上九，击蒙；不利为寇，利御寇。

《象》曰："利"用"御寇"，上下顺也。

上九处于蒙卦的最高处，有些阳刚过头，它不用发蒙包蒙等方法使之警醒改变，而是采用了猛烈打击的方式，其严厉程度就好像把学生当成了敌人。这样做就站到了学生的对立面，是不利的，教育不宜用暴力体罚的方式进行，应以启发引导为主，站在学生的立场上，与学生共同消除蒙昧，才能达到良好的效果。

〔蒙卦小结〕

该怎么教育？这个问题摆在每个家庭及整个社会面前，教育孩童和启发民智是齐家治国至关重要的事业。蒙卦提出了相应的教育原则：以启发引导的"发蒙"为基础，树立楷模，及时制止其不良倾向，立其规矩；以包容开放的"包蒙"扩展其规模，不可太过拘束；对于追求浮华不注重人格修养"见金夫，不有躬"的人要严加管教，树立其正确的价值观；关注那些缺乏教育条件的"困蒙"孩子，使教育的滋养如甘霖普降四方；上下同心，互为支持，循序渐进，协助蒙昧者消除蒙昧，走向文明进步。蒙以养正，才是教育的根本目的。

5. 需卦第五

乾下坎上

《序卦》："蒙者，蒙也，物之稚也。物稚不可不养也，故受之以需。需者，饮食之道也。"

对于成长过程中的事物，不仅要有启蒙教育这样的精神滋养，物质滋养也是必需的，既养其智又养其体，事物才能顺利成长，所以蒙之后是需卦。《序卦》里面讲，需是饮食之道。从卦象看，云在天上，有蒸腾滋润之象，饮食就是对事物进行滋润，需卦表现饮食之道，因此在蒙卦之后是需卦。同时，乾为天，古字与"而"同，坎为水，为"雨"，两象合一，则为需。云悬于天，还没有下降为雨，需要耐心等待，所以需卦的大意既有需要的意思，也有等待的意思。从卦德看，下卦乾卦本性刚健进取，而上卦坎卦代表险陷，所以乾阳还需要等待时机。

需：有孚，光亨，贞吉，利涉大川。

《彖》曰："需"，须也；险在前也。刚健而不陷，其义不困穷矣。"需，有孚，光亨，贞吉"，位乎天位，以正中也。"利涉大川"，往有功也。

在需卦的时局下，挡在前面的是陷阱和危险，具备刚健品格的君子是勇于进取的志士，但面对险境要临事而惧、择时而进，不能盲目硬闯，要懂得蓄养和等待，保存实力、积蓄力量、以待时机。

《象》曰：云上于天，需。君子以饮食宴乐。

云飘行在天上没有降雨，需要等待雨的降落；君子看到这样的卦象，重视饮食规律，保持心情愉快，用以滋养身体，以待时机成熟时奋力进取。饮食宴乐不是耽于逸乐、不思进取，而是积蓄力量、等待良机。在等待的过程中要保持积极乐观的心态和坚定不移的心志。

初九，需于郊，利用恒，无咎。

《象》曰："需于郊"，不犯难行也；"利用恒，无咎"，未失常也。

城墙之内为"邑"，城墙之外为"郊"。初九距离危险的坎陷中心最远，又有六四相应，有向上行的趋势，而当时的环境是处于因危险而需待的时局下，初九虽然有刚健的本质，但不可以冒险犯难、莽撞行动。唯有安分守己，以恒常心态自处，初九才可以无咎。处在机构组织的最外围，虽才德兼备，但时机未成，不要冒失行动，而要恪守常道，等待时机。

九二，需于沙，小有言；终吉。

《象》曰："需于沙"，衍在中也；虽"小有言"，以"吉""终"也。

从外围向中心靠近，"沙"离水更近了，也就是离危险的中心更近了，这是形势使然，但已经招来一些人的议论和流言。九二刚爻居于下体乾卦的中间位置，阳刚有才干，同时处事又居柔守中，外面虽然接近了危险，但尚未陷入危险之中，在逐渐显露出能力和势头的时候，有些别有用心的人就会恶意进行舆论攻击，但他保持清醒的头脑，不躁进妄动，坚持中道，行止有度，等待涉水的最佳时机，这样最终将会获得吉祥。

九三，需于泥，致寇至。

《象》曰："需于泥"，灾在外也；自我"致寇"，敬慎不败也。

已经到了水边，"泥"有胶着之势，难以拔足，危险就在眼前。九三爻居于下体乾卦最上爻位，刚健而不能守中，有躁动冒进之象，再向前就会进入坎卦所代表的坎险之地，在逼进水边的泥涂中等待，目标更加暴露，这样的境地非常危险，极易招致外来的打击，此时只有敬慎防备，内强实力，严加防范，才不致被打击而溃败。

一个事物内部出现问题的时候，也是最易导致外部势力侵入的时候，内乱往往招致外患。一个国家如此，一副身躯也会这样，当身体内部出现问题、虚弱不堪的时候，湿寒外邪就会乘虚而入，呈现"病来如山倒"的架势。为了防止这种内外交困局面的发生，所能采取的措施就是"敬慎不败"，常怀敬畏之心，慎重行事，不断内强素质，逐渐扭转局面，才不至于溃败。

六四，需于血，出自穴。

《象》曰："需于血"，顺以听也。

坎为水，为血，是杀伤之地，穴是险陷之所。六四已进入上体坎卦，是坎卦初爻。《说卦传》言坎卦"为血卦"，有血之象，因而六四是在血泊中等待，下面的三个阳爻形成刚健的前进态势，六四阴爻居柔位，当位得正，并不去正面与它们发生冲突，为避免乘刚之险，避而出穴，守时待命，又上承亲比于九五，最后化险为夷，这是因为它能以柔顺之道自处。

九五，需于酒食，贞吉。

《象》曰："酒食，贞吉"，以中正也。

九五是需卦主爻。九五之所以可以在美酒佳肴中等待，悠然获吉，是因为九五本身具备刚健中正之德，又已身居尊位。从总体卦象来看，下有乾之三阳爻，有臣强君弱之势，九五虽陷于险中，但其才足以济险，其德足以服人，它并不汲汲于眼前的功利，而是以从容的态度持中守正，因此获吉。

上六，入于穴，有不速之客三人来；敬之，终吉。

《象》曰："不速之客"来，"敬之，终吉"，虽不当位，未大失也。

六四之所以会从洞穴里逃出，是因为与九三的关系是阴柔凌乘阳刚，并且六四堵塞了九三上升的道路，如果六四不避开就会受到伤害，"出自穴"是出于不得已而逃出，而上六爻已经到达了需卦的终点，没有堵塞道路，况且与九三爻又形成了相应的关系，因而"入于穴"。上六阴爻居阴位，得位，又与九三爻正应，以柔顺的态度接待不请自来的九三，没想到，九三带着初九、九二爻一起前来，上六虽然到达了需卦之极，即将要离开需的状态，但它尚未完全脱离坎卦的危险，对于来势刚健的三位客人，上六只有恭敬招待，以柔克刚，才能终获吉祥。

〔需卦小结〕

在郊野、在沙岸、在泥涂、在血泊中、在酒宴时、在洞穴里等待，再等待……需卦讲述了人类在草创、启蒙之后，不断蓄积力量的一段时期，面对变化莫测的外在环境，要善于运用不同的方法进行应对。这也正是创业者应有的认识，在创业初期，团队接受了教育，有了相应的专业素养，但仍需积蓄力量，一是不可冒然妄进，二是要宽裕豁达，以酒食待客，以守正持中获得吉祥；要明白自身尚处于需待蓄养之时，要以柔克刚，最终达成一个和谐而吉祥的结果，这正是需卦所要阐明的道理。

6. 讼卦第六

坎下乾上

《序卦》："饮食必有讼，故受之以讼。"

人最基本的需求就是饮食。由于人人都有这样的需要，当饮食不足或分配不当时，就会导致争讼和口舌官司，讼卦上卦为天，阳刚上行，下卦为水，其性向下，双方相违不通，于是有讼；又像是一个人，内心居险而外表蛮横，必然会引起争讼。讼卦讨论的是如何面对争讼的问题。

讼：有孚，窒惕，中吉；终凶。利见大人，不利涉大川。

《彖》曰：讼，上刚下险，险而健，讼。"讼：有孚，窒惕，中吉"，刚来而得中也。"终凶"，讼不可成也。"利见大人"，尚中正也。"不利涉大川"，入于渊也。

讼卦由乾上坎下组成，天向上，水向下，彼此背道而驰，象征争讼由此产生。

"讼"者，言之于公，既然有争讼，每一方都必先有一番自己的道理，双方谈不通，争执不下时，最后由第三方来辨是非问曲直。争讼中如果双方保持克制，能够适可而止，彼此互谅就可吉祥，如果固执己见、一争到底，就可能导致凶险。子曰："听讼，吾犹人也，必也使无讼乎。"所以君子应当在做事初始时就有所谋划，避免事后起争讼。

《象》曰：天与水违行，讼。君子以作事谋始。

从卦象上看，水在下，天在上，天与水相违而行，有争讼之象；君子看到这样的卦象，明白了世上会有争讼之事，于是在做事之初就提前进行谋划，做好预防，防止日后出现争讼。

君子观卦象，知道人情中有争讼这样的事，所以在做事之先就做好预防。如何谋始？比如，结交朋友要谨慎，多交益友，少交损友，对于为人品性有问题的人，尽量少交往或者干脆避而远之，对于不得不打交道的生意伙伴及其他社会关系，则应尽量提前明确各种契券和约定，防止以后有说不清的事。当然，自身首先要明事理，守规则，这样才可以尽可能地避免争讼产生。

初六，不永所事，小有言，终吉。

《象》曰："不永所事"，讼不可长也；虽"有小言"，其辩明也。

初六阴柔且居于最下位，以自身柔弱又地位低下的情况来说，是最不利于争讼的，虽然在上面有九二可以仰仗，又有居于上层位置的九四可以与之正应，能够给予一定的帮助，但在遇到与人有争执的情况下，不要得理不让人，也不要执着于得失而没完没了地纠缠。如果初六自身能懂节制、知进退，见好就收，那么即使有一些言辞上的争辩，小有灾患，结果尚不至于凶，还可以最终获吉。

九二，不克讼，归而逋，其邑人三百户，无眚。

《象》曰："不克讼"，归逋，窜也；自下讼上，患至掇也。

逋，是逃避的意思。九二是下体坎卦主爻，是讼的主体，本性阳刚，争强好胜，它欲争讼的对象是高居君位的九五，九五阳刚且居于至尊的君位，九二与之相争，力不相当，其势难敌，如果争讼下去不但不会获取胜利，反而会招致灾祸，牵连亲朋和族人。九二居中守柔，需要及时退身逃避。"邑人三百户"，是指很小的城邑，比喻九二能以低调俭约自处，以免除祸患，其家族亲朋才不会因牵连而受到灾殃。

六三，食旧德，贞厉，终吉；或从王事，无成。

《象》曰："食旧德"，从上吉也。

食旧德，是指享有旧有的俸禄，贞厉是因为六三在坎卦上爻，又居于两个刚爻之间，本性柔弱，忠贞自守，不自起争讼，虽处在危险之间，终究会有吉祥。六三与上九有应，上九是极端好讼的阳极之爻，六三以柔顺配合，守其本分，顺从而不居功，因而最终得吉。

九四，不克讼；复即命，渝，安贞，吉。

《象》曰："复即命，渝"，"安贞"不失也。

九四以阳居阴位，不中不正，脾气不好，有好讼的特质，但是九五阳刚中正之君在其上，六三阴柔谦顺之臣在其下，同时又有初六与之相应，他们各行其是，各安其位，没有人和他对抗相争，九四发觉了自己的错误思想后，及时回头复归于正理，不再争讼，安时守正，终获吉祥。

九五，讼，元吉。

《象》曰："讼，元吉"，以中正也。

前四爻均提倡不讼，但世上争端难免，在遇到争端要对簿公堂的时候，老百姓都期望能有一位清官秉公办案行公道于天下。九五就是一位内心光明无私、为人居中守正的裁决者。百姓遇有讼事，九五能够刚无所溺，公无所偏，裁决公正得当，中而不过，因而大吉，是一卦之主。在古代，百姓将希望寄托于地方官的清明公正上，而在现代社会，司法公正需要的不仅是仲裁者的才德和素质，更需要整个社会法制体系的健全和有效。

上九，或锡之鞶带，终朝三褫之。

《象》曰：以讼受服，亦不足敬也。

鞶，是古人佩玉的皮带。褫，是"剥夺"的意思。上九争强好胜，处在讼卦的上爻，刚强之极，又刚愎自用，不知收敛，坚持争讼到底，以强欺弱，不胜不休，最后虽有可能会因强讼而得到利益，但他这种以强讼胜人的做法，激化了矛盾，不但不会得到人们的认可和敬意，他所得到的权势财富反而会在一天内被争抢多次，并因此给自己带来祸患，强讼者当以此为戒。人应该以理以德服人，而不是靠强讼胜人。

在人生旅途中，遇到争端在所难免。讼卦根据不同的情况，提出了发生争端时所应采取的处理原则：首先，刚起争端时，阐明自己的道理，即使有些言语之争，该收场时尽快收场，不要将事态扩大；第二，尽量避免以下讼上，要坚守正道，自励图强，在发生争讼时，判断自身不能胜讼要尽早想办法避开锋芒，免得陷入其中付出更大的代价。第三，要有中正宽阔的胸怀，官司非打不可的时候，要据理以德服人，用法律来维护自己的正当权益，获得社会的尊重。第四，争讼是一件两败俱伤的事，提醒自己不要争强好胜挑起争讼，应及时反省自身，及时改变争讼的想法，能够用和谐的方式解决问题是一种智慧。第五，主持治理争讼时，要公正无私，中正不偏，彰显正义才会吉祥。第六，即便官司打赢，同时也结下了仇怨，埋下了隐患，争讼得来的利益不会长久，也不可能得到真正的尊重。因此，无论什么情况下，应尽量做到"无讼"为佳。

7. 师卦第七

坎下坤上

《序卦》："讼必有众起，故受之以师。师者，众也。"

师，指军队兵众。师卦坎下坤上，从卦象来看，地中有水，是聚众之象；从卦义来看，内险而外顺，将险的事情以顺的方式进行，军队出师打仗具备这种特征，因此有师众之象；从爻象来看，全卦一个阳爻五个阴爻，一阳成为众阴的主帅，有统帅众人之象，九二是军事统帅。军队的兴起，往往因为冲突而爆发了战争，于是兴师动众出兵讨伐。兵者，国之利器，代表着力量，同时也隐藏着危险。师卦，内坎外坤，内险而外顺，水在地中，如同兵在民中，兵从民众中孕育而出，师卦形象地表达了这种关系。师卦讨论的是军旅、用众之事。

师：贞，丈人吉，无咎。

《彖》曰：师，众也；贞，正也。能以众正，可以王矣。刚中而应，行险而顺，以此毒天下，而民从之，"吉"又何"咎"矣！

兵可以百日不用，但不可一日不备。用兵之道，以正为本，首先要师出有名，合乎正义，顺应民心。其次，率兵之将，一定要任用民众尊敬畏服、持重而有威信的人来担任。《广雅·释诂》曰："毒，安也。"师旅之兴，必然会伤财害人，荼毒众生，如果能够得到民众拥护，必然是正义之师，为民兴兵，以安天下。

古代寓兵于农，伏至险于大顺之下，藏不测于至静之中，师卦中唯一的阳爻九二居下卦之中，是将帅之象，九二为将帅，是干练而有威信的"丈人"，六五为君，对九二充分信任，彼此相应无碍，九二受君命带兵出征，行正道于天下，是王者之师，必然会吉祥无咎。

《象》曰：地中有水，师。君子以容民畜众。

师卦的卦象是地中藏蓄着水源，就如同百姓中藏蓄着兵众，水不外于地，而兵不外于民，君子从这个卦象中看到了师众之象，并由此得到启示：国家用兵，就需要从百姓中征集兵力，欲得兵众就需要养民，能养民则可以得众。于是，君子采取行动广纳百姓、聚养大众。

初六，师出以律，否臧凶。

《象》曰："师出以律"，失律"凶"也。

军队出兵，首先要严明军纪，以统一的号令和严格的纪律来指挥和节制军队的行动，如果军纪不明，行动没有秩序，军士则无异于乌合之众，很难成功，就算侥幸得胜，杀敌有功，也是致灾取祸的开始，最终必然导致凶险，此乃军之大忌，也是任何团体组织所应借鉴的。

九二，在师中吉，无咎；王三锡命。

《象》曰："在师中吉"，承天宠也；"王三锡命"，怀万邦也。

三，指多；锡，通赐。九二爻就是卦辞中的"丈人"，得到六五之君的充分信任，多次获得奖赏和授命。九二身为主帅，将令三军，是真正的实权人物，这时很容易因权重而内心膨胀，所以要时刻保持中正之德，大公无私，以天下为重，同时要处理好君臣关系，不可僭越了本分。内心至诚，守经达权，中道不偏，可以吉而无咎。

六三，师或舆尸，凶。

《象》曰："师或舆尸"，大无功也。

六三既不中也不正，以阴柔之质居阳刚的位置，说明它没有带兵打仗的能力，才弱志刚，有勇无谋，却凌乘在九二之上，在两军阵前草率用兵，结果进攻无外应，后退无所守，战争惨败，兵士的尸体装满了兵车，大败而归，遭到了覆灭之凶。可见三军之帅，必要用有经验、能力和威望的"丈人"来承担，并且不能有其他人掣肘，否则必惨败而归，凶险是难免的了。

六四，师左次，无咎。

《象》曰："左次，无咎"，未失常也。

六四刚刚离开坎险，进入坤体，虽阴柔居阴位，当位得正，但不得中，也无应，权衡双方的力量，在力不足以克敌的情况下，决定不去鲁莽攻敌，而是退守驻扎营地。六四当退则退，应守则守，是保存实力的明智之举。此爻提醒领军者，统帅军队不打无把握之战，形势不利的情况下，不可违背常规一意孤行，而应进退有度，保存实力，方可无咎。

六五，田有禽，利执言，无咎；长子帅师，弟子舆尸，贞凶。

《象》曰："长子帅师"，以中行也；"弟子舆师"，使不当也。

六五柔顺中正，是一位知人善任的明君，有宽和中正之德，不会主动兴兵挑起战争，但是当野兽跑到自家田地里为害的时候，六五必会为国家百姓而兴师讨伐，正义之师必出兵"无咎"。六五是阴柔文德之君，不能亲自带兵，要任命将帅带军出征，如果任命了德高望重、众人畏服的九二，就可得以中道行师，如果同时又信任才德不足的六三、六四，就会因他们的干扰而使三军败绩，舆尸而还，即使坚守正固仍然会凶。

上六，大君有命，开国承家，小人勿用。

《象》曰："大君有命"，以正功也；"小人勿用"，必乱邦也。

"黄沙百战穿金甲，不破楼兰终不还。"经过将士们的浴血奋战，战争终于获得了胜利，君王就按功勋大小进行封赏，立大功者"开国"封侯，立小功者"承家"立为卿大夫。在颁发爵禄的时候，对于军队中那些有功劳的人要进行奖赏，但战争期间组成的队伍，其中不乏有功无德的小人，对这些人切不可授以权力，更不可委以重任，只给些金帛财物土地等物质奖赏就可以了，以免以后恃功而乱邦。

〔师卦小结〕

战争中如何用兵、用帅、出征、论赏？师卦阐述了其中的原则：初六出师，必须军纪严明，是谓"严其律"；九二为帅，必须由刚健中正、民众畏服、"资深"主帅来担任，是谓"得其人"；要警戒六三这样无才无德的人在军中拥有军权，导致惨败后果。军中必须"一其令"，九二主帅拥有统一号令的权力，不可有人掣肘；在对战局没有把握或者时机不利于进攻时，当退则退，是谓"慎其进"；由于六五之君懂得用兵用帅之道，最后大功告成，封赏天下，在举国欢庆时，《周易》提醒：不要被胜利冲昏头脑，封赏时要切记"小人勿用"，免得日后酿出难以收拾的祸患。战争关系着国家存亡、百姓生死，必当慎之又慎，尽量不用兵。不得不用时，一定要师出有名，为正义、为民众而战，这是取得胜利的前提。

军事存在的意义是要起到制衡社会各方力量的作用，目的是保家卫国，维护正义，使天下安定，而不是野心家穷兵黩武的工具。人类文明不断发展，军事力量越来越强大，军事装备也越来越高精尖，其武力强大到可以消灭地球数次，体现了人类的聪明才智，也隐含了极大的毁灭性隐患，"一阴一阳之谓道"，至刚要以至柔来调和，武力要以慈悲来管束，相信人类能够恰当地处理和运用好"兵"。

8. 比卦第八

坤下坎上

《序卦》："众必有所比，故受之以比。比者，比也。"

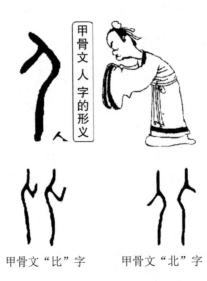

甲骨文人字的形义

甲骨文"比"字　　　甲骨文"北"字

看上图的字形，甲骨文中的"人"字模仿了一个弯腰鞠躬的人的形象。右下方的字是两个人背对背，是"北"字，表示背离，意见不一致；左下方的字就是两个人朝着同一方向，是"比"字，表示彼此亲近、亲附。人以群居，彼此亲近依赖，互相支持帮助，才能够共同克服困难，分享欢乐，社会安定，人民幸福。比卦上卦为坎水，下卦为坤土。从卦象来看，水在地上，水与土地亲比无间，所以称这个卦为比。从爻象来看，卦中只有九五是阳爻，且阳刚中正，居于君位，是其余五个阴爻亲近依附的对象，九五对民众也关怀亲近，这正是比卦的含义。

比：吉。原筮，元永贞，无咎。不宁方来，后夫凶。

《彖》曰：比，吉也；比，辅也，下顺从也。"原筮，元永贞，无咎"，以刚中也。"不宁方来"，上下应也；"后夫凶"，其道穷也。

经过残酷的战争之后，终于迎来了和平年代，民众刚刚从战乱中走过来，人心思定，所有人都希望能够过上安定的生活，希望有一位爱护百姓、为民谋福的伟大领袖，有一个亲民爱民、中正有为的政府，使百姓过上好日子。比卦中的九五刚健中正、顺天应人，民众坚定不移地顺从亲附于他。这时，众望所归的九五，最应该做的就是"建万国，亲诸侯"，发展经济，改善民生，建邦兴业，关怀亲近辅政者与天下百姓，促使上下同心，共同努力去创造一个万众期盼的太平盛世。

《象》曰：地上有水，比。先王以建万国，亲诸侯。

比卦的卦象是地上有水，水充分地浸润着土地，土地坦荡地拥抱着水，水和土地之间的关系可谓亲密无间，有亲比相辅之象。先王从这样的卦象中明白了团结相辅的道理，于是效法比卦亲附之道而采取行动，建立万国以亲比于民，亲抚诸侯以亲比于天下。

初六，有孚比之，无咎；有孚盈缶，终来有它，吉。

《象》曰：比之初六，有它吉也。

孚，指内心有诚信。缶，是瓦罐。盈缶指瓦罐装满。九五是全卦主爻，身居君位，是众人的依靠和精神领袖。初六距离九五最远，地位卑微，处境不利，与九五没有比和应的关系，但初六的心中装满赤诚如同瓦罐中装满了洁净甘甜的水，朴素不加文饰，诚意自然流露。初六的诚心最终被九五所知晓并为其打动，九五超越制度常规的约束愉快地与初六信任相亲，初六得到意外的吉祥喜庆。君子贵其诚，初六的诚信是建立亲比关系的基础和前提。

六二，比之自内，贞吉。

《象》曰："比之自内"，不自失也。

六二既中且正，柔顺宽和，是一位辅政的贤臣。六二希望与九五亲比相应，和衷共济，共建大业，这种发自内心的亲附，非外在力量干扰或出于名利权威等考虑，而是完全自愿。六二虽欲辅佐九五，但不会自失其操守，委身乞求，它保持中正独立、坚守正道，等待九五之君以礼相求。九五刚中而应，愿与六二刚柔相济，上下相应，终于形成了相亲相辅的君臣关系，正固吉祥。爱情婚姻关系亦是如此。

六三，比之匪人。

《象》曰："比之匪人"，不亦伤乎！

六三阴居阳位，不中不正，想向上亲比六四，而六四已外比于九五；想向下亲比于六二，而六二已内应于九五，近处没有可依靠的人，与九五之间隔着六四，六三又没有初六那样的赤诚，六三只好求应于上六，上六是"比之无首"的凶爻，六三与它亲近比附是所托非人。因此，六三没有真正可亲近相助的人，实在很受伤。无论是在政治、军事还是在工作、生活中，跟从领导、交友、与人交往都应清醒选择，谨慎把握。

六四，外比之，贞吉。

《象》曰："外比"于贤，以从上也。

六四阴居柔位，与初六阴爻不相应，但六四有得天独厚的条件，那就是离阳刚中正的九五最近，能够形成正比的关系，所以六四向外亲比归附于九五，德行上是向贤明的君子靠拢，政治上辅助中正贤明的领导，阴顺承阳，是正确而吉祥的。

九五，显比；王用三驱，失前禽。邑人不诫，吉。

《象》曰："显比"之吉，位正中也。舍逆取顺，"失前禽"也。"邑人不诫"，上使中也。

九五建立了政权并身居君位，是全卦唯一的阳爻，其地位无可替代，他刚健得中，吸引了众阴前来亲附，这时候九五向所有的人昭示自己宽容仁厚、豁达大度的品格，对于那些主动来投靠的来者不拒，对于那些背离逃走的不强行追击，这种舍逆取顺的方式，使那些曾犹豫不决的人放下顾虑前来投靠，使所有民众也放下心来，不必担心再有战争，这样的亲比氛围使整个国家上下相亲相辅，呈现出吉祥向上的局面。

上六：比之无首，凶。

《象》曰："比之无首"，无所终也。

上六的方向是背离九五向外走，居于外卦坎险之极，一至四爻都已经亲比归附于九五，上六独自落在后面，既没有相应的帮助和依托，又以阴柔凌乘于九五的阳刚之上，处境的凶险是很明显的了。同时，上六处于比卦的终点，要寻找可以亲附依靠的首领，却只能脱离比卦向外寻求，这一爻正是卦辞中所说的"后夫凶"。

〔比卦小结〕

比卦阐述了亲比相助的主题。任何人不能够脱离社会群体而孤立存在。在群体中，民众需要有可以信赖的领导给予保护和带领，领导需要有民众的辅助和支持，只有彼此真诚相亲，互为依存，才能团结凝聚成为和谐稳定的整体。在组建家庭以及结交朋友时，同样需要遵循正确的亲比原则，具备仁爱、正直品格的君子是社会亲比的核心，人们会自觉主动地向贤德高尚之士靠拢。物以类聚，人以群分，亲比的至高境界是道义相通，与人相亲的基础是首先要有诚信的心，发自内心地相亲而不受私利及外界干扰；在亲比的过程中要有清醒的头脑，防止比之匪人而受伤害；作为众人亲附的领导，要具备宽宏无私、中正大度的德行，形成上下相应、相辅相亲的良好风气，并且能够保持始终，这样，才能够建设和谐、稳定、健康发展的人类社会，人与人之间才能普遍拥有真诚的信任和爱。

9. 小畜卦第九

乾下巽上

《序卦》："比必有所畜，故受之以小畜。"

畜有两层含义："蓄"和"止"。小畜指小有蓄积。事物相比附就会有所聚集，比卦是彼此亲近比附的，必然会有所蓄积，所以在比卦之后是小畜卦。从卦象来看，风在上，天在下，本来居于上的天能够屈居于风下面，说明是天在接受风的蓄积；从卦德看，至刚的乾是不能以力量去强力制止的，只有阴柔巽顺可以对其有所蓄止，但以柔蓄刚也只能是小畜而已，这就是小畜；从爻象看，六四爻以一个阴爻居于应有的位置，五阳爻都对其有喜悦听从的意愿，所以，得位的柔爻能够蓄积群阳，称作小畜。

民众在经过彼此亲比，达成团结合作的组织态势之后，各方面力量逐渐聚集，民生及国力渐渐恢复，经济基础和人才储备逐步得以蓄积，这时既不可拔苗助长，更不应损耗民力，要蓄养一段时期，积蓄力量，以强国本。小畜卦以一阴蓄五阳，以柔顺（巽）蓄刚健（乾），顺应了这个时期社会发展的需求。

小畜：亨。密云不雨，自我西郊。

《彖》曰："小畜"，柔得位而上下应之，曰小畜。健而巽，刚中而志行，乃"亨"。"密云不雨"，尚往也；"自我西郊"，施未行也。

亨是指完成小畜之后可以获致亨通畅达。小畜卦因为九五、九二分居上下两体的中位，有刚中之德，会在实践行动中有所作为，但是当前所处的卦时是尚不能急于作为的时候，还需要积蓄力量，行柔顺之道以养民。六四爻阴柔而得位，上下阳爻都与之相应，因而得以"小畜"。卦象显示天上的云层已经聚积很密，但雨还没有下来，风有气而无质，能畜而不能久，故为小畜之象。

《象》曰：风行天上，小畜。君子以懿文德。

乾卦《彖传》曰："云行雨施，品物流形"，时雨降落才能够滋养和催发万物，小畜卦的卦象是和风飘行在天上，使水汽在天空小有蓄积，但还没有形成雨，只需时日，等积蓄达到一定程度，在风的吹动下必然会出现云行雨施的吉庆之象。君子由小畜卦的卦象明白了蓄积和等待的道理，因而修美自己的文采德行，以待时而发。

初九，复自道，何其咎？吉。
《象》曰："复自道"，其义"吉"也。

初九以阳刚的本质居于初位，既刚且正，上面有六四相应，主动向上进取是它刚健的本性。具备良好品质的基层人才能够有向上进取的途径，并能得到上层的接纳，也是社会政治清明、为政者选贤任能的体现。初九虽刚健，但在小畜的背景下，懂得自觉遵循正道，听从六四的蓄止和制约，阳刚而仍能够潜身于下，复其本位，积蓄才德以待时而发，这样不但不会有过错，还会得到吉祥。

九二，牵复，吉。
《象》曰："牵复"在中，亦不自失也。

下卦乾体三阳爻有着共同的志向，如果依照九二刚健的本性，是要奋而向前的，然而，九二离六四阴爻更加接近，清楚地知道这个时候要求涵养、蓄积力量，且初九业已接受六四的蓄止而自复其道，九二是具备刚中之德的君子，权衡之后，顾全大局，在初九的牵引下，复归于自己应有的位置，居于下体之中位，这样，也如初九一样，不会失去自我，吉祥。

九三，舆说辐，夫妻反目。

《象》曰："夫妻反目"，不能正室也。

说，通"脱"。辐，通"輹"，俗称"伏兔"，是使车舆与车轴相勾连之物。车舆脱离了车辐将不能行走。

九三是刚爻，居于阳位，也如初九、九二爻一样有阳刚健行的本性，却没有初九的自觉和九二的从善如流，九三向上与上九不能阴阳相应，由于两阳相遇，成为敌应，有了矛盾对立，破坏了系统的稳定。九三虽与全卦唯一的阴爻六四距离最近，但在整体情况要求蓄积的大背景下，过于阳刚急躁的性格使其不能平心静气地沟通，急于前行，导致了阴阳不和、夫妻反目，就如同车子脱落了车辐，无法继续行走。可以说过错重点在九三。

六四，有孚，血去惕出，无咎。

《象》曰："有孚""惕出"，上合志也。

六四内心有诚信，远离杀伤之地，免于危险惊惧。之所以能够如此，是因为六四能够与九五之君精诚合作、志投意合。六四柔居阴位，上比于九五，下应于初九，是一卦中唯一的阴爻。以一阴蓄五阳，是不能以强力来行动的，那样只能被众刚所伤，六四只有竭其诚信，以柔蓄刚，得到众刚尤其是九五的信任支持，才能够逢凶化吉，免除灾祸，以保无咎。

九五，有孚挛如，富以其邻。

《象》曰："有孚挛如"，不独富也。

在小畜之时，九五居中得正，居于至尊的君位，下有六四循循劝谏，真诚辅佐，九五也能够涵养自己的德行，以阳刚中正的品格支持六四，真诚接受六四的蓄止，与六四结成彼此信任、心志相通、上下同心的关系，携手共进，诚信有加。小畜卦表面上是六四以阴柔蓄群阳，实质上是九五通过六四来蓄止天下。小畜卦到达九五爻的时位，蓄止之道已基本完成，到了大展身手做一番事业的时候。九五与六四这样彼此信任、优势互补的君臣组合，能够戮力同心，必有大成。

上九，既雨既处，尚德载；妇贞厉，月几望；君子征凶。

《象》曰："既雨既处"，"德"积"载"也。"君子征凶"，有所疑也。

　　小畜之时，经过一段时期的蓄积，阴阳两气交融和洽而成雨，完成了蓄积的目的。巽处在乾体之上，而阳刚不侵犯阴柔，是因为小畜卦崇尚阴柔宽厚之德，如今畜养之德已满，如同月亮即将满圆，如同妇人得到丈夫的顺应、臣子得到君主的支持，然而凡事皆有度，如果因守此道而不知变通，已达蓄止的顶点而不知收敛，事情就会走向反面。上九在小畜卦的终极之地，本为阳刚君子，心存疑惧，只有认清形势，知退知止，才可防止遇到凶险的局面。

〔小畜卦小结〕

　　由师到比再到小畜，从战乱到重组再到和平，社会经历了一系列变化，革命和斗争不再是社会的主题，社会各阶层经历了亲比互助而形成了相对稳定的组织结构。此时，社会整体需要静下心来休养生息，进行富民经济建设，为下一步发展积蓄力量。本卦阐述了事物在发展过程中如何积聚力量的种种原则。

　　阴阳平衡和洽是《周易》所提倡和追求的最佳状态，小畜卦讲述了从阴蓄阳到阳疑阴的发展过程，揭示了其中的矛盾转化。在一阴五阳的总体局势下，阴柔欲蓄止阳刚，本就是一场充满危险的尝试，暗含着制衡与斗争，初九和九二，一个主动一个被动，接受了蓄止，没有咎害；九三过刚，与六四反目，得到了不良后果；六四与九五阴阳相和，真诚相待，使整个局面达到相对的稳定，总体力量得以蓄积；然而，到达上九时，蓄积的任务已经完成，时雨已降，如果阴的势力继续扩大，蓄止的态势就会过度发展，阴阳关系发生变化，并逐步失衡，新的矛盾就会随之产生。

10. 履卦第十

兑下乾上

《序卦》："物畜然后有礼，故受之以履。履者，礼也。"

　　物质得到积累，人民富裕后要学礼、知礼、履行礼，使社会井然有序，这是社会发展到新阶段的必然需求，所以小畜之后是履卦。履者，礼也，"履"是履行、实践，也指遵行礼节。从卦象看，天在上面，泽在下面，天最尊贵，泽最卑下，各有分际，不可逾越，这是天然形成的秩序，人所践履的也应该遵循一定的秩序，所以把这个卦象称作履。从卦德看，乾卦阳刚，兑卦和悦，以和悦跟随在阳刚之后，如履如临，谨守本分，不可越礼，是谓"履"。可见践履以礼，方可安然通行。

履：履虎尾，不咥人，亨。

《彖》曰：履，柔履刚也。说而应乎乾，是以"履虎尾，不咥人，亨"。刚中正，履帝位而不疚，光明也。

咥是"咬"的意思。以和悦的态度蹑步跟在老虎的后面，不但不会被咬伤，还会获至亨通。比喻人在做事时如果能够谦恭温驯，执守礼节，那么即使处于危险的境地，也能够化险为夷。君子看到履卦卦象，应当分清上下之分，规范社会秩序，对民众进行教化，使人民有所遵循，民心安定，社会才能有序发展。和谐有序的社会应该是人人各尽其职、各安其位，如果谁的德行才学出众，他就可以顺着社会的选拔机制晋升到相应的位置上，如果谁的德不配位，他就下降到与之相当的位置上，这是理所当然的事。所以每个人都应该在制度的制约下勤奋进取且安于本分，努力提升自身的素质和能力，对分位的认识要客观理性，每个阶层以及每个人所享有的权利都是有限的，明白这个道理，人心就可以安定不乱，否则民心得不到安定，天下就不可能得到良好的治理。上下交征利而国危矣。对权势财富争夺不休，没有秩序分位的制约，就会天下大乱，每个人也都很难独善其身了。

《象》曰：上天下泽，履。君子以辨上下，定民志。

天在天地万物中是最高远的，也是最尊贵的，而泽是最低下的，也是最卑弱的。履卦的卦象是天在上面，泽在下面，象征着尊卑有序，高下有别，天与泽各居其位，符合自然秩序和天道规则。将其用于社会人事中，象征着各阶层循礼而行，秩序井然。君子看到这样的卦象，辨别上下尊卑，规范社会秩序，使民心安定守礼。

初九，素履，往，无咎。
《象》曰："素履"之"往"，独行愿也。

初九在最下位，具有阳刚之才和向上之志。有才志的人，注重的是内在的修养与品质，不会被外在的虚饰繁华所诱惑，也不会为了富贵虚荣而进取。初九上进是为了实行他心中长久以来的愿望，那就是要有所作为。内心的素朴使其能够静处下位时不怨尤，进取上进时无不善。这样的有德君子，能够坚守内心的原则，做事情会尽心尽力，因此不会有过咎。

九二，履道坦坦，幽人贞吉。

《象》曰："幽人贞吉"，中不自乱也。

九二刚中守柔，前面是一个阴爻，前行的道路没有阻碍，所以九二是行走在坦阔的大道之上。幽人是指幽静安恬、与世无争的人。道路的平坦只是外在暂时的现象，能够在平坦顺利的环境下，不以利欲自乱其心，沉稳冷静不妄作，只有安静自守、内心坚定平和的幽人才能做到，也只有这样的人能永远走在平坦的大道上而得吉。

六三，眇能视，跛能履，履虎尾，咥人，凶；武人为于大君。

《象》曰："眇能视"，不足以有明也；"跛能履"，不足以与行也；"咥人之凶"，位不当也；"武人为于大君"，志刚也。

六三以阴居阳，不中不正，质柔而用刚，不自量力，一味逞强，就如同一个视力不好（"眇"的两种解释：小眼斜目或少了一只眼）的人以为能看清，跛脚的人以为很健走，忘了前面是老虎，违反了"悦而应乎乾"的处履原则，结果惹怒了老虎，被虎噬咬，落得凶险下场。《小象传》对六三的评价有着较为复杂的感情：既怜其不幸又恨其不争，同时有些许的感佩之情。因为六三的能力很差，以跛足眇目的才质介乎五刚爻之间，还想为大君解决难题，明摆着是自取其祸。但是六三并不吝惜自身的安危，勇于冲到前面，敢作敢为，拼了性命为大君效力，有着万死不辞的勇气，虽是志大才疏，但其志可嘉，因此叹它"志刚也"。在某些特定情况下，这种不称其力，勇于拼搏的精神自有其感人之处。但是，由于德不配位，能力不济，将重任托付与六三这样的人，往往会在关键时刻功败垂成，坏了大事，输了全局。

九四，履虎尾，愬愬，终吉。

《象》曰："愬愬，终吉"，志行也。

愬愬，形容恐惧的样子。九四以阳刚居阴位，处于接近君王的危险境地，所谓"伴君如伴虎"，跟随在老虎身后的九四资质刚健而能够以柔处事，常怀愬愬恐惧之心，戒慎恐惧，如临深渊，如履薄冰，志行向前，同时又谨慎柔顺，最终可以免于凶难而得吉。

九五，夬履，贞厉。

《象》曰："夬履，贞厉"，位正当也。

夬，指刚决。九五阳刚至尊，在乾体中位，下属和悦顺从，没有任何牵制和阻碍，他的威势又足以控制时局，在这样的情况下，九五很容易形成凡事独断专行的做事风格，如此一来，所仰仗的天时和君位就成了伤害他的隐患所在，造成了虽得正位却仍然危厉的局面。爻辞告诫九五，要常怀危机意识、覆舟之忧，多听民众的意见和呼声，察纳雅言，才能长治久安。

上九，视履考祥，其旋元吉。

《象》曰：元吉在上，大有庆也。

考，指考察、总结。旋，是"周旋完备"的意思。祥，通"详"。上九在履卦的终点，所履行的过程已经完成，回过头来考察所履行的轨迹，详审所经历的得失，若自始至终周旋完备无所遗憾，心中坦荡，则为元吉。能够在终点时获得元吉，得其善终，是值得庆幸的事。此爻有勉励履善一以贯之的意义，同时也强调视履考祥以为借鉴的作用。

〔履卦小结〕

小畜卦与履卦都是一阴五阳之卦，小畜阴爻居于四位，在上卦，以柔制刚，是制人；履卦阴爻居三位，在下卦，以柔履刚，是行己。境遇不同，所行就会有很大的差异。

履卦阐述了"礼"的履行原则，通过对素履、幽人、跛履、愬愬、夬履、视履等不同阶段的分析，告诉人们如何处世践履，并以"履虎尾"这种形象提醒人们对践行"礼"的重视，只有采取恰当的态度和行为，才能够避免凶险，摆脱危机，做到"履虎尾，不咥人"。

以柔履刚，首先要有柔顺和悦的态度，谨慎处世，同时内心要有坚定的志向，不为流俗所染，即使在道路平坦的时候，也要保持内心的清静安恬，不急功冒进，在得到权力的时候，更不可刚愎自用、独断专行，只有力求尽善尽美，不断修身养德，行善抑恶，一以贯之，才能够最终得其元吉。

11. 泰卦第十一

乾下坤上

《序卦》："履而泰，然后安，故受之以泰。"

在经过（小畜）物质文明和（履）精神文明建设之后，社会各方面得到改善，各阶层各安其分，逐渐形成了积极、淳厚、和畅的社会风气。社会上下循礼而行，和谐有序，出现了通畅安定的泰和局面。

回顾前面各卦的顺序：乾坤是天地的开始，屯蒙是人与万物的开始。有了万物就需要养育，所以接下来第五卦便是需。有养育才有生命的延续，然而用以养育生命的资源却成了争端的开始，各部落间的争端便出现了。小些的争端，口舌官司，争得面红耳赤；大些的争端，就要动用武力了，所以出现了讼和师。兴师动众用武力解决问题，只有正义之师才能最终得胜，解决争端之后要收拾残局，建立新的组织，需要结成亲附的关系，所以在师卦后面跟着的是比卦，比就是彼此比附、亲近，形成一个新的有机的团体。人群会聚在一起，首先要解决吃饭的问题，进行物质文明建设。先解决温饱，再努力实现小康，这个过程就叫作小畜。小有蓄积之后，为防止再次出现讼和师，要及时地开展精神文明建设，设定规范，制定礼仪法度，使社会中各阶层各安其位，各司其职，上下有序，因而有了履卦。人民的道德素质提高了，良好的社会风气形成了，物质文明和精神文明都做好了，才能达到泰和盛世，可见这个过程是一个长期积累的过程，是通过一代代的人不断进取而得来的。

这个由乾至泰的过程既可以放在大历史背景下去阐释时代的发展，也可以放在一事一物一单位的小背景中去观察，这是事物发展的一个普遍规律，把握了规律才知道怎么去顺应规律从而调整自己的行为。那么，在泰和通畅的太平盛世又有什么需要把握和注意的呢？泰卦即探讨这个问题。

泰：小往大来，吉，亨。

《彖》曰："泰，小往大来，吉，亨"，则是天地交而万物通也，上下交而其志同也。内阳而外阴，内健而外顺，内君子而外小人：君子道长，小人道消也。

小，是指阴。大，是指阳。往，是由内往外。来，是从外来居于内。泰卦是由阴气从内而外、阳气由外到内、阴阳充分交流融合形成的，从而形成乾下坤上的组织结构。在天道自然中，阴气向下而阳气向上，彼此相交，融洽和畅，万物顺利生长，这就是天地交泰，畅达亨通。

在社会人事中，执政者居位在上，广大百姓在社会基层，如果执政者诚意为民，俯身顺应民心，把人民的利益放在高处，百姓就会竭诚拥护执政者，上下信任互通，有着共同的奋斗目标，就会形成政治清明、上下通泰、积极顺畅的和谐局面，这就是泰和盛世。

用这种乾在内而坤在外的结构来分析一个人的德行修养，则象征着一个人内心刚健自强而外在待人接物谦逊有礼，很柔顺，这就好比是有着君子品格的人，对外时能够顺畅谦逊地与人相处，这是身心安泰的表现，处事也会诸事顺利。

这个道理用于家庭、事业中，就会看到夫妻和睦、父慈子孝、积极通畅、事业昌隆的和谐局面。

《象》曰：天地交，泰。后以财成天地之道，辅相天地之宜，以左右民。

财成，即裁成。指裁度而形成施政方略；辅相，指辅助；左右，指帮助、辅佐。泰卦内乾外坤，其德为内健外顺，品质刚健，处事柔顺，刚柔并济，正气上升，邪气消减，上下交通，畅通和美，是万众期盼的太平盛世。执政者看到这样的卦象，于是效仿天地之德，形成施政方略，用以辅助天地化生之宜，从而帮助和护佑天下百姓，顺时应人，扶正抑邪，与民众共同创造一个国泰民安的泰和盛世。

初九，拔茅茹，以其汇，征吉。
《象》曰："拔茅""征吉"，志在外也。

茹，形容茅根相牵引的样子。汇，指聚集、会合。初九是阳刚的君子，处于泰和之世的初始，上面有六四相应，说明总体的大环境有利于基层有志者创业，因此初九前行的道路有发展的空间和希望。在下卦乾体中，三个阳爻都具备阳刚健行的品质，并且有着共同奋进的目标。在创业时，如果团队内部能够像茅草根系那样紧密团结，就一定能够有所成就，获得吉祥。初九志在进取，于是联合同道好友，携手共进，互为辅助，协力同心，为成就一番事业并肩前行。爻辞说"征吉"，初九和同伴们的前景一片光明。

九二，包荒，用冯河，不遐遗；朋亡，得尚于中行。
《象》曰："包荒"，"得尚于中行"，以光大也。

包荒，形容包容广大。冯河，原指徒步涉水渡河，这里指果敢、有勇气。遐，即远。遗，即遗弃。朋亡，指不结朋党。

九二爻居于下体乾卦的中位，是大臣的位置，与六五刚柔相应，合作顺畅，这正是泰和之世形成的重要原因，六五居于尊位，是最高领导人，中道而柔和，给予九二充分的信任，因此作为受到器重的大臣九二，是以出色的表现回应了六五的信任：第一，大度。九二具备宽宏的气度，能够包容广大，团结各方面的力量；第二，果敢。九二处事刚健果断，勇于进取，做实事，敢创新；第三，无私。在用人之际，九二不求全责备，用人不分远近亲疏，唯贤才是举，不因私而害公，不因群体而孤立个人，做事中道不偏倚，不结交朋党，使远近贤人都能得到进用。九二这样的刚中之臣与六五柔中之君相配合，共同缔造了广大亨通的泰和盛世。

九三，无平不陂，无往不复；艰贞无咎，勿恤其孚，于食有福。

《象》曰："无往不复"，天地际也。

陂，指倾斜。世上没有永远平坦的道路，没有永远向上而不返下的事物。泰卦发展到九三爻，在一派热闹兴盛的外表之下，却已经暗藏了危机。九三处于天地交际的边界，以刚爻居于阳位，阳刚已经过盛，是泰卦达到阳刚极盛之时，这时的时局正悄然发生变化，如果按照这个势头一路阳刚下去，不及时调整就会出现乾阳上升到上面，坤阴降落到下面，结构整体倾覆，盛极必衰，变成泰极则否的否卦。能否扭转局面、防止倾覆，九三是非常关键的一爻。看到这样的形势，九三要时刻保持清醒，切忌志得意满、颐指气使，而应居安思危，认识到守成的艰难和倾覆的危险，持正守恒，诚信待人，方可保衣食之福。

 六四，翩翩，不富，以其邻，不戒以孚。

《象》曰："翩翩，不富"，皆失实也。"不戒以孚"，中心愿也。

翩翩，形容飞行轻快的样子。不富，阳爻为实，为富，阴爻为虚，为不富，这里指六四。戒，即告诫。

六四是阴爻，处在上体坤卦的最下方，是全卦阴阳交泰之爻。阴的本质是处下的，阴气是下降的。因此，六四势必要向下行。由于上卦中三个阴爻并列，六四的行动带动了另外两个阴爻，如同下卦三阳爻"拔茅茹"牵手向上以归其位一样，上卦三阴爻结伴而行，六五和上六跟随六四一同翩翩飞下。六四不需要告诫它们要以诚相待，因为六五和上六这两个邻居前来一起向下本来就是共同的愿望。六四的位置在泰卦中已经过中，原来的泰和盛世，阴阳势力已经转化，九三的时候，尚且有挽救的可能，到六四时，大势已衰，再想有所作为已经很难了。

 六五，帝乙归妹，以祉元吉。

《象》曰："以祉元吉"，中以行愿也。

历史上称汤为天乙，其后有帝祖乙，他们都是贤王，后来又有帝乙。所以爻辞中的帝乙不能确定是指谁，但从爻义来看，帝乙是制定王室女子下嫁礼法的人。自古帝王的妹妹或女儿，都会下嫁，到帝乙的时候才制定了礼法，规定帝女下嫁后要顺从夫家。

"归妹"中"归"是出嫁，"妹"指少女。

六五以阴柔居于君位，具有柔顺守中的德行，能够屈尊俯就阳刚在下的九二，以柔中与九二的刚中结成信任的关系，以怀柔之德来安抚天下，使天下太平，因此得到神明赐福，至善大吉。六五居于尊位而能以中道处事、以德服人，是能够化危机为太平的重要原因。可见，帝位虽尊，面对潜在的危机，仍需以怀柔抚下的和平方式化解矛盾，使本性阳刚的臣属甘心臣服，彼此结成相应关系，以保大局稳定。

 上六，城复于隍，勿用师，自邑告命，贞吝。

《象》曰："城复于隍"，其命乱也。

复，通"覆"，倾覆。隍指护城壕。邑，通"挹"，是"损"的意思。

以前挖护城壕取土辛苦建起来的城墙，如今坍塌重又倾覆到壕沟之中。象征长期建设而成的安泰局面，却由于内外因素的变化转眼间土崩瓦解。在九三之时，局势已经有了变化和预兆，这种变化没有得到认识和化解，到上六时，坍塌倾覆成为现实。这时，大势已去，动用军队也已无力回天。时局已乱，九三只能发布减损罪过的罪己诏，如果还固执不变就只能接受羞吝憾惜的结果了，可见持盈保泰不易。

分析化解泰极则否的方法：

如果泰极则必然会否，那么是不是就只能听天由命，任凭这个循环出现？面对危机，难道就只能束手待毙吗？当然不是，学习《周易》就是为了认识规律，提前预测危机，从而防微杜渐，化解危机，不让事情发展到积重难返的地步。就泰卦而言，阴阳交流、上下通畅是达致泰和的原因，然而阳一直上升，阴一直下降就会使局面向相反的方向发展，在阳气升到九三爻时，已经到了天地交际，阳刚健进达到鼎盛，也到了局势转化的转折点，在这时就应进行调整了，不能被胜利冲昏头脑一味地上升了。老子的《道德经》说："天之道，损有余而补不足。"下卦阳多，上卦无阳，在九三这个关键的位置，应主动损去九三的阳去补充与之相应的上六，这样就能够化解掉泰极则否的潜在危机，从而变成一个损卦，使阴阳的结构更为合理，达到新的平衡。如下图所示：

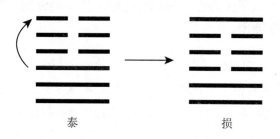

泰 —→ 损

〔泰卦小结〕

经过不懈地积累和努力，社会稳定、国泰民安的太平盛世终于到来。三阳开泰，一派通泰和畅景象，上下沟通、政治清明、"君子道长，小人道消"，是这个时代的鲜明特色。然而，创业难，守成更难，在安泰的局面下有大局观和危机意识是至关重要的。泰卦阐述了由泰向否转化的客观规律，提出了警示，同时也阐明了如何持盈保泰的原则：一方面，要"包荒，用冯河，不遐遗，朋亡"，大度宽容，锐意奋发，远近亲疏兼顾，不结党偏私。另一方面，要居安思危，朴素务实，亲近贤德的人才，远离奸佞小人，不断提高自身适应新环境的能力，还要有意识地"损"，减损可能产生的傲慢与贪图安逸享乐的怠惰之心，时刻警醒，长久保持，才有可能避免"城覆于隍"的悲剧结局。

12. 否卦第十二

坤下乾上

序卦："泰者，通也，物不可以终通，故受之以否。"

通泰不能够永久保持，当乾升到上面，而坤沉到下面，阳气向上，阴气向下，两不相交时，就如同社会阶层上层与下层分离，贫富悬殊。居于高位的高高在上，处于下位的卑屈处下，互不往来，离心离德，就形成了隔绝不通的否塞之世。以卦德来看，内柔外刚，内有小人之德，外居君子之位，小人盘踞朝廷，君子被排挤在外，是乱世的景象。

否：否之匪人，不利君子贞，大往小来。

《彖》曰："否之匪人，不利君子贞，大往小来"，则是天地不交而万物不通也，上下不交而天下无邦也。内阴而外阳，内柔而外刚，内小人而外君子，小人道长，君子道消也。

否，意为坏、恶、不通。天与地阴阳气息交流融合才能够生长万物，才有了成为万物灵长的人，于是具备了天、地、人"三才"，出现了天道、地道和人道。反之，如果天地不相交，就不会有万物生长，便没有人道出现。否卦坤下乾上，坤为阴，阴气向下，乾为阳，阳气向上，阴阳两气背道而驰。天地不交，万物不生，人道不成，所以说"否之匪人"。社会如果出现这种状态，就是否塞之世，不利于君子固守，因为这时阳刚正气被驱逐在外，阴柔邪气来到内部把持了朝政。这是一个"上下不交而天下无邦"的否塞之世，小人道长而君子道消。

《象》曰：天地不交，否。君子以俭德辟难，不可荣以禄。

否卦的卦象是天地不相交，象征着否塞不通。在天地不通、上下不交的乱世，人道无法实行，小人得势，忠良受害，国将不国，邦已无邦。在这样否塞之时，君子如果居显荣地位，必然会招致祸患。君子看到这样的卦象，于是敛藏自己的德行，以节俭为德，超然荣禄之外，韬光养晦，守时以待否极泰来。

初六，拔茅茹，以其汇，贞吉，亨。

《象》曰："拔茅""贞吉"，志在君也。

初六与九四本来是正应，但是在否塞不通的乱世，上下隔绝，是非颠倒，失去了相应的意义。于是隐居于最下层的初六与自己的同类六二、六三安于处下，俭德避难，而不愿去趋时媚俗。他们像茅草根一样牵系在一起，隐而不出，静以守正。这是身逢乱世的无奈之举，只能以此免于祸患，得其贞吉，君子正道得以保全，做其志在于守时待命，静待明君的出现，那时便可以一展才华，为国效力。

六二，包承，小人吉。大人否，亨。

《象》曰："大人否，亨"，不乱群也。

六二处在否塞不通的乱世，能既中且正，守住自己的本位，实属不易。如果所有的贤人都争相隐去，则生灵涂炭，无所庇护。在下卦中位大臣的位置上，如果是小人当权，必然是以乞求包养、承顺上位的九五，极尽谄媚而保全自身的富贵，所以"小人吉"。如果是一位品德中正的大人，就不会去屈己包承上意来为己谋私，而是自守其道，忠贞守正，这样的"大人"就不会自乱于群小之中，虽然身处"否"难，但其对于"道"的追求和实现却是亨通的。所以说"大人否，亨"。

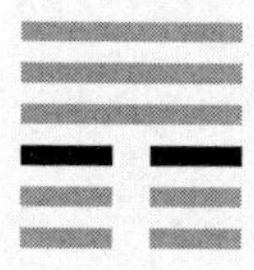

六三，包羞。

《象》曰："包羞"，位不当也。

六三阴处阳位，不中不正，又在坤体的上爻，不能守正处下。在这样一个否塞不通的乱世，想借助上九的接应以保其身，远塞而不通。六三又想就近依附九四的权势，极尽谄媚之能事，终将自取其辱，这种急于求宠的态度为君子所不齿。

九四，有命无咎，畴离祉。

《象》曰："有命无咎"，志行也。

命，指天命。畴，通"俦"，指众类。离，指附丽。祉，是"福"的意思。

九四居于近君的位置，有阳刚的本质和协助九五扭转否塞局面的才干，同时也有居于上层的位和势，按照事物发展的客观规律，否卦已经过中，否塞不通的状况已经发展到了亟须转变的时候，九四协助君主拨乱反正是得天时而顺天命。九四质刚而用柔，能够刚柔并济，立志以行动改变否塞不通的时局，这样做没有咎害和过错，不唯自己受福，那些同道之人也将得到福祉。

 九五，休否，大人吉；其亡其亡，系于苞桑。
《象》曰："大人"之"吉"，位正当也。

苞桑，是指桑树之本。把物品系在桑树的根干上，就会很牢固。

九五阳刚中正居于尊位，有德，有位，且得时。休否的时机已经成熟，这对于九五这样的大人是吉兆，但是在一切外部条件都已具备的情况下，九五能否顺天应人，抓住机遇，励精图治，依然是能否扭转乾坤、转否为泰的关键。从爻位和爻辞来看，九五是中正的君主，时刻不忘忧患意识，反复告诫自己可能出现的危亡，"其亡其亡，系于苞桑"，由于心怀戒惧，九五不敢懈怠，尽力使国家稳固，就如同拴在桑树根上一样，此爻宗旨是居危则安。

 上九，倾否，先否后喜。
《象》曰：否终则倾，何可长也？

上九处于否卦的终极，否塞的态势已是强弩之末，到了该倾覆的时候了。但是胜利并非坐等就可以看到。要扭转否塞的局面，天道盛衰与人事进退相辅而成，人的主动作用仍然是实现倾否的推动力，因而需顺应规律，适时而动。从九四开始就已经启动休否的行动，九五休止了否道，上九使否道彻底倾覆，终于实现了先否后喜，促使否极泰来。

分析化解否塞的方法：

按照物极必反的规律，否塞之世在天道和人事的共同作用下终将否极泰来。但是，等待事物发展到极乱再实现倾否往往要付出很长的时间和惨重的代价，在社会中就会有无数人在黑暗与悲惨中挣扎，我们学习《周易》就是为了认识规律，并更好地把握规律，顺势而为，在事情还没有糟糕到必须以倾覆来解决的时候，应适时进行调整，以最小的代价取得尽可能好的效果化解矛盾，使局势得到缓和。从否卦的结构来看，上面三个阳爻，下面三个阴爻，阴阳分成了两个阵营，而且头重脚轻，根基不稳，如同在社会中权利财富集中控制在上层的手中，底层百姓的权利和财力匮乏，上下贫富悬殊，使得社会隐患聚集，矛盾重重，违背了"易道贵中和"的原则，化解这个矛盾的根本就是要"固本"，损上而益下，将上层的九四阳爻取出来增益最底层的下卦初爻，使最下面的阴爻变成阳爻，让利于民，藏富于民，民富则本固，本固而邦宁。这样的调整，既解决了民生问题，同时化解了整个局势遭到颠覆的危险。如下图所示，经过调整，否卦变成了益卦，上下阴阳的结构更为合理和稳定，达到了新的平衡，这样做对整个局势是有益的。如下图所示：

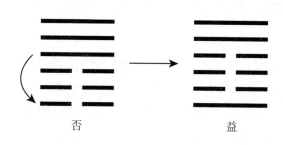

否　　　　　　　　　益

〔否卦小结〕

否卦阐述了在小人势长、君子势消的否塞社会环境中，处于不同阶段的有德君子应遵循的原则：卦中六爻，初六知时能守而获吉；六二能以中正守住本位，不被群小所乱，君子之道亨通；六三趋炎附势、为非作歹，为君子所不齿；九四顺应天时辅助君主扭转否塞局面，没有过咎；九五既戒慎又敢为，有力地终止了否塞局面，因而获吉；上九协助九五完成了倾否的大业，终有喜庆。所以，在否塞之世，居于底层时要团结守正，位于臣位时要超然物外，远离荣禄，当小人势力渐衰时，要谨慎行动，居安思危，在否势发展到终极的时候，要敢于倾否，推动局势的发展，促使否极泰来。

13. 同人卦第十三

离下乾上

《序卦》："物不可以终否，故受之以同人。"

天地不交则为否，上下相同则为同人，经历了否卦的闭塞不通，最终倾否而喜。否卦之后迎来了同人卦，争执对立得以化解，社会中出现了与人和同、同舟共济的局面。从卦象看，天在上，火在下，离火往上燃烧与乾天和同，是同人之象。从卦德看，下卦文明，上卦刚健，六二居中守正，怀着文明之德，以一柔应五刚，彼此和同，意义非凡。

同人：同人于野，亨。利涉大川，利君子贞。

《彖》曰：同人，柔得位得中而应乎乾，曰同人。同人曰："同人于野，亨。利涉大川"，乾行也。文明以健，中正而应。"君子"，正也。唯君子为能通天下之志。

与远方郊野的人交往和同，像左右邻近之人一样对待，君子守正无私，怀抱天下大同的理想，光明正大，团结共进，使四海和如一家。四海同心，必然会涉险渡难，顺利亨通。做到与人和同并不是简单地等同，而是处事清晰有方略，在尊重个性差异的前提下达成共识，分工合作，各尽其能，和谐共处，以通天下之志。

《象》曰：天与火，同人。君子以类族辨物。

与，是动词，交往、交好的意思。同人卦的卦象是天在上，而火性炎上，其性相同，所以有和同之象。从另一方面来讲，离卦附丽于天即为日，所以，天与火可谓天日同明，有亲和、交好之象。用在社会人事中，这样的卦象则象征着人与人彼此间的和同。君子看到这样的卦象明白了人及万物之性有同有异，体会出要各以其类族来分辨事物同异的道理。用在社会人事中，包括分辨君子小人的不同、善恶是非的道理、事物发展的规律以及不同情境下事理的同异等。如果能够辨别清楚这些，君子在处理事物的时候就有了方向和法度，处事自然就合宜顺畅了。于是以类聚人，以族属分析、辨别事物的异同，以使人类群体和各类事物能够审异而求同。

初九，同人于门，无咎。
《象》曰：出门同人，又谁"咎"也。

初九刚爻居阳位，秉承刚健乾行的精神走出家门，怀着"以通天下之志"的理想踏入社会，进入公众领域。离开家门就没有了小家私情，这时要敞开胸怀，由小我之私扩展为豁达无私的大我之公。初九出门广泛接触、追求志同道合的君子，并与之和衷共济。令人欣喜的是初九一出门就遇到了六二，对于初九来说，这是良好的开端，与人和同相助，会免去许多咎害。

六二，同人于宗，吝。

《象》曰："同人于宗"，吝道也。

宗，指宗党，是以血缘关系和派系朋党为纽带联结在一起的小团体。六二虽得位得中，但只与九五相应，在同人卦要求大公无私、普遍交往的前提下，六二之位本当与五阳皆应，才符合公正之道，然而六二溺于私情，将其他四阳排斥在外，只与九五和同相亲，这违反了同人卦时下的行事原则，是鄙吝狭隘、自取遗憾之道。

九三，伏戎于莽，升其高陵，三岁不兴。

《象》曰："伏戎于莽"，敌刚也；"三岁不兴"，安行也？

九三以阳居刚，在下卦顶端，偏刚不中，刚健有余，柔顺不足，它本可与六二形成相亲比附的关系，但是六二"同人于宗"只私志于九五，不肯与九三和同，九三因此愤愤不平，意欲用武力击败九五，夺取六二。于是九三伏兵于林莽之中，还不断地登上高处探察情况，准备伺机而动。然而，九三估量己方的力量尚不足以与九五抗衡，于是准备了三年之久，还是没敢出手。"准备了三年也没敢行动"，因为自身力量打不过敌人，它又怎么敢贸然行动呢？

九四，乘其墉，弗克攻，吉。

《象》曰："乘其墉"，义弗克也；其吉，则困而反则也。

九四有阳刚之质，却没有中正之德，它与六二既没有比的基础也没有应的关系，但在仅有一阴爻的情况下，九四也意欲夺取六二，因而将九五视为敌人。九四登上高处，准备进攻，但又自知这样做既无理且不义，形势上又很难攻克九五，于是自行放下武器没有进攻，这种能够在困窘中惩忿窒欲而回归于常理的做法使九四终而得吉。

九五，同人，先号咷，而后笑，大师克相遇。

《象》曰："同人"之先，以中直也。大师相遇，言相克也。

九五与六二相应和同，九三、九四却从中阻隔，并欲对抗九五以夺取六二。九五本以为自己义直理胜，却被重重陷害，与六二和同的道路充满了危险与阻碍。因此九五悲愤不已，不得已发动战争，击退敌对势力，稳定了局势，终于得以与六二和衷共济，而六二自始至终忠贞不贰、不曾动摇，相遇会合后彼此和衷共济，九五终于破涕为笑。

上九，同人于郊，无悔。

《象》曰："同人于郊"，志未得也。

上九处于同人卦终极之地，处于郊野之外。作为阳刚之体，虽也同样以六二为追求的目标，但离六二既远，又六二与九五已结为同好，于是上九远离是非之地，既不会如九五那样先号啕而后笑，也不会像九三、九四那样试图动用武力去夺取，虽其志未得，亦毫无悔意。

〔同人卦小结〕

同人卦由否卦发展而来，体现了社会形态由隔绝到和同、由分裂到团结的演进过程。本卦主要阐述人与社会的关系问题，通过对同人于门、同人于宗、同人于郊、同人于野的分析，表达了对门户之见和社会封闭性的批判。同时，表达了对破除闭塞思想、进行广泛沟通、建立理想大同社会思想的赞赏。初九同人于门，六二同人于宗，是同；而九三伏戎于莽，九四升其高陵，是异；九五先号啕而后笑，上九同人于郊，又转而为同。可见社会关系中同中有异，异中有同，纷繁复杂，互为转化，彼此渗透，正确的处理方式不应以保守或战争夺取，而应开阔胸襟，求同存异，寻找团结合作的契合点，共同创建和衷共济、合作共赢的大同盛世。

14. 大有卦第十四

乾下离上

《序卦》："与人同者，物必归焉，故受之以大有。"

社会上下同心同德，合力建设，稳定和谐，蒸蒸日上，万物都来归附，盛大丰有，所以大有卦排在同人卦之后。以卦象来看，火在天上，如同太阳高挂天空，光明照于四方，万物得以成长丰盛，一幅光明富有的景象。以卦德来看，乾体刚健，离体文明，是内刚健而奋发向上，外文明而循理处事，所以是盛大丰有。从爻象来看，一柔爻居于尊位，五个阳爻众星捧月一般与之相应，六五居尊位而用柔中之道，万物欣悦归附，一派盛大丰有的景象，所以是大有。大有卦探讨的是在盛大丰有的情况下如何立身处世。

大有：元亨。

《彖》曰：大有，柔得尊位大中，而上下应之，曰大有。其德刚健而文明，应乎天而时行，是以"元亨"。

大有卦中六五是唯一的阴爻，居尊得中，拥有五个阳爻，可说是非常富有了，众阳能够为一阴所拥有，可见大有之时六五必是既有谦逊处世的态度，又有文明刚健的能力，因而盛大丰有。君子看到此卦象，当明白为政管理之道就在于惩恶扬善、顺应天意、休美万物的性命。

《象》曰：火在天上，大有。君子以遏恶扬善，顺天休命。

大有卦的卦象是火在天上燃烧，轰轰烈烈，火势盛大，因而光明普照，能够照见万物善恶殊类，是盛大丰有之象。又有天日昭昭，摒恶扬善之象。君子看到这样的卦象，于是在所获众多时遏绝众恶、弘扬善行，顺应上天的意旨、美善万物的性命。

初九，无交害，匪咎；艰则无咎。
《象》曰：大有初九，"无交害"也。

初九阳爻，处于大有卦的开始。从社会地位来说，处于卑微的底层，还没有达到盛大富有的地位，更没有骄傲盈满的习气。初九笃实处下，与卦中所有的爻无应无比，不涉及利害，没有与利害交往的危害，也就很少会有过错。大凡人在富有之后，很少有不受其害的，这并不是财富的过错，而是人因为富有而胡作非为、咎由自取。所以无论是贫穷还是富有，要懂得"艰则无咎"的道理。初九处于富有的大有之时，即便处于初位，也须敬慎处世，不可有骄傲怠慢之心，如能时时提醒自己处世的艰难，就能避免过错了。

九二，大车以载，有攸往，无咎。
《象》曰："大车以载"，积中不败也。

"大车"是古代用牛牵引承载重物的交通工具。九二刚而履中，与六五之君相应，是六五所倚任的大臣。九二刚爻处乾体之中，承担着大有的大任，其处境与初九不同，须奋发有为，精进前往，才可以无咎。九二正是这样一位可以委以重任的人物，阳刚而守中，既有能力又有厚德，厚积沉重的财富权力由他来承担运载和使用，只有持守中道、不偏私妄行才能避免大车上的物资倾覆溃散。九二就如同能够承载重物前行不辍的大车，身负重任而不会有过错和咎害。

九三，公用亨于天子，小人弗克。

《象》曰："公用亨于天子"，小人害也。

古代"亨通"之"亨"，"享献"之"享"，"烹饪"之"烹"，皆作"亨"字。"公用亨于天子"解作"享"，指朝献。九三当位得正，处下体乾卦之上，是大有时期的封疆大吏，拥有权力和丰富的资源。如果是执守正道的公侯，不会居功自傲，贪天功以为己有，会将一切归功于六五柔中之君的领导，归功于所有志士的共同努力，而追求天下为公的政治理想。至于无德的小人则难以做到这一点，非但不能进献于天子，还可能会利令智昏，为害作恶，危及大有之世的大好局面。

九四，匪其彭，无咎。

《象》曰："匪其彭，无咎"，明辨晢也。

彭，形容盛大的样子。晢，是"明智"的意思。九四处大有之时，居近君之位，其大有丰盛已经过中，过盛就会带来灾祸，如果九四自处有道，不自我膨胀，能够明智清晰地辨别利害关系，抑制和减损自身的财货权势，减少周围的猜忌和嫉妒，尚可无咎。如果一味恃宠而骄，自我膨胀，最终将导致灭亡。

六五，厥孚交如，威如，吉。

《象》曰："厥孚交如"，信以发志也；"威如"之吉，易而无备也。

六五是大有卦的主爻，"柔得尊位大中而上下应之"，六五爻能够以虚中怀柔之德使众阳悦服，其坦荡真诚地与各阳爻相为呼应，上下关系彼此信赖，众人都愿意听从跟随于它。作为一个主持大局的君主，六五居阳位以威仪君临天下，刚柔并济，威信并行，将众阳爻凝聚在周围，构建了一个和谐共进的群体，开创了政通人和的局面，彼此心无戒备，局面盛大丰有，均获吉祥。

上九，自天祐之，吉无不利。

《象》曰：大有上吉，"自天祐"也。

祐，指天、神等的佑助。上九居于大有卦的顶端，居于大有之极而不自我盈满，就不会有满招损的灾祸。这是因为上九在上体离卦的上位，非常明智而能顺达事理，不私藏独占财富，行事为人又能恪守信实，而且肯亲比于柔中的君主六五，因此形成了阴阳和顺的局面。天道的本质是"顺"，人道的本质是"信"，人道履信，就会得到天的帮助，能得到天的帮助，自然是吉无不利。

〔大有卦小结〕

大有卦盛大丰有的社会局面由同人卦团结合作而来，此卦一阴爻居于尊位，五个阳爻都归其所有，整个卦象是刚健文明、元通大亨的大有之象。在大有的环境中，不同阶层自有其行为处世的原则：处在大有之初，应明白大有局面得之艰难，时刻警醒，不以利交而害己，可以无咎；九二有大车之材，当在大有之世担纲重任，进取前行，有所建树；九三是中层富有阶层，要讲奉献，公而无私，不贪不吝，不可做贪鄙小人；九四处近君之位，要明辨事理，抑损财货，自谦低调，就不会有过错；六五信威并举，刚柔共济，所以能够保有天下而获吉；上九虽处大有的极点，但懂得履信思顺，文明循理，获得了"自天祐之，吉无不利"的大吉之兆。在本卦各爻中蕴含着互为转化的辩证关系，外在的客观环境不能完全主宰事物的发展方向和人的命运，事物的发展转化与人的主观能动性息息相关，如何分析局势，顺时而动，正是学《易》的意义所在。

15. 谦卦第十五

艮下坤上

《序卦》："有大者不可以盈，故受之以谦。"

在盛大丰有之后，要防止盈满才能保持大有而不倾覆，不至盈满的关键是谦损，所以大有之后是谦卦。谦卦上体是坤，坤为地；下体是艮，艮为山。高大的山峰俯身于土地之下，不显露自己，体现了山的谦逊。在大有之后，继以谦卦，可见《易》之深意，大有卦不断发展下去极易走向盛极而衰、治极而乱的结局，唯一能够避免这种结局的良方就是时刻保持清醒的头脑，谦逊待人，越是成功越是富有，越要谦逊处下，谦卦六爻皆吉，说明了君子恪守谦德的重要。

谦：亨，君子有终。

《彖》曰："谦，亨"，天道下济而光明，地道卑而上行。天道亏盈而益谦，地道变盈而流谦，鬼神害盈而福谦，人道恶盈而好谦。谦尊而光，卑而不可逾，君子之终也。

天在上，却把阳刚之气下施于万物，使万物由此萌生；地在下，其阴柔之气向上蒸腾，与天阳之气交流会合，阴阳和合，使万物得到化育。在大地上，盈满了的就会倾覆流变，会向低洼处流淌，越是谦虚处下的地方，越会得到补充增益。鬼神参与造化也是如此，对于盈满的人就会祸害他，对于谦虚的人就会佑护他，这就是"谦受益，满招损"的道理。人类社会的情感取向也是如此，对于盈满骄横者，人们会厌恶痛恨，对于谦虚和顺者，人们会喜欢拥护。所以，谦卦明确地提出戒盈劝谦的主张。

"谦尊而光，卑而不可逾"（《彖辞》）谦逊的品格可以使人做事亨通顺畅，君子持守谦德，自始至终保持一生，这是品德修养使然。小人有时也会谦虚，但很难保持始终，这是因为君子通情达理，内心充实自信，乐天知命，不忧不惧，才会安然履行谦道，退让自持，而且终身如此。一个人如能够以谦逊自处，那么无论他去往哪里自然都会亨通无碍。

> 《象》曰：地中有山，谦。君子以裒多益寡，称物平施。

裒，是减少的意思。君子观谦卦的卦象，巍巍高山可以平静地藏在平地之下，不显山不露水，是谦虚处下的象征，君子因此明白了要抑高举下、损过而益不及的道理，使事物达致平衡，于是将多余的减取出来而增益寡少的，并且权衡事物的轻重，公平地施予。

初六，谦谦君子，用涉大川，吉。
《象》曰："谦谦君子"，卑以自牧也。

初六以柔爻处谦之初位，是潜藏之位，如同初涉新途的人，外界广大，自知需要学习的很多，所以谦而又谦，逊志以求道，这是君子自修必须具备的谦卑美德。下卦艮卦为笃实沉静，象征君子至谦之德，笃实敦厚，凡事不居功自傲，修德日进，自然会有人欣赏和支持，也会有朋友前来相辅助，坚持这样的品格，即便是遇到危难也会顺利通行而吉祥。

六二，鸣谦，贞吉。
《象》曰："鸣谦，贞吉"，中心得也。

"鸣"原为鸟相呼告，此处是声名远播。六二柔爻居阴位，居中得正，执守中道，内有谦逊之德，其光华彰显于外，所以六二谦虚声名由近及远传播出去，为人所敬重。六二因其谦德出自内心，虽有德位声名，却更加谦逊待人，因而得吉。

九三，劳谦，君子有终，吉。

《象》曰："劳谦君子"，万民服也。

九三是阳爻居阳位，当位得正，是全卦唯一的阳爻，是成卦之主，承担了主持大局的重任。九三有功劳而不自夸，能够谦卑自处，是谓劳谦。劳而能谦使万民信服，九三是国家倚重的栋梁，谦让的品格使上下团结一致，有终且吉。

《周易·系辞上传》评论这个爻说：

劳谦，君子终吉。子曰："劳而不伐，有功而不德，厚之至也。"语以其功下人者也。德言盛，礼言恭，谦也者，致恭以存其位者也。

意思是说：勤劳而又谦虚，君子保持始终，吉祥。孔子说："勤劳而不夸耀，有功而不自以为恩德，这真是厚德之至啊。"这是在说越有功劳越要谦卑处下。只有德行盛美、礼节恭敬、谦虚的人，才能保持恭敬的言行，从而可以以恭谨的美德长久保有其位。

六四，无不利，𢫦谦。

《象》曰："无不利，𢫦谦"，不违则也。

𢫦，即挥。六四是多惧之地，上有六五之君，谦顺使下，下有劳谦大臣，恭敬事上，六四处于其间，应充分发挥谦德，上下来往，无不以谦卑处下的态度去处理。柔顺守正，谦卑自抑，动息进退处处都以谦德待人。不违背这样的原则，才会无所不利。

六五，不富以其邻，利用侵伐，无不利。

《象》曰："利用侵伐"，征不服也。

阳爻为实，象征富有。阴爻为虚，称为不富。六五为阴爻，因而不富。以其不富，而与邻国相处，一则要靠谦逊诚信，二则要有威武之气，身居君位，切忌谦虚有余而威武不足。对于那些以德可以感化的，就以德化之，而对于那些以德怀柔而仍不顺服的，就须示之以威武，出征讨伐，维护社会公平，如此刚柔相济，方可四方归附，吉无不利。

上六，鸣谦，利用行师，征邑国。

《象》曰："鸣谦"，志未得也；可"用行师"，"征邑国"也。

上六以柔居柔，居谦之极，至柔处极谦，所居却高于众人，用谦来合民待人的志向得不到实现，以致发出声音来表明自己。上六与六二的不同在于：六二积于中，发于外，是"中心得"，而上六处境过高，"志未得"，本应与九三相应，但九三乃一卦之主，与众阴相应，上六只有采取刚柔相济的办法，以刚武自治，弥补过柔的不足。

[谦卦小结]

　　谦卦六爻，无一凶咎悔吝，可见谦虚是处世的一个法宝。谦的反面是盈，谦是防止盈满而覆的良药。初六以柔居下，谦而又谦，君子如此，可以涉过大川，免于祸患；六二以柔居中得正，内充而外显，是吉祥的；九三有大功却勤劳谦卑而不居功，可得善终；六四处上下君臣之中，举手投足，发挥谦和的力量，所行无不利；六五居尊位，刚柔相济，以刚武征不服者，使邦国强盛，无不利；上六居位过高，为了施行谦德而行师，治其邑国，有利无害。

　　同时，应该看到，谦虚的本质不是退让而是进取，在卑下的土地下面，耸立着一座巍峨的高山，柔中寓刚，恩威并施，其核心在于"裒多益寡，称物平施"，谦虚存乎内而发乎外，内心有坚定的原则，处事谦逊知理，这是谦卦带给我们的启示。

16. 豫卦第十六

坤下震上

《序卦》："有大而能谦必豫，故受之以豫。"

　　盛大丰有而能以谦德处之，就有了随之而来的宽裕欢乐。豫，是和豫，安和喜悦。由卦象看，坤下震上，雷奋出于地上，将原来潜藏在地下的阳气震动向上，使阴阳之气通晓酣畅，是豫乐安和的气象；以卦德看，上体主动，下体顺从，上下和乐，是豫的表现。六个爻中，九四是唯一刚爻，统率其他五个柔爻，是一卦主爻，代表着权势财富的拥有者，宽裕和乐的局面是由九四而来。处于豫卦之时，很容易放纵沉湎于逸乐之中，成为取祸的根源，所以其余五个柔爻以与九四无应无比为吉，越是安乐，越要谨慎，这是处豫之时应该注意的。在豫卦中，真正能够善处豫乐的唯有六二：柔顺中正、耿介如石、不苟且于豫乐，是豫卦所倡导的处豫之道。因此，九四为成卦之主，而六二从道的层面亦可被认为是豫卦之主爻。

豫：利建侯，行师。

《彖》曰：豫，刚应而志行，顺以动，豫。豫顺以动，故天地如之，而况"建侯，行师"乎？天地以顺动，故日月不过，而四时不忒；圣人以顺动，则刑罚清而民服。豫之时义大矣哉！

忒，是差错。九四是全卦唯一的刚阳之爻，代表着阳刚主动的力量。下卦为坤为顺，代表着下属的顺从，顺以动是按章法度数有序运动，刚爻动而得到众阴的顺从，其阳刚奋进的心志得以顺利畅行，雷出地奋，阴阳之气冲开郁结，通顺和畅。领导者在这种情况下，当有所作为，做建侯行师这样的大事，并应推崇礼乐教化，褒奖功德，祭祀上帝祖先，慎终追远，使民德归厚。

《象》曰：雷出地奋，豫；先王以作乐崇德，殷荐之上帝，以配祖考。

豫卦的卦象是雷声在大地上震响，大地为之振奋，有欢乐之象；先王看到这样的卦象明白天地间有欢乐之义，于是制作音乐来赞美功德，振奋民心，鼓之动之，舞之乐之，用盛大的典礼敬献天帝，并供奉祖先配合享祀。

初六，鸣豫，凶。
《象》曰：初六"鸣豫"，志穷"凶"也。

初六是一卦初爻，品质阴柔，居于下位，本应立志进取，谦虚守礼，但因与居于上位的九四相应而沾光得到财富权势的照顾。初六德行浅薄、条件优越，又有上面的九四予以庇护照应，于是忘乎所以，沉湎于安乐之中，自鸣得意，到处炫耀自己的优裕安乐、富足、有靠山。如同一个纨绔子弟，贪图享受，不思进取，人前炫富，不懂得"生于忧患，死于安乐"的道理，这必然会招致凶祸。

六二，介于石，不终日，贞吉。
《象》曰："不终日，贞吉"，以中正也。

"介于石"指操守坚贞，品行如磐石般耿直不阿。在豫卦中，各爻多沉溺于豫乐享受，唯有六二能持中守正，坚贞自守，懂得安危转化、祸福相依的道理。它随时保持清醒的头脑，审慎地观察形势，能够知几而动，适时应变，与上交往不谄媚，与下交往不傲慢，远离安逸享乐，立志有所作为，发现有耽于享乐的苗头，立即警醒自己，迅速脱离，如此固守贞正，不但终将获吉，亦将会成为万众仰望的人物。

六三，盱豫，悔。迟有悔。

《象》曰："盱豫""有悔"，位不当也。

盱，指睁大眼睛向上看。六三不中不正，眼睛向上看，对于九四的权势财富羡慕不已，于是趋附于九四，谄媚奉承，攀附巴结，盼望从九四那里得到好处。这样的行径必会受到周围人们的厌恶和鄙视，而最终会有悔恨。六三阴居阳位，外阳刚而内阴柔，说明六三内心也有悔意，而非一味地逢迎，六三此时应立即悔过自新，改正自己的错误，如果迟迟不改，酿成大错，就悔之莫及。

九四，由豫，大有得；勿疑。朋盍簪。

《象》曰："由豫，大有得"，志大行也。

盍，指聚合。簪，指束发的发簪。盍簪，是"聚集"的意思。九四是豫卦形成的缘由，九四又是上体震卦的主爻，是动之主，其行动刚健有为，开创了豫乐的局面，五个柔爻为之响应。九四所处的位置是近君的四爻位，本为多惧之地，上面有阴柔的六五之君，下面有初六和六三那样炫耀、巴结的亲眷和下属，所以，如何处理好上下关系，主持大局，是对九四的考验。就九四而言，阳居阴位，刚而能柔，能够"顺以动"，待人至诚不疑，上不负托，下不遗才，得到了上司的信任和下属的顺从，就会将同志朋友团结聚合在一起，共图大业，从而大有所得。

六五，贞疾，恒不死。

《象》曰：六五"贞疾"，乘刚也；"恒不死"，中未亡也。

五柔居尊位，下乘九四之刚，不能为所欲为，在得到九四鼎力辅佐的同时，又感到来自九四的约束与压力。豫卦的总体局面是由九四支撑起来的，九四为大局尽心竭力，不断劝谏六五，使六五不能放纵享乐，六五虽心有不甘，但不得不忍下九四强权的逼迫，克制自己的骄奢之欲，以中道来处理与九四的关系，听从九四的劝谏，使君位得以长久保持，不致衰亡。

上六，冥豫，成有渝，无咎。

《象》曰："冥豫"在上，何可长也？

冥，指冥顽昏昧。上六居于豫之极，长期沉溺于安逸享乐的环境之中，以致心智昏昧，不思进取，耳目为声色犬马所蒙蔽，久之形成了奢靡的生活方式，这样下去，必不能长久，灾害将至。可谓"祸福无门，唯人自招"。如果上六能够有所醒悟，及时改过自新，尚可以免于咎害。

〔**豫卦小结**〕

豫卦阐释了在安逸豫乐的情况下如何自处的原则。从整体来看，在豫卦之时，"利建侯行师"，应该"顺以动"，顺天、顺时、顺民心，建功立业，有所作为；从具体的事物来看，豫又是容易产生危机的时刻，舒适安逸的环境很容易使人产生懈怠和享乐的习气，正所谓"生于忧患，死于安乐"。

卦中五个柔爻以与唯一的阳爻九四无应无比为吉，其含义是处豫之时，耽于逸乐的行为有失正道，应与安逸豫乐冷静地保持距离，谨慎自处。本卦通过对鸣豫、盱豫、由豫、冥豫等现象的阐述，警醒处于豫乐环境的人，当避免沉溺于享乐和放纵，居安思危，志存高远，不要在享乐中迷失，否则会乐极生悲，招致凶祸。

17. 随卦第十七

震下兑上

《序卦》："豫必有随，故受之以随。"

安逸豫乐的生活必然会吸引众多的追随者，希望能够沾光享福，所以在豫卦的后面是随卦。随卦由震卦和兑卦组成。从卦象看，震为雷，兑为泽，雷震于泽中，泽随之而动，所以有随之象；从卦德看，震为阳为动，兑为阴为悦，震动而兑随之喜悦，所以是随的意思；从卦所象征的另外一组卦象来看，内卦震为长男，外卦兑为少女，长男主动，少女追随，顺从而且喜悦，也是随的意思；从爻象来看，下卦中的一阳爻居于二阴爻之下，上卦中的二阳爻居于一阴爻之下，是以刚下柔，代表阳刚随从阴柔，这也是随的意思。

随：元亨，利贞，无咎。

《彖》曰：随，刚来而下柔，动而说，随。大亨，贞，"无咎"，而天下随时。**随时之义大矣哉！**

"随"既是随从，也是追随，可以是以己随人，也可以是为人所随。在随卦中，刚主动随从于柔，柔因而也随顺于刚，形成了彼此交往、动而悦的关系，这是可以亨通的，但随应是有条件的，即"利贞"。必须以贞正为前提，才能大通而无咎，所以，随的意义，不是随波逐流、同流合污、沉瀣一气，而应是和而不流，坚贞守正，择善而从，才符合随的大义。

刚来而下柔，是阳爻来至阴爻下面，指初九以贵下贱，态度主动而谦逊，获得了兑卦的好感，心生喜悦，因而彼此相随，亨通贞正而无咎，所以守正是随顺的原则。

《象》曰：泽中有雷，随。君子以向晦入宴息。

随卦的卦象是泽水中有雷声，泽水随着雷震而动，有随顺之象，君子看到这样的卦象，于是随顺天地自然的规律，在天黑下来时就进入室内休息。

随的关键强调一个"时"字，在不同的情况下，是安时处顺，以己随人，还是主动作为，感人随己，要因时而定，如同君子白天努力工作，而夜晚要安静休息，做到随顺天道，合时而合宜。

 初九，官有渝，贞吉；出门交有功。

《象》曰："官有渝"，从正"吉"也；"出门交有功"，不失也。

"心之官则思"，"官"是思想观念的意思。"渝"是改变的意思。初九阳爻，是震卦之主，也是随卦成卦之主。初九是阳爻，本应让阴爻前来随顺才是常理，而初九处在随之时，意识到思想观念要有所转变，不应固守旧见，应随顺时势而动，主动出门与人交往，慎始守正，就会吉祥。于是初九走出家门，不存偏私之见，以己随人，广泛与人交往，交正则不失，初九出门便遇到六二，彼此相随，获得成功。

 六二，系小子，失丈夫。

《象》曰："系小子"，弗兼与也。

"小子"指初九，"丈夫"指九五，六二是柔居阴位，在随之时不能独立，必须随于阳，在其下有初九可与之相比，在其上有九五可与之相应，但二者不可兼与，在两难的选择中，六二没有静待阳刚中正的九五前来相应，就近选择了系于初九，没有追随守正而应的九五，这是错误的选择。

 六三，系丈夫，失小子；随有求得，利居贞。

《象》曰："系丈夫"，志舍下也。

"丈夫"指九四，"小子"指初九。六三与六二的处境相仿，面临着两种选择，六三看到六二已依附于初九，九四地位高于自己又居于阴位，且与初九敌应，形单影只，自己去追随他必然会两心相悦，有求必得，于是舍弃了下面的初九而追随九四，可以说是比较明智的选择。然而在随之时，极易流于趋炎附势，在选择时必须心术纯正，择善而从，而不是偏邪媚上，有害正道。这是六三应该注意的。

九四，随有获，贞凶；有孚在道，以明，何咎？

《象》曰："随有获"，其义"凶"也；"有孚在道"，明功也。

九四居九五之下，是近君的位置。九四处在这样一个多惧的位置，又被众人所随，他的威望有可能超越九五，如果九四没有意识到这一点，任形势发展下去，而固守不变，继续扩大自己的威望，就会导致凶险。然而，在随之时，九四居于兑卦之初，说明局面有向好的方面转变的可能，九四唯有尽其诚信，无所偏私，合于正道，志在济物，心存公诚，对上恪守臣道，对下使民众悦而相随，光明坦荡，明哲处世，才可以免于过咎。

九五，孚于嘉，吉。

《象》曰："孚于嘉，吉"，位正中也。

嘉，是"美善"的意思。随之道在于追随至善、从善如流。九五居尊得正，守中笃实，以诚信之德遵循善道，顺应形势，以己随人，对六二和九四不猜疑、不对抗，而是尊尚贤者，给予信任和礼遇，因而获得臣民顺从，天下大治，这正是九五以正中之德追随善道而获得的吉祥。在随卦中，初九和九五阳刚而能甘处于阴柔之下、随人随事皆以随"正"为原则，可谓深得处随之道。

上六，拘系之，乃从维之；王用亨于西山。

《象》曰："拘系之"，上穷也。

上六以柔顺居于随卦之极，表示相随的意愿牢固不破，就如同捆绑在一起，不能够冲散分解。这样的诚意能够上通于神明，就如君王祭祀西山之神一样。上六居于穷极之地，被拘系不能自由，然而处于逆境之中，仍有追随者不离不弃，足见追随之心的赤诚。

〔随卦小结〕

随卦阐述了彼此追随、人际交往的原则。无论是上司与下属的交往，还是亲戚朋友的相处，无论是以己随人，还是为人所随，都在追求一种平衡互动的良好关系。从随卦六爻来看，破除私心、广泛交往、以刚下柔、择善而从是与人交往相随的根本。在彼此追随的过程中，要胸怀宽广，明智选择所追随的人，动机纯正，不能贪图个人之利，防止偏私谄媚，同流合污。只有随得其道，随时而动，居贞从善，至诚守信，使众人都能心悦相随，才能亨通前行。

18. 蛊卦第十八

巽下艮上

《序卦》："以喜随人者必有事，故受之以蛊。"

蛊，是一种毒虫，繁体"蛊"字的写法是"蠱"。《通志·六书三》中描述：造蛊的方法，是将百种毒虫放在一个器皿中，使它们互相啖食，最后剩下的那条毒虫就称作蛊，所以"蛊"字的结构上面是三个"虫"，而下面是器皿的"皿"。蛊也表示东西生了虫子，比喻事物腐坏变质。

豫卦和随卦象征安逸并有众人追随，然而追随的人多了必然发生事端，有了事端就会产生乱象，所以随卦之后是蛊卦。蛊表示有事情发生，有蛊乱之象。从卦象看，蛊卦上为山，下为风，风遇到山而回旋，草木都被吹乱，所以称作蛊；从卦象的另外一组象征来看，下卦是巽，为长女，上卦是艮，为少男，《春秋左氏传》说："风落山，女惑男。"以长女下于少男，乱其情也，所以称作蛊。蛊卦显示的是腐坏乱象，卦中讨论的是如何治蛊除乱。

蛊：元亨，利涉大川。先甲三日，后甲三日。

《彖》曰：蛊，刚上而柔下，巽而止，蛊。蛊，"元亨"，而天下治也。"利涉大川"，往有事也。"先甲三日，后甲三日"，终则有始，天行也。

蛊卦蕴含着治蛊之道。就社会来说，乱是治的根源，蛊是饬的前提，在蛊乱之时，要勇于涉险渡难，有所行动，运用治蛊之道，振衰除弊，拨乱反正。"甲"是天干纪时的第一个符号，代表事物的开始，"先甲三日"指在治蛊创制开始之前要分析研究导致蛊乱的原因，制定治蛊方案，预先广为布告周知，以免有人因无知而触犯禁令；"后甲三日"指在实施政令之后，要观察实效，判断趋势，以图兴利除弊，成效长久。

《象》曰：山下有风，蛊。君子以振民育德。

蛊卦的卦象是山下面有风，风在山谷间回旋，会把草木等物吹得散乱不堪，因此有蛊乱之象。用在社会人事中，象征着世道败坏，弊乱丛生，君子看到这样的卦象，明白蛊乱之世应治乱救弊，于是从振作民心、培育民德入手，从根本上整治腐坏弊乱，培育良好的道德风尚。

初六，干父之蛊，有子，考无咎，厉终吉。
《象》曰："干父之蛊"，意承考也。

干，是清除、干掉的意思。初六阴爻处下，且上无相应，涉蛊不深。事物的败坏不是一朝一夕的事，东西久了不翻新就会生虫子，人长期沉湎于享乐就会生疾病，社会久安而无为就会有腐败，这都叫作蛊。父辈长期积累而成的腐败，到了儿子辈时蛊乱已成，初六虽然才质柔弱，但还是承担起了治蛊的重任，以新生力量清除旧弊。有了治蛊的儿子，已经故去的父亲可以无咎了。清除腐败过程中所面临的艰难危险是不言而喻的，一定要心存危厉，戒慎小心，才会最终得吉。

九二，干母之蛊，不可贞。
《象》曰："干母之蛊"，得中道也。

九二刚爻与六五柔爻相应，有母子之象。九二刚爻居下卦中位，是刚中之子，而蛊坏之事是由仍然健在且身居高位的母亲造成，在整饬老母所为的蛊事时，如果强行矫正就会伤了母子之伦常，如果避讳迁就又会使事态恶性发展，终受其患。这时应采取刚柔适中的方法，以至诚之心，委曲周旋，以中道整治，不可过于刚直。

九三，干父之蛊，小有悔，无大咎。
《象》曰："干父之蛊"，终"无咎"也。

九三以阳居阳，过刚而不中。父亲仍然健在，儿子欲整饬父亲的蛊事，不刚不能治乱，而过刚又有违中道与孝道，伤害父子大义。九三常因处理不当而产生一些小的悔恨。所幸九三当位得正，能够秉持正道治理蛊乱，同时又身在巽体之中，有巽顺之德，所以虽小有悔恨，却避免了大的咎害。

六四，裕父之蛊，往见吝。

《象》曰："裕父之蛊"，往未得也。

裕，宽裕，放任。与"干"正好相反，干是奋力去做，主动地去解决问题。而裕则是因循苟且、懈怠迁就、无所作为。六四以阴居阴，过于柔弱，毫无治蛊的阳刚之气，这种放任弊乱的作风，是在掩盖和无视弊乱的发展。久而久之，蛊将日深，必会往见羞吝，惩治弊乱难以成功。

六五，干父之蛊，用誉。

《象》曰："干父""用誉"，承以德也。

六五柔中之君，下应九二刚中之臣，能够任用贤明。九三过刚，六四过柔，只有六五与九二刚柔相济，彼此相应，才能形成良好的治蛊组合，君臣互为依托，共同治蛊。六五秉承善德，善于用德誉治蛊，对于父辈的功过，不是采取全盘否定或全盘肯定的方法，而是以柔顺中道的德行，将父辈功劳善德着力宣扬继承，扬善抑恶，整治蛊事，平稳过渡，顺转船头，从而成就治蛊大业，这是整饬蛊事最明智的方法。

上九，不事王侯，高尚其事。

《象》曰："不事王侯"，志可则也。

蛊卦到了六五，治蛊之事已经完成。上九处于蛊之终极，是上体艮卦的主爻，其德为静止，上九选择退隐山野，不事王侯，过一种超然物外的生活，追求精神的自由，洁身自守，以尽天年。这种高尚的志趣合乎随时进退之义，是值得效法的。

〔蛊卦小结〕

蛊卦阐述了清除腐败、治蛊除恶的原则和方法。在蛊乱之世，有才德的贤士应及时奋起，施展抱负，清恶除奸，使社会重现清明之风。在治蛊的过程中，要充分认识到其中的困难与危险，提前做好周密安排，做到"临事而惧，好谋而成"，先计而后行，将眼光放长远，致力于未来的规划，行动实施后要观察核实，使成效扎实长久。

整治腐败要因时而宜，既不能姑息迁就，也不能过于刚直，应针对不同的对象和问题采取相应的措施，任用贤能，上下呼应，刚柔相济，恩威并施，以兴利除弊，使整治腐败的大计获得成功。

19. 临卦第十九

兑下坤上

《序卦》："蛊者，事也。有事而后可大，故受之以临。"

"临"，本意是由上看下，居高面低，引申为监临、面临，统治、治理。上卦为坤为地，下卦为兑为泽，地在泽上，岸与水相接，泽为地所临。卦中二阳爻居下，四阴爻居上，阳刚之气渐次上升而强盛，以阳刚临于阴柔。这种临近相接的关系，既是一种彼此的沟通，又有凌逼的态势，预示着阴阳势力的消长。

临：元亨，利贞；至于八月，有凶。

临卦下体兑为悦，上体坤为顺，愉悦而又顺从，是大为亨通的，这种亨通要以守正为利，守正才会亨通。临卦以大临小，以刚临柔，君子道长，小人道消，本是拥有"元亨利贞"四德的亨通之时，然而，阳刚之气接近盛极时，极容易产生骄气，放肆而无所顾忌，如不警惕，不久将会向反面转化，刚浸而长之势发展到八月就会出现凶险。所以，无论临民、临事，要于阳刚兴盛时就思虑衰退的危机，在安乐的环境中，警惕危难的发生，并提前有所戒备和行动。

临卦是十二辟卦消息图中的一卦，在地支值丑时，在农历十二个月中代表第十二月。沿着十二辟卦图顺时针数过八个月，就到达了位于八月的观卦，观卦的阴气已经上升到第四爻位，如果阴气继续上升，上面的两个阳爻就面临着被剥蚀的危险。卦辞用这个将来要发生的状态来提醒当下临人、临事的领导者要时刻怀有危机意识，不要在阳刚渐盛的时候忘乎所以，而应提前做好准备。

十二辟卦消息图

《彖》曰：临，刚浸而长，说而顺，刚中而应。大"亨"以正，天之道也。"至于八月，有凶"，消不久也。

兑下坤上，卦象是大地临于水泽，泽水和悦顺从接受大地的监管和约束，这在自然界中体现了天道。在人类社会中，这样的卦义如同领导者亲临于下属民众，观察了解百姓的生活状态，给予治理和帮助。作为领导者，应不断地效法天地，胸怀广阔，包容大度。临民时，如大地与怀抱中的水泽一样亲密无间，关怀保护他们，使他们安居乐业。同时要考虑如何推行教化，倡导崇高的价值认同，使上下同心，共建大业。

《象》曰：泽上有地，临。君子以教思无穷，容保民无疆。

临卦的卦象是水泽上有大地，水泽低而大地高，有居高临下之象，大地规范并保护着水泽，象征着上亲临于下。君子看到这样的卦象，明白自己当临民以德，以教化民众为无尽的事业而努力，包容保护民众而没有停止的时候。

初九，咸临，贞吉。

《象》曰："咸临，贞吉"，志行正也。

咸，为感。初九阳居阳位，当位得正，其志向和行为感动了近君大臣六四，阴柔守正的六四以和悦的态度与初九相应，由于双方都当位得正，所以彼此的感应是吉祥的。作为卦中两阳爻中的下爻初九，阳刚向上，志行方正，以刚健守正的品格感应柔顺的六四，他的志向得以推行，因此获吉。

九二，咸临，吉，无不利。

《象》曰："咸临，吉，无不利"，未顺命也。

九二与六五相应，情形与初九和六四相似，互为感应，也称为咸临，但两者的不同之处在于：初九、六四居正却不得中位，九二、六五居中却不得正位，因此，行为也宜有所不同。九二阳刚居于大臣的位置，辅佐六五之君时，六五常有柔弱不足之处，缺少刚健决断的魄力，这样的情况下，九二就应以阳刚去弥补六五刚决不足的缺陷，而不应无原则地顺从君上，九二阳刚耿直，勇于表明不同见解，行为中道，以真诚与六五沟通相应，六五亦守中道，给予九二充分的信任，这样交相感应的关系自然吉无不利。

六三，甘临，无攸利；既忧之，无咎。

《象》曰："甘临"，位不当也；"既忧之"，"咎"不长也。

六三柔爻居阳位，不中不正，且凌乘于二阳爻之上，与上六柔爻又无应，如此不良处境，六三欲自保临人，就采取了甜言蜜语、巧言令色的方式取悦欺骗于人。这样的作为，失德悖理，最终将对其不利。如果六三处艰知忧，知忧能改，可以无咎。

 六四，至临，无咎。

《象》曰："至临，无咎"，位当也。

处临之时，六四为近君的大臣，与最下位的初九相应，如同直接下临于最基层的民众，位虽高而能与下民沟通相应，这种临民的态度堪称至临。六四柔居阴位，下与初九刚爻得正而应，位正当，没有咎害。

 六五，知临，大君之宜，吉。

《象》曰："大君之宜"，行中之谓也。

知，即智慧，是最高领导人所应具备的品质，所以是"大君之宜"。六五以中道与九二刚中之臣相应，知人善任，充分举用在下的贤者，是智慧君主奉行中道的表现。

 上六，敦临，吉，无咎。

《象》曰："敦临"之"吉"，志在内也。

上六位于上卦坤体的极点，品质柔顺，且又在临卦的最上，是最敦于临道的象征。在临卦阳气浸长、阴气渐消的情况下，上六希望能够向内随从于阳刚，因此以质柔居正的柔顺之心，怀抱尊贤取善之志，积德向善，厚德载物，堪称"敦临"。以这样的淳厚之德临民治事，吉祥无咎。

〔临卦小结〕

临卦阐述了领导者临民治事的领导艺术。六个爻系统阐释了以上临下、以己临事时所应采取的态度及应遵循的原则。初九"咸临"，以品德和人格力量感召民众，获得民众的衷心拥戴；九二"咸临"，感召同道，刚柔相济，以中正之德临于人事；切忌六三的"甘临"，以花言巧语哄骗的手段愚弄百姓，这样做将来不会有好结局；六四"至临"，深入基层，了解民情，为民众排忧解难；六五"知临"，做智慧理性的领导者，尊贤礼卑，举贤任能，宽和大度，使人尽其才，物尽其用；上六积德敦厚，宽和履正，敦于临民之道，这样可有效防止卦辞中所告诫的"至于八月有凶"。如果领导者能够在日常管理中遵循这些原则，可使政治清明，民众拥护，基业长青。

20. 观卦第二十

坤下巽上

《序卦》："临者，大也。物大然后可观，故受之以观。"

观卦坤下巽上，卦象为地下风上，如同风吹行在大地之上，与万物普遍接触，广为观视。"观"有两层意思，在上位者视察、观示下情，是谓观；在下位者仰视、观瞻上情，也是观。以卦德而言，巽为风为入，风由上而下，入于土地，如同上级的号令入于民心；坤为地为顺，如同下级的宽厚与顺从。爻象中，二阳爻在上，君子居于上位，是下属民众所观瞻的对象，而居上位的二阳爻也同时向下视察民情，互为观视。

观：盥而不荐，有孚颙若。

《彖》曰：大观在上，顺而巽，中正以观天下。"观，盥而不荐，有孚颙若"，下观而化也。观天之神道，而四时不忒，圣人以神道设教，而天下服矣。

"盥"，祭祀前净手的礼仪。"荐"，祭祀中敬奉酒食的礼仪。"颙"，肃敬的样子。祭祀宗庙初始时，盥为降神礼，是最为庄敬肃穆的时刻，崇高圣洁，庄严可观，此时的行礼者和观礼者内心充满了诚敬肃穆之情，其后的荐是献飨礼，相比之下已不足观了。居上位的人，是民众的表率，为天下民众所观瞻，言语举动当如履如临，像祭祀宗庙进行盥礼时那样诚敬庄严，如此庄敬至诚的举止态度，对民众是一种不言之教。

《象》曰：风行地上，观。先王以省方观民设教。

观卦的卦象是风吹行在大地上，无所不至，可以俯察万物，而万物也得以仰观和接纳风带来的讯息，因此有上观和下观之象。先王看到这样的卦象，明白了观的道理，于是广泛地省察民情，巡视各方，并施行教化，使天下得其观仰，民风淳厚。

初六，童观，小人无咎，君子吝。

《象》曰：初六"童观"，小人道也。

初六在观卦的最下方，距阳爻最远，目光浅近，又才质柔弱，就像一个不谙世事的孩童。以此来比喻那些处于社会基层的平民百姓，对国家的治国之道并不能深刻理解，所知所见幼稚浅陋。对于这样的平民百姓来说，不是什么过错，但那些有文化、有教养的君子，如果也这样头脑简单、见识短浅，就应该感到羞吝了。

六二，窥观，利女贞。

《象》曰："窥观""女贞"，亦可丑也。

《说文》："窥，闪也。"窥，指从门内向外窥视、偷看。六二阴爻，见识不广，虽与九五正应，但对君主阳刚中正的治国之道并不能看清楚，只能窥其一二。但六二居中得正，有柔顺之德，能够顺应九五，还是有利的。在大观之世，不能大观广鉴，对于一般居于内庭的女子来说，利于内敛守正，而对于要在外做一番事业的男子来说，视野太狭窄，门缝里看世事，就是可羞丑的事了。

六三，观我生，进退。

《象》曰："观我生，进退"，未失道也。

"观我生"就是反观由自身所生发出来的言谈举止、行为做派。六三阴居阳位，多凶之地，需要对自身的行为有所反观和深省，用舍行藏，进退取舍都必须谨慎。六三与初六、六二的地位不同，已由仰观于上而进入自观于内的层次，上可与上九相应，有进的可能，但因所居不正，还是要衡量客观情势，观九五之君的政令，以不失正道为准则来决定进退。

六四，观国之光，利用宾于王。

《象》曰："观国之光"，尚"宾"也。

六四以巽顺之质处近君之位，可以亲眼看到国家的政德和光辉，国家之治，光华盛美，一派盛世景象，六四生逢其时，就当为国效力，上辅于君，宾助国政，为国家民众效力，施泽于天下。古代的贤士入朝为官，君主以上宾礼遇之。六四的进仕，得到了九五的礼遇和器重，形成了良好的君臣关系。

九五，观我生，君子无咎。

《象》曰："观我生"，观民也。

九五身居君位，下有四阴爻仰观瞻望，如同天下臣民百姓皆仰观其政，九五作为君主，应以阳刚中正之德教化民众，如草上之风，使民风淳厚。而民俗的美恶，时事的治乱，皆系于九五，亦出于九五。九五将欲自观得失，要先观于民，如果民风淳正，天下风俗合于君子之道，则说明施行的是君子之道，如果民风浇薄，所治未善，那么自己就难辞其咎了，民风是政治的晴雨表。所以，九五"观我生，观民也。"

上九，观其生，君子无咎。

《象》曰："观其生"，志未平也。

上九以阳刚居上位，没有承担具体事务的政治责任，却也阳刚在上，是四阴爻仰观的对象，所以对自己的言行倍加在意，上九和九五站在一起，以九五之忧为己忧，省身察己，自觉维护"大观在上"的整体局面，既观察九五是否有失当之处，也注重自身的行为是否合乎民望，如同一位虽已不在朝堂做官但仍将国家治乱牵系于心的贤者，满怀着忧患意识，心志没有放松。君子如能一直保持这样的忧患意识和自省意识，便可无咎。

〔观卦小结〕

观卦阐述了社会中以下观上和自上观下的原则，通过童观、窥观、观我生、观国之光、观其生等不同的地位和角度，阐明了视察和瞻仰之道：居于基层的民众要仰观政教，接受教化；居于上位的领导要俯察民风，施行教化。在四个阴爻中，爻位自下而上，离九五越近越好，越近越能看清国家政治局面，了解大政方针。初六身居底层懵懂无知，无须责怪；六二居于大臣之位却视野狭窄，眼光短浅，需要开阔思路，努力学习；六三位置渐升，需要反观自省，进退取舍要谨慎；六四能够目睹国家大政的光辉，就应竭诚辅助君王共襄盛世；九五君王通过观民来反观自己为政的效果，这样可以适时地发现并改正过失；上九是贤能之士，以国家大事为重，常怀忧患意识，注意观察九五的得失和百姓的需求，适时提出建议，以辅佑国家长治久安。整个卦满含着光明与沟通的气氛。

在观卦《彖传》中提到"神道设教"，《象传》中讲"省方观民设教"，均提到了教化的问题。神道设教是培养虔诚肃敬之心，省方观民设教是强调以民为本，设立政教，作用于民众，以淳化民风。"观"在其中起到非常重要的作用。

21. 噬嗑卦第二十一

震下离上

《序卦》："可观而后有所合，故受之以噬嗑。嗑者，合也。"

噬嗑卦是一个象形卦，是一张嘴的形象。上下两个阳爻，如同人的上下嘴唇，中间的三个阴爻如两排牙齿，中间横亘着一个阳爻，如同口中梗塞着一件硬物，使嘴巴不能合拢，需要用力咬断硬物才能闭合。社会上处理大小事务时常会遇到这样的问题：由于小人从中作梗，或谗佞间隔等，使事物不能顺畅，天下不能和谐。清除的办法小则刑罚，大则诛戮，是谓噬嗑。下卦为雷，上卦为离，是声威震于内，而光明察于外，有用狱之象。

噬嗑：亨，利用狱。

《彖》曰：颐中有物，曰噬嗑。噬嗑而亨，刚柔分，动而明，雷电合而章。柔得中而上行，虽不当位，"利用狱"也。

噬嗑，亨通，利于使用刑法。凡事不能亨通，其间必有阻塞，"噬嗑"而后可以亨通，六五得中而居君位，虽不当位，但利用治狱之道，刚柔相济，则不会柔于怯懦，也不会刚于严暴。在治狱明罚的时候，应效法噬嗑之道，震动而明察，啮合而彰显，上有离电，彻照无所隐藏，下有震雷，威严莫敢不畏，既明察秋毫，又威而能断，以此来清除邪佞，使事物冲破阻碍，顺利畅通。

《象》曰：雷电，噬嗑。先王以明罚敕法。

噬嗑卦是震下离上，震为雷，离为火，在雷雨天气时，火即为闪电，因此卦象是雷电交加，雷有威震之象，电有照亮明察之象，电明而雷威，雷电合在一起，威明相兼而有啮合之功。先王看到这样的卦象，明白了世间有威明并施的噬嗑之道，于是严明刑法、饬正法令，使正义得以昭彰，邪恶梗阻被啮断清除。

初九，屦校灭趾，无咎。
《象》曰："屦校灭趾"，不行也。

屦，鞋。校，指施用刑罚的器械。"屦校灭趾"是指脚上戴的刑具伤到了脚趾，因而不能行走，以此对初九所犯的罪过进行惩罚。

噬嗑卦阐述的是如何用狱的问题，初九居于最底层，是受刑之人，初位又象征着罪过尚轻，可给予较轻的惩罚，以使其悔过自新，不再犯罪。

六二，噬肤灭鼻，无咎。
《象》曰："噬肤灭鼻"，乘刚也。

噬肤，咬噬柔脆的皮肤，象征施用刑罚时很顺利；灭鼻，伤到了鼻子，象征用刑时要触及受刑者的痛处，才能起到警戒作用。六二居中得正，是利用刑罚的用刑者，因为六二所居是乘刚的位置，要对桀骜不驯的初九进行惩罚，所以用刑时必使其感到疼痛，才能警其改过，在刑罚加于皮肤时伤及鼻子，这是六二依据罪行轻重而采取的方式。六二用心中正，这样做没有过错。量刑适当是防止其继续犯罪的有效方法。

六三，噬腊肉，遇毒；小吝，无咎。

《象》曰："遇毒"，位不当也。

腊，干肉。咬干硬的腊肉时，遇到了腐败的毒味。这是因为六三阴居阳位，所居不正，自处不当，在用刑时遇到了怨气和愤怒，强梗难服。但是在大力清除阻隔必须用刑的噬嗑之时，六三的作为是顺应形势，同时上承于九四，并没有乘刚之失，所以虽有小的羞吝，却没有大的咎害。

九四，噬干胏，得金矢；利艰贞，吉。

《象》曰："利艰贞吉"，未光也。

胏，连骨的干肉。九四居于近君之位，是担当噬嗑重任的人，四爻位已经由下体震卦上升到上体离卦，这期间噬嗑的难度越来越大，用刑也越来越深。干胏是带骨头的干肉，咬噬带骨头的干肉，坚硬难断，可见梗塞更大，清除更为艰难。九四本性刚直，又已进入离体，善于明察，质刚用柔，刚柔相济，面对干胏难断，光明得不到彰显的情况，九四坚守刚德，"牙齿"像铜箭头那样刚直有力，在艰难面前，坚守正义，最终获吉。

六五，噬干肉，得黄金，贞厉，无咎。

《象》曰："贞厉无咎"，得当也。

六五是治狱之主，居于君位，柔而守中。断狱时，六五比九四更有权威，相比之下，干肉比干胏更易咬断，"黄金"即代表六五的柔中之德。社会正义受到挑战，社会发展受到阻挠时，必须噬嗑的情况下，六五要敢于清除拦路虎，整饬法纪，同时必须时刻意识到其中的危险，面对冥顽强硬的对手，要常存戒惧守正之心，防止恶虎伤人，持守中道而施用刑罚，公正决断，处刑得当，才能达到目的，不会有咎害。

上九，何校灭耳，凶。

《象》曰："何校灭耳"，聪不明也。

何，通"荷"，背负，承载。校，木制刑具。灭，伤。上九无位，居噬嗑之极，是受刑者，他积恶太久已经暴露无遗，罪过太大已经不可饶恕，是被处以重刑的对象。上九肩上扛着刑枷，由于刑重枷大，伤及耳朵。获致这样的重刑，是因为他不听劝告，冥顽不悟，积恶不改而导致的。

〔噬嗑卦小结〕

本卦阐述了断狱、刑罚的原则。自古圣王为治，设刑罚以齐其众，明教化以善其俗，刑罚立而后教化行。公正严明的刑罚是遏制罪恶滋生、确保社会安定的必需手段。噬嗑卦中所阐述的具体治狱原则是：罪恶一经发现，马上惩治，防止罪恶蔓延，达到小惩而大诫的目的；量刑要恰当，断狱必须公正；治狱者须刚直不阿，同时在方式上要注意刚柔相济的原则，防止"老虎"反扑和激化社会矛盾；对于怙恶不悛的极恶之人，要处以重刑，以伸张正义。可见，清除拦路虎的原则可归结为两个字，那就是"明"和"威"。

22. 贲卦第二十二

离下艮上

《序卦》："嗑者，合也。物不可以苟合而已，故受之以贲。贲者，饰也。"

贲，文饰。噬而后相合，相合而后亨通，人群聚合到一起，就需要有等级名分、礼仪制度。噬嗑卦主要是以刑狱禁暴，容易有阳刚太过的情况出现，所以要加以文饰，以文明礼仪的教化实现社会的进一步和谐。从卦象看，艮为山，离为火，山下的火光照亮了山上的山石草木，万物披上了光彩，有贲饰之象。从卦德看，艮卦笃实，离卦亮丽，离下艮上，代表笃实本质与亮丽外表的完美结合，文明以止，有文之象。卦爻结构也显示出了刚柔结合、互为文饰的特征。

贲：亨，小利有攸往。

《彖》曰：贲，亨；柔来而文刚，故亨。分刚上而文柔，故"小利有攸往"，天文也；文明以止，人文也。观乎天文，以察时变；观乎人文，以化成天下。

贲卦预示着可以亨通，因为在卦中，阴柔来文饰阳刚，同时阳刚也文饰着阴柔。

天地万物阳刚与阴柔交错而成文采，这就是天文；人类社会的文采光明各得其宜，这就是人文。观察天文，可以知晓四时的变化，观察人文，可以教化百姓形成天下良好的礼俗。"人文"一词最早就出现在这里。人类社会在发展过程中，逐步由质朴走向文明，逐渐有了礼乐教化。贲卦讲文饰，文饰的根本要有质。离为文，艮为质，质而有文饰，才可以亨通。文虽美，但不可太盛，只能"小利有攸往"，否则，文胜于质会忽略了根本而有虚饰之嫌。

《象》曰：山下有火，贲。君子以明庶政，无敢折狱。

山下有火，有光彩文饰之象；君子看到这样的卦象，于是明察多项政务，而不敢以文饰判断讼狱。君子看到贲卦文明以止的卦象，于是将重点用于修明庶政而慎用折狱。社会人文的修明与建设能够从根本上化成天下，使政治清明、社会文明，使争讼、折狱的事件逐渐减少。

初九，贲其趾，舍车而徒。

《象》曰："舍车而徒"，义弗乘也。

初九以刚爻居于离体之初，是一位刚明守正的君子，虽然没有地位，却能脚踏实地，从基层做起。初九在最下层，在柔来而文刚的亨通之世，修明德行的初九有两种选择：一是就近上承于六二，接受六二之柔的文饰，很快就能乘上六二的车子前行，然而，初九与六二是逆比，不合乎正理；二是徒步前行去追求远方的六四，彼此结成刚柔正应。初九毅然舍弃了坐车而选择徒步前行，可见初九是一位志向高洁、持守正义的君子。

六二，贲其须。

《象》曰："贲其须"，与上兴也。

贲卦主要探讨文明的意义，六二爻居下体，象征文采明丽的离卦主爻。要进行文饰，当然要有被文饰的主体，六二作为一个居中守柔的阴爻，没有主动力，与六五爻无应，于是上承于九三，以其阴柔文饰阳刚的九三。九三阳刚居正，与上九爻也无应，于是欣然接受了六二的亲比。由于九三与六四、六五、上九爻组成了口唇的模样，而六二就如同下唇九三之下的胡须一样，对九三起到了文饰的作用，所以称六二为贲其须。须的作用就是文饰，唇动则须动，唇止则须止，可见事物的善恶美丑决定于它的主体本质。

九三，贲如，濡如，永贞吉。

《象》曰："永贞"之"吉"，终莫之陵也。

九三居于离卦之极，有文明盛美之象，又居阳得正，上下各有四和二两个阴爻文饰它，可谓上下交贲，所以有"贲如"之叹。"濡如"是指贲饰的文采润泽充盈，文质相得益彰，美好和洽。《易》中提到"某如"时，隐含犹疑不定之意，这里是担心文饰过盛而掩盖或伤害到本质，所以后面强调了"永贞吉"，只有永久坚守正道，不沉溺于华美文饰，才会永葆吉祥，不会受到欺凌。

六四，贲如，皤如，白马翰如，匪寇，婚媾。

《象》曰：六四，当位疑也；"匪寇，婚媾"，终无尤也。

"皤""翰"都指白色，六四当位得正，已进入上体艮卦，开始了贲极返素的转变。六四本与初九正应，初九已放弃乘坐六二的车子而愿徒步前来相应，互为贲饰，但中间隔着九三刚爻，相应的道路不能畅通，是贲是素，六四有些犹疑不决。由于六四本质素朴，又当位得正，终于穿了洁白的衣服，骑上白色的骏马，前去迎接初九，虽然遇到九三阻隔，但是九三是一位文采飞扬的君子，并非强寇，于是六四与初九终于可以走到一起，最终没有怨尤。六四的美是贲极返素的回归，是弃华尚素的纯美，与舍弃车子而甘愿徒步的初九可谓志趣相合，彼此是难得的佳偶。

六五，贲于丘园，束帛戋戋；吝，终吉。

《象》曰：六五之吉，有喜也。

戋戋是"浅小微薄"的意思。六五柔中而处君位，居于上卦艮止的中位。在贲卦中，下体离卦是以阴饰阳，而上体的艮卦是以阳饰阴。六五虽居于君位，但阴柔之质需赖于阳的文饰，上九是艮卦主爻，有居于山林的贤士之象，六五顺承于上九形成正比，比喻具有柔中之德的君王接受上九贤人的文饰。在求贤的过程中，六五只准备了一束丝帛，以浅小微薄的见面礼来敦请贤人，表面上显得吝啬，但其诚恳中道的简朴品质却打动了上九，愿与六五结成亲比文饰的关系，彼此相得益彰，终获吉祥，这当然是六五的喜事。

上九，白贲，无咎。

《象》曰：白贲，无咎，上得志也。

清水出芙蓉，天然去雕饰。白贲，是洗尽铅华后的素颜之美。贲卦自六四爻始，由华丽转向于质朴，文饰太盛会掩盖甚至伤害到本质，如同社会文饰太盛会造成浮夸成风和形式主义，礼仪制度亦不可太繁琐和铺张。上九位于贲卦的终极，上体艮卦之终，"文明以止"到达最后阶段，文饰极盛而回归本真，华丽之后仍能够坚守朴素的本质，使得以质朴为本、止于至善的贲饰之志得以体现，就达到了贲道的目的，这样才不会有咎害和过错。

〔**贲卦小结**〕

贲卦阐述了文与质即礼仪修饰与素朴本质的关系。有文采、懂礼仪是人类文明的外在表现，而其素朴真诚的内在本质是与文采相辉映的基础与核心。在社会行为中，礼仪和修饰都应该合于时宜，适当修饰，不可过分，一切文饰都应当是为实质服务的。在贲卦中，由初爻到三爻，从"贲其趾"到"贲其须"，再到"贲如濡如"，文饰由轻微到华丽，达到了文饰的极致；然后由四爻到六爻，从"白马翰如"到"束帛戋戋"，再到"白贲无咎"，文饰由华丽复归于质朴，最终以无色为贲。贲卦研究的是文饰，而最终强调的却是本质。可见文与质的关系是相反相成的，正如《论语》所言："质胜文则野，文胜质则史，文质彬彬，然后君子。"

23. 剥卦第二十三

坤下艮上

《序卦》："贲者，饰也。致饰然后亨则尽矣，故受之以剥。剥者，剥也。"

事物文饰盛极就会走向虚饰，虚饰的东西终将剥落，因而随之而来的是剥卦。从卦爻看，剥卦五阴自下而上形成了很强的气势，顶端仅存一阳，有众阴剥阳之象；从卦象看，坤为地，艮为山，山原本高耸于地，现在却颓附于地表，有土石剥落之象；从卦德看，内坤外艮，内柔顺而外静止，如同在群阴当道、小人得势的时候，君子顺应时势，不强争，静以待时，保存实力，这就是处剥之道。

剥：不利有攸往。

《彖》曰：剥，剥也，柔变刚也。"不利有攸往"，小人长也。顺而止之，观象也；君子尚消息盈虚，天行也。

处于阴剥阳的情况下，不利于有所前往，因为小人猖獗的时候，阴柔剥蚀了阳刚。天地之间阴阳势力互为消长，盈满和亏虚不断运行转变，君子懂得事物转化的客观规律，随顺天道，保存实力，依赖民众，打好基础，静待时机。处剥之道不以刚止剥，而是效法坤与艮之德，顺着时势去抑止剥的势力，致力于厚下安宅，则虽危而犹存。

《象》曰：山附于地，剥。上以厚下安宅。

剥卦的卦象是高山委顿附落在地上，有剥落之象。高山会剥落于地，是因为根基被剥蚀，因此，固本安基是防止剥落的根本方法。用于社会人事中，凡剥落之事，多因根基不稳而被逐渐剥落，比如屋宅，只有打好地基，使其坚固厚重，房屋才会稳固而不会剥落坍塌。因此，居于上位的人看到这样的卦象，明白本固邦宁的道理，于是致力于培厚根基，厚待下民，以此来安固居身之所，防止剥落。

初六，剥床以足，蔑贞；凶。
《象》曰："剥床以足"，以灭下也。

剥卦由五阴爻与在上的一阳爻组成，有床之象。《说文》："床，安身之几坐"，床是古代用以安身的坐具。阴剥阳由下而上，小人的势力也是由下到上，由弱到强，逐渐上升，要剥落君子的安身之所，先从根基的床脚开始。初六在剥卦最下层，阴气从床脚开始侵蚀。"以"是及；"蔑"是消灭。剥落之势到达床脚，消灭了正道，形势呈现出凶象。如同小人势力在下层排斥迫害正人君子，使基础开始动摇。

六二，剥床以辨，蔑贞凶。
《象》曰："剥床以辨"，未有与也。

辨，为床板，阴剥落阳的势力已经由床脚上升到床板，床板是床的主干，是支撑床的中坚力量。在国家政局中，六二是大臣之位，阴侵剥君子，陷害大臣，并以小人势力占据了大臣之位，而在阳气剥落之际，大臣上无所援，得不到阳刚势力的支持，小人势力渐强，剥灭正道，形势更为凶险。

六三，剥之，无咎。
《象》曰："剥之，无咎"，失上下也。

在众阴剥阳而小人控制局面的剥落之际，小人的群体力量并非阴冷坚固的铁板一块，因为在众阴之中六三以阴柔之质居于刚位，并独与唯一的阳爻上九相应，是一位柔中有刚、志向从正、愿扶助阳刚上九的君子。身在小人的群体里，六三并不与上下各阴爻同流合污，是剥落之世难得的一份拨乱反正的内在的正义力量，应予以充分的重视。团结和起用。同时也要看到，六三虽然与上九正应，有阳刚的支援，但处在群阴包围之中，非常艰难，需要时刻小心。

 六四，剥床以肤，凶。

《象》曰："剥床以肤"，切近灾也。

阴的势力逐渐上升，从剥落床脚，到剥落床板，已经侵蚀到人身，祸害已经切近肌肤。六四是近君之位，而周围上下既无比也无应，又是阴居阴位，非常阴险，说明这个位置已经被小人剥夺，下一步就到了威逼君位剥掉唯一的上九了，这是非常切近的灾难了。所以，这个爻直言其凶。

 六五，贯鱼以宫人宠，无不利。

《象》曰："以宫人宠"，终无尤也。

贯鱼，鱼贯而入。鱼属阴物，宫人亦属阴。六五率领四个阴爻，就像一个柔弱的君主率领着宫廷中的一班宫女嫔妃，一起去求上九的帮助拯救，这个卦象没有什么不利。六五以阴爻亲比于阳刚的上九，以中道之德，柔顺以止，宽容群阴，并引导它们不再进一步去剥落仅存的阳刚上九，给剥极必复的形势转换创造了条件，最终没有过尤。

 上九，硕果不食，君子得舆，小人剥庐。

《象》曰："君子得舆"，民所载也；"小人剥庐"，终不可用也。

上九是唯一未被阴爻剥落的阳爻，可以说是硕果仅存，没有被小人吃掉。这仅存的一脉阳刚之气，却蕴含着扭转局面、星火燎原的力量，促成了剥极必复的大局。在整个宇宙中，阴阳消长，相成相反，互为其根，阳永远不会被剥尽，阴也永远不会被消灭，阴阳不断激荡，循环往复，万物生生不息。社会人事也是如此，盛衰治乱，天道循环，自古如此。剥卦上九已经出现了剥极必复的转机，在这样的态势下，君子受到民众的拥戴，如同坐上了车子，抓住良机快行向前，而小人却仍做最后的挣扎，妄想把屋顶的一阳爻剥掉，这样的想法是不可能实现了。

〔剥卦小结〕

剥卦重点阐述了在小人当道的乱世的处世原则：阴剥阳从下层根基处开始，剥蚀了基层的阳刚力量，然后阴的势力进一步占据了大臣的位置，并逐步向核心进逼。君子在这样的时候，要能够顺时处事，谨慎地保存实力，不要以阳刚强逆；同时，要注意在小人的群体里发现有志于正道的君子，接纳、信任并联合运用这股力量，共谋大计；身处剥落之世的柔弱之主，虽已被阴柔所制，但要及时寻找阳刚的力量，以顺势而抑止的策略带领群阴亲附于阳刚，依靠阳刚的力量使局面出现转机；到达剥落之极时，阳刚之士要出来主持大局，拨乱反正，促使剥极必复的局面早日实现。

24. 复卦第二十四

震下坤上

《序卦》："物不可以终尽，剥穷上反下，故受之以复。"

事物没有剥尽的道理，所以剥极则复，阴极而阳生。复卦正是由剥卦运行转化而来的。天地间的阴阳之气此消彼长，在众阴剥阳、阴气极盛之时，仅存的一个阳爻保留了微弱的阳气，阳气穷上反下，产生了复卦。复卦在二十四节气中对应的是阴历十一月的冬至，这时大地一片寒冷，白昼是一年中最短的一天，然而就在这一天的深夜子时，一股阳气从地下复生。从卦象来看，震下坤上，一阳在五阴之下，阳气上升，有着化阴为阳的趋势，进入了君子道长、小人道消的局面。从卦德看，震动于下，坤顺于上，阳动阴顺，生机复苏。

复：亨。出入无疾，朋来无咎。反复其道，七日来复，利有攸往。

《彖》曰："复，亨"；刚反。动而以顺行，是以"出入无疾，朋来无咎"。"反复其道，七日来复"，天行也。"利有攸往"，刚长也。复，其见天地之心乎？

剥极必复，阳气复生，入于大地之下，具备了上升的势头，阳刚之气不会孤单，在一阳复生的形势下，即将有阳刚的朋友前来，不会有咎害。阴阳的转换是一个循环往复的过程，周期一到，阴极阳生，阳极阴生，这是天地运行的规律，也是万物变化的准则。宇宙大化，运行不息，天地本无心，这生生不息、化育万物的动力就是天地之心。复卦阳气始生，孕育生机，是阳气将要亨通的时候了。

《象》曰：雷在地中，复。先王以至日闭关，商旅不行，后不省方。

震雷埋藏在地中，有阳气复苏之象；先王见到这样的卦象，规定在冬至之时封闭关卡，商贾客旅停止市贸通行，君主也不在此时节到各地巡视。

虽然一阳已来复，但这一点阳气初生，埋藏于地下还很微弱，需要静养，就如同冬至这一天，日短夜长，不适宜出门多做事，而夜间的子时，正是万物熟睡休养的时刻，应安宁静养。先王看到复卦的卦象，因此顺应天道于冬至时节，下令闭门守关，停止商贸活动，并且不在这个时候去各地省察巡视，防止扰民，使民众休养生息，静待阳气上升、元气恢复、春天到来。

一阳来复，就社会人事而言，象征着社会重现生机；就修身而言，是仁德的回复；就身体而言，象征着病体出现恢复健康的希望。

 初九，不远复，无祇悔，元吉。
《象》曰："不远"之"复"，以修身也。

祇，当为"祇"，意思是大（孔颖达疏："既能速复，是无大悔"）。初九处于复卦初始，是下体震卦主爻，也是全卦唯一的阳爻，具有阳刚的品质，是阳气生发的动力和生机之所在。可以看作一位具有刚健进取之德的君子，在主动前行的道路上，偶有偏离会迅速回归正道，这是善于修身的表现，免除了大的悔恨，因此至为吉祥。

 六二，休复，吉。
《象》曰："休复"之"吉"，以下仁也。

休，有喜庆、美善、福禄之意。六二柔居阴位，中正柔顺，在君子道长的复卦中，懂得顺时应人，能够休美自己的德行，虚心向下，亲比于仁德的初九，成为初九的辅仁之友。虽有逆比之嫌，但在阳弱阴盛的复兴初期，这种礼贤下士、尊道辅仁的行为是美善的表现，所以称其为"休复"，自然吉祥。

 六三，频复，厉无咎。
《象》曰："频复"之"厉"，义"无咎"也。

六三以阴居阳位，不能履正，本已经有过失，又居震体之极，性情浮躁，不能以中道处事，屡次犯错，在复卦君子道长的风气下，六三有改过自新的愿望，然而屡犯屡改，屡改屡犯，可谓"频复"。因此，六三这样下去是有危险的，可见要摒除恶习回复仁善的本心，是需要坚定的意志和决心的。六三与自己的不良品性反复较量，努力迁善改过，动机向善，所行合于义，因而没有咎害。

六四，中行独复。

《象》曰："中行独复"，以从道也。

六四柔居阴位，当位得正，在复卦五阴爻中，居于正中的位置，行于中道，并且六四是唯一与阳刚初九正应的一爻，呼应并辅助阳刚君子，彼此倾慕鼓励。初九居于下位，力量微弱，本不能有所援济，而六四坚持从于正道，不计较地位悬殊和个人得失，其品格值得钦佩。

六五，敦复，无悔。

《象》曰："敦复，无悔"，中以自考也。

敦，为敦厚。六五居于阳气复兴时的君主之位，正是扶正抑邪、利有所往的大好时机，如能运筹帷幄，任用贤才，可以使大业复兴。然而，六五柔居坤顺之中，有顺德而缺少阳刚之气，与全卦唯一的阳爻初九又远不能相应，没有得力辅佐的大臣，自身又仅能柔顺敦厚，以成自身的中道，不能大有作为于天下。从另一方面看，在阳刚渐长的初期，阳的力量还很薄弱，六五能敦复于中道，最终无悔，已属难得。

上六，迷复，凶，有灾眚。用行师，终有大败；以其国，君凶，至于十年不克征。

《象》曰："迷复"之"凶"，反君道也。

上六以柔爻居阴位，在上体坤顺之极，坤卦中有"先迷后得主"之辞，上六居于坤极，迷失了道路不能回复到正道，这是凶险的。上六之凶与其品行有关，居于位之极而没有谦虚向下从于正道的意识，与阳刚初九最远，失去了迁善改过的机会，阴柔之极又无支撑大局的气度和能力，最终迷失在错误的道路上而不能复归于正道，可谓灾祸自招。如此迷失正道之人，用兵必会大败，用来治理国家，将祸及国家，贻害无穷，一旦丧失元气，十年都难再恢复。

〔复卦小结〕

复卦通过对不远复、休复、频复、独复、敦复、迷复等一系列情况的分析，阐述了在剥落之世后阳气重新回复时应遵循的处世原则：社会正义的力量被压抑很久之后，阳刚正气得不到伸张，在阳气开始回复时，一切从头开始，即便是阳刚君子在做事时也难免会犯错误。只要能够及时改正，本于正道，不再重犯，就不会导致悔恨；阳气复元的时期，社会中的志士仁人应顺应时代，扶持帮助社会的正义力量恢复元气，休美人间正道，即便遇到不利和危险。也应坚定信心，敦实中道，为阳刚之气的上升创造条件，力争清明正义之世早日到来。而那些贪骄不厌、迷失而不知悔改的顽固小人，不知"世界潮流，浩浩荡荡，顺之者昌，逆之者亡"的道理，执迷不悟结局必定会很悲惨。

25. 无妄卦第二十五

震下乾上

《序卦》："复则无妄矣，故受之以无妄。"

妄，虚假，虚妄。无妄是没有虚妄，真实而合理。经过复卦的归于正道，事物的运行出现了真实、正当、合理的局面，是谓无妄。无妄卦从卦象看，震雷响于乾天之下，阴阳之气冲和，万物惊醒，天理昭然，没有虚妄。以卦德看，震为动，乾为健，行动遵天道刚健不息，至诚无伪，没有虚妄，因而称无妄。

无妄：元亨利贞。其匪正有眚，不利有攸往。

《彖》曰：无妄，刚自外来，而为主于内。动而健，刚中而应；大"亨"以正，天之命也。"其匪正有眚，不利有攸往"，无妄之往，何之矣？天命不祐，行矣哉？

无妄的形势大为亨通，利于守正，如果不正就会有祸患，将不利于有所前行。一刚爻自外而来，在内体中形成震卦，震雷的行动，是以上体的天道为准则，而九五以刚中与六二相应，因此天道亨通，万物各正性命。在天下无妄的时候，任何失正或不合理的行为都会招致祸患，因此要谨言慎行。

《象》曰：天下雷行，物与无妄。先王以茂对时，育万物。

无妄卦的卦象是雷行于天下，下体震雷振兴万物，赋予万物力量，上体乾卦运行使万物"各正性命，保合太和，乃利贞"。不违天时，没有差错，真诚无伪，一切合于天理，正当无误。在社会中，看到这样的卦象，就应该遵循自然运行的法则，顺应天时，养育万物，使事物各得其宜，茂盛成长。

初九，无妄，往吉。

《象》曰："无妄"之"往"，得志也。

初九以刚爻居阳位，当位得正，是"刚自外来而为主于内"的主爻，阳刚处下，是一位阳刚而谦逊的君子，与九四无应，没有不切实际的妄想，行动刚健而不狂妄，其诚心符合无妄之世的行为准则。初九阳刚而处于卦之初，理当前行，这样脚踏实地的行动，符合守正进取之志，前行吉祥。

六二，不耕获，不菑畲，则利有攸往。

《象》曰："不耕获"，未富也。

菑，初耕的田地，亦泛指农田。《尔雅·释地》："田一岁曰菑。"畲，开垦过三年的田地，熟田。

春天不耕种秋天却有收获，没有开垦过荒田，却得到了肥沃的熟田，竟然有这样不劳而获的幸运，对于六二来说真是"无妄之福"了。然而，仔细分析就知道六二的收获顺理成章，因为它善处无妄之世。初九居震体初爻，已经开垦了荒田，春天已经播种，接下来一切按季节成长，正当合理，没有虚妄。六二居震体二爻，居中得正，承接初九的事业，不妄加干预，顺应事物的成长规律，到秋天自然有收获。可见，六二懂得在无妄之世守中顺应，不宣扬政绩，不做面子工程，不虚妄贪名，名虽未富，其实已经富了。

六三，无妄之灾：或系之牛，行人之得，邑人之灾。

《象》曰："行人"得牛，"邑人"灾也。

有人将牛拴在村口，被行人顺手牵走，却牵连到村子里的人。对于村民来说，这真是很冤枉的无妄之灾。六三不如六二幸运，得到的不是"无妄之福"而是"无妄之灾"。按爻象来分析：六三所居不中不正，又上应于上九，是有所欲的，这种不正当的私欲违背了无妄的原则，所以六三爻会有这样的爻象出现。现实生活中，总会有许多意想不到的事情发生，毫无缘由地偶然降临到身上，这种不合理与荒谬随处可见。面对这样的情况，不可太过惊慌愤懑，应避免妄动，能补救则补救，不能补救时，当知祸福相依的道理，学圣贤君子超然物外、安时处顺，但求无愧于心。

九四，可贞，无咎。

《象》曰："可贞，无咎"，固有之也。

九四居于上体乾卦，在卦中没有系应，又是阳刚之质居于柔位，说明是刚而无私，实实在在，没有妄想安求。在无妄之世，居近君之位而贞固守静，符合无妄的原则，不会有咎害。

九五，无妄之疾，勿药有喜。

《象》曰："无妄"之"药"，不可试也。

药物是用来攻治疾病的，健康的身体有时也会偶感风寒、小有不适，这时只需保证休息，稍作调养，不需用药，自可痊愈而喜。如果小题大做，滥用药物，就是在伤害自己的身体，反受其毒。九五是阳刚中正的君主，上下安宁，政治安定，偶尔出现些小的问题，不会破坏无妄的大局，小问题自然会化解掉。如果因小事就兴师动众，小题大做，大加折腾，在无妄之世大行有妄之事，只能是自取其害。因此，无妄之疾，药不可以轻试，否则小则伤身，大则害国。

上九，无妄，行有眚，无攸利。

《象》曰："无妄"之"行"，穷之灾也。

上九处于无妄的极端，如卦辞中说"其匪正有眚"，上九所履不正，又到了穷极的地步，与有"无妄之灾"的六三相应，存私履邪，轻举妄动，结果自招祸患，不但无所利，更是到了有穷之灾的地步。在无妄之世，应以顺应自然规律、不存私欲、安时处顺、维护无妄的大局为善，而上九却逆时而动，盲目冒进，破坏正道，穷极而致灾的结果也就难免了。

〔无妄卦小结〕

无妄卦阐述了在真实、正当、没有虚妄的条件下自处的原则：初九是无妄之动，居震得位，又是无妄之初，不存私欲，履正而行，所以往而得吉；六二是无妄之获，由于中正而往，故而不耕而获；六三是无妄之灾，所居不正需谨慎，应安时处顺；九四是无妄之守，贞固方可无咎；九五是无妄之疾，宜刚正守中，不轻举妄动，勿药而有喜；上九是无妄之行，因失位冒进，由无妄变为有妄，结果"行有眚"。可见，在无妄之时，应因时顺应，存无妄之心，不苟得，不妄求，当行则行，当止则止，不可轻举妄动。

26. 大畜卦第二十六

乾下艮上

《序卦》:"有无妄然后可畜,故受之以大畜。"

前面的无妄卦代表正当、合理、不虚妄,一切循天而动,创造了"大亨以正"的局面,有了好的局面就需要蓄积,不断提升积蓄力量。所以,无妄后面是大畜卦。大畜顾名思义是大有蓄积。从卦象看,乾天在艮山之中,以艮畜乾,所畜广大;从卦德看,乾刚为艮止所畜,阳刚为大,所以称大畜。在社会中,如同刚健有为的人才会被国家储备于人才库中,积蓄能量,以备国家大用;对于修德为学的君子而言,外表稳重安静,而才学道德充积于内,不断积蓄,日益淳厚,亦是得大畜之旨。

大畜:利贞,不家食,吉;利涉大川。

《彖》曰:大畜,刚健笃实辉光,日新其德;刚上而尚贤,能止健,大正也。"不家食,吉",养贤也。"利涉大川",应乎天也。

大畜卦下卦乾健,阳刚有为,上卦艮止,对刚健的势头进行适当控制,笃实稳重,防止过激、虚浮,两相配合,使刚健笃实的品格焕发才德日新的光辉。上九阳爻在上,蓄止刚健,对于前来的阳刚健行者并不拒之门外,而是以蓄止的态度接受贤人志士,使才德之士有途径施展才华,这是大畜之时尚贤的表现,是至为"大正"之事。同时,社会中有才德的贤能之士,身处大畜时代,不应独善其身,而当出任公职,为国家尽心效力,有所作为。如此既刚健又笃实,所行应乎天道,则任何艰险都可以渡过。

《象》曰:天在山中,大畜。君子以多识前言往行,以畜其德。

大畜卦的卦象是天在山中,有大为蓄积之象,山比天小得多,却蕴含着至刚至健的天,这是大畜之象。人比山小得多,内心却可以包容宇宙之大,通晓古今圣贤的学识文章。君子受到大畜卦的启发,学习往圣先贤的言行德慧、文采气质、志向品格,用来蓄养自身美好的德行。

初九，有厉，利已。

《象》曰："有厉，利已"，不犯灾也。

大畜卦由乾下艮上构成，下卦乾三爻都有刚健向上的特点，都有被艮卦所止的含义。上卦艮三爻都有笃实静止的特点，都有蓄止乾卦阳刚的含义。初九在大畜之时，阳刚健进，急于有所作为，但上与六四相应，六四对初九进行蓄止，告诫初九如果躁动冒进，是有危险的，初九接受蓄止，于是停下来潜心蓄积自己的才德学识，不再犯灾前行。

九二，舆说輹。

《象》曰："舆说輹"，中无尤也。

说，通"脱"。輹，俗称"伏兔"，是使车舆与车轴相勾连之物。车舆脱离了輹将不能行走。

九二也有刚健进取的志向，在大畜之时，居于下卦中位，具有本性刚健而能够中道守柔的德行，上与六五相应，六五是艮卦的中爻，以笃实中道告诫九二目前应安以自守、蓄养为上，九二接受了六五的蓄止，自行解除了急于前行的打算，反身蓄养其才德，没有过失。

九三，良马逐，利艰贞。日闲舆卫，利有攸往。

《象》曰："利有攸往"，上合志也。

闲，习，熟练。九三居乾体之极，蓄积已足，刚勇无比，向上的力量具足，已经到了该出世的时候，而上体艮卦上九居于蓄止之极，也已到了思变的时候。九三与上九同有阳刚前行之志，彼此呼应，联手并进，就如良马竞相向前驰逐。九三前进的态势锐不可当，爻辞告诫九三要"利艰贞"，要充分认识到前行中的艰难，艰贞守正才会有利。同时，仍要每天熟习操练驾车与防卫的本领，秣马厉兵，才能利于前行。

六四，童牛之牿，元吉。

《象》曰：六四"元吉"，有喜也。

牿，绑在牛角上使其不能抵人的横木。给小牛的角上绑上横木，使它不能用角抵触伤人，这样从一开始就有了吉祥的基础。六四居近君大臣的位置，早就发现了初九阳刚有为的潜质，于是对初九以德教蓄止，去除其少年骄狂之气，使其不会因为才德不够或莽撞行事而招致祸患。这样的蓄止，为国家培养了刚健笃实、才德俱佳的后备人才，而对于六四来说，也是助其免祸而成才的喜事。

六五，豶豕之牙，吉。

《象》曰：六五之"吉"，有庆也。

豶，阉割。六四使牛不伤人的方法是在小牛的角上绑横木，而六五使猪不伤人的方法是去其势，即阉割，使其不再有妄躁之气，性情变得温顺，就不会用牙齿伤人，不伤人即保全了自己。六五作为阴柔之君，与阳刚更盛的九二相应，对九二进行蓄止，六五深知去九二之躁气，不能以力制，而应从产生刚躁之气的本源上找原因并进行改变，从而蓄其才德，变其性情，最终达成和衷共济的目的，因而得吉有庆。

上九，何天之衢，亨。

《象》曰："何天之衢"，道大行也。

何，通"荷"，负载，背负。衢，大路，四通八达的道路。王夫之对"何天之衢"的解释说："庄周所谓'负云气，背青天'也。"大畜卦发展到上九，蓄止的大局已经完成，上九背负青天，展翅翱翔，天空的道路四通八达，大为亨通，阳刚笃实健进之道已经大行于世，令人赞叹。可见，上体艮卦对下体乾卦的蓄止是有功效的，发挥了抑制和蓄积的作用，使实力更为雄厚。而被蓄积的乾体刚爻，在痛苦的探索与磨砺之后终于得成大器，豁然贯通。

小畜卦与大畜卦的对比：

小畜卦是一阴蓄止五阳，上卦是巽体，六四爻只能用巽顺至诚之道去感化和蓄止，行为小心翼翼，使乾卦三阳爻尽量复归于正道而不急于求进；大畜卦则是艮体蓄乾体，上卦艮体为止，相较于小畜而言就有力量得多，用抑止的方法使乾卦三阳爻能够戒骄戒躁，从而积蓄更大的力量。小畜卦最终只是阴阳之气融合，时雨降落下来，小畜之道完成；大畜卦则由于前期的大力蓄积，最终上九爻与乾卦三爻共同得以畅达亨通，养贤成果丰硕，大畜之道完成。

〔**大畜卦小结**〕

大畜卦用"有厉、脱辐、良马、童牿、豶豕、何天之衢"一系列的意象阐述了大畜的原则：无论是国家蓄养贤能，还是个人蓄积品德才学，都应以蓄积善德为根本，辅以才干学识，这样才能使国运恒昌，事业敦厚，抱负得以施展。

大畜卦的各爻阐明了不同阶段的情况，君子在蓄积力量的初期，才德尚浅，不应急于前行，当埋头学习；稍有蓄积时，不要急于显露，当自觉收敛，反身修德；在刚健的力量蓄积已足时，就应如良马驰骋，勇于向前，但仍不忘随时蓄积；当到达上层，成为蓄止之主时，要懂得如何去抑制恶德和蓄养善德，正本清源，养善罚恶就如用"童牛之牿"除其骄狂之气、去"豮豕之牙"改变其妄躁之气，经过了这样的蓄积后，才会有"何天之衢"的亨通。

27. 颐卦第二十七

震下艮上

《序卦》："物畜然后可养，故受之以颐。"

事物已经大为蓄聚，有了丰富的物质基础，这样就具备了安乐颐养的条件。因此，大畜卦之后，有了颐卦。从卦象看，颐卦震下艮上，上下各有一阳爻，中间四阴爻，其形状如同人张开的一张口，上下各为唇，中间是两排牙齿。从卦德来看，下体震卦为动，上体艮卦为止，如同人在吃东西时，口的上颚静止而下颚活动，食物入口，是谓养，颐即是"养"的意思。颐卦论述如何自养及养人的道理，有物质方面的养，也包括精神方面的养。大到天地养育万物，圣人养贤泽及万民，人的养生、养德等，推及社会层面，有国家养民、养贤之义。

颐：贞吉，观颐，自求口实。

《彖》曰：颐，"贞吉"，养正则吉也。"观颐"，观其所养也。"自求口实"，观其自养也。天地养万物，圣人养贤以及万民。颐之时，义大矣哉！

无论是养人还是自养，颐养之道守正则吉。观颐从两方面观：一是观"养人之道"，一是观"自养之道"。这两方面均须守正才会吉祥，以合时宜、遵道义为正的标准。天地养育万物，品类繁盛，资源充足，四时运行，没有差错。圣人养万民，公而无私，使万民得以休养生息，满足每个成员的生存需要，并通过养贤来使万民得其所养。

《象》曰：山下有雷，颐。君子以慎言语，节饮食。

颐卦的卦象是山下有雷，下动上止，如同口齿嚼食，象征着颐养；君子看到这样的卦象，便谨慎言语、节制饮食。

与口相关的两件重要的事：一是"口之出"，指言语。言语的作用非常重要，发布命令、宣读教化、与人沟通等都要通过言语，用得好则身正事行，一切顺利，如果用不好，言语有失，小则伤身，大则害命，为政者则失政害国，绝非小事，所以一定要谨慎；二是"口之入"，口的最主要用途是饮食，如果对饮食不予节制，不加分辨、胡吃海塞，就会导致疾病，同样小则伤身，大则害命。因此，当谨记"祸从口出，病从口入"的警语。对国家而言，政策法令是国家的"言语"，税赋收入为国家的"饮食"，更须"慎言语，节饮食"。

初九，舍尔灵龟，观我朵颐，凶。

《象》曰："观我朵颐"，亦不足贵也。

"朵颐"指凸鼓的腮颊，这里指鼓腮嚼食。初九在颐卦初位，本身具备阳刚之质，本可以自养无忧，就如同有灵性的大龟，美质而长寿，可以长久自养，无须外助，但是初九要动身去求养于人。初九居下体震卦初爻，刚居阳位，躁动不安，上有六四与之相应，六四正鼓起腮帮吃东西，初九看得垂涎欲滴，心为所动，要去仰仗六四，求其养己。在这样一个养贤的大好时代，初九不贞守正道，养身修德，却舍本求末，趋炎附势，失正道，逐私欲，迷失自我，不但不足为贵，还会落得凶的下场。

六二，颠颐；拂经于丘颐，征凶。

《象》曰：六二"征凶"，行失类也。

颠，颠倒。拂，违逆。经，常道。六二以柔居中而得正，本应固守正道，修德以待，然而六二本质阴柔不能够自养，以阴求阳，寻求能够养己的阳爻。这种寻求就有了从善养还是从恶养的选择：六二先是向下看到了初九，欲亲比于阳刚美质的初九，由于六二与初九是逆比关系，是颠倒所养，六二不愿委身下求，转而向上看到上九，上九居于艮卦之顶，有高在山丘之象，比初九要高贵得多，六二与上九本不能成正应，但为了得到阳刚上九的信任和颐养，就违背正道而上求，这种逆道悖理、妄动躁进的行为必招凶祸。

六三，拂颐；贞凶，十年勿用；无攸利。

《象》曰："十年勿用"，道大悖也。

六三居下体震之极，所居不正，体现出既不正又躁动的状态，六三是阴爻，欲求养于上，正好上面有上九位置与其相应，六三以不正的动机而行躁动之事，前去谄媚逢迎，违背了颐卦"养正则吉"的大道，如果不知悔改坚持这么做下去，其结果必然凶险。六三在利欲的驱使下做出这种行为，十年都不会成功，最终不会得到什么利益。颐卦下体三爻，组成了震卦，每爻因有求养之心而有凶险，可见，欲人养己，必先自养。修身养德，才德兼备，能自养其身，必会得到应有的待遇和俸禄。所以，遵道行义、守正养德才是养的核心所在。

六四，颠颐，吉；虎视眈眈，其欲逐逐，无咎。
《象》曰："颠颐"之"吉"，上施光也。

六四得正，已进入上卦艮体，居近君大臣之位，下与初九相应。因六四是阴爻居辅政大臣之位，自身的力量不足以胜任，需有贤人辅助供养自己。初九具有灵龟的阳刚美质，六四希望求得初九的辅助，共辅君主大业，但初九有观颐而躁动向上的欲望，因此在上位的六四要具备庄重威严的气度，对那些不良习气如老虎逼视猎物般洞察。凛凛虎威，令人望而生畏，从而逐去初九身上的私欲和浮躁气，养其正德，使其成为贤德君子。六四既能礼贤下士，重用初九之才，又能以威严修养初九之德，使光辉得以施行，这样共成大事，不会有咎害。实际上，六四与初九互为所养，六四养初九之才德，初九养六四之事业，所以吉祥。

六五，拂经；居贞吉，不可涉大川。
《象》曰："居贞"之"吉"，顺以从上也。

六五居尊而质柔，是一位资质柔弱的君主，其才不足以养天下之民，于是通权达变，采取变通的办法，向上顺从于上九，六五与上九正比没有阻碍，能够得到上九阳刚贤士的供养，六五经世济民的心愿才可以达成。而六五毕竟资质柔弱，依赖贤人供养，所以应以守静为吉，在艮卦中爻，主静，不可以大刀阔斧地做大事，以顺守为主，才会得吉。

上九，由颐；厉吉，利涉大川。
《象》曰："由颐，厉吉"，大有庆也。

颐卦之所以成为颐卦，最重要的原因是上九的存在，颐养之世由上九而得以实现，上九是真正的贤能之士，国家栋梁，使民众得其所养。上九虽然为人臣属，但是连六五之君都赖其供养，对上九来说这是大有福庆的事，当竭尽赤诚，为国效力，同时也应深刻意识到重担在身的责任与艰险，要时刻有"战战兢兢，如临深渊，如履薄冰"的危机意识，才能涉险渡难，使颐养之世得以稳定长久，万民吉祥。

〔颐卦小结〕

　　颐卦阐述了养的问题和在颐养之世自处的原则。"养"包括养人与养己两方面，同时"养"的概念又有养身、养德的不同含义。总的看来，能够养己而不羡慕依赖他人是吉的，如果既能养己又能养人，就善莫大焉。颐卦中，下三爻在震体，主动，不能自养，躁动外求，但所求不正，三爻皆凶；上三爻在艮体，主静，居静而养，三爻皆吉。六个爻中，上下两阳爻是阳刚能养人者，中间四阴爻是阴柔被养者，上九是全卦主爻。颐卦所讲的颐养之道，是"养正则吉"，循正理，走正道，"己立立人，己达达人"，必能使颐养之世得其"贞吉"，万民得其所养。

28. 大过卦第二十八

巽下兑上

　　《序卦》："颐者，养也。不养则不可动，故受之以大过。"

　　世间万物养而后成，养成了才能够振作兴动，而一旦力量充足振作兴动就很容易过头，所以，大过卦在颐卦之后。从卦象看，巽下兑上，兑为泽，巽为木，泽本来是润泽木的，如今却出现了水泽太过而淹灭木的现象，是谓大过。从爻象看，中间四阳爻，上下仅两阴爻，中间阳刚太盛，阳为大，阳刚过盛，是谓大过。

　　大过：栋桡；利有攸往，亨。

　　《彖》曰："大过"，大者过也。栋桡，本末弱也。刚过而中，巽而说行，"利有攸往"，乃"亨"。"大过"之时大矣哉！

　　说，通"悦"。大过卦的形状如同一座房屋，中间四阳爻是房屋的栋梁，上下两端的阴爻则如房屋的柱子，整个房屋有中强而本末太弱之象，致使栋梁有些弯曲，称栋桡。虽栋桡，但四阳爻的二五都得中用事，上下卦德的配合又是巽而悦，所以大过卦的大体形势是利有所往，亨通。大过之时必然有超出平常的大过之事，如立君、兴国、兴百世之大功，成绝俗之大德，都是大事。若得其时，得其人，那么，大过之时，正是大过之才发挥作用时候，所以《象》赞叹大过的时用和意义非凡。

《象》曰：泽灭木，大过；君子以独立不惧，遁世无闷。

大过卦的卦象是泽灭木，水泽本应是滋养木，使木成长，但是泽水发展太过了，有将木淹没之势。由于木是不容易被泽淹没的，泽水欲淹没它，木性反而上浮，就如同君子，越打击越坚强，即使在流俗中仍会卓然独立于世，和而不流，独立而不倚，不忧不惧，遁世无闷，不被世人所理解也不会苦闷，对自己和未来充满信心，这是君子阳刚品格的表现。

初六，藉用白茅，无咎。

《象》曰："藉用白茅"，柔在下也。

藉，衬垫。白茅，亦作"白茆"，植物名，多年生草本，花穗上密生白色柔毛，古代常用以包裹祭品。将洁白柔软的白茅垫在地上，以此来表达内心的谨慎与恭敬。初六在大过卦初位，又是下体巽之初，阴柔巽顺，居于重刚之下，虽显得有些过于谨慎小心，但如此不会有咎害。《周易·系辞上传》说"苟错诸地而可矣。藉之用茅，何咎之有！慎之至也。夫茅之为物薄而用可重也。慎斯术也以往，其无所失矣"。将白茅小心地铺在地上，如此谨慎之至，可保万无一失。可见在大过之世，谨慎不会有过错。

九二，枯杨生稊，老夫得其女妻；无不利。

《象》曰："老夫""女妻"，过以相与也。

稊，植物的嫩芽，特指杨柳新生枝叶。九二处在大过卦的阳过之时，在四阳爻的阳过之初，得中而守柔，上面与九五不应，但下可与初六亲比。九二为阳刚太过之爻，如同枯槁的老木，与初六结合，就如枯木逢春，重新焕发生机，长出嫩芽，又像老男人娶了少妻，可以成就生育之功。这样的结合虽然超出常理，但在大过之时，有大过之人做出大过之事，亦属必然。大过卦阳刚已过，刚过而以阴柔相济，无所不利。治国家、用人才也是同理，老一代与新一代合作，阳刚与阴柔搭配，才能使枯杨生新芽，焕发新生机。

九三，栋桡，凶。

《象》曰："栋桡"之"凶"，不可以有辅也。

在大过之时，是建立大功勋、做大事业的时候，唯有刚柔相济，才能成功。九三以刚爻居阳位，过于刚强，又有失中道，根基不稳又得不到匡正，如同房屋的栋梁太重，又无辅助的根基力量，以致栋梁弯曲压塌了房柱，使大厦倾败。担当大任的人如果阳刚过甚，就会有违于中和之道，刚愎自用而失去人心，整座大厦都会因此而遭遇凶险。

九四，栋隆，吉；有它，吝。
《象》曰："栋隆"之"吉"，不桡乎下也。

九三和九四位于大过卦中央，有双重栋梁之象。然而九四却与九三大相径庭，在大过之时，因总体形势阳刚太过，所以济以阴柔为好，九三以刚居阳"栋桡凶"，九四虽亦为阳刚不中，但居于阴位，内刚外柔，免去了过刚的危险，又因九四已进入上体兑卦，栋梁不再像九三那样向下弯曲，而是向上隆起，这样就不会对柔弱的房柱形成重压，向上还会撑起房屋，因此是吉象。另一方面，由于九四与初六有应，希望得到初六的援助，但一来初六已与九二结合，二来初六柔弱处下，小心谨慎，能力太弱，九四的期望达不到心中的预期，因而有所遗憾。

九五，枯杨生华，老妇得其士夫，无咎无誉。
《象》曰："枯杨生华"，何可久也？"老妇""士夫"，亦可丑也。

华，即"花"，枯杨生华是枯老的杨树荣盛于上方。九五居尊得位，是阳刚的君主，但在大过之世，以刚居阳，过于阳刚而轻率行动，因与其他爻皆无应无比，于是向上逆比于上六，如此违反正道的逆比，如同一个壮年的士夫与一老妇结合，怎么能够长久？九五以阳济阴，在大过之时做大过之事，为求阴阳合和，竟与"老妇"相配，堪称大过之人，因而无咎。但大过之阳配衰弱之阴，终非值得赞誉之举，甚至在常人的眼中是一件可羞丑的事。作为居于尊位的九五，在大过之世，不思任用贤能以济大事，反而亲比依托于柔弱的上六，枯杨生华，只能加速枯杨的衰败，不可能长久。大过之世，华而不实，短暂的兴荣，只能徒耗心力，使事态更糟。

上六，过涉灭顶；凶，无咎。
《象》曰："过涉"之"凶"，不可咎也。

上六柔居阴位，质柔才弱，居大过之世，乘四阳之刚，可见其凶险。在大过之世，目标是抑阳扶阴，以达到阴阳均衡的目的。上六是大过卦的终极，阳盛阴衰的局面没有改观，上六冒险涉水，欲拯救危难，但力薄势单，陷入灭顶之灾。上六欲以柔济刚，反受到摒弃和压制，错在整体阳刚太过，上六不避艰险的拯救行为是正义的，以致"过涉灭顶"，可谓杀身成仁，没有过咎。

〔**大过卦小结**〕

大过卦阐述了在大畜卦的蓄积、颐卦的颐养之后，为实现发展的愿望而出现的大干快上的局面，并具体分析了在大过之世如何处世的原则。大过卦讨论的是一个阳刚过度的局面，任何一方阴阳过度，都会破坏阴阳的均衡，使事物发展充满危险与不确定。大过卦阐释了以下原则：一，敬慎之心应时刻不忘，警惕灾难发生；二，不拘常规，团结协作，刚柔相济，可有助于发展；三，切莫在大过之世刚愎自用，更不可做些华而不实的表面文章，因为不但于事无补，还会加速事情的败坏；四，在需要挺身而出、拯救危险的时候，当以大局为重，勇于作为。总之，阴阳均衡调和，刚柔互济，是处世救世的大原则。

29. 坎卦第二十九

坎下坎上

《**序卦**》："物不可以终过，故受之以坎。坎者，陷也。"

大过卦阳刚过盛，过盛就会走向反面，由阳刚鼎盛到阳刚陷落，所以在大过卦之后是坎卦。从卦体看，坎卦上下两体都为坎体，坎体中爻一阳陷于二阴之中，阳刚陷入坎险。在《彖传》中坎卦被称为"习坎"，习有"重叠"的意思，是指两坎相叠，坎陷相连，险中有险，警醒世人注意。另一层意思是：处于坎陷之时，如何习熟于险陷，习练水性，突破艰难，以求出险。

习坎：有孚，维心亨。行有尚。

《**彖**》曰："习坎"，重险也。水流而不盈，行险而不失其信。"维心亨"，乃以刚中也。"行有尚"，往有功也。天险，不可升也。地险，山川丘陵也。王公设险，以守其国。险之时用大矣哉！

习坎，是两坎相重，险而又险。维，语气助词。越是在险难之中，越能体现出英雄本色。坎水是流动的，流动就不会盈满，终将东流入海，如同君子行于险难而不会失信。坎的内心是阳刚亨通的，即便陷于险难之中，仍不失刚中之德，心智通达，处险不惊，坚毅从容，必能行以出险并建立功勋，得到奖赏。王公据险以设国防，坎险为国所需用，坎险的时用是非常大的。

《象》曰：水洊至，习坎。君子以常德行，习教事。

洊至，相继而至。坎水不断向前奔流，奔腾不息，君子观此卦象，提醒自己永远保持坚毅的品德和奋进不止的信念，坚定操守，并用实际行动践行不已。对于为政者来说，不仅自身以修德为常，同时要熟习政教事务，提高应变能力，对下属民众要三令五申，反复宣传，使民众熟知法令所禁，勿妄动涉险。

初六，习坎，入于坎窞，凶。

《象》曰："习坎"入坎，失道凶也。

窞，深坑。初六处于两个坎体之下，坎险之中又有深坑，重重坎险，深陷其中，凶险之极。分析初六可以看到，以柔弱的本质，居于阳刚的位置，所处不正，且以弱逞强，上面又无应援，迷失了正道，其凶可知。初六在这样重险之中，应对人生的志向坚定不移，在苦难中动心忍性，谨慎等待，相信时机到来时必能出险。

九二，坎有险，求小得。

《象》曰："求小得"，未出中也。

九二处于坎险之中，上下被二阴爻包围，不能出险，又有上体坎卦压制，处境险恶。在这样的处境中，九二唯有坚守刚中之德，沉着坚毅，适时应变，只求小得，努力自保，而不犯险妄动，以保存实力，可望最终脱离坎险。

六三，来之坎坎，险且枕，入于坎窞，勿用。

《象》曰："来之坎坎"，终无功也。

枕，通沈，"深"的意思。六三处于两坎之间，不中不正，居下卦坎险之极，往前走是坎险，往回走也是坎险，进退维谷，动则深陷，居于凶险之地，不宜冒险采取行动。因为在这样的险境，危险四伏，徒劳无功，只有谨慎耐心地等待时机。

六四，樽酒，簋贰，用缶，纳约自牖，终无咎。

《象》曰："樽酒，簋贰"，刚柔际也。

樽，古代盛酒的器具。簋，古代盛食物的器具。牖，窗户。六四已进入上体，以柔居阴，得其正位，又上承于九五，作为近君大臣，欲与上位君王共同脱离险境，就要以至诚之心劝导九五，以使君臣和衷共济，消除凶险。六四在争取九五的信任与纳谏时，没有虚饰浮华，大张旗鼓，只是用最简约的方式表达心意，用最质朴的语言阐述道理。一樽酒，两簋食，用瓦罐盛水，从窗户送入递出，这些都代表最简约的形式和最易接受的道理。六四这样用心良苦，终获九五信任亲比，彼此刚柔共济，免遭咎害。

 九五，坎不盈，祗既平，无咎。

《象》曰："坎不盈"，中未大也。

祗，通"坻"，水中的小块高地。九五所处的坎险之地，尚未盈满，如果盈满了，水流就会变得平缓，从而能够摆脱险境。九五居于尊位，本可以涉险渡难，为何仅可以做到无咎？因为在整体坎险的形势下，只有六四亲比辅助，九二大臣身陷险中，不能应援，其余诸爻也都陷于坎险之中，均无济险的才干，所以九五的刚中之德得不到光大，能做到无咎已经是勉为其难了。

 上六，係用徽缰，寘于丛棘，三岁不得，凶。

《象》曰：上六失道，凶"三岁"也。

係，通"系"，捆绑，绑缚。徽缰，三股扭绞而成的绳索为徽，两股为缰。指绑缚罪人的绳索。寘，放置，此处指囚禁。丛棘，指监狱。上六柔居阴位，居于坎险的极点，是阴险至极的小人，乘于九五阳刚之上，阻挡九五出险，如同阻挡洪流入海的障碍。然而因其阴柔终不能阻挡大势，洪流终将冲决而出，东流入海。上六为失道有罪之人，被以绳索囚禁，置于狱中，三年得不到释放，其凶可知。此爻极言失道之凶，如果能够悔罪思过，复归于道，那么三年之后有望出险。

〔**坎卦小结**〕

坎卦全卦不见一个吉字，初、上两爻最凶，很难脱险；二、五两爻，刚中自守，仅小得无咎，如善处中道，或有出险的希望；三、四两爻以谨慎自保，或能免祸。可见坎险之中，立身处世之不易。坎卦系统阐述了身处险陷之境时自保、出险的原则。沧海横流方显英雄本色，艰险的处境更能显现人性的光辉。处于险境，首先要有坚定的信念，刚中坚毅的性格，坚忍不拔的意志，沉着应对，时刻准备着冲出险境；当已经深陷险境时，不可妄动犯险，应力求自保，以图后变；领导者除自保外，还应团结能团结的一切力量，和衷共济，救民众于水火；而处险行事最重要的原则是要守正道，做到"有孚，维心亨"，方能不失大义而最终脱险。

30. 离卦第三十

离下离上

《序卦》："坎者，陷也。陷必有所丽，故受之以离。离者，丽也。"

事物陷于险难之中，必有所附丽，所以坎卦后面是离卦。从卦象看，离卦由上下两个离体重叠而成，离体光明，两明相生，象征日出日落，日落之后的第二天，太阳升起，新的一天接续开始。离为火，火的特征是柔且虚，不能自生自成，必有所附丽才能够明亮。如同太阳要悬挂在天空才可以照耀大地，人类精神要依附于中正善道才能生存。

离：利贞，亨。畜牝牛，吉。

《彖》曰：离，丽也；日月丽乎天，百谷草木丽乎土。重明以丽乎正，乃化成天下。柔丽乎中正，故"亨"，是以"畜牝牛，吉"也。

世间万事万物都存在着附丽和被附丽的关系，日月附丽于高天，万物附丽于大地，人类附丽于社会。人所附丽能否最终亨通，在于其所附丽的对象是否有中正之德，中正才能亨通。离卦以柔顺为正，外阳而内顺，如同母牛外强壮而内柔顺，坚强而善良，所以"畜牝牛"吉。畜即"养"，要慢慢培养柔顺中正之德。

《象》曰：明两作，离。大人以继明照于四方。

离为火，代表着光明，离卦两个离体先后相续，其卦象是光明相继升起，象征光明相继而不会中断。大人看到离卦两明相继的卦象，受到启示，于是将往圣前贤的光明德行世代继承下来，以普照四方。

初九，履错然，敬之，无咎。

《象》曰："履错"之"敬"，以辟咎也。

初九阳爻居初位，本性好动，欲向上附丽，由于初涉新途，动作冒失，脚步杂错，因而显得没有章法。初九向上与九四无应，而就近可以与六二亲比，于是上前归附，虽有些莽撞，但对六二满怀真诚与恭敬，因此避免了咎害。处于无位之地的初九，如此懂得进退的道理，恭敬知礼，主动求得所附，不会有咎害。

六二，黄离，元吉。

《象》曰："黄离，元吉"，得中道也。

离卦上下皆为光明的离体，是文明之世，各爻都在追求光明。六二以柔居阴，柔中得正，且居下体离卦光明的中心，是"柔丽乎中正"的主爻。黄，是中色，以此来形容六二中正柔顺的品德，六二既得时，又得位，又有中正之德，可谓文明中正，为一卦之盛，美之至也，因此元吉。

九三，日昃之离，不鼓缶而歌，则大耋之嗟，凶。

《象》曰："日昃之离"，何可久也！

九三居下体离卦的终点，离为日，在下卦三爻中，初九日出，六二日中，九三则为日昃。"昃"指夕阳西下，九三如同日薄西山，人已经步入七八十岁的老年，夕阳斜挂天边即将落下，人们不再鼓缶唱歌，老年人不断地唉声叹气，悲叹生命将尽，这样下去只能是徒然哀痛，凶险而不能长久。如果认识到这是自然的规律，懂得盛衰始终，天道循环，人与万物都在这循环之中，自然而然，就不会为此而悲伤嗟叹，人之将尽天年，达观者乐天知命，不怨不尤，"安时而处顺，哀乐不能入"，心境平和，就能欢度晚年。

九四，突如其来如，焚如，死如，弃如。

《象》曰："突如其来如"，无所容也。

九四以刚爻居阴位，处近君之位，又是上体离卦的开始，有继明之象，但九四阳刚失正，如同黎明时分的霞光在太阳升起之前抢先显现，有烈焰焚烧之象，但它不能长久，瞬间就会消散，而真正要升上天空的是新一天的太阳。如果将这个现象对应于社会人事，就相当于王朝政权更替继承的转折时期，前一天的太阳已经沉没，新一天的太阳即将升起，然而社会人事的更迭并不像太阳升起那么顺利。如果是善的继承人，就懂得顺承之道，以中正的品德来接替大位，而九四不中不正，以刚躁之势突如其来，并没有遵从善道继位，而且迫不及待，气焰嚣张，这种错误行为违反了离卦光明附丽以正的原则，不合天道义理，逆天悖德，终受祸害，其后果是凶祸自招，"死如，弃如"，为人们所不容并唾弃。

六五，出涕沱若，戚嗟若，吉。

《象》曰：六五之"吉"，离王公也。

沱，水势盛大的样子。六五大哭流涕，泪雨滂沱，忧戚悲叹成了这个样子。为什么会这样？六五以柔爻居上卦中位，具有柔顺中正之德，以君德光明普照天下，但下有九四刚猛之臣存逆上作乱之心，在先王死后，刚躁夺权，以强侵柔，六五既悲先王之死，又忧愤九四之逆，以至于泪雨滂沱，悲伤嗟叹。六五毕竟身居尊位，且居上体离卦之中，能够明察事理，德行光明，常怀忧国之心，明于政事，向上亲比附丽于阳刚上九，互为援助，最终获吉。

上九，王用出征，有嘉折首，获匪其丑，无咎。

《象》曰："王用出征"，以正邦也。

匪，非。丑，是指那些胁从作恶的同类随从。"有嘉折首，获匪其丑"是指俘获敌方头领而不追究那些随从，《尚书·胤征》："歼厥渠魁，胁从罔治。"也就是"首恶必办，胁从不问"的意思。上九处离卦之终极，离道已成，依附与被依附的关系已基本确立。上九在离卦之极，是六五所信赖和依附的王公，既能明察又有阳刚决断的能力，因此受六五柔中之君委任，出师征伐，讨伐邪佞，取匪首而还，对于那些胁从的小人并不过分追究，以彰圣德。离卦的光明之旅终于出征大捷，国固邦宁。

〔离卦小结〕

离卦阐述的意象有多个层次：在表象的第一层，离是太阳，全卦描述了在日升日落的大地上，人类在自然界中原始的生存状态；第二层阐述了人在一生的追求与经历中，如何不断继承往圣的明德，蓄养自身柔顺中正的德行；第三层讲在人类社会中附丽与被附丽的关系，以所附丽的对象是否守正为吉凶的准则，其中更扩展到社会中朝代更迭、人事变迁所出现的种种状态以及处理的原则。总体来看，离卦以柔、中、正俱备为最佳，这与坎卦时态下以"刚中不陷"为"亨"有所不同。

具体到每一个爻的情况：初九无位，以敬慎求得所附对象，无咎；六二兼具柔、中、正三德，最美元吉；九三盛极而衰，刚且不中，心态悲观，凶；九四性情刚躁，不中不正，不为天下所容；六五位不能正，但有柔中之德，故出涕而终吉。上九至离卦之终，出柔用刚，率兵征伐，获其匪首，最终大功告成。

31. 咸卦第三十一

艮下兑上

《序卦》："有天地然后有万物，有万物然后有男女，有男女然后有夫妇，有夫妇然后有父子，有父子然后有君臣，有君臣然后有上下，有上下然后礼义有所错。"

咸卦并非顺接离卦而来，而是下经一个新的开始。上经开端的乾坤是《周易》之门户，天地万物的本原；下经开端的咸恒两卦是夫妇人伦之始，是父子、君臣、上下、礼义的发端。咸，是无心之感，自然真诚，交相感应。从卦象看，山上有泽，气息相通；以卦德看，下卦艮止，上卦兑说，止而说，以正相悦，互为感应。艮为少男，兑为少女，少男主动、真诚去追求少女，少女喜悦而相感应，世间感应的真挚深切莫过于少男少女的爱情，是谓"咸"。

咸：亨，利贞。取女吉。

《彖》曰：咸，感也。柔上而刚下，二气感应以相与。止而说，男下女，是以"亨，利贞。取女吉"也。天地感而万物化生，圣人感人心而天下和平。观其所感，而天地万物之情可见矣！

天地间阴阳交感而化育万物，圣人以至诚感化人心而使天下和平，人世间男女交感而使人伦延续，彼此有感有应，就会亨通。咸卦中，艮卦阳在下，是少男主动付出感情，艮卦为止，感情专一不移，阳刚以主动专一的心志放下身段去追求少女，兑卦为悦，从内心里愉悦，对少男以喜悦相应，互为感应。这是得男女之正，可以谈婚论嫁了。看到男女之间的感应，就可以明白天地间的真情了。

《象》曰：山上有泽，咸。君子以虚受人。

咸卦的卦象，山上有泽，泽水是滋润的，向下润泽山顶的土地，高山将灵秀的泽水捧在山顶，彼此通彻感应。君子看到山泽通气的卦象，明白了虚怀若谷的道理，以无私无我的心量胸怀接受他人，与人感应沟通。

初六，咸其拇。

《象》曰："咸其拇"，志在外也。

初六在卦的最下边，就如同人的脚趾，有所感应却并没有动，初六感应的是上卦的九四，这样的感应只是细微的开始，还不能感动人，而初六又居于艮卦之初，只是动了动脚趾，安静的本性使其还没有采取进一步行动。咸卦的卦义是感应，但感应的原则是"止而说"，以纯静之心相感，虚心感通对方，知其所止，不宜躁动。初六的感应尚在初始阶段，犹如少男刚刚萌生了对少女的爱慕之情，尚不知道对方的心意，不敢妄动。

六二，咸其腓，凶；居吉。

《象》曰：虽"凶""居吉"，顺不害也。

腓，小腿肚。六二的感应上升到了小腿，说明六二抬起腿向前迈进，要采取行动了。在感于对方而追求相应的过程中，不可以急功躁进，不然往往会把事情办糟。六二和九五既中且正，彼此的相应也是正应，是符合正道规则的，所以只要静心等待时机，顺应事情的发展，到时候自然会水到渠成。做任何事情，都要顺应客观规律，遵循正道，尊重对方，不可过于急切。

九三，咸其股，执其随，往吝。

《象》曰："咸其股"，亦不处也。志在随人，所执下也。

九三处于下卦之上，相当于大腿的位置，上感于上六，而不能自持，随感而动，志在随人，这样做是会有羞吝的。九三本来以阳刚之质处于下体艮卦之上，宜静不宜动，但九三"执其随"，行为不能自主。相感之道，在于至诚，如果只是没有定见地去随着别人去做，正是为情不诚的卑下表现，不值得提倡。

九四，贞吉，悔亡，憧憧往来，朋从尔思。

《象》曰："贞吉，悔亡"，未感害也；"憧憧往来"，未光大也。

如果把咸卦看作一个人的身体，九四就是心脏。与人感通时，心正方吉，才会消除悔恨。所感不正就会受到感情的伤害。九四追求初六，彼此正应，然而初六只是有初微的感应，不能明确回应，致使九四寤寐思服，辗转反侧，整日心神恍惚，九四如此用情专一，最终感动了初六，顺从接受了九四的追求。

如果将九四的感通之理扩充并将其升华，就能体会天地感通的境界。天地的感通，自然而然，无思无虑，廓然而大公，物来而顺应，万物自然运行，没有憧憧往来的思虑。君子当效法天地之道，超越一己之私，提高精神境界，顺应规律，以虚中受人，将感通之德普及天下。

九五，咸其脢，无悔。

《象》曰："咸其脢"，志末也。

脢，后背的脊肉，在心的背面，表示不存私心。九五居于君位，刚中无私，没有九四那样的思虑再三和心神不定，而是不忧不疑地与六二彼此相感，中正相应，情投意合，正大光明，这样的结合自然没有悔恨，彼此感应结合、终成眷属的愿望已基本实现。

上六，咸其辅颊舌。

《象》曰："咸其辅颊舌"，滕口说也。

"辅"是指上颌。辅、颊、舌都是用来说话的器官。上六居咸卦最上，是感之极，又居于上体兑卦之极，是悦之极，表示既感通又喜悦达到了极致。辅、颊、舌三者动作感应，是用来讲话不可缺少的部分。"咸其辅颊舌"，是"醉里吴音相媚好"，说着滔滔不绝的情话，新婚夫妇彼此相悦，恩爱情深。

〔咸卦小结〕

本卦通过男女情感的发展和人身体各部位的逐次感应，阐述了人与人之间相互感应的原则："咸其拇、咸其腓、咸其股、往来朋从、咸其脢、咸其辅颊舌。"是指人与人的感应需要循序渐进，不能妄动强求；与人相感要有主见，出于至诚，而不应盲从亵渎感情；要顺应规律，自然而然，不必太过动用心思，要提升精神境界，不存私欲，以虚中受人，感而遂通天下之志，自然会得到相应相从；保持刚健中正的道德品格，正大光明的胸怀气度和真诚温暖的心灵，就能够感应并建立起信任相感的关系。

32. 恒卦第三十二

巽下震上

序卦："夫妇之道，不可以不久也，故受之以恒。恒，久也。"

咸卦讲少男少女彼此感应终成眷属。夫妇之道贵在长久，所以在咸卦之后是恒卦。从卦象看，咸卦中少男放下身段追求少女，是下艮上泽，男下女上之象，而恒卦是巽下震上，长女在下，长男在上，体现了在家庭中男为主、女为辅的次序。从卦德看，恒卦震在外，巽在内，男主外，女主内，男为动，女为顺，是夫妇恒久之道。

恒：亨，无咎，利贞，利有攸往。

《彖》曰：恒，久也。刚上而柔下，雷风相与，巽而动，刚柔皆应，恒。"恒：亨，无咎，利贞"，久于其道也。天地之道，恒久而不已也。"利有攸往"，终则有始也。日月得天而能久照，四时变化而能久成，圣人久于其道，而天下化成。观其所恒，而天地万物之情可见矣！

"恒"有达致亨通的道理，顺畅而稳定并能长久保持才能称为恒。恒卦的亨通不会有咎害，利于守正，守正而进取，适时应变，在变化中不断保持动态的平衡，合乎规律而有秩序地运动，这是保持恒久的道理。上卦雷，下卦风，雷风激荡，天地畅通，是谓恒；上卦为阳，下卦为阴，顺而动，阳动阴从，阴阳协调，且卦中各爻刚柔皆得相应，是谓恒。由此推广至天道人事，天地、日月、四时、圣人都遵循"顺而动"的规律，因而恒久。

《象》曰：雷风，恒。君子以立不易方。

雷与风，看似动荡不定，但雷声震响于天，风吹行于地，雷与风彼此配合，使天地之间风雷激荡，事物得以通畅流动，这是使天地能够运转不穷、和谐畅通的恒久之道。君子看到恒卦之象，立身行事始终坚持正道，自立于恒常之道，不会改变自己的原则和操守。在恒卦中，雷与风是动态配合的，因此君子雷厉风行，坚持原则，同时懂得通权达变、动态平衡的恒久之道，"利贞""利有攸往"，动静得宜，守正而进取，原则性和灵活性相配合，正确而恰当地处理各种复杂多变的情况，执中而守恒。

 初六，浚恒，贞凶，无攸利。

《象》曰："浚恒"之"凶"，始求深也。

浚，深。此处用作动词，深求的意思。初六处于与恒卦的初始，阴居阳位，所居不正，才质阴柔却用刚强之志求九四的恒久情深，就如同刚结婚不久的妻子任性使气，对丈夫的要求过于深切，只知道夫妇有守恒久之情的责任，不知道审时度势，慢慢培养，对刚建立不久根基尚浅的婚姻感情期望太高，并一味地固执己见，这样下去，不但没有利处，还会使婚姻之船遭遇凶险暗礁。

 九二，悔亡。

《象》曰：九二"悔亡"，能久中也。

在恒卦中，以守正为常道，九二阳爻居于阴位，所居不正，本应该有悔恨，然而九二居于下卦中位，有刚中之德，而且与上卦的六五相应，刚中应柔中，彼此以中道相得，无过无不及，能够恒久于中，中也就相当于正了。这样的配合可以消除悔恨。如同一位性格刚直的女子以守中的态度与性格柔和的丈夫中道相应，彼此配合，刚柔相济，中道和谐，将来不会有后悔的事情发生。

 九三，不恒其德，或承之羞；贞吝。

《象》曰："不恒其德"，无所容也。

九三虽然当位得正，但是居下卦之极，刚居阳位，过于刚强不能守中道。九三身居巽体之极，巽为躁卦，就如同一个人性格刚躁而又争强好胜，不能安于自己所处的位置，急进向上，这是一个德行无恒的人，不能恒守其德，结果只能承受羞辱，不为众人所容。在社会人际交往中，为人处事之道，要懂得守经达权才能创造良好的人际关系。九三只知权变，不能恒守原则，终将自取其羞。

 九四，田无禽。

《象》曰：久非其位，安得禽也？

九四刚爻居于阴位，所处不中不正，虽然在上体震卦的初位，有阳刚之德，但因所动不得其道，最终一无所得。九四为上卦刚爻，是夫妇中的丈夫，因其失位不中，外出打猎不得其道，白费力气，没有收获，不能尽到养家糊口的责任，不能保持夫妇恒久之道。有句话说"方向比速度更重要"，对于九四来说，守正比守恒更重要，如果所行不正，那么越是长久坚持，在错误的道路上走得越远。

六五，恒其德，贞；妇人吉，夫子凶。

《象》曰："妇人"贞吉，从一而终也。"夫子"制义，从妇凶也。

六五阴柔居上卦之中，与九二阳刚相应，恒守其柔中顺从的德行，坚贞不移。如果此女子如此恒守其为妇之道，必然吉祥。这样柔顺中道的品德，又能与阳刚的九二相应，对女子来说是正道而吉祥的，但对于男子来说就有所不同了，因为男女有别，男阳刚主动，女阴柔顺从，这是天地自然所赋予的本性，男子做事为人，当以刚健守中的品德裁断事理，以大义为重，如果男子一味阴柔顺从，并恒守其柔，就难免会遭到"妇人之仁"的诟病，招致祸患。如同在君位的君主，可以适时听取大臣之言，但如果一味顺从，成为恒守的原则，没有大义裁度的阳刚之气和决断能力，就会有凶险了。

上六，振恒，凶。

《象》曰："振恒"在上，大无功也。

上六在恒卦的极端，"振恒"，奋力快速地振动原有的恒常之道，试图动摇原有的平衡。上六柔居阴位，才质柔弱在恒之终，又居于震体上爻，本没有固守恒道的能力，当以安静镇守、巩固保持为正，但上六恒极不能守常，震极过于好动。在恒卦终极之地，不能安处，出面振动大局，不但无功，更是会获凶。

家庭中，夫妇以维护固守为佳，能够天长地久才会吉祥，如果久而生变，不去安静守护，反而轻意振动和破坏夫妇之道，最后导致关系破裂，是最不应出现的结局。

〔恒卦小结〕

本卦以夫妇关系为喻，阐述了为人守恒的原则：恒卦贵中，中胜于正，有了中道的品德，然后再看守恒程度与条件，过与不及都不足以守恒，能够审时度势，守经达权，不偏于中正之道，持之以恒，才是恒卦的精神。

以夫妇之道观之，下体巽卦如女子，初爻浅薄，懂得守常，却不知权变，迂腐固守，对人要求苛刻，后果为凶；二爻懂得在经与权中把握守中之道，不偏邪，知进退，能够消除悔恨；三爻知权变，却不能守经，没有原则，不恒其德，最终自招羞辱；上体震卦如男子，四爻不得其位，却长久固守，不知权变，打不回猎物，徒劳无功；五爻有守中柔顺的品德，又能够恒守这样的阴柔德行，这对女子是吉祥的，对男子却是凶险的，因为是在恒卦中探讨问题，柔顺不能够成为男子的长久守恒的原则，阳刚有主见才是男子应守的恒常之道；上六又是如九三一样的情况，过中而动，知权变，不守经，振动破坏了恒道的平衡，大无功而且凶。综而观之，恒卦无完爻，可见，在天长地久的理想下，做到守经达权、持之以恒，殊为不易，需黾勉同心，不懈求之。

33. 遁卦第三十三

艮下乾上

《序卦》："恒者，久也。物不可以久居其所，故受之以遁。遁者，退也。"

事情不可能永久地进行下去，终究会走向反面，依照事物发展的运行规律，持久而变为退，所以恒卦之后是遁卦。遁，退避，逃遁。从卦象看，天下有山，山有高耸进逼天的气势，天高远向上，有避山的气势而退避之象，此谓"遁"。从卦德看，乾阳刚向上，艮止而不进，乾、艮相违遁，谓之"遁"。从爻象看，两阴爻自下而上，阴长阳消，小人渐盛，君子退避，所以称"遁"。遁卦阐述了如何全身避害以获致亨通的道理。

遁：亨，小利贞。

《彖》曰："遁，亨"，遁而亨也。刚当位而应，与时行也。"小利贞"，浸而长也。遁之时义大矣哉！

"遁"的目的是亨通，处在小人势头强劲上升之时，明智的办法是避其锋芒，全身而退，以待机而作。在遁卦中，二阴爻自下而上，有继续变阳为阴而成为否卦的气势，君子审时度势，不露声色，以退为进，坚守正道，遁退而达到正道亨通的目的，可以做到"小利贞"。这是因为在遁卦中阳刚九五仍居尊位，且与六二相应，总体形势仍可以有所作为，而如何适应环境变化，适时退避，韬光养晦，是遁卦所蕴含的意义。

《象》曰：天下有山，遁。君子以远小人，不恶而严。

遁卦的卦象是天下边有高山，就像是天在躲避山的锋芒，有隐遁退避之象；君子看到这样的卦象，明白了要远离小人，既不显露厌恶又能够保持威严而不可侵犯的态度。

在社会中，君子、小人不可能截然分开，所谓的退避，也不是必须退隐山林，离群索居，所谓"小隐隐于野，中隐隐于市，大隐隐于朝"，"遁"是指在小人得势的情况下如何把握分寸，正确处理与小人的关系，全身避祸，不致被小人所陷害。一方面，与小人保持距离，坚守正道，在原则问题上不能让步，使小人有所敬畏；另一方面，不要对小人表现出憎恶的态度将小人逼到对立面，要为人谨严，不给小人以借口和机会。

初六，遁尾，厉，勿用有攸往。

《象》曰："遁尾"之"厉"，不往，何灾也？

遁卦各爻讨论的是在遁之时应如何遁的问题，其他的卦都是将最下爻作为事物之初，而遁卦的初六却是遁卦之尾，因为率先遁的是上体乾卦的三个爻，下体艮卦三个爻也随之而遁。初六资质柔弱，又在艮体之中，本性守静，落在了后面，失去了遁的机会，再想逃避已经来不及了。如果轻易行动将会遭遇危险，这时就应当选择守静不出，晦藏才志，自处卑下，在乱世之中，静待转机，只有这样才可以避免灾祸。

六二，执之用黄牛之革，莫之胜说。

《象》曰："执用黄牛"，固志也。

说，通"脱"。六二在下卦中爻，居中守正。处于逃遁之世，人人唯恐避灾不及，而六二身居大臣之位，岂能一走了之？隐遁之世亦有不遁之理，六二当执守正道，如同用黄牛皮制成的革带牢牢地绑缚住一样，既中正柔韧，又坚忍不拔，与九五中正相应，以辅助九五尽早由遁致亨。六二固志而不遁，笃守正道，周围的依附者也就不会自顾解脱而遁去。六二与九五彼此中道配合，虽在遁避之世，仍可以守志不渝，可望"小利贞"。

九三，系遁，有疾厉；畜臣妾，吉。

《象》曰："系遁之厉"，有疾惫也；"畜臣妾，吉"，不可大事也。

处于遁之时，以把握时机迅速逃避为上策。九三有阳刚之质，当位得正，本可以很顺利地逃离，然而九三上无相应，又为初、二两阴爻所牵系，贻误了时机。由于没有迅速逃遁，九三陷入了危险之中。既然不能够迅速脱身，就应回过头来考虑当下的情况，对于比附于自己的阴柔群体，当以蓄养安顿为吉，九三内心坚守正道，以阳刚之志立身行事。但由于为阴柔所系，必不能期望做成大事。

九四，好遁，君子吉，小人否。

《象》曰："君子""好遁"，"小人否"也。

九四已进入乾体，有阳刚之质，下与初六相应，代表九四心有所好。当遁之时，遁避是符合大义之道的行为，如果贪恋所好，不忍退避，就会使自身陷于羞辱和危厉的境地。君子观此象，当好于遁道，而不泥于所爱，要以道制欲，方可获吉。小人贪于所好，其结果必然是"否"而不善了。

九五，嘉遁，贞吉。

《象》曰："嘉遁，贞吉"，以正志也。

嘉，善，美好。九五阳刚中正的美德与六二柔顺中正相应，在遁之世，彼此配合，当止则止，当行则行，完美实现了由遁致亨的目标，局势从被小人所制而遁避转变为可以反制小人，使中正之道得以亨通，美善而贞吉。

上九，肥遁，无不利。

《象》曰："肥遁，无不利"，无所疑也。

上九在遁卦中最先退避而出，阳刚居外，与卦中各爻既无比也无应，没有任何牵绊，可以超然隐遁，远走高飞，无所疑滞。上九处于遁世的穷困之时，能够得以超脱远举，堪称世间高士。"肥遁"之意，无论是隐于闹市还是退隐山林，无论是修身还行事，只要心志宽阔从容，不忧不惧，则自然无所不利。同时，上九为上体乾卦之极，有着刚健进取的本性，所以，"肥遁"是其处遁之时的一种策略与态度，其阳刚的本质并没有遁去，是一位龙德而隐的君子，一旦找到适合自身飞翔的天地，就可以在新的天地间展现其卓越的才华。

〔遁卦小结〕

遁卦阐述了在小人逐渐占据优势的环境中，君子应在坚持原则的前提下，采取灵活的应对方式：不恶而严，全身避害。

本卦通过"遁尾、执之、系遁、好遁、嘉遁、肥遁"等一系列情况，阐述了隐退的具体原则：避开小人的强势，当退避的时候不可迟疑，如果没来得及退避，要静处微下，不可盲动；当身负责任大义时，遁退之世亦有不遁之义；时当退隐，不能因牵系而犹疑不定，以免招致危险；确实无法退避时，要谨慎涉世，尽可能地保护依附于己者；该退隐时不能贪恋所好，而应当机立断地遁走；身居高位如能以中正之道与下属配合，顺应时势以图转变，就会美善而贞吉；退避不是消极，而是以退为进，使发展空间更为开阔的思想策略。审时度势，心态行为从容不迫，善用遁避之道，对于人生有很重要的意义。

34.大壮卦第三十四

乾下震上

《序卦》："遁者，退也。物不可以终遁，故受之以大壮。"

事物衰极必盛，盛极而衰，遁卦是阴长阳遁，阳的势力遁去之后又回来就会进而变得强盛，所以遁卦之后是大壮卦。从卦象看，雷在天上，威震四方，有阳刚强盛之象。从卦德看，乾刚健，震主动，刚健而动，阳势大为壮盛，谓之大壮。从爻象来看，四阳爻由下而上阳刚上进，已经越过了中位，进取到了上卦，上体两阴爻势薄，呈现阳长阴消的态势，阳为大，所以称大壮。

大壮：利贞。

《彖》曰："大壮"，大者壮也；刚以动，故壮。"大壮，利贞"，大者正也。正大而天地之情可见矣。

大是指阳刚，大壮卦四阳爻强盛，咄咄逼人，所以称为大壮。越是阳刚壮盛之时，越要强调坚守正道的重要。大壮者往往不会被他人打败，却会被自己的刚愎自用和有恃无恐打败。所以大壮之时，要守持正道，自我克制。

《象》曰：雷在天上，大壮。君子以非礼弗履。

大壮卦的卦象是震雷响彻在天之上，有刚强威盛之象，象征着大为壮盛。大壮卦的卦象既威且健，雷登于天，若如此声势不加以节制，就极易产生危险和祸端。君子看到这样的卦象，明白了虽壮盛而更应遵循守正道的道理，于是不去做不符合礼的事情。

初九，壮于趾，征凶，有孚。

《象》曰："壮于趾"，其孚穷也。

初九居于大壮卦的最下方，也是下体乾卦的初爻，有阳刚向上的本质，但没有审时度势的智慧。初九没有意识到在大壮的整体情况下，应以守贞济柔为宜，同时，初九居最下，是无位之人，与上面的九四又无接应，在这样不利的情况下却盲目急于前进，那么其前面的凶险是必然的了。

九二，贞吉。
《象》曰：九二"贞吉"，以中也。

九二以阳刚居于阴位，居位不正，然而能得中道而居之。在易道中，得中可以求正，中胜于正，所以，九二在阳刚大壮的时候，能够以中道处世，刚柔相济，由贞而得吉。

九三，小人用壮，君子用罔；贞厉。羝羊触藩，羸其角。
《象》曰："小人用壮"，"君子""罔"也。

罔，是"不"的意思。"用罔"即不用壮。羝羊，公羊。羸，束缚缠绕。九三阳刚居阳位，又处于乾卦阳刚的极端，在大壮之时，有过刚的危险。如同公羊用角奋力顶撞藩篱，藩篱困住了羊的角，同时藩篱也受到了损坏。大壮九三这个爻象，在下位为小人时，表现为恃壮而无礼，顶撞犯上；在上位为君子时，表现为无视下民的诉求，强力镇压，双方都是阳刚过甚。庶民以刚强犯上，恃强好勇，统治者用强力制裁，彼此角力，这样下去是很危险的。

九四，贞吉，悔亡；藩决不羸，壮于大舆之輹。
《象》曰："藩决不羸"，尚往也。

九四比九三的处境要好得多，九三阳刚过猛又前有阳爻阻路，造成了激烈的冲突。而九四向前行进时，前方只有两个阴爻，藩篱已经拆除。九四背后有众阳爻作后盾，其壮大如同重车的轴辕，实力非凡，但九四不以强凌人，仍能够质刚而用柔，阳居柔位，这样有实力，无障碍，又能够刚柔并济，不会有悔恨发生，可以放心地进取前行。

六五，丧羊于易，无悔。
《象》曰："丧羊于易"，位不当也。

易，通"场"，这里指田畔地头。羊常常结群而行，公羊喜欢用角抵触，大壮卦中四阳爻并进，所以用羊作比喻。前四爻都是阳刚并进，到六五的时候，变为阴爻，有丧羊（阳）之象。六五爻是阴阳转换的地方，如同走到了田畔地头，进入平坦之地。大壮之时的刚壮作风在这里得以改变，六五柔爻居阳位，虽不当位，但能够得中，与刚而得中的九二相应，刚柔相济，以谦和中道的柔中之德接纳群阳，不会有悔恨。

 上六，羝羊触藩，不能退，不能遂，无攸利；艰则吉。

《象》曰："不能退，不能遂"，不详也；"艰则吉"，咎不长也。

上六虽为阴爻，但处于大壮卦的终极，又是上体震卦的极端，壮极而动，其阳刚太过。以整个卦象来看，上六如同羊角的位置，因而仍以"羝羊触藩"作喻，上六动极向前，用力抵触，不料角被挂在了篱笆上，质柔而力不足，进不能进，退不能退，进退失据。这都是因为上六处事不够审慎周详所致。没有其他办法，只能是在认识到自身所处的艰难境地之后，改变壮极而动的心态，谦和顺应，争取支援，以期获吉。"咎不长也"是鼓励上六，不要丧失信心，静下心来想办法，艰贞自守，就会渡过时艰，脱离困境，时间不会太长。

〔大壮卦小结〕

本卦阐述了在阳刚壮大的时候处世的原则。大壮卦《象传》指出"大壮利贞，大者正也"，刚柔相济是天地之正。所以，当壮大之时，以能柔为善。

大壮六爻之中，以刚处柔或以柔处刚的爻都好，因其能够刚柔相济。九四能够质刚而用柔，九二和六五能够守中，所以贞吉无悔；而初九、九三和上六，因在大壮之时自负刚进，不知克制，所以征凶、赢角、进退失据。可见，拥有阳刚强势时，要善于用柔，这才是立身处事不失其宜的中正之道。

35. 晋卦第三十五

坤下离上

《序卦》："物不可以终壮，故受之以晋。晋者，进也。"

事物壮大了就可以进一步发展，所以在大壮之后是晋卦。晋不但有前进、上进的含义，还包含光明、盛大的意思。从卦象来看，坤为地，离为日，太阳升起在大地之上，旭日东升，光明普照。从卦德来看，坤下离上，坤为顺，离为明，在上位者英明，在下位者顺从，顺乎大明，贤能得到提升，所以称作晋。从爻象来看，六五为晋卦的主爻，以下诸爻都有趋近光明求取上进之意。

晋：康侯用锡马蕃庶，昼日三接。

《彖》曰：晋，进也。明出地上。顺而丽乎大明，柔进而上行，是以"康侯用锡马蕃庶，昼日三接"也。

康侯，一说周武王弟姬封，初封于康，故称康侯或康叔，后成为卫国第一任国君，史称卫康叔；另一说安国之侯。锡，赐。蕃庶，繁盛，众多。

晋卦，有光明出于地上之象，下体坤卦柔顺，顺服于上体离卦的光明，上明下顺，如同大地上万物接受太阳的光辉而茁壮成长。康侯是指能够康民治国的地方长官，康侯前来晋谒天子，得到了天子众多车马的赏赐，并在一天内受到天子以礼遇亲自接见三次，所赐之厚，宠信之深，达到了很高的程度，用此象征贤臣得到贤明君主的器重，地位得以不断晋升。

《象》曰：明出地上，晋。君子以自昭明德。

晋卦的卦象是光明升出于大地之上，有上进之象；君子看到这样的卦象，于是在光明之世自我彰显光明的德行。

《大学》篇首句就是"大学之道，在明明德"，也就是说每个人本身都具备光明仁善的本性，为学修身的目的就是去除蒙昧，发现自己光明的德行并使其显现和发挥出来。人立身处事于世上，遇到昏冥乱世时，不得不韬光养晦，全身远祸，以守贞修德，蓄势待发。而处于晋卦这样一个上层光明畅达、万物得以舒展成长的时代，君子就当将自己光明的德行彰显出来，秉承光明中正之德，使之畅行于世，以辅佑社稷，惠及万民。

初六，晋如摧如，贞吉。罔孚，裕无咎。
《象》曰："晋中摧如"，独行正也。"裕无咎"，未受命也。

晋，上进，晋升。摧，挫折。如，形容词后缀，语气词。独，独立不改。罔，无，没有。罔孚指不被信任。裕，宽裕。受命，泛指接受任务、命令。

初六在晋卦的最下边，阴柔而居下，和九四有应，但彼此所应不中也不正。初六意欲向上升进，但因为居于最下层，又是晋之初位，缺乏经验和上层真正的信任，亦不能使众人信服，上进的愿望很可能会受到挫折和抑制。在这样的情况下，初六要坚持独立不改的志向，践行正道。面对挫折要能够宽裕自处，进退迟速不必汲汲以求，安守正道则吉。初六没有承担重任，所以不会有大的问责和过咎，只要行正道，发奋勤勉，不计得失，以后的发展空间会很大。

六二，晋如愁如，贞吉，受兹介福，于其王母。

《象》曰："受兹介福"，以中正也。

受兹介福，接受如此大的福分。介，大。王母，祖母，这里指居于尊位的阴爻六五，是晋卦主爻。

六二以柔顺之德居于下卦中位，并不是强于求进的人，况且与上卦的六五并不相应，因此对于晋升的前途心存忧虑。在这种情况下，六二只有贞守正道，忠于职守，在晋明之世，中正顺和，不断提升自身的修养，待以时日，中正之德声名远播，民众拥戴，无须自求进升，自然会有明君前来求贤，六二将会得到"昼日三接"的礼遇，获得大的赐福。

六三，众允，悔亡。

《象》曰："众允"之志，上行也。

众允，众人信服、敬重。六三在下体坤卦之极，由于是阴居阳位，不中不正，本来前进是会有悔恨的，但因为下面有两阴爻与之同心同德，初六、六二信赖并且全力支持六三的上进之志，愿与其共进退，六三有这些朋友群众支持，又处在"柔进而上行"的晋升之世，上层是光明的离卦，所以六三悔吝消亡，前进的道路顺利畅通。

九四，晋如鼫鼠，贞厉。

《象》曰："鼫鼠""贞厉"，位不当也。

鼫鼠，硕鼠，大鼠，本性贪食而无能，危害人类。

九四已经晋升到上层高位，但是以阳刚占据阴位，不中不正，在"顺而丽乎大明"的晋明之世，有强势贪恋权位之象。九四向上对柔中的六五成进逼之势，向下看到三阴爻有上进势头，心里又忌妒又畏惧，怕别人胜过自己，因而在前阻挡。九四是一个极不安定的危险人物，如果一直这样发展下去，九四会危及他人以及整体，也终将危害其自身。

六五，悔亡，失得勿恤，往吉，无不利。

《象》曰："失得勿恤"，往有庆也。

恤，顾虑，忧患。失得勿恤，不要患得患失。

日出于地上，普照大地，万物得以生长。清晨的朝阳充满生机，人皆仰望而喜之，但如果到了中午，日上中天，就会因阳光太过明亮和炎热而使地上的人躲避起来，所以六五作为晋卦之主，当以柔中治天下，不可太过明察。

在晋卦中，六五是主爻，由于是阴居于阳位，质柔用刚，又乘于九四阳刚之上，本当有悔，但因为六五居于上体离卦中位，是开明之主，下面的众阴爻都团结且顺服，所以可以消除悔恨。六五在众人顺附要求上进的时候，要注意不要患得患失，不可太过明察或求全责备，而应该以至诚之心委任下属，对下属怀柔且中道，使各尽其才，各得其用，让每个人有自由发挥才干的空间，促使上下团结有序，积极进取，能够这样做，自然会往吉而无不利。

上九，晋其角，维用伐邑，厉吉无咎。贞吝。

《象》曰："维用伐邑"，道未光也。

角，是在最上方又很坚硬的物体，上九就是在晋卦的最上方，而且阳刚坚硬。本来到了上爻，已经无可前进了，如果还要前进，只能是"伐邑"于内，即内治，比如居家劝诫子弟，居官杜绝私交，修德克制私欲等。如果能够做到这样，虽因过刚而有危险，但可以吉而无咎了。反之，如果把前进作为常道，不知世间有进必有退，固执不变，将会有所悔吝。

〔晋卦小结〕

本卦阐述了进取的原则。晋卦之象如同朝阳初升，照耀大地，逐渐明盛，万类进取。晋卦以柔进为佳，六爻中四阴爻多吉，而二阳爻多厉。推之于人类社会中，积极进取以求发展是正确的，但要遵循一定的原则：要进取首先要守正道，要有从容的心态，不可急功近利；不能忧患于一时的得失，要以中正之道来自昭明德，自会有佳讯传来；求上进的过程中，要顺民意得民心，得到群众的拥护，前进的道路才能稳定扎实；积极进取切不可贪得无厌、贪恋权位，更不可妒贤嫉能，不然危险将至；在上位的领导者对于下属的晋升愿望要以怀柔中道处之，宜适度顺应和扶植下属，给他们以发展的空间，不可存私欲患得失；在上进到一定阶段后，要认识到上进是一种阶段性的状态，有进有退才是常道。如果没有了上升发展的余地，切不可向外强取，而应反身自修，可保无咎。

36.明夷卦第三十六

离下坤上

《序卦》:"晋者,进也。进必有所伤,故受之以明夷。夷者,伤也。"

晋卦是宜于上进的,但如果一路高歌猛进,终有一天会受到伤害。明夷是光明遭到伤害的意思,"夷"即是伤,所以在晋卦后面是明夷卦。从卦象看,明夷卦离下坤上,光明入于地中,意味着太阳落入地下,黑暗来临。明夷卦是昏君在上面主持朝政,贤明人的光辉被压制在下面受到伤害。从卦德看,离内坤外,内文明而外柔顺,提醒君子在昏暗乱世应采取的态度是韬光养晦,隐藏和保存自己的光明,审慎行事,等待时机,是谓"明夷"。

明夷:利艰贞。

《彖》曰:明入地中,"明夷"。内文明而外柔顺,以蒙大难,文王以之。"利艰贞",晦其明也;内难而能正其志,箕子以之。

光明沉没于大地之中,世间一片黑暗。在昏暗无光的时代,君子唯一能做的就是"利艰贞"。处于艰厄危险之中,而不失其贞正。内心保有文明之德,对外安时而处顺,如同周文王那样,蒙受了大的灾难,被困羑里七年,却仍能够顺应时势,安身自保,同时又以坚贞不移的意志完成自己德行的修炼,推演了《周易》。"利艰贞",如同箕子那样,能够晦藏自己的明德,在切近灾难的时候,用智慧保全自己,又仍能志正而不渝。这是君子身逢乱世时的处世智慧。

《象》曰:明入地中,明夷。君子以莅众,用晦而明。

明夷卦的卦象是光明隐入地中,有光明被伤害之象。君子看到这样的卦象,在治理民众的时候,用晦藏自身聪明的方法达到光明治理的目的。

易道变化不穷,世事治乱相循,君子居于世上,要善于体悟易道,从容处世。明与暗的运用,正是君子智慧之所在。明夷之世光明被埋没、社会昏暗不明,处于险境的文王与箕子能够"虽明而能晦",隐藏光明,韬光养晦,以此来全身避险。如果是居于上位管理大众的领导者，则应当"用晦而明"，面对大众时故意使自己不甚明察，涵养宽厚涵容的厚德，以免人人恐惧不安，而领导者大度"无为"的态度可以使属下的创造力和聪明才智得到充分的发挥。能够将这样的智慧推行下去的人，可以称为明智之人了。

 初九，明夷于飞，垂其翼；君子于行，三日不食。有攸往，主人有言。

《象》曰："君子于行"，义不食也。

初九以阳处明夷之初，居离体之下，是一位有明德的君子，虽然离伤害尚远，但君子有敏感的预见，在细小的苗头出现时，已经预知黑暗对光明的伤害即将来临，于是不待灾难发生，就及早开始了避险行动。"于飞"表示退避迅速，毫不犹豫，为了不引人注目，垂敛双翼而低飞。避险切忌迟疑不决，越迅速越好，所以君子一路逃遁，连饭都顾不上吃，沿途投宿的客店主人不能理解，在旁议论，君子也不去解释，掩藏自己的光明，谨慎避险。

 六二，明夷，夷于左股，用拯马壮，吉。

《象》曰：六二之"吉"，顺以则也。

六二阴爻居于下体离卦中位，是至明至柔的股肱之臣，然而上有昏君执政，不免被其所伤，"夷于左股"既是指六二受到伤害，也指整个政治环境受到伤害，人日常以右为主，伤左股说明伤害未及太深，这时的六二如果不尽快采取措施，必然会受到更大的伤害，于是以壮马拯救危难。六二的"用拯马壮"不是用强力抵抗，而是采取中正顺应的方法，外顺于小人，行动不失法度，使小人无从下手加害，因而得以保存实力，最终得吉。

 九三，明夷于南狩，得其大首。不可疾贞。

《象》曰："南狩"之志，乃大得也。

南为离卦方位，代表光明。九三阳刚居于阳位，质阳而用刚，又是在下体离卦之极，有明德之盛，却屈居于至暗的势力之下，于是九三以刚明之质向黑暗势力宣战，用光明去驱除黑暗，出兵征讨，取得了大的成果。九三与上六正应，上六是黑暗势力的首领，九三的南狩行动擒获了元凶，实现了光明的志向。但是，《周易》爻辞提醒九三，明夷之世的黑暗势力和已经养成的风气，不可能急切革除，若用明太过，会遭致强烈反弹，使成果难以稳固，因而要谨慎行事，周密安排，切忌行之过急。

六四，入于左腹，获明夷之心，于出门庭。

《象》曰："入于左腹"，获心意也。

六四爻在明夷之世入于上层坤体中，离为光明，坤为黑暗，进入黑暗的腹地，距离黑暗的核心更近，能够深刻了解光明正道受到伤害的种种情状。六四知道昏暗之世必将覆亡，明白应该怎么做才能远离黑暗，寻找到光明。六四居于暗地，处境艰险，但由于涉入尚浅，又能以柔正之德处事，能够及时走脱，于是出门庭而去，弃暗投明。

 六五，箕子之明夷，利贞。

《象》曰："箕子"之"贞"，明不可息也。

《周易》中各卦以五为君位，而明夷卦以上六为君位。因为上体坤卦为昏暗之体，上六为昏暗之极，所以五为臣，而上为君。六五的遭遇如同商代末年的箕子。纣王荒淫无道，残害忠良。箕子是旧臣，又是纣王亲族，怀有柔中君子之德，但也就更切近灾难，上有昏君，劝谏不听，背离不义，于是佯狂为奴，晦藏其明，才得以保住性命。箕子切近灾难，仍能够坚守正道和节操，其德行的光明在乱世中虽然微弱，却不会被熄灭。

 上六，不明晦，初登于天，后入于地。

《象》曰："初登于天"，照四国也。"后入于地"，失则也。

明夷卦下面五个爻都有"明夷"之辞，唯独上六是"不明晦"，说明其余五爻都是受伤害的，光明被伤，而上六正是晦暗不明的昏君，是黑暗所由出者。上六以阴居阴，处坤之极，是昏暗之极，处于最高位，如登天之高，以其黑暗伤害众人的光明，最终自伤其身从高位坠落入地，失国送命。

古人将明夷上六爻比作商纣王，初登天子位时，还是较为贤明的，照及四方诸国，但后来昏暗不明，失君道，悖天理，丧尽民心，最终被颠覆。

〔明夷卦小结〕

本卦阐述了处于昏暗不明的乱世，正义和光明受到伤害时处世的原则。在政治昏暗、明入地中的明夷之世，反抗只能招致祸患，君子当自晦其明，守正不移，利艰贞，等待光明重现之时。具体从各爻位看，初九与六四，一个是离黑暗较远者，行不及食地逃脱了，另一个是了解内部黑暗情况者，出门庭逃避，两者属于消极自保。二、三、五爻是在"用晦而明"的前提下积极救世，二爻努力拯救，三爻伸张正义，五爻忍辱负重，使光明不致熄灭。上六则是那个冥顽昏昧的无道君主，作为君位之人，应自治用明，治民用晦，而上六却反道而行，对自己没有原则要求，对民众却明察峻法，最终国破身亡。

对君子来说，明夷之世是对意志和心智的双重考验。君子要经受得住磨难，韬光养晦，坚守正道，相信正义必将战胜邪恶，光明的一天必将到来。

37. 家人卦第三十七

离下巽上

《序卦》："夷者，伤也。伤于外者必反其家，故受之以家人。"

明夷是光明受到了伤害，在外边受到伤害就会想到回家。家是归宿，是港湾，所以在明夷卦之后，是家人卦。家庭是社会结构中的基本单元，父子、夫妇、尊卑长幼的秩序和伦理都体现在家庭中。从卦象看，离为火，巽为风，火烈则风生，风火相助，由内而外，象征以家庭为单位，由内而外参与社会。从卦德看，内文明而外和顺，是处家之道。从爻象看，六二阴柔中正，主于内，九五阳刚中正，主于外，阴阳相应，夫妇相合，是治家之道。

家人：利女贞。

《彖》曰：家人，女正位乎内，男正位乎外；男女正，天地之大义也。家人有严君焉，父母之谓也。父父，子子，兄兄，弟弟，夫夫，妇妇，而家道正，正家而天下定矣。

家人卦讨论家庭伦理问题。家道之正在于男女能各正其位，尤以女子能正为利，因为在家庭中，男主外，而女主内，女子在家庭日常事务中能否有中正柔顺之德，是一个家庭的家道是否得正的重要因素。家人之道，父母要既严且慈，如九五与六二的配合，严能够培养出孝敬，慈能够培养出亲情。家庭中有父子、兄弟、夫妇，如能各正其位，既能长幼有序，又能和睦相亲，就能成为一个幸福的家庭。齐家治国平天下，也是同样的道理。

《象》曰：风自火出，家人。君子以言有物而行有恒。

家人卦内离而外巽，风自火出，火炽烈则风强盛，如同一个家庭，家风如何，是由家长的持家之道决定的。君子看到这样的卦象，应该明白修身的重要，一言一行不能偏离正道，所说的话要言之有物，符合事实，通于情理；所做的事要遵循常理正道、法度规范，道德事业显示于外，而言行谨慎恪守于内。如果能够做到这样谨言慎行，不断提升自身的修为，那么身正则家治，家庭成员受到言传身教，在日常生活中不断耳濡目染，自然会形成淳厚家风，从而家道昌盛。

初九，闲有家，悔亡。

《象》曰："闲有家"，志未变也。

闲，防止。初九居于家人卦的初爻，是家道治理的开始，治家理念要在"磨合期"就开始实施，防止以后出现令人后悔的事。治家要守正道、有章法，以树立家风、营造和保护家庭的和谐有序。这是一种家庭教养，良好的家教可使长幼有序、男女有别、彼此尊重、不伤恩义。父母管教孩子也是如此，要在孩子很小时就进行教育和规范，长大了才能习惯成自然。初九是刚明之才，能够在初期志意纯正时打好基础，悔吝之事因而消除。

六二，无攸遂，在中馈，贞吉。

《象》曰：六二之"吉"，顺以巽也。

六二柔居阴位，居中得正，是一位中正柔和、明达事理的家庭女主人，主持家庭内务，料理烹饪供应食物，尽心尽力，家中遇到事情不会自作主张，而是以柔顺之德与九五默契配合，彼此刚柔相济，效果良好。六五是一位贤妻良母，柔中明理，守正厚德，使得家庭幸福而吉祥。

九三，家人嗃嗃，悔厉，吉；妇子嘻嘻，终吝。

《象》曰："家人嗃嗃"，未失也；"妇子嘻嘻"，失家节也。

九三以阳居阳，又在下体离卦之极，阳刚且明察，但已经过中了。治家的最好境界是刚柔相济、宽严适度。九三治家刚明有余，宽慈不足，对待家人管束很严厉，致使家里人都心存敬畏，战战兢兢，不敢触犯规矩，这样会伤到骨肉亲情，缺少其乐融融的家庭气氛，有时会因过于严厉而后悔，但从长远看，对家庭却是吉祥的。如果家庭气氛过于宽容，妻子儿女整天嘻嘻哈哈，没有规矩，恃爱放纵，不知节制，无家规可言，那么最终会遭受羞吝。可见，治家如不能做到宽严有度，那么，宁可偏于严厉，也不可偏于纵容。

 六四，富家，大吉。

《象》曰："富家，大吉"，顺在位也。

六四阴居阴位，进入上体巽卦，顺承于九五，是为妻之道。在家庭中，父亲是主教化的，是一家人的人格表率；母亲是主饮食的，负责一家人的财政开支。六四居正性柔，能顺承九五的阳刚，安守其位，勤俭持家，收支有度，不但能保证家庭的正常运行，还能增加家庭的富裕，日子越过越红火，是谓大吉。

 九五，王假有家，勿恤，吉。

《象》曰："王假有家"，交相爱也。

九五阳刚中正，居于主位，同时又是上体巽卦的中爻，在家人卦中是家庭的男主人，既有刚中之德，又有巽体化下之风，与六二爻刚柔相应，家风宽严有度，家庭成员彼此尊重、相亲相爱，是男主外、女主内的最佳配合。"假"是"至"的意思，指九五的治家之道至正至善，家道必盛。这是典型的中国式传统家庭，是历代君子仁人追求"修身齐家治国平天下"理想人生的重要部分，拥有这样的家庭，必无所忧而吉了。

 上九，有孚，威如，终吉。

《象》曰："威如"之"吉"，反身之谓也。

有孚，是有诚信。威如，是威严的样子。终吉，是家道已成，家族兴旺可以久远。上九以阳刚居于上，有威严；以阳刚居于柔位，对家庭成员至诚无私，所言必信，于是逐渐在家庭中树立了威信。治家的道理，以诚信为根本，发自内心，出于正道，维护家庭伦理正义，同时以严格要求来实现这种维护，如果不诚信，就会使家庭中彼此欺瞒，不严厉就会使家人亵渎散漫。上九反身修德，从自身做起，诚信而刚严，很好地保持了家道的健康长久，终获吉祥。

〔家人卦小结〕

家人卦以家庭伦理为主题，主要阐述了治家之道。卦中六爻，四阳二阴，阳爻代表男子，初九治家曰"闲"，在家庭成立初期就立好家规，防止家道走偏以后悔恨；九三治家曰"厉"，虽过于刚严，但相比之下，要比纵容的结果好得多；九五"王假有家"，以刚中与六二柔中配合，无忧且吉；上九"有孚威如"，树立威信，家道吉祥。

可见，男子在家中以刚严治家为正，同时必须修身律己，以身作则，才有威信。卦中两阴爻，代表女子，六二"在中馈"，柔中巽顺，主持家务；六四"富家"，理财有方，家道殷实。可见，女子在家中以柔顺为正。

男女有别，刚柔不同，家庭的和谐缺少了哪一方面都不完整。相亲相爱，彼此尊重，刚柔相济，家庭和睦是完美的中国式家庭，是家庭中男女双方共同努力的结果。在儒家思想中"天下之本在国，国之本在家，家齐而后国治，国治而后天下平"，家在中国人的心目中占有至关重要的位置。

38. 睽卦第三十八

兑下离上

《序卦》："家道穷必乖，故受之以睽。睽者，乖也。"

家道不可能永世昌宁，必有穷尽的时候，家道穷困，家庭成员就会睽乖离散，所以在家人卦之后是睽卦。从卦象看，睽卦兑下离上，兑为泽，泽水向下滋润；离为火，火性向上燃烧，彼此背道而驰，睽违不合。睽卦上下两体，为离卦与兑卦，乾坤六子中，离为中女，兑为少女，虽同居一室，但志向和想法不同，最终将嫁到不同的人家，所以有睽违之象。然而，从少女在下中女在上来看，仍不失长幼有序，不至于彼此决裂，含有相济相通的可能。

睽：小事吉。

《彖》曰：睽，火动而上，泽动而下；二女同居，其志不同行；说而丽乎明，柔进而上行，得中而应乎刚，是以"小事吉"。天地睽而其事同也，男女睽而其志通也，万物睽而其事类也；睽之时用大矣哉！

"睽"是乖异。上火下泽，火燥水润，性相乖违，中女、少女虽居一室，将来会各自嫁人，志不同归。然而，喜悦附丽于光明，六五与九二得中相应，做小事可以吉祥。睽之所以称为睽，是因为万物本是同出一源，后来出现了睽违的现象，事物彼此背道而驰有了差异。正是因为睽违，天地有了高下，男女有了分别，但他们彼此相求的志向是相通的，于是天地阴阳相和，化育了万物，男女彼此相爱，人类繁衍不息。

所以，睽卦所探讨的合睽之道的时用是多么伟大呀！

《象》曰：上火下泽，睽；君子以同而异。

睽卦上火下泽，表面看上去彼此背道而驰，各自走在不同的轨道上，性相违异，但是君子看到睽卦的卦象，却能够明白其中"以同而异"的道理，懂得在大同之中保存所当有的差异，在差异中寻求合作共存共赢的共同点。世俗社会中，每个人，每个群体都有其独有的特征和个性，有着各种各样的生存生活方式，这使得世界千姿百态，而在差异中，人之为人的常情常理却是大致相同的。如果能够做到尊重差异，在差异中寻求一种平衡的结合点，求同存异，使乖违睽异转变为相反相成，万物得以和谐共存，便是懂得了合睽的大道。

初九，悔亡；丧马勿逐，自复；见恶人，无咎。

《象》曰："见恶人"，以辟咎也。

初九处于睽卦之初，本性阳刚好动，在睽违离散的时候，希望能做些事情，但上与九四两阳相敌，没有应援，却有阻碍，不能继续向前，如同行路丢失了马匹，路上遇到了恶人。这样的情况本应有悔吝，所幸初九与恶人睽违不深，有合睽的可能，如果初九能够做到沉着宽容，和同守静，不急于追逐自己丢失的马匹，不莽撞激怒遇到的恶人，以长远眼光看待事物的发展，从容接纳，物来则应，化解睽违，那么，悔吝自会消失，马匹会自己回来，与恶人相处也可以避免过咎。

九二，遇主于巷，无咎。

《象》曰："遇主于巷"，未失道也。

符合礼节的见面，称作"会"，不合礼仪的见面叫作"遇"。九二作为阳刚中道的大臣，与六五柔中之主的见面不是在大殿上，而是在小巷中相遇，是迫于睽违乖离之世的恶劣环境，为了使君臣得以相见，以完成合睽的目标，九二权衡变通，委曲相求，循墙而走，谦逊谨密，终于"遇主于巷"。虽然忽略了外在的礼节，但双方刚柔相济、中道而应，没有违背合睽之道，对于转变睽违的局面是有好处的，不会有过咎。

六三，见舆曳，其牛掣；其人天且劓。无初有终。

《象》曰："见舆曳"，位不当也。"无初有终"，遇刚也。

掣，牵制。天，古代的墨刑，在额头上刺字的刑罚。《集韵》："天，刑名，剠凿其额曰天。"劓，割鼻，古代五种酷刑之一。六三本质阴柔，居于九二和九四两阳爻之间，在睽违之世，本欲与上九合睽相应，后面却被九二牵住，前面被九四挡住，举步维艰。因为本质柔弱，所以无法摆脱九二的牵掣。由于阴居阳位打算用强势前进，却触犯了九四而被掣受伤，成了一个进退不得自由的"奴隶"。这时的六三，应发挥和悦之极的德行优势，以柔顺和悦的心态面对困难，妥善处理与九二、九四的关系，争取上九的支持，化解矛盾，理顺关系。开始会很艰难，但是最终会顺利合睽。

九四，睽孤，遇元夫，交孚，厉无咎。

《象》曰："交孚""无咎"，志行也。

九四阳居阴位，不能安处，前后各有二阴爻围困，独立无援，很孤独。在睽违之世处境危险，在寻求伙伴的时候，遇到了元夫，元即是初的意思，也有善的意思，指初九。两阳爻本不能相应，初九当初也曾将九四看作恶人，但初九以宽容的心态，不计得失，求同存异，主动合睽，九四居位已过中，在孤立的处境下，只有放弃傲慢与偏见，去除私欲，与初九以挚诚相见，交相孚信，共同匡正时弊，就能达到合睽的愿望，则虽危而无咎了。

六五，悔亡，厥宗噬肤，往何咎？

《象》曰："厥宗噬肤"，往有庆也。

六五以柔居于睽卦的君位，柔弱之质没有能力把握大局、扭转睽离的态势，这应该是有悔恨的，但六五的有利条件就是九二与之相应，有贤臣辅佐，悔恨可以消除。九二有阳刚的才干和魄力，处理问题如"噬肤"般容易，九二委曲寻觅前来相应，是希望与六五达成合睽的共同志向，六五柔中之德应九二刚中之辅，将九二视为同宗同党，双方心志契合达到了深度的信任，这样君臣共治的态势是非常有利的，前往合睽还有什么过错呢？其结果也必然会大有福庆。

上九，睽孤，见豕负涂，载鬼一车，先张之弧，后说之弧；匪寇婚媾，往遇雨则吉。

《象》曰："遇雨"之"吉"，群疑亡也。

上九居于睽卦之终，是乖戾之极，又阳刚居上，是刚暴之极，同时又在上体离卦之上，苛察多疑之极，可谓乖戾、刚暴、多疑"三极"。本来有六三可与之相应，但上九这样的性格不相信他人，睽违孤独是必然的。六三排除万难前来寻求合作，上九却将其看作涂了泥的猪一样污秽蠢笨，心生厌恶，又猜测其有罪恶图谋，载了满车的鬼前来。这些都是无中生有，都是从上九的心里妄想出来的景象，受这种狂妄想法的驱使，上九达到了睽违之极，弯弓搭箭，要射六三，但后来又将箭放了下来，因为六三面对艰难危险，以柔顺和悦相应，并无歹意，真诚相应，上九看清了六三不是匪寇强盗，而是来合作的，终于冰释猜疑，睽极而合，前往与六三相应，阴阳相合，时雨降落，先睽后合，终而得吉。

〔睽卦小结〕

本卦阐述了在睽违之时化解矛盾、达致和谐的原则。要认识到事物间普遍存在的差异，明白"和实生物，同则不继"的道理，只有尊重差异，在差异中寻求和同，保留个性，寻求共性，宽容配合，才能消除冲突、化育万物。

具体的合睽之道，在六爻中有所体现。前三爻讲如何应对外在环境以达到合睽的目的。睽违之初，主动合睽，要宽舒从容，不急于求成，能够与和自己意见相左的人正常相处；在进一步睽违的情况下，为了合睽的大局，要能够委曲求全，要在不失原则和恪守中道的前提下顺势权变；在遇到外在压力干扰、处境艰难、进退维谷的情况下，不可强力犯难，而应以柔顺和悦的心态处理，以柔韧守恒来夺取胜利；后三爻从主观意识、本身修养入手，揭示合睽的原则：真诚守信，以诚信与人交往，求同存异，是合睽的长久之道；寻求平衡差异的结合点，找到共同的目标，深入合作，是合睽的良好状态；猜疑、暴躁是合睽的大忌。总之，合睽之道，在于推诚守正，如能求同存异、宽容大度、不私不疑，就一定能达到合睽的目的。

39. 蹇卦第三十九

艮下坎上

《序卦》："睽者，乖也。乖必有难，故受之以蹇。蹇者，难也。"

在睽违乖离之时就必会有困难险阻，蹇即蹇难、险阻，所以蹇卦在睽卦的后面。从卦象看，艮为山，坎为水，天险阻路，困难重重，摆在眼前的是峻岭横亘，深水莫测，举步维艰，所以称为蹇。从卦德看，内卦艮体为止，外卦坎体为险，险阻在前面而止步不能前进，故有蹇难之意。

蹇：利西南，不利东北；利见大人，贞吉。

《彖》曰：蹇，难也，险在前也；见险而能止，知矣哉！"蹇，利西南"，往得中也；"不利东北"，其道穷也。"利见大人"，往有功也；当位"贞吉"，以正邦也。蹇之时用大矣哉！

西南为坤，地势平易；东北为山，山势险峻。在蹇难的时候，要顺处于平易的地方，而不应停留在艰险之地。身处蹇难，利于见到伟大的人物出来拯济蹇难，这个"大人"要以持守大正之道为吉，不可入于邪滥。"蹇"是险难，险难在前面，见外险而心能止，不妄动，可谓明智。接下来如何排除险阻、解除危难，要靠正确的判断和决策，蹇卦上下二体都是阳卦，如能以位于西南的坤卦柔德为调和，必能刚柔得中，顺以济难。如果相反仍以东北艮卦的阳刚处事，其道必穷。卦中九五是济难的大人，能率领众爻各履其正，可以正邦济难。

《象》曰：山上有水，蹇。君子以反身修德。

山上有水，山高水深，象征立身行事，遭遇艰险重重。君子遇到这样的困境，前行不但不能达到目标，还可能陷入更深的危险困穷之中。这时不可再犯难强行，而应静下心来反省一下，是不是由于自己的过失导致这样的后果，如果有过错或有未尽善的地方，要及时改过补救，如果内心坦荡无私，俯仰无愧，就应客观分析外在的环境和蹇难的现状，提升自己的品德修养和决策水平，勉励和充实自己，等待时机，寻找克服蹇难的突破口，采取措施克难脱险。

初六，往蹇，来誉。

《象》曰："往蹇，来誉"，宜待也。

初六阴柔居于初位，才质柔弱，处于蹇难的开始，如果向前走，就会陷入蹇难。幸而初六居于艮体初位，能静观时势，知道前行会有危机，于是知险而止，归来退守，充实自己，耐心等待，没有妄动，因此获得了智者的美誉。

六二，王臣蹇蹇，匪躬之故。

《象》曰："王臣蹇蹇"，终无尤也。

六二处于蹇难之世，同样面临着向前行进就会离危险更近，从而会陷入重险的艰难处境，然而六二居于大臣正位，肩负济难出险的责任，上与九五相应，是君王所信任的重臣，在这样的情况下，六二不计个人安危与得失，毅然站出来协助九五，患难与共，为渡过蹇难舍生取义，凛凛然乃忠义大臣的风范，令人敬佩。以六二的阴柔之才，是不足以济难的，但六二中正厚德，舍身入险，虽有违"见险而止"的处蹇之道，致使自己蹇而又蹇，但其取舍并非为己，最终评价不能认为这是不明智的过尤之举。

九三，往蹇，来反。

《象》曰："往蹇，来反"，内喜之也。

九三到了下体艮卦的极位，阳刚居正，静极而动，但如果向前迈进一步，就会进入坎险之地。九三观察衡量了一下局势，上六可以相应，但上六阴柔无位，不能够给予支援，向前走是犯险而行，胜算不大；回头看内部的局势，二阴爻非常喜欢他能够复归，愿意依附与它。如果九三复归艮卦之所，可以得到安全和稳定。于是，九三反身与二阴相亲比，得其所安。

六四，往蹇，来连。

《象》曰："往蹇，来连"，当位实也。

连，接连。"往蹇来连"是指去和来都是接连的蹇难。六四当蹇难之时，已经进入坎体，如果向前进，会陷入坎险蹇难之中，又与初六无应，得不到支持，妄动只能增加危难程度；如果退身回来，又凌乘于九三阳刚之上，自身柔弱，力不能敌，可谓往来皆遇蹇难，进退都不合适。然而其本身柔顺得正，如此处境是时位使然，并不是行为过错所招致，可以说困顿蹇难不可避免。在这种处境之下，六四只能选择安正自守，默默进德修身，充实自己，做好分内的事，不宜采取任何行动。

九五，大蹇，朋来。

《象》曰："大蹇，朋来"，以中节也。

在蹇难之世，济难出险乃是众望所归，九五独陷上体坎险之中，堪称"大蹇"。但九五阳刚中正，居于君位，有主掌大局的能力，是往而有功的"大人"，又有六二柔顺忠义的大臣相助，济蹇的条件已经成熟。九五发挥刚健中正的才能，身处蹇难，不改气节，居正履中，勇于济险，得到了志同道合的朋友的支持和拥护，并纷纷前来追随。九五带领众人摆脱险境，突破困局，大刀阔斧地济蹇出险。

上六，往蹇，来硕；吉，利见大人。

《象》曰："往蹇，来硕"，志在内也；"利见大人"，以从贵也。

上六到了蹇卦的极上之地，往前已经无处可去，又本性阴柔暗弱，没有济蹇的才能，所以只能选择回身向内寻找出路，现实的情况是有九三可以正应，本可以得到阳刚有力的支持，但九三反归于内，不能相助。上六应发挥柔顺之德，"利见大人"，亲比于阳刚中正的九五。九五又有六二辅弼，各方力量就能够形成和衷共济的大好局面，济蹇渡难就能够胜算在握，可以取得硕大的功劳，成功出蹇，这样的结果是吉祥的。

〔蹇卦小结〕

　　本卦阐述了在蹇难之时处困济难的原则。首先，审时度势，要进退合宜。可进则进，不可进则退，如"利西南，不利东北"；其次，要想扭转艰难的局面，要"利见大人"，要有能够聚合各方力量、统合上下意志的魅力，领导众人合力济蹇；最后，无论多么艰难，济蹇不能邪滥，要行正道，守正则吉，即"贞吉"。

　　卦中通过具体的爻位，阐述了针对不同情况应采取的措施：初六阴柔无应，初入蹇难，前进就是犯难入险，所以退处是明智的；六二是柔中大臣，虽然前行必遭凶险，但它不顾安危，毅然前行辅君济难，令人敬重；九三刚正不阿，但险难当前，还是以暂退安内为上策；六四阴柔居正，无论前进还是后退都会受阻犯险，当安正自守为好；九五是刚中有为的"大人"，是济蹇出险的核心人物，须以中正之德与济蹇的坚定信心及阳刚的能力汇集力量，使"朋来"共助；上六阴柔居于极地，向前无所往，宜回身团结内部力量，依附于阳刚的"大人"，共济蹇难，以建硕大之功，终获吉祥。可见，匡扶危局，济难出险，必须经过长期努力，信念坚定不移，聚合多方力量，艰苦奋斗，才能获得成功。

40. 解卦第四十

坎下震上

《序卦》："蹇者，难也。物不可以终难，故受之以解。"

　　事物在不断地变化，蹇难梗阻总有被化解的时候，所以在蹇卦的后面是解卦。解为"缓解、解除险难"的意思。从卦象看，震为雷，坎为水，雷在水上，是雷震于天，雨水下落之象，郁结不通的天气终于缓解，阴阳二气交感和畅，有患难散解之象。从卦德看，震为动，坎为险，动于险外，已经脱离危险，并且越动越远离险难，所以有险难化解之意。解卦从蹇卦发展而来，蹇难刚刚得到缓解，如何处理好这个情况下的问题，是解卦所要揭示的。

解：利西南。无所往，其来复吉。有攸往，夙吉。

《彖》曰：解，险以动，动而免乎险，解。"解，利西南"，往得众也；"其来复吉"，乃得中也；"有攸往，夙吉"，往有功也。天地解而雷雨作，雷雨作而百果草木皆甲坼。解之时义大矣哉！

"西南"即坤方。处于解之时，刚刚摆脱艰难困苦，人心思安，为政者应效仿坤之厚德，采取宽大简易的政策，使民众休养生息，不要苛政扰民、无事求功，这样就可以复归于吉祥。由于危难刚刚解除，还会有些不安定的因素阻碍事态的良性转变，这时就应及时有所作为才能早些获致吉祥。即无事不寻事，有事不怕事，适时而动，得其中道而行。处解之时，雷雨和畅，万物萌发生长，是天地合德之功，人应效法天地，惠养兆民以及万物。

《象》曰：雷雨作，解。君子以赦过宥罪。

解卦的卦象是雷雨兴作，是疏解的象征。君子看到这样的卦象，赦免人的过失，宽宥人的罪责。

震雷绽开了百果草木的坚硬外壳，雨水滋润了万物，使万物生机萌发，自由生长，这是解卦所展示的卦象。君子看到这样的卦象，体悟到天地的生生之德，于是效法天地以宽厚简易的政策去扶助刚从艰难中走出来的人们，以宽和仁德之心去关怀滋养大众，对那些有过失的人尽量赦免，使其有机会改过自新，对那些犯有罪过的，也尽量宽宥，不以强力严刑制裁，本着从宽从简的原则，化解蹇难之世遗留下来的矛盾，营建一个宽松的环境与氛围。

初六，无咎。
《象》曰：刚柔之际，义"无咎"也。

初六居于解卦的初始，如同从蹇难中刚刚得到化解，以阴爻的柔顺之德与九四相应，同时又与九二相比，随顺在刚爻之后，不妄动，无所往，不自生事端，处事得宜，所以没有咎害。

九二，田获三狐，得黄矢；贞吉。
《象》曰：九二"贞吉"，得中道也。

田，指田猎。狐，是狡猾邪媚且善于隐藏的动物，这里指隐患、小人。黄，是中色。矢，箭矢，象征刚直。九二田猎，捕获三只隐伏的狐狸，以刚直中道的美德清除了隐患，获得吉祥。

在蹇难得以化解之后，仍会遗留一些隐患，需要刚直有为的人来主持大局，兴利除弊，清除隐患。九二居大臣之位，有阳刚的本质和决断能力，居于下体坎卦之中，具有刚中守柔的美德。由于身居坎体险难之中，深知隐患的症结所在，因此能够明察利弊，上与六五相应，为君主所信任，担当清除隐患化解矛盾的重任。在清除隐患的过程中，九二既不刚暴武断，也不柔弱无主，而是刚柔相济，中道处事，终于"田获三狐"，清除了小人，贞正得吉。

六三，负且乘，致寇至，贞吝。
《象》曰："负且乘"，亦可丑也；自我致戎，又谁咎也？

六三阴爻居阳位，不中不正，居于下卦坎体的上位，乘于九二之阳，就如同一个无才无德的阴柔小人窃取了高位，能力不足以胜任，却还要炫耀自己，结果招致盗寇的强夺，这是才德与权位不相符所致。在解之时，这样的人不但不能解除隐患，还会招致祸害，纯属咎由自取。只有使小人远离高位，贤能之人得到重用，才能缓解矛盾，免除祸患。

九四，解而拇，朋至斯孚。
《象》曰："解而拇"，未当位也。

拇，大脚趾，这里指初六。解卦是去小人之卦，九四居于近君大臣之位，由于其以阳居阴，不中不正，与初六是立身不正而相应，又有六三在下以阴柔不正比附自己，所以九四所处不当，很容易被小人所侵蚀和利用。如果九四不能清醒地认识这一点，继续亲近小人，那么即使有贤能君子到来也会被小人所离间，九四只有解除小人的牵绊，远离小人，才能取得君子之朋的信任和相助。

六五，君子维有解，吉，有孚于小人。
《象》曰："君子""有解"，小人退也。

"维"是语气助词。"君子维有解，吉"是指君子能够舒解险难，吉祥。六五和九二是解卦之主，六五阴柔之君，善于用柔中之道化解矛盾，居上体震卦中位，与九二刚中之臣中道而应，对九二充分信任，充分做到了"亲贤臣，远小人"，使君子得其所用，能够对所任用的贤臣深信不疑，小人的势力自然被瓦解。六五善用君子，不但可迫使小人退去，还会感化一些小人，使小人也明白只有做君子走正路才会行得通，于是改恶从善，则天下正气畅行。

上六，公用射隼于高墉之上，获之，无不利。

《象》曰："公用射隼"，以解悖也。

解卦是去除小人、消除隐患之卦。去除顽固的小人，消除重大的隐患要善于"藏器，待时"，藏器于身，待时而动，解难除恶才能一举成功。九二所获之狐是邪媚之小人，而上六所射之隼是阴鸷凶狠的小人。上六居震卦之极，与六三不应，去除"负且乘"的六三，至上六时条件已经成熟，于是成器而动，一举射落并抓获立于高墙之上的恶禽，解除了悖乱，使解道完成，邦国重归安宁，无所不利。

〔解卦小结〕

解卦阐述了舒解隐患的原则。卦辞中强调"解，利西南"，解难之道以宽易舒缓为主，排除险难，追求安定平和，无事时不生事，安居为吉；有事时不怕事，速解为吉。

在具体的解难过程中，以六爻所述主要是如何去小人、除隐患，以除内患为重点。初六柔弱无位，不担当解难之责，无咎；九二肩负重任，阳刚中道，以中和正直的方法，清除了邪媚小人；六三"负且乘"，小人窃居高位，招致祸患，告诫人们不要做"负且乘"的蠢事；九四只有远离小人，避开小人的围绕，才能获得贤人君子的信任和亲近；六五任贤不疑，使小人也心悦诚服，甘心退出；上六待时而动，终于将强有力的小人一举擒获。总的看来，以六三为全卦"解难"的重点对象，属内部隐患，各方面仍然以宽和缓解为主，赦过宥罪，不激化矛盾。然而到达上六解之极时，时机已成熟，对于顽固不化的小人，必当迅速清除，不可姑息。

41. 损卦第四十一

兑下艮上

《序卦》："解者，缓也。缓必有所失，故受之以损。"

解有"缓解""分散"的意思，缓解就会有所损失，所以在解卦之后继以损卦。从卦象来看，艮为山，兑为泽。减损泽中之土，才能使山体更高；减损泽中之水，才能滋润山上的草木，所以为损卦。从爻象看，损自泰卦而来，泰卦下体乾卦损九三之阳而补上六之不足，使上体坤卦变为艮卦，是损下益上之义。在社会人事中，适当地损刚益柔或损有余而补不足是在寻求组织结构的平衡稳定。然而损下益上不可太过，否则会动摇根基，形成否卦。

损：有孚，元吉，无咎，可贞，利有攸往。曷之用？二簋可用享。

《彖》曰：损，损下益上，其道上行。损而"有孚，元吉，无咎，可贞，利有攸往。曷之用？二簋可用享。"二簋应有时，损刚益柔有时，损益盈虚，与时偕行。

二簋，最简约的祭祀之器。在一般情况下，损失不是好事，尤其损下益上，根基损耗太过将导致整体颠覆。损卦损下益上的前提一定是要有诚信，其目的是顾全大局，保持组织的平稳健康运行。损下而不为邪，益上而不为贪，心地至诚，就会大吉而没有咎害。在社会政治中，如果取之于民是为了用之于民，诚实守信，就会得到民众的拥护，对整体局势都会有益。行损不可奢费浮夸，当以简约朴素为宜，心存诚敬，当损则损，当益则益，与时偕行，方为处损之道。

《象》曰：山下有泽，损。君子以惩忿窒欲。

损卦下兑上艮，山下有泽，泽卑而山高，泽以柔顺喜悦之心减损自己以衬托山的高度与威仪，如同少女减损自己的矜持高傲以温柔顺下衬托少男的伟岸，而少男则以沉静知止表达自己的敬重。君子看到兑卦甘于减损自身，喜悦而不怨愤，艮卦高尚巍峨，沉静而不狂妄，上下相应，相得益彰，防止了泰极则否的不良态势，于是效仿山泽之意，用于自身的德行修养，惩治自身的怨愤之气，抑制自我的贪欲之心，减损不善以增益善德，不断提升自身的修养。损之又损，忿欲消除，则"利有攸往"。

初九，已事遄往，无咎；酌损之。
《象》曰："已事遄往"，尚合志也。

初九刚爻居阳位，阳刚有余。与其相应的六四，柔爻居阴位，却是阴柔有余而阳刚不足。初九完成自己分内的事后迅速地前往增补六四，这样做当然不会有过错，但初九也需要酌情考虑分寸，减损不可过度，防止自身所担负的固基的责任过度削弱，对六四的增益也要适当，既不可强加于人或趋势媚上，也不宜增益过度，造成新的不均衡。初九损下益上的行为是与六四彼此合志共进，值得肯定。

九二，利贞，征凶；弗损益之。

《象》曰：九二"利贞"，中以为志也。

九二以刚爻居阴位，得下卦之中，本身刚柔相济，有中道的美德，但处在损刚益柔的处境中，又居于兑体柔位，极易损失其刚中之德。九二上与居君位的六五相应，损阳刚则有谄媚枉道之失，不损阳刚、直道而行则可能有违君意而损及自身利益甚至身家性命，是损还是不损？九二面临着选择与考验。在这种情况下，九二当贞守其刚中之德，不可自损其刚，如果有所前行，曲意奉上，就会失中，必凶。这是因为六五本质阴柔而居阳位，九二本质阳刚而居阴位，彼此的配合是适中而平衡的，九二若自损其刚，反倒失其中道，不但不能益上，还会破坏组织结构的平衡，导致弊害，九二只有不损，方能益上。九二的刚直不损得到了中道柔和的六五的赞许，反而更加衬托出六五柔中之君沉稳仁厚的盛德光辉。

六三：三人行，则损一人；一人行，则得其友。

《象》曰："一人行"，三则疑也。

损卦由泰卦调整变化而来，泰卦下体三阳爻，上体三阴爻，减损下体九三而与上六交换位置，体现了损下益上、损刚益柔的精神。泰卦下体三阳变为了损卦兑体两阳，是"三人行，则损一人"，而泰卦九三上行成为损卦上体艮卦上九一阳，上九与六三相应，是"一人行，则得其友"，这样以损道进行调整，有效地预防了泰极则否的发展态势。在形成损卦的局势后，六三居于兑体之极，以喜悦之心而求应于上九，如果一人独往，就能结成阴阳相配，彼此相益，可得化育之功。如果六三连同六四、六五相伴寻求上九的阳刚支助，则看似增益，实则有损于上九的阳刚，增添了上九的疑虑。可见，阴阳二气的至诚专一、相和互补，是万物得以生生不息的规律。

六四，损其疾，使遄有喜，无咎。

《象》曰："损其疾"，亦可喜也。

六四以柔居阴位，阴柔太过而缺少阳刚之气，这是六四的气质之疾。六四的处境也令人担忧，六四居于近君大臣之位，阴柔不能胜其任，前方权位富贵的诱惑增加了其欲望，而高位和能力的差异平添了心中的怨愤，这是六四的症结所在。去病要寻求医生，改过要寻求师友，六四治疗其疾病的根本是惩忿窒欲，改过从善，减损阴柔以寻求阳刚正气，弥补自身阳刚不足，而且越快越好。六四勇于改过，速请阳刚的初九前来补救，从而阴阳相合，可喜可贺。

六五，或益之十朋之龟，弗克违，元吉。

《象》曰：六五"元吉"，自上祐也。

双贝为朋，贝为古人货币，十朋之龟是价值二十贝的大龟，是尊贵的宝物。有人以尊贵的宝物来增益六五，推辞都推辞不掉，大吉大利。六五柔居尊位，刚柔相济，虚中自损，又与九二贤能之士彼此呼应，信任并敬重九二阳刚守中的品格。六五这样知人善任且能损己之私以成天下之公，自然能得到民众的拥戴。六五越是谦卑自损，天下人就越增益之，如此真是大善大吉了。

 上九，弗损益之，无咎。贞吉，利有攸往，得臣无家。

《象》曰："弗损益之"，大得志也。

损有不同的方式：减损自己以顺从别人，是精神层面的损，当以正义为原则；减损自己的财物使别人受益，是物质层面的损，以达到某种妥协与平衡；损卦下五爻都是损己从人或损己利人。上九居损卦之极，在整体损下益上的形势下，是最大的受益者，损之极则变为不损，上九在艮卦之极，损势已止。上九阳刚居阴，刚柔相济，居上益下，可以施惠于民而无须自损，这样没有咎害，守正则吉，因此不分远近，前来归附的人很多。

〔损卦小结〕

本卦阐述了减损之道。卦辞指出损道当以诚信为本，在诚信的基础上，尽量使形式简约。而是否需要损和损多少要持守中道并要与时偕行，表明损道贵诚、贵时、贵中，同时提醒：损下益上不可过，过则根基削弱，有倾覆的危险。

在具体的六爻中，下三爻自损以益上，上三爻受其益：初九减损阳刚迅速前往补益六四，则六四有喜；九二宁可自损利益，也要坚守本位，不损刚中之德，则六五之君最终得大益；六三至诚专一与上九相应，则上九得到远近人心的归服。可见减损之道在于损所当损，损是为了益，损中有益。

损道运用在修身层面，君子当"惩忿窒欲"，损不善以从善，损自身以益天下，从而完成道德人格的修炼；用在社会人事层面，损下益上，要取之于民而用之于民，才能上下沟通平衡，不会造成否卦的局面。

42. 益卦第四十二

震下巽上

《序卦》："损而不已必益，故受之以益。"

事物的盛衰损益有着一定的规律，当损到极点的时候，事物必然会转变为益，所以在损卦之后是益卦。从卦象看，震下巽上，风烈雷动，声势互长，彼此增益。从卦义看，益卦由否卦变化而来，减损上卦的初爻而补益下卦的初爻，以阳益阴，以上益下，所以为益。损下益上为损，损上益下为益，是因为下为上之本，损下则伤本，益下则固本。对植物来说，本固才有枝荣；对国家来说，本固才有邦宁，益本也就等于益枝，因而称为益。

益：利有攸往，利涉大川。

《彖》曰：益，损上益下，民说无疆；自上下下，其道大光。"利有攸往"，中正有庆；"利涉大川"，木道乃行。益动而巽，日进无疆。天施地生，其益无方。凡益之道，与时偕行。

益卦既有利于前往，又有利于涉过大河巨流等艰难险阻，总体情况是有利的。益卦改变了否卦上下不交的否塞状态，减损上卦的阳爻，补充给下卦，如同政府减损一部分利益让给下层民众，民众无比喜悦，这种自上下下的态势，使各方面都受到益处，坚固了基础，也就稳固了政权，因此利于做事。卦中九五与六二中正相应，因此能够上下合力，共同排除困难。震巽都为木，所以称木道乃行，动而顺，每天都有增益。否卦上卦乾施予下卦坤阳刚之爻，天施地生，扭转了不利局面，这是遵循易道与时偕行的正确举措。益卦与损卦的道理有相通之处，当损则损，当益则益，天道人事，必当与"时"偕行，才得其道。

《象》曰：风雷，益。君子以见善则迁，有过则改。

风与雷，彼此相益，风刮得疾烈，雷就会传播得迅速；雷声激荡，就会使风更加强劲，二者声势互长。君子看到这样的现象，就效法风雷迅疾的特点，迁善改过，毫不迟疑，以求有益于自己的德行。见到善行则立即推行善，不会犹豫，知道过错则马上改正，绝不拖延，这样就能形成迁善改过、雷厉风行的作风，自己和周围的人都会获益。在修身方面，损卦的象辞是"惩忿窒欲"，侧重于减损不善；益卦的象辞是迁善改过，侧重于增益美善。

初九，利用为大作，元吉，无咎。

《象》曰："元吉，无咎"，下不厚事也。

初九有阳刚的才质，又与六四相应，能够得到上层的支持。在益之时，下震动而上巽顺，正是大有作为之时，应做大益于天下的事。益卦以减损四爻增益初爻而成，所以初爻是受益的主要对象。在益之时，初九处于下层无位之地，本没有条件承担重任，但有六四这样的近君大臣信任，就当尽心竭力，必尽其善而后才可以无咎。

六二，或益之十朋之龟，弗克违。永贞吉；王用享于帝，吉。

《象》曰："或益之"，自外来也。

六二以柔德居正履中，虚中守柔，在损上益下之时，居于下卦中位的六二有着德位俱佳的优势，且与九五刚柔相应，在九五进行"用享于帝"的祭祀活动时，六二是厚德中道的大臣，所以价值十朋之龟的贵重宝物会自然来增益六二。这样的厚礼不必推辞，只要永守正固，恪守柔中之道，必可得吉。益卦六二与损卦六五的爻辞有相同之处，损卦六五是损下益上之时的上卦中爻，益卦六二是损上益下时的下卦中爻，皆有虚中守柔的品格，因而得到了丰厚的增益，而益卦六二与损卦六五相比所居并非尊位，自外得来如此贵重的厚礼，爻辞提醒它要"永贞"才会吉。

六三，益之用凶事，无咎；有孚中行，告公用圭。

《象》曰：益"用凶事"，固有之也。

在损上益下的益之时，六三在下卦上爻，受益尤甚。六三相当于守土一方的长官，既是受益者，同时也担负着承上益下的责任。"凶事"是指患难非常、困心衡虑之事，比如遇到凶年饥荒，需损上益下，赈济百姓。六三应以增益之物救凶平险，于忧患中体恤百姓疾苦，果断地开仓增益民众，这样的行为没有过错。六三禀告公事进展情况时，手持代表诚信的玉圭，秉持诚信、中道行事，以至诚禀告王公，这样才能够得到王公的信任和支持，避免过咎。六三的行为稳固了根本，以长久的眼光看，益下就是益上。

六四，中行，告公从，利用为依迁国。

《象》曰："告公从"，以益志也。

六四柔爻居阴位，上承于九五阳刚之君，下应于初九，在益之时，是承上益下的近君大臣。"中行"，是指六四与六三一样，处于上下两卦的中间，如能中道行事，上可对君王尽忠谏言，下可增益民众，造福百姓。"迁国"，上古常有迁徙国都、避害就利的举措。六四在损上益下之时，得到君王的信任并倚重，为使民众有良好的生存居住环境，九五依靠六四带领民众完成迁都这样的大事。

九五，有孚惠心，勿问元吉。有孚惠我德。

《象》曰："有孚惠心"，"勿问"之矣；"惠我德"，大得志也。

九五阳刚中正居于尊位，又有六二柔中之臣中正相应，在益之时，九五是施惠于民、为益于众的主体，以至诚守信的惠民之心做利民之事，损上益下，心系百姓。有这样的圣明之君，不问便知其结果必然是形势大好，至善元吉。九五以诚待物，以心惠民，德泽被于天下，自然会得到万民的爱戴，以诚信感惠于上，于是上下交相信赖，心志相通，国运昌隆。

上九，莫益之，或击之，立心勿恒，凶。

《象》曰："莫益之"，偏辞也；"或击之"，自外来也。

上九阳爻居于益卦之极，是求益太甚的上爻，私欲太重，忘善而图利，而且贪得无厌，最终益极而损，导致天怒人怨，民众不但不愿再供养增益他，还要攻击他。损上益下是固本安邦的正理，应坚持不懈，上九昏蔽贪利而忘了正义道理，反而损民利而遂私欲，成了众人厌恶唾弃的对象，其结果必是凶祸自招。

〔益卦小结〕

本卦阐述了损上益下、固本安邦的道理。在益之时，"利有攸往，利涉大川"，盛赞益道之善。通过六爻具体分析了益之时的处世原则：下卦三爻以"受益"为主，上卦三爻以"自损"为主。初九阳刚处下而获益，理当努力奋发，利用有利时机争取有所作为；六二柔中守正，获十朋之龟，以"永贞"为吉；六三居下层之上而受益，须救凶平险，可得无咎；这三个爻居下卦是获益者，但不能坐享安逸，而均当有所作为，尽心效力；上卦之始的六四居正守柔，利于承上之恩，行益下之道；九五刚中居尊，以孚诚施惠于民而获元吉。唯有上九求益过甚，贪得无厌，被民众攻击而致凶。本卦阐明了这样一个道理：施惠于人者，终将获益；贪利于人者，终将取祸。

损、益两卦中，损下足以益上，上者又当施惠于下；损上足以益下，下者又当转益于上，阐明了损与益的转化之理。在事物发展过程中，吉凶祸福、得失利弊是相互转化、互为依存的。

43. 夬卦第四十三

乾下兑上

《序卦》："益而不已必决，故受之以夬。夬者，决也。"

夬，本作决，或作抉，射箭时勾弦用的扳指，这里指决去、决绝。增益不能永久持续，必有决断、崩离的一天，所以在益卦后面是夬卦。从卦象看，天在下，泽在上，泽水在至高之处已经盈满，即将溃决。从爻象看，五刚爻由下而上逐渐强盛，阳长阴消，只剩一个阴爻在上，即将被灭尽，众阳决去一阴，所以称夬。从卦德看，乾刚健，兑和悦，刚健而喜悦，代表既能刚断又能不伤和气，君子道长，小人道消，君子占绝对优势，但仍然能戒骄戒躁，不会激起小人的反抗，这正是处夬之道。

夬：扬于王庭，孚号有厉；告自邑，不利即戎，利有攸往。

《彖》曰：夬，决也，刚决柔也；健而说，决而和。"扬于王庭"，柔乘五刚也；"孚号有厉"，其危乃光也；"告自邑，不利即戎"，所尚乃穷也；"利有攸往"，刚长乃终也。

在夬卦中，君子道盛，而小人势微，君子与小人的较量已经到了决断的时刻。小人在君侧，决去不容易，这场行动要分以下几个步骤进行：首先，造势。优先掌握道义的主动权，君子应光明正大地将小人的罪恶宣扬于王庭，让正义之气得到鼓舞，并起到敲山震虎的作用；其次，发动群众。虽然正义的力量占有绝对优势，但君子仍需真诚告诫众人警惕危险，提醒众人常存戒惧之心，发动群众力量共同与小人对决；最后，颁布政令。不利用武力取胜，神武而存乎不杀，迫使小人在大势所趋的压迫下就范，并留下一条可供投降的出路，正是善处夬之道。阳刚必然能最终制胜，且能够"健而说，决而和"。

《象》曰：泽上于天，夬。君子以施禄及下，居德则忌。

泽水化为水气升腾到天上，并决然下雨，化为甘霖浇注灌溉万物。君子看到这样的卦象，明白事物发展的趋势是高而就下，如不主动散施下去，高处的水最终将有决溃之时，于是果决地施恩泽于下民，如果自居有德而不分享和施予，必会被憎恶和忌恨。

初九，壮于前趾，往不胜为咎。
《象》曰："不胜"而"往"，咎也。

初九阳刚处下，是下体乾卦初爻，有着刚健进取的本质，初九作为处夬之初的刚爻，无位又无应，事态发展尚不明朗，就这样"壮于前趾"，莽撞行事，是果决有余而慎重不足的表现，不但难以取胜，还会招致咎害。

九二，惕号，莫夜有戎，勿恤。
《象》曰："有戎""勿恤"，得中道也。

惕号，警惕呼号，发出警备之语；莫，即"暮"。九二刚中守柔，刚柔并济，既果断又审慎，处在阳刚渐长的有利形势下，身居大臣之位，又得中道，在平时就提高了戒备。"孚号有厉"，提醒所有的阳爻警惕危险，所以在深夜出现战事时亦无须忧虑了。九二居中慎行、果敢持重使这场以刚决柔的行动胜券在握。

九三，壮于頄，有凶。君子夬夬独行，遇雨若濡，有愠无咎。
《象》曰："君子夬夬"，终无咎也。

頄，颧骨。夬夬，刚毅果断的样子。九三在下体乾卦之极，以刚居阳，刚已过中，急欲以刚决阴的样子显现在脸上，这样做是有凶险的。九三在群阳之中，是唯一与上六相应的阳爻，因此被众阳疑心与上六有勾结，它又常常独行决断，更像是行为上有污点，于是有人对此表现得很生气。但九三是阳刚君子，以刚居阳代表他有决断的能力，对于以刚决柔这件事有着坚定的决心，因而能够去除私欲，最终决去小人而不会有咎害。

九四，臀无肤，其行次且；牵羊悔亡，闻言不信。
《象》曰："其行次且"，位不当也；"闻言不信"，聪不明也。

次且，即趑趄，想前进又不敢前进，形容疑惧不决、犹豫观望。九四以刚居于阴位，已经进入上卦兑体初爻，在夬卦要求有刚决果断品质的时候，九四显得刚决不足，有些犹豫不前，但后面乾卦三个阳爻正在齐头并进，健行向前，使得九四居坐不安，如同臀部受了伤一样，勉强欲行，又因居阴位，缺少了阳刚的勇气，以致走路趑趄难进。如果九四能够与上面的九五和下面的三阳爻一同向前，像羊群跟随头羊被牵着前进一样，就能够补其不足，消除悔恨，而九四却又因为是阳爻，刚愎自用而不能听信忠言，这样下去，其凶可知了。在夬卦中，以刚决能断为佳，九四居位不当，闻善不听，不能克己从义，最终难免受害。

九五，苋陆夬夬，中行无咎。
《象》曰："中行无咎"，中未光也。

"苋陆"是感阴气多且易折易断的植物，这里以取象九五的处境，九五阳刚中正居于尊位，本是一卦之主，然而与阴爻上六切近相比，感阴气较多。上六是全卦唯一的阴爻，又和悦之极，所以九五极易被上六的阴气所感。如果九五不能够与上六决断，必然会受其害，所有阳爻以刚决柔的愿望也就不能实现。九五作为一卦之主，应秉持阳刚中正的原则，坚决行动，如同苋陆那样的植物，虽感于阴气，却能够最终决断，以行于中道而获无咎。九五在阳气占绝对优势的情况下，仅得无咎，是因为中道在此卦中未得到光大。

处夬之道应本着"健而说，决而和"的原则，动态掌控全局，而不是简单地一方彻底消灭另一方，中道是把握动态平衡的原则，在解决矛盾的过程中，新的矛盾又会产生，能够守住中道这个原则，从根本上解决问题，灵活运用刚柔合宜的方法，以实现总体平衡，就会有不错的结局。

上六，无号，终有凶。
《象》曰："无号"之"凶"，终不可长也。

上六以阴极居夬卦之终，凌驾于群阳之上，居高作恶，得势一时，最终被五阳一举决除，已经无力回天。面对不可逆转的局面，上六无须痛哭号啕，因为其结果已经是凶险难逃，号呼也无济于事，可见小人居上作恶的情势终归是不能长久的。

〔**夬卦小结**〕

本卦阐述了果决行动清除邪恶小人的原则。卦中五阳决一阴，阴阳双方力量悬殊，小人被决除的形势已定，在这样的情况下，君子应采取的举措和应遵循的原则是：一是公开宣判小人的罪恶，夺取道义上的绝对优势；二是警告己方要时刻危惧戒惕，越是看似容易的事，越要倍加小心，做到先谋而后动；三是冷静中道，以德取胜，不可偏激滥用武力，尽可能做到控制局面，以"决而和"为目的，做到从根本上解决深层次问题。

在具体的六爻分析中，初爻事态不明，力量不济，爻辞告诫其莽撞行事必然会有咎害；二爻形势有利，也有了一定的地位权力，爻辞告诫其不可放松警惕，应时刻审慎警惕，平时要提高戒备，做好防范；三爻阳刚气盛，爻辞告诫其刚壮而不知隐蔽则会有凶险；四爻到达高位却刚决不足，爻辞勉励它要与众阳爻携手并进，如果不听忠告就会难免受害；五爻感阴气太重，爻辞告诫其要免受迷惑，要有决而又决的决心，同时中道慎行才可无咎。由此可见，五阳决一阴也绝非易事，爻辞反复叮咛，无所不至，说明了对小人的戒防和斗争是长期而艰难的，时刻不可忽视。到上六时，邪不压正，小人已成众矢之的，终被决除。

44. 姤卦第四十四

巽下乾上

《序卦》："夬者，决也。决必有遇，故受之以姤，姤者，遇也。"

姤，即"遘"，遇合，不期而遇的意思。夬是决裂分离，物分而后有遇合，所以在夬卦后面是姤卦。从卦象看，上体乾为天，下体巽为风，风行天下，与万物接触，有遇的含义。从爻象看，初六一阴爻初生于五阳之下，其余都是阳爻，是阴与阳相遇，所以有遇合之象，是谓姤。

姤：女壮，勿用取女。

《彖》曰：姤，遇也，柔遇刚也。"勿用取女"，不可与长也。天地相遇，品物咸章也。刚遇中正，天下大行也。姤之时义大矣哉！

姤卦一阴在下，上有五阳，呈现出阴长阳消、以一柔变五刚的态势。阴与阳的关系是相反相成的，在阴阳循环消长中，产生了万般变化，成就了万事万物。阴阳不相遇就不会有天地万物的化育成长，因而阴阳相遇的时义是非常伟大的。然而在姤卦中，一阴遇五阳，如以阴爻喻女子，则一女周旋于五男，且阴气向上浸长，有女壮之象，卦辞告诫"勿用取女"。如以修身为喻，阳刚君子积德不易，必坚持中正之德，持之以恒，对滋生的不良德行应有如临大敌的警惕性，切不可姑息养奸。姤卦提倡"刚遇中正"，方可使正德教化大行天下。

《象》曰：天下有风，姤。后以施命诰四方。

《尔雅·释诂》："林、烝、天、帝、皇、王、后、辟、公、侯，君也。"姤卦巽下乾上，天下有风之象，风行于天下，遍及万物，万物由此获得了天的讯息。领导者看到这个现象，就效仿风行于天下的方式，发布命令，传告四方，使天下所有的人都得知政令，然后依照政令去做事。姤卦的天下有风与观卦的风行地上有所不同，姤卦的风是由天而下行，是施发宣告命令之象，而观卦是风吹行在地上，是亲自出巡视察之义。

初六，系于金柅，贞吉；有攸往，见凶，羸豕孚蹢躅。
《象》曰："系于金柅"，柔道牵也。

初六一阴在姤卦之初，处于遇的开始，一柔爻承五刚爻，自由放纵，没有归属，所以必须专一系于某处才能安定。初六就像没有约束的车子盲目前行，要有坚固的刹车装置才能保证自身和他人的安全。初六先遇到了九二，并与之达成亲比关系，阴阳正比，如果初六能够贞守此道，可以获得吉祥。如果不够专一、心浮气躁还急于与九四相应，就必像瘦弱的牝猪那样，阴柔又浮躁放恣，内心踟躇，徘徊不静，不能贞守正固，因而失去牵系，就会偏离正道，促进阴长阳消的势头，带来凶险。对于君子来说，要在阴气未壮大的时候，尽早对其进行牵制，使其不至于盛长。

九二，包有鱼，无咎，不利宾。
《象》曰："包有鱼"，义不及宾也。

九二阳刚居中，在姤之时，与初六不期而遇，形成正比的关系。初六阴柔上承于九二的阳刚，九二包容接纳了初六，如同包中有了鱼。对于九二来说，自身刚中有力，包容接纳初六没有咎害。在姤之时，对于初六这唯一的阴爻，五阳爻先遇到的先得到，同时尽早将初六牵制住，使之被正道所控，可以免除后患，所以"义不及宾"，按正理不利于再让给其他人。

九三，臀无肤，其行次且；厉，无大咎。
《象》曰："其行次且"，行未牵也。

姤卦九三与夬卦九四有相似的遭遇，在处理与唯一阴爻周围阳爻的关系时，进退维艰，行动失据。这是因为姤卦九三刚居阳位，在下体巽卦之极，过刚而不中，在姤遇之时，既无应也无比，如果居于原地不往外走，有跟九二抢夺初六之嫌。如果往上前进，又是重重刚爻，没有接应，因而"臀无肤，其行次且"。所幸九三居位得正，虽未与阴爻相遇而一无所得，但也因此不会被阴爻所牵累。所以虽处境危险，但终无大咎，此爻可见祸福相依的道理。

九四，包无鱼，起凶。

《象》曰："无鱼"之"凶"，远民也。

九四本来就与初六正应，在姤遇之时理应担当起包容牵制阴爻的责任。然而，初六却已先遇九二并归附九二。这是因为相比于九二而言，九四不中不正，无德无位，既无包容的胸襟，又没有牵制的能力，以致失去了机会，导致包中无鱼，丢失了本该属于自己的阴爻，如同地方官失去了臣民的拥护，民心背离，上下离心离德，九四这样的处境，祸乱将生，灾难将作。

九五，以杞包瓜，含章，有陨自天。

《象》曰：九五"含章"，中正也；"有陨自天"，志不舍命也。

"用杞柳枝编成器皿盛装瓜果，内心含藏着中正美德，有理想的遇合自天而降。"这是在盛赞九五的德位之美。由于九五能够刚健中正居于尊位，在姤遇之时，君道广大，刚健涵容，懂得"水可载舟亦可覆舟"的道理，采取容蓄裁护之道，善待异端，曲成万物，使阴柔与阳刚和谐共存，相得益彰，君民共荣。有这样中正且能掌控全局的君主，尊重自然规律，正德立命，因势利导，自然会有理想的遇合自天而降，成就圣功伟业。

上九，姤其角，吝，无咎。

《象》曰："姤其角"，上穷吝也。

上九以刚爻居卦最上端，就如同姤卦头顶的角，向前行进，已无可遇。在整个卦中上九与唯一的阴爻初六相距最远，在姤遇之时，不能与阴相遇，本来是可吝恨的，但上九所居无位，在穷极之地，制阴原不是它分内的事，既然没有机遇，也就没有争端，因而也就没有什么咎害。就像一个怀才不遇而选择远离政治的人，不参与政事，最终没有过咎。

　　姤卦的卦义是柔遇刚，阴长阳消，阴对阳形成了侵迫之势，然而阴阳相遇、变化不息，才有万物的生长，才有君臣、上下、男女、夫妇，从而形成生生不息、五彩缤纷的世界。然而相遇必有道，姤卦阐述了阴阳相遇所应遵循的原则。卦辞从宏观上提出"相遇"之道必合于礼的主张，如以一女壮而遇五男，则"勿用取女"，鲜明地反对不正当的遇合。

　　在合于正道的前提下，本卦通过六爻阐明了具体情况下对待阴势渐长、小人渐盛的原则：初六阴爻必须专一系应于阳爻，守贞则吉，不可轻浮自纵，否则往则有凶；二爻以刚中之德包容牵制小人，因而无咎；三爻过刚无遇因而进退艰难，但"无大咎"；四爻失掉了所遇，强争就会有凶险；五爻阳刚中正有君德、能包容，含藏美质等待"有陨自天"，是尽人事、听天命的正确态度；上九居穷极，远离是非，无遇也无伤，因而无咎。可见，阴应守贞顺从阳，阳应包容牵制阴，阴阳相遇以正，是姤卦中所蕴含的深义。

45.萃卦第四十五

坤下兑上

　　《序卦》："姤者，遇也。物相遇而后聚，故受之以萃。萃者，聚也。"

　　《白虎通义·宗族篇》："生相亲爱，死相哀痛，有会聚之道，故谓之族。"事物相遇然后不断聚集就会成群，萃就是"聚合"的意思，所以在姤卦之后是萃卦。从卦象来看，坤下兑上，是泽上于地，水在地面上聚合而形成兑泽，有萃聚之象。从卦德来看，下体坤卦，其德柔顺，象征民众顺服。上体兑卦，其德和悦，象征领袖和悦，上和悦而下柔顺，上下能够彼此聚合，有萃聚之德。从爻象来看，六二与九五中正而应，刚柔相济，下卦三阴爻都能够与上卦的阳爻相和合，因而有聚合之象，所以称为萃。

　　萃：亨，王假有庙，利见大人，亨，利贞；用大牲吉，利有攸往。

　　《彖》曰：萃，聚也；顺以说，刚中而应，故聚也。"王假有庙"，致孝享也；

"利见大人，亨"，聚以正也；"用大牲吉，利有攸往"，顺天命也。观其所聚，而天地万物之情可见矣。

君王到宗庙举行祭祀，表达对祖先神灵的孝心与恭敬，相聚以正，以此聚合民心，淳化民风，使民众在精神上有归属感，形成文化认同。萃卦的聚合是有组织、有秩序的聚合，"大人"以正道感召会聚民众，使上下相聚，和悦顺服，"用大牲"是指祭礼隆重，在民众的眼中吉祥而有利，这样顺应天意民心，必会亨通。阴阳聚散，天道自然，是万物运行的规律，萃卦"顺以说，刚中而应"的萃聚之道，体现了天地万物之情。

《象》曰：泽上于地，萃。君子以除戎器，戒不虞。

泽水聚集于地上，是萃聚之象，象征人或物聚集到一起。众人聚集就容易出现争端，物类汇聚容易出现抢夺，萃聚极易出现变故，其中最大的问题就是安全。所以，组织者要事先做好准备，安排布置人力，修整武器，提高戒备，预防意外。

初六，有孚不终，乃乱乃萃；若号，一握为笑，勿恤，往无咎。
《象》曰："乃乱乃萃"，其志乱也。

初六在萃聚之时本来与九四正应，但由于初六居于下卦坤体初爻，自身柔弱没有主见，心中与九四相应的诚信不能保持始终，又有六二、六三两个同类隔在中间，在萃聚的时候，心志疑惑迷乱，不知该与谁相聚才好，这时初六大声地呼号，寻找自己的正应，求其所聚，初六的呼声得到九四明确的回应，双方相握而笑，因为初六和九四本为阴阳正应，所以初六不必再有疑虑，往而从之，相聚无咎。

六二，引吉，无咎；孚乃利用禴。
《象》曰："引吉，无咎"，中未变也。

六二柔中居正，处于坤体中位，与九五刚中之君正应。六二以诚信之心守正自持，以朴素简约的"禴祭"等待九五前来礼贤下士，牵引萃聚，从而保持了臣者恭敬而不诮媚、简朴而诚信的品格。九五真诚求贤，君臣得以正道相聚，刚柔相应，吉祥无咎。

六三，萃如，嗟如，无攸利；往无咎，小吝。
《象》曰："往无咎"，上巽也。

在萃聚之时，九五与九四一起是其余阴爻所萃聚的核心。初六、六二已分别与

九四、九五正应，六三所居不正，向上又与上六无应，求聚不得，处境不利，因而嗟叹不已。然而在萃之时，九五、九四发布政令会聚各方，各爻就应顺应时命前往萃聚。六三可以亲比于九四，以阴顺阳，不会有过错。由于九四已与初六正应，虽然接受了六三的亲比，但相聚不谐，因此，存在小小的憾惜。

 九四，大吉，无咎。

《象》曰："大吉，无咎"，位不当也。

九四以近君之位处萃聚之时，上与九五相聚，下与众阴爻亲比，即得君又得民，可谓左右逢源，上下机会集于一身。然而九四以阳爻居阴位，所居不正，其位不当，又是近君多惧的位置，如不能做到方方面面的周全，就会有僭越本分、收拢民心的嫌疑，所以必要做到"大吉"，顾大局、立大功、没有差错，才可以无咎。

 九五，萃有位，无咎；匪孚，元永贞，悔亡。

《象》曰："萃有位"，志未光也。

九五是萃卦主爻，阳刚中正，是萃聚的中心。九五持中守正，居于高位，没有过咎。但是会聚人心，并不能依靠高位去全部获取，如果有臣民游离于号召之外，甚至发出反对的声音，作为掌控全局的九五就应反省自身，修养其恒久、正固的君德，居安思危，励精图治，做到德与位相称，使民众信服，就会消除悔恨，成为民众真心拥护萃聚的中心。

 上六，赍咨涕洟，无咎。

《象》曰："赍咨涕洟"，未安上也。

上六处于萃卦之终，向下与六三无应，向上穷极无聚，又以阴爻乘于九五阳刚之上，孤立无援，求聚不得，处境非常不好。幸而上六居于上体兑悦之极，不敢自以为是，不以疾愤处世，而是以痛哭流涕表达求聚之情，这样可以得到众人的同情，免去咎害。

〔萃卦小结〕

人类有组织地聚合起来，就能够凝聚起力量，朝向共同的目标努力。人群萃聚要有原则，才不致横生变乱，萃卦阐述了人类萃聚的原则：倡导萃聚的领导人要"聚以正"，聚集目的要正当才能够吉利，同时，要"修治兵器，以备不虞"，提前做好安全防范；前来萃聚者应互相信任，心怀诚意，互相激励，不生抱怨，且始终坚贞如一，萃聚才能够有序有效；位卑者应真诚地寻求萃聚，位尊者要尊重追随者，主动牵引追随者，并且要本着以德化民的原则，以恒久贞固的君道博得民众的爱戴和拥护；有的人在众人以正道萃聚之时却游离于群体之外，处于孤立无援的境地，这时就应及时反省自己，痛定思痛，忧惧知危，主动地寻求会聚，免除咎害。

46. 升卦第四十六

巽下坤上

《序卦》：“萃者，聚也。聚而上者谓之升，故受之以升。”

升为“上进”“上升”的意思，事物积聚到一起就会日益高大，会聚并向上，所以在萃聚之后为升卦。从卦象看，升卦巽下坤上，木在地下，是地中生木之象，木从地下生长出来，不断成长上升，所以称为“升”。从卦德看，巽德为入，坤德柔顺，具柔顺巽入之德的人，必会因时处顺，向上进升，所以称为“升”。

升：元亨，用见大人，勿恤。南征吉。

《彖》曰：柔以时升，巽而顺，刚中而应，是以大亨。“用见大人，勿恤”，有庆也；“南征吉”，志行也。

升卦上下二体都是阴柔之卦，初六从最下爻向上生长，逐步上长到六五，这种积小以成高大的上升顺应自然规律，其势不可挡，是大为亨通的，不必有忧虑。“南征”代表向着光明前进，前进就可以得吉。上卦坤体柔顺，下卦巽体顺入，初六以巽顺之道顺时上行，到达六五君位，而能够得到九二大臣刚中相应，所以“大亨”。上升之道用在社会人事中，处下位者必要得到居上位者的提拔才能上升。在进德修身时，进升于道的高境界需要有圣贤的指引。用刚中巽顺之道利见“大人”，必会获得福庆，得以顺遂上升的心愿。

六十四卦中直言“元亨”而没有其他说辞的，只有“大有”和“鼎”卦。有其他说法但不是告诫之辞的只有“升”卦。在升卦中，贤者一步步地向上升而无所阻碍，因此“元亨”。这充分体现了《周易》的尚贤之道。

《象》曰：地中生木，升。君子以顺德，积小以高大。

升卦之象是地中生木，不断向上成长，由弱到强，由小到大，由低到高，在积累中上升。君子看到这样的卦象，学习树木成长的韧性与恒心，一点一滴地积累，不断修养德行，顺时而进，顺正道前行，勤勉不辍，使学业、道德得以积累，"积小以高大"，上升到更高的境界。

初六，允升，大吉。

《象》曰："允升，大吉"，上合志也。

升卦下体为巽，巽为木，初六阴柔居下，是巽木之主，如同树木的根，得到地气的滋育，上承九二、九三两爻的阳刚之气，顺应自然，向上生长。上体为坤为土，柔顺相接，正适宜树木的生长，这种上升的态势非常顺利，欣欣向荣，必获吉祥。用在社会人事中，初六正是深居下位的贤士起步上升之时。

九二，孚乃利用禴，无咎。

《象》曰：九二之"孚"，有喜也。

升卦九二与萃卦六二的爻辞均说到"孚乃利用禴"，可见居于下卦中位的大臣当以内心诚信而形式简约为佳。升卦九二居下体巽之中爻，如同树干，刚直居中，与居于君位的六五刚柔相应。在上升之时，阳刚之臣与阴柔之君相应，更需持守至诚中道，去除矫饰，上下孚诚相应，没有过咎。这样的诚信美德会带来喜庆。

九三，升虚邑。

《象》曰："升虚邑"，无所疑也。

九三到了下卦巽体的极位，即将以阳刚之质进入上卦坤体。坤为土，有土地国家之象，在升之时，九三刚居阳位，上面全部是阴爻，又有上六相应，向上升进时，如入无人之境，九三勇往直前，没有疑惑畏惧。虽然如此顺利，爻辞并没有言吉凶，是因为正在上升的势头下，暂时没有吉凶之辞，但是终究不如二、五爻至诚中道及初、四爻的巽顺应时更为稳妥。

六四，王用亨于岐山，吉无咎。

《象》曰："王用亨于岐山"，顺事也。

亨，通"享"，指祭祀、祭享。岐山是周朝的发祥地，古公亶父迁于岐山，以柔顺谦恭之德得到民众的爱戴。六四以柔居于阴位，当位得正，上有六五，下有九三，向上服从于君王，以柔事君，不逾越做臣的本分，向下对于寻求升进的贤士从不拒绝，并以柔德进行抚顺和接纳，帮助他们得以进升，这样顺时顺事，无不接纳，不断累积，吉而无咎。古公亶父的基业发展到文王时已是天下归心，奠定了周朝八百年的根基，可谓吉祥无咎。

六五，贞吉，升阶。

《象》曰："贞吉，升阶"，大得志也。

六五以柔爻居尊位，得上卦中位，与九二阳刚之臣相应，得到刚中之臣的有力辅佐，君臣通力合作，使国家形势蒸蒸日上，如同沿着台阶逐步攀升。在不断上升的良好态势下，六五作为柔中之君，要注意保持正固，对贤能之士委以重任，坚持用贤不疑的原则，以使上下同心，刚柔并济，必会得遂大志，获得吉祥。

上六，冥升，利于不息之贞。

《象》曰："冥升在上"，消不富也。

冥，指昏昧冥顽不通事理，因一路上升顺利，升进的思维形成了习惯，以致升到了上极之地无可再升时，仍昧于形势，盲目进升而不知停止。上六以阴柔处于极端，继续进升只能是使好的形势消亡，最终消而不富。在这种情况下，上六应幡然醒悟，反身修德，收回心来不再外求，修养巩固自身的正道德行，才是有利的选择。

〔升卦小结〕

本卦阐明了事物顺势上升、积小成大的道理。升卦的卦时是亨通的，卦中六爻逐次体现了顺势上升之道：在升进的过程中，宜于追随志同道合且具备刚中美德的"大人"，以他们的成功经验作为自己升进的借鉴，则可以顺畅地上升；进一步升进要具备实力，并且要心存诚信，坚持"顺以升"的原则；遇到上升的大好时机，应及时把握，顺势而为，勇于奋进；升到高位时，要善于处理上下级的关系，诚信待人，谦虚顺事，就不会有过咎；上升到至尊位置的时候，不可失诚信的本质，要坚守中道，用人不疑，与下属刚柔相济，事业就会如登台阶一样逐步上升；升进的过程重点体现了顺势上升、遵循事物发展规律的原则。升进也有极限，在到达极限其势将消的时候，不可昏冥不悟，妄动向前，而应审时度势，适时收敛，修正德行，以化解不利的势头。

47.困卦第四十七

坎下兑上

《序卦》:"升而不已必困,故受之以困。"

事物上升是由下向上行进的,由下向上是要消耗力气的,如果一直上升不已,终会有力竭气乏的时候,以致疲惫不堪,所以在升卦之后是困卦,困有"疲惫困乏""困难""穷困"之意。从卦象看,坎为水,兑为泽,水本来该在泽中,现在却到了泽下,说明泽中已经枯竭无水,因而有困乏之象。从爻象看,上卦两阳爻被一阴爻所掩蔽,下卦一阳爻被两阴爻所围困,是君子被小人所困之象。从卦德来看,坎为险,兑为悦,意指虽陷于坎险之中,却仍能够欣悦面对,象征着君子纵然在穷困之中,仍然能够乐观面对。

困:亨。贞,大人吉,无咎;有言不信。

《彖》曰:困,刚掩也。险以说,困而不失其所"亨",其唯君子乎!"贞,大人吉",以刚中也;"有言不信",尚口乃穷也。

阳刚被掩蔽、欺压,君子处于困境之中,处困而能"亨",才算得上是真正的"大人"。宝剑锋从磨砺出,困境是对人格信念的磨炼与考验,君子"险以悦",在险难之中信念坚定,乐天知命,不悲观丧志,不怨天尤人,以刚中的德行贞守正道,坚忍性情,以待转机。在处于困境中时,言行要警惕谨慎,尽量少发表意见,因为在困顿之时的言论不但不会有人相信,有时还会给自己带来更大的厄运。要懂得随时善处等待脱困之日。

《象》曰:泽无水,困。君子以致命遂志。

泽中无水,是困乏之象。君子在困顿途穷的时候,应尽力去改变困境,不可坐以待毙。自古以来,受困而不能脱身的君子,在患难之中,不会动摇内心坚守的原则和志向,将良知、道义、责任作为自己价值追求的终极目标,将生死置之度外,以有限的生命去完成自己的使命与责任,虽身困而志亨,以追求内心崇高的理想,实现自己的志向。

何谓"致命遂志"？《说卦传》中言"穷理尽性以至于命"。命，是人与天地万物共有的本体，是道德修养所追求的最高目标。就本原意义而言，人莫不有命、有本体，但基本处于不自觉的蒙昧状态，"日用而不知"，所以必须在穷理与尽性两方面下功夫，通过一番向外穷理、向内尽性的修养功夫，才能回到自己精神的本源，才能合内外之道。穷理尽性若能做到极处，则至于命。向外穷理以求自己的心性聪明睿智，有如天之高明，向内尽性以求自己的人格气象恢宏，有如地之博厚，这就达到了天人合一的最高境界，是人性的完满实现。

 初六，臀困于株木，入于幽谷，三岁不觌。
《象》曰："入于幽谷"，幽不明也。

株木，没有枝叶的树木。"臀困于株木"是坐在没有枝叶的树下，得不到荫护和援助，这里指初六阴爻居于困卦最下，又在下体坎险之下，如同入于幽谷一般困顿不能出。初六本可以与九四相应，而九四在困卦上体，被上六所遮掩，不能够为初六提供庇护，阴柔处下的初六没有能力从困顿中解脱，多年不见天日，没有人发现。在卦象中，初六得不到九四援助，还可以上承于阳刚的九二，但在困境中，九二被初六和六三所困，这也是初六不能守正，不明事理所致，竟意欲与六三共同围困九二，这样反而使自己在困境中越陷越深。

 九二，困于酒食，朱绂方来，利用享祀；征凶，无咎。
《象》曰："困于酒食"，中有庆也。

朱绂，古代礼服上的红色蔽膝，指官服。九二刚爻困于初六和六三之中，陷入了困境。小人是以潦倒贫穷或自身利益得不到伸张为穷困，而君子无论身体在什么境况下，都是以道义不能伸张为穷困。九二居大臣之位，并非衣食缺乏，而是因报效天下苍生的志向得不到实现而深觉困顿，丰厚的酒食成了麻痹和捆束志向的绳索。九二以阳刚中道坚守赤诚，得到同样有刚中之德的九五的赏识，"朱绂方来"，任命刚到，九二不敢以自养，而是用在尽职尽责上。九二能够在受困之时，安守自处，没有妄动失节，终于等来了九五的任命相求，因而不会有咎害，君子之道得以亨通，保持中道就有福庆。

 六三，困于石，据于蒺藜，入于其宫，不见其妻，凶。
《象》曰："据于蒺藜"，乘刚也；"入于其宫，不见其妻"，不祥也。

六三以阴居阳，所居不正，虽质柔却有刚武的作风，在下体坎卦的极位，欲铤险冒进，但向上与上六无应，想要比附于九四，九四已经与初六相应，不但不提供帮助，反而成了挡在前方的巨石，坚高难攀。求前进而不能的六三回身退据，却凌乘于九二之上，形成了阴乘阳的危险局面，如同踩入蒺藜丛棘之中，难以迈步；在这样穷困险恶的处境中，六三被牢牢困住，进退不能，就算固守于家中，也是茕茕独身，见不到配偶，可以说是非常不祥而凶险了。

 九四，来徐徐，困于金车，吝，有终。

《象》曰："来徐徐"，志在下也；虽不当位，有与也。

　　九四进入了困卦的上体兑卦，已经从下体坎险中脱离出来，渐渐具备了解困的条件，但力量尚不足，欲与初六相应，帮助初六脱困，内心不免戒慎恐惧，行走非常缓慢。因为两者之间隔着九二，如同被金车所阻困。坎体有弓轮之象，九二如车轴，阻挡了九四的道路，所以九四行动迟缓并为此深感憾惜。九四解决这个问题没有用武力，而是以"险以说"的态度，质刚用柔，履行谦和之道，以求解救初六。九四虽力量不足，但与初六是正应，初六如同寒士的妻儿、弱国的臣子，守贞重节，苦苦等待与九四相应，终于得到了好的结果。

 九五，劓刖，困于赤绂，乃徐有说，利用祭祀。

《象》曰："劓刖"，志未得也。"乃徐有说"，以中直也。"利用祭祀"，受福也。

　　劓，是割鼻的酷刑。刖，是截脚的酷刑。绂，古代作祭服的蔽膝，缝于长衣之前，为祭服的服饰。周制帝王、诸侯及诸国的上卿皆着朱绂。"赤绂"在这里代表九五的尊位和权力。说，通"脱"。从整个卦象来看，在困之时，九五刚居阳位，有行事刚猛之象，施用刑法以治理天下，使得众叛亲离。初爻和上爻皆变为阴，是九五因小刑而失大柄之象，这正是由于九五居于尊位滥用权力却反而困于权力所致。在以刑治国出现严重后果后，九五有所醒悟，改正刚猛行为，发挥中道之德，渐渐摆脱了困境，并利用祭祀来归拢人心，祭祀代表着九五的敬畏之心和诚信之意，以此广泛地取信于民，这种中正刚直的表现终于使社稷重新获得了福佑。

 上六：困于葛藟，于臲卼，曰动悔，有悔。征吉。

《象》曰："困于葛藟"，未当也；"动悔，有悔"，吉行也。

　　葛藟，一种藤类植物，纷繁缠绕，不能理断。臲卼，危动不安的样子。上六处于困卦之极，凌乘于二刚爻之上，又与六三无应，本质柔弱，向前没有前行的余地，向后如同困于葛藟之中，所以上六危惧不安。兑有"尚口"之象，上六居于兑的上爻，正是开口处，话多而缭绕不清，牢骚申辩太多，致使困扰不断，于是上六自我思量：在这样的困境下动辄生悔，是否因为自己"尚口乃穷"的原因？于是吸取教训，及时悔悟，以喜悦的心态争取解脱困境。因上六已居于困之极，物极则反，加之上六采取了正确的行动，将会获吉。

〔困卦小结〕

本卦阐明了如何处困、脱困的道理。卦辞首先阐释了要持守正固、洁身自守、谨慎行动的原则；要坚守"困而不失其所亨"的信念，在困穷之时所言不能被人们所相信，因而处困尽量少言语，免得使处境更糟。

卦中六爻分别通过"困于株木、困于酒食、困于石、困于金车、困于赤绂、困于葛藟"等比喻，揭示了具体情况下如何应付困境：陷入困境而又力量薄弱时，必须隐忍等待转机；酒食富足、条件优越时，不可荒废了志向，当及时警醒，秉持阳刚中道，切勿困于享乐而丧失志向；当陷入极端困境，进退均危险时，要有勇于面对最坏情况的思想准备；自身处于困境又要去解救同道时，面对阻碍要谦谨缓行，不可太过急切；领导使团队处于困境中时首先当自省，不可依赖酷刑解决问题，而应亲贤远佞，以中直诚敬博取民众的信任，必会带领团队慢慢走出困境；困极之时，也是将通之时，应以"险以说"的心态调整自己的行为，看准时机采取正确行动，以脱离困境。

48. 井卦第四十八

巽下坎上

《序卦》："困乎上者必反下，故受之以井。"

事物发展是有规律的，物极则必反。上一卦是困卦，困卦由升卦而来，升到极致就有困乏之象，困极则反于下。世间日常事物之中，井的位置最为处下，所以在困卦之后是井卦。从卦序来看，事物困极了如同泽中无水亟须得到水的滋养和润泽，而水井中有源泉，可以滋润干渴、解救困顿，所以困之后是井。从卦象来看，上体坎卦为水，下体巽卦为木，木到了水下面，有用木桶到井中汲水之象，所以此卦为井卦。

井：改邑不改井，无丧无得，往来井井；汔至，亦未繘井，羸其瓶，凶。

《彖》曰：巽乎水而上水，井；井养而不穷也。"改邑不改井"，乃以刚中也。"汔至，亦未繘井"，未有功也。"羸其瓶"，是以凶也。

井卦的卦象如同水井，村庄城邑可以迁移改变，而水井是不可迁移的，这正是井坚定不移的品格；人们从井里汲水，井水不会枯竭；地下泉水注入井中，井水也不会满溢，无所丧失也无所获得，保持恒常的德行，这是井深邃包容的品格；人们来来往往不断地从井中取水，井水养育众人，为民所用，养物之德没有穷尽，这是井能够平等周全地对待众人的品格。那些来汲水的人也要有汲水之道，如果已经打到水并升到井口的时候把水瓶倾覆打翻了，就会无所获而有凶。井卦象征做事如同汲水，一来要用心专注，二来要善始善终，如德行不能守恒，就会获致凶险。此道理用于任贤、养贤同样适用。

《象》曰：木上有水，井。君子以劳民劝相。

在山西陶寺遗址"尧的都城"的发掘中发现水井的底部有木制的围栏结构，用以防止井壁的坍塌，所以"井"字本身就是木栏结构的象形，从这个角度也可以解释井卦有"木上有水"之象。君子看到这样的卦象，效法"井养而不穷"的德行，善用汲水之道，俯身为民众操劳，劝勉民众相互帮助，使井水的润泽能够滋育遍及万物。汲水要有器具，君子为民众做事不仅要有良好的品德，还要有正确做事的方法，采用适当的政策、方法、措施才能将恩泽施与百姓。

初六，井泥不食，旧井无禽。

《象》曰："井泥不食"，下也；"旧井无禽"，时舍也。

初六在井卦的最下端，如同井底之泥，好比被舍弃不用的旧井因没有吐故纳新的功能而堆满了污泥。人们到井中汲水，是因为井水清冽，可供饮用，而充满泥污的旧井不但会被人类所舍弃，就连鸟儿也不会飞来饮水了。如同一个时代，能够吐故纳新不断进取的时代会为社会注入活力，为民众带来福祉，而一个陈旧不思进取的时代，积累了陈规陋习和腐败不公，就如同堆了污泥的井，散发着腐朽的气息，这样的井终将被抛弃。

九二，井谷射鲋，瓮敝漏。

《象》曰："井谷射鲋"，无与也。

九二是阳爻，居于下卦中位，阳刚中道是有泉之象。井水要向上被汲取才能供人饮用，而九二居于下卦之中，与上卦九五无应，却与下面的阴爻初六相亲比，就是说九二之泉没有上行却转而向下注流。初六阴柔居于井底，如同那些幽暗之处的小鱼、小虾，九二的水仅仅灌注到了那些小鱼虾的身上，没有得到大用，这个卦象又如同汲水的瓮瓶破旧漏水，导致井水汲不上来。易道讲上下交往才是好的形态，井本来就处下，井水就该向上行才能实现沟通，如今九二之水向上得不到重用，反身向下行，是上下不能交通之象，所以说"无与也"，九二不能起到为社会出力的作用。

 九三，井渫不食，为我心恻；可用汲，王明，并受其福。
《象》曰："井渫不食"，行恻也；求"王明"，受福也。

渫，清除污秽，使污垢不会停留。九三居于井卦下体的上爻，刚居阳位，当位得正，不断地进行修养、清洁自身，是洁净可供饮用的泉水，又与上六相应，本可以得到重用，却因为上六太过阴柔，如同井上的汲水工具力量不足，无法将井水汲取上来，以至于优质的井水得不到使用，好井形同虚设。就像资质柔弱的上司不能提拔重用人才一样，这样的情况使周围的百姓都感到心痛，希望能够有一位英明的君王来治理这个地方，建造良好的汲水工具，将水汲取上来，使人才得到重用，国家上下都能受其福惠。

 六四，井甃，无咎。
《象》曰："井甃，无咎"，修井也。

甃，砌井壁，修治水井。六四已进入井卦上体，以柔居阴，当位得正，又上承于九五，渐渐具备了致通的条件。九三爻在内卦，渫洗而使井水清洁，六四爻在外卦，修整井壁以防止污垢进入。六四虽不能够直接广施恩泽给万物，但能够进行自我修治补过，使井不至于荒废，为井水得以洁净顺畅地"养民不穷"创造了条件，因而无咎。

 九五，井冽，寒泉食。
《象》曰："寒泉"之"食"，中正也。

九五阳刚中正，居于尊位，是井卦上体坎卦的中爻，象征着甘冽的泉水，清澈寒凉，是可以供人饮用的优质甘泉，在"井"道中可谓至善了。九五作为居尊位者，如果能像清凉甘甜的泉水那样中正清廉、养民不穷，必然会得到天下人的拥护（相反，如果不能做到中正清廉，将会像井泥、污秽那样被民众所抛弃）。九五阳刚中正的美德，将滋育百姓，惠及万物。

上六，井收勿幕，有孚元吉。

《象》曰："元吉"在上，大成也。

卦中各阳爻为实，象征有泉水；各阴爻为虚，象征井的框架结构。初六是井底，六四是井壁，上六是井口，水到了井口就可出井得到饮用了，说明井道已经成功。井收，是指收起从井中汲水的绳子，将水提出井口；勿幕，是提完水后并不把井口盖上，以使井水可以广博地施予更多人，如此诚信爱人，推己及物，必然会获得大成功，大吉祥。

〔井卦小结〕

本卦以井为喻，阐述了君子当修美德行、惠物无穷的道理。水井有着坚定不移、不盈不竭、广施博予、取用不穷的高贵品格，是君子效仿的楷模。井卦同时以汲水为喻，告诫汲水者在德行上要善始善终，在操作上要采用良好的方法和器具，不要在水瓶将出井口时漏水或打翻水瓶，以致前功尽弃。

卦中六爻，阳爻象征井水，阴爻象征井体。井底有泥或井壁有损坏都当及时清理修补，防止污垢进入；井中有水且洁净可用时，就当及时汲取，不然井将荒废；井水清寒甘冽要广博施与，使井水达到施用无穷的功用。通过这六爻，喻示在修身方面，君子要不断地修养自身，象甘冽的泉水那样为万物谋福祉；在社会政治方面，要像井水那样公平、清正、廉洁、养民，就会得到百姓的真诚拥护，反之，如同不能提供清洁水源的坏井臭井，就会被人们所抛弃。

49.革卦第四十九

离下兑上

《序卦》："井道不可不革，故受之以革。"

上一卦是井卦，井有个特点：一经挖掘就不能改移。由于结构稳定，长期存在，所以其弊端很容易产生僵化和腐败，必须经常修治清理，革除淤泥污秽，进行变革，才能保证井水不致腐朽，故井卦之后是革卦。从卦象看，泽上离下，水向下要浇灭火，火向上要烧干水，相灭相息，互相变革。如果是上火下泽，只会有两相睽违之象，而革卦的矛盾冲突更为激烈，水火不容，彼此冲突相克，所以为革；又因为上下两体是少女与中女，二女同居一室，少者在上而长者在下，秩序悖谬，志向各异，必须要进行变革，才能解决矛盾，所以为革。

革：巳日乃孚，元亨利贞，悔亡。

《彖》曰：革，水火相息；二女同居，其志不相得，曰革。"巳日乃孚"，革而信之；文明以说，大"亨"以正，革而当，其"悔"乃"亡"。天地革而四时成。汤武革命，顺乎天而应乎人。革之时义大矣哉！

对"巳日"的解释基本有三种：第一种解作"天干"之"己"，居"十天干"顺序之六，已过"戊己"之中，代表事物发展已经"过中"，已进入变革之时；第二种解作"地支"之"巳"，居"十二地支"顺序之六，已到了跨越"巳午"中界之时，代表事物已经到了变革之机；第三种解作"已然"之"已"，直接表示已经到了变革之时。统而观之，三种解释均表达"时机已经成熟，已到了该变革的时候"的意思。

革，就是要变革故旧的东西。变革旧势力不是一件容易的事，必须能正当其时，又可取信于民才能成功。但旧的习惯势力已经形成日久，变革往往会触及一些人的利益，因此会受到极大阻碍。普通民众往往害怕变革，所以要到时机已经成熟时才可以开始变革。变革之初，很难得到民众信任，甚至还会遭遇抵触和不解。主持变革的人，一定要有勇气面对困难，敢于向坏风俗、腐朽的旧势力挑战，革除弊坏，终将获致亨通。当变革收到成效而民众得到益处时，就会理解和信任了。在变革中，要遵循"文明以说，大亨以正"的原则，变革符合"文明"的要求，将民众引向光明正途，变革者有明察之慧，变革的成果能使民众喜悦，这样的变革是正当而顺应民心的，能够成功，不会有悔恨。革卦的时义，对于人类社会意义重大。

《象》曰：泽中有火，革。君子以治历明时。

革卦的卦象水火相息，两不相让，表现出一种结构性矛盾，到了必须变革的时候。君子看到这样的卦象，明白变革的道理，因而撰制历法，向民众昭示四时更替的规律，以日月的运行和四时的变化来阐明"天地革而四时成"道理，在社会人事中应推天道以明人事，顺时而为，以变革来预防和解决矛盾。懂得了变易是时刻存在的规律，只有应变、通变、适时变革，才能革除旧弊以顺应天道，为建立更合理、更具生命力的新事物铺平道路。

初九，巩用黄牛之革。

《象》曰："巩用黄牛"，不可以有为也。

变革需要时、才、位三者都具备才有成功的把握。初九在革卦之初，居位最下，时机未到，才力不足，而初九所处的境况是保守势力经过长期积累的结果，对现有模式已经形成强大的保护势力和惯性，非常顽固，如同用黄牛皮包裹起来一样，很难穿透和改变。这时的初九不宜轻举妄为，要从长计议，暂时维持现状，以待时机成熟。

六二，巳日乃革之，征吉，无咎。

《象》曰："巳日""革之"，行有嘉也。

六二处革之时，柔中得正，在下体离卦的中位，有文明中正的德行，又上应于九五，说明变革的时机已经成熟，可以前行去顺应九五的倡导，辅助九五坚定地推行变革，上下同心，刚柔相济，革故除弊，这样做不但不会有过咎，其行为还会获得嘉许和赞扬。同时也提醒六二，柔居臣位，当以辅佐顺从九五为己任，不可专权独断，擅作主张。

九三，征凶，贞厉；革言三就，有孚。

《象》曰："革言三就"，又何之矣！

三就，多次俯就。九三在下体离卦上爻，刚居阳位，过刚而有失中道，急于变革，想在短时间里就能够变革成功，躁进妄动，这是很危险的，极易为变革带来凶险的结局。虽然经过初九、六二的过程之后，变革的时机已经成熟，但仍要充分认识到艰难与隐患，应自我克制，想尽办法争取民众的理解与支持，将变革的言论和变革大义向民众宣传，要尊重民意，维护民众的权益，不断地俯就民心，取信于民。变革的时机既已成熟，接下来行动的重点是要能够俯就人心才能掌控大局，时势俱足，才能大功告成，稍有不慎仍将危及大局，所以此时的九三又何必过于急进呢！

九四，悔亡，有孚改命，吉。

《象》曰："改命"之"吉"，信志也。

信，同"伸"。九四已经进入上体兑卦，在水火交际之处，到了不可不变的时候。如果下体三爻体现了离卦审慎明察的特点，那么上体兑卦已经有喜悦之象，说明民众已经认识到变革的必然及其好处。变革的形势已经非常有利，保守派的势力渐衰，改革派可以大刀阔斧地进行变革了，九四时、势、位俱足，正是变革的大好时机，可谓"革而当"。九四以阳刚居柔位，刚柔相济，举措得宜，以至诚之心行动起来，去大胆进行变革，改革的使命可以完成并获吉祥。

九五，大人虎变，未占有孚。

《象》曰："大人虎变"，其文炳也。

虎变，指老虎每到春、秋换季脱换新毛之后，虎皮的文采更有光泽，斑斓耀目。"虎变"比喻因时制宜，革新创制，斐然可观。九五居革卦尊位，阳刚中正，称为"大人"，是领导变革的领袖，改革至此阶段，其成就已经有目共睹，炳然昭著，不需要占卜，就已经世所公认。在初爻时，时机不到，二爻时以顺从为宜，三爻时谨慎勿躁，四爻时革道已行，到了五爻，已经是"天时、地利、人和"俱备，如同汤武革命，一呼而天下皆应，顺乎天而应乎人，获得了民众的信任与拥护。这种变革的成功乃是势所必至，所以九五"其文炳也"。

上六，君子豹变，小人革面；征凶，居贞吉。

《象》曰："君子豹变"，其文蔚也；"小人革面"，顺以从君也。

到了上六爻时，变革之道已完成，革命已经成功。君子虽不能像九五那样如虎般文采炳著，但也像新换的豹纹那样文采斐然。上六支持充满生机的新政。小人由于昏昧，一时不能适应新形势，但表面上已经服从，接受了新政的现实。社会经历一场大的变革，就如人体生病动了一次大的手术。手术成功，人体终于获得了新的生机，但大病初愈还很虚弱，有很多不稳定的因素。这个时候，居于领导地位的人要及时调整方向和思路，变革要适可而止，应以包容宽厚之德使民休养生息。如果一味地革下去，必将招致凶祸。上六居革之极，以柔居阴，能够贞守柔德正道，将获致吉祥。

〔革卦小结〕

革，是"变革""更革"之谓，朱熹说"须彻底从新铸造一番，非止补苴罅漏而已"。所以，革是彻底的、激烈的。革卦阐释了变革的原则：在卦辞中首先强调了变革所应具备的两个要素，即时机和民心。推行变革的前提是要把握恰当的时机，当革则革；变革过程中要以至诚行正道，为民请命，以孚诚取信于民。具备以上因素，顺乎天而应乎人，变革才有成功的可能。

革卦六爻具体阐述了变革过程中应遵循的原则，集中显示出《周易》对变革的深刻认识和谨慎态度：条件尚未成熟时，要审时度势，不可妄动；条件基本具备时，可着手准备变革，但仍需谨守中道，顺时量力；变革之势已成，箭在弦上，这时变革者仍需深思熟虑，再三讨论，达成一致意见，获取更多的支持，赢得广大民众的信任，才能付诸行动；时机完全成熟，各方面条件已经具备，变革的领袖当如猛虎一样果断发动变革，创制新政，一举成功；变革成功后，要调整战略思路，适时地休养生息，稳固变革的成果，使民众享受到变革的福利，过上安定的新生活。

50. 鼎卦第五十

巽下离上

《序卦》："革物者莫若鼎，故受之以鼎。"

能够使物体变革的莫过于鼎了，鼎能使生的变熟，能使硬的变软，能使不同的东西合在一起，能使水火并用而互不伤害，可以说鼎是最具备革物功能的器物，所以在革的后面是鼎卦。鼎是烹饪的器具，由巽、离两卦组成，从整个卦体看，初六像鼎足，九二、九三、九四像鼎腹，六五像鼎耳，上九像鼎铉，整体是一个鼎的形象。从卦象看，巽下离上，巽为木，离为火，木上有火，木柴在燃烧，有烹饪之象，象征烹煮食物，所以称鼎。从卦德看，上文明下巽顺，有君王养贤、与民休息之意，所以称鼎。

鼎：元吉，亨。

《彖》曰：鼎，象也。以木巽火，亨饪也。圣人亨以享上帝，而大亨以养圣贤。巽而耳目聪明，柔进而上行，得中而应乎刚，是以元亨。

鼎卦卦象木上有火，是烹饪之象。革卦是去除旧弊，鼎卦是烹物成新，鼎既是烹饪的器具，也是象征权力的"法象之器"。变革之后，要及时建立新法规、新秩序，革故鼎新，使各种关系融洽调和，才能元吉而亨通。圣人用鼎主要有两种用途：一是供祭祀，二是奉养圣贤。敬享天帝，大养天下贤士，使百姓在安定的环境下休养生息。六五有光明柔中之德，自新而新人。鼎卦上光明而下巽顺，一幅崭新的治世景象，可获大亨。

《象》曰：木上有火，鼎。君子以正位凝命。

鼎是家庭烹煮食物的器具，百姓以鼎养家；鼎也是国之重器，君王定鼎天下，以鼎象征至高的权力。鼎的形态端正而安重，其德贵在守正，如果鼎不正，鼎中的食物就会倾洒出来；如果鼎不能收敛食物使它们彼此凝聚，就会使内部散漫游离，出现不良后果。君子看到鼎卦的卦象，在修德方面，效法鼎之德，端正自己的居位，安重自己的使命，不偏倚，不懈弛，使自己具备鼎一样的德行。在社会治理方面，对于一个刚经过革新的社会，面临的首要问题是要使社会各阶层尽快各安其位，实现新的秩序，同时要使各方面能够凝聚在一起，形成一个既井然有序又和谐融洽的整体，所以要正位凝命。

 初六，鼎颠趾，利出否；得妾以其子，无咎。

《象》曰："鼎颠趾"，未悖也；"利出否"，以从贵也。

初六柔爻居于鼎的最下边，如同鼎的鼎趾。由于初六是柔爻居阳位，又与上体九四相应，因而有质柔用刚、一心上行之象，鼎趾颠倒上行到了上边，导致鼎身颠倒倾覆，鼎口朝下。这看上去是有悖于常理的，但在用鼎烹煮之前，应该先清洁鼎腹，将其中的污物倒掉，鼎卦初六的颠趾之举正是去旧纳新的第一步，所以没有违背常理。卦中初六上从于九四，以阴从阳，期待能够得以纳新，犹如居于卑位的妾因为母以子贵的缘故得以扶为正室，并没有违背常理，是合理正当的，因此不会有过咎。

 九二，鼎有实，我仇有疾，不我能即，吉。

《象》曰："鼎有实"，慎所之也；"我仇有疾"，终无尤也。

仇，配偶，同伴，搭档。经过初六"颠趾"清除了鼎中的污秽残渣，到九二时已进入鼎的腹部。九二是阳刚之爻，代表鼎中有实，象征鼎腹中装满了新鲜的食物。九二以阳刚之质居于下体巽卦中位，有刚中之德，是"定鼎之世"建设新秩序的贤臣重辅，其作用举足轻重，与上卦六五彼此正应，刚柔相济，共同开创大好局面，但作为与九二相互扶持的"搭档"——君主六五本质柔弱且有乘刚之疾。六五畏惧九四，不能给予九二更强有力的支持，不能将烹煮的食物切实全面地用以养贤，所以九二仍当谨慎行事，戒骄戒躁，坚守刚中之德，真诚地辅助六五，为稳定大局、创建新秩序奠定坚实的基础。随着"定鼎之世"的进一步稳固，其结果必然会吉祥而无过尤。

 九三，鼎耳革，其行塞。雉膏不食；方雨亏悔，终吉。

《象》曰："鼎耳革"，失其义也。

从鼎卦的整体卦象可以看到，初六为趾，上六为铉，六五为耳，真正盛放食物的是在鼎腹位置的阳爻二、三、四爻。九三爻居三阳爻之中，是顶好的美味，所以称

"雉膏"。然而有如此美味却不能得以食用，这是因为在鼎中的食物只有到了鼎口才能取用，而九三向上与六五中间隔着九四，与上九亦不相应，如同鼎的耳部被堵塞，雉膏美食被堵在鼎腹之中，不得获食。在这样的情况下，九三当自省而改变以阳居阳的刚亢之性，懂得刚柔相济，虚中的妙处，以阴阳和通来解决"耳革""行塞"的问题。待到阴阳调和，时雨降临，悔恨必将消除，"雉膏"美质得以见用，终将获得吉祥。

九四，鼎折足，覆公餗，其形渥，凶。

《象》曰："覆公餗"，信如何也。

鼎中盛放烹煮食物，当留有余量，如果过满就会有溢出和倾覆的危险，鼎卦中三阳爻为实，到四爻时已达盈满。九四作为近君的大臣，担负重任，但它向上逆比于六五，有进逼之势，已经隐藏祸患，同时又向下与初六相应，任用阴弱无能的小人，结果小人不堪其任，鼎足折断，导致鼎倾覆，将王公的鼎实倾泻而出，鼎身沾濡龌龊，样子很难看，显现出一派凶象。可见九四蔽于所私，德性浅薄却地位尊贵，智能微小却谋求很高，力量孱弱却担纲重任，最终导致这样凶险的后果。痛定思痛，像九四这样的人是不能够托付重任的！

六五，鼎黄耳，金铉，利贞。

《象》曰："鼎黄耳"，中以为实也。

《说文·金部》云："金，五色金也。黄为之长。"银是白金；铅是青金；铜是赤金；铁是黑金。"金"一般指黄金，亦为五金之总名。但古制器多用铜，故经典中通称铜为金。

六五位于鼎的重要位置，形状如同鼎的双耳，因其居尊位，有柔中之德，因而称"黄耳"。铉，举鼎的器具，铜制，以之提鼎的两耳。"金铉"指铜铉，是贯穿鼎耳用来抬鼎的鼎杠。六五鼎耳与阳刚上九鼎铉密切配合，才能够使食物得以取用。六五之君有虚中之德，以中道来凝聚各方力量，信赖和接受阳刚上九的辅助，又与九二贤臣相应，九二的才干得到赏识，并在上九的配合下共同努力，克服了九四的阻碍，将鼎中的美食取出付与百姓，贤臣得以见用于天下。六五在实施取用鼎食的过程中，要防止阴柔太过的偏颇，当坚守中道，利于守正，实实在在为天下人谋福祉。

上九，鼎玉铉，大吉，无不利。

《象》曰："玉铉"在上，刚柔节也。

玉铉，指上九刚实而温润的品质。井卦与鼎卦都是使腹中之物得以从上口取出为成功。鼎卦到达上九鼎铉的位置，鼎的功用才得以全面完成。上九居鼎卦之终，质刚用柔，是一位既有才能又谦逊温和的贤士君子，刚柔相济，与六五成正比，共同完成了鼎道大功，因而大吉而无所不利。上九有如此"大吉无不利"的境况，是六五之君正位凝命、柔中尚贤、君臣上下信任协调的结果，鼎卦到达上九，新的社会秩序已经成功建立，鼎功大成。

〔鼎卦小结〕

本卦借烹煮食物同时又象征权力的鼎阐述了建立新制所应遵循的原则。革为"革故"，鼎为"鼎新"，鼎的最大功用，无过于变革旧制调剂为新，以成养贤爱民、修德治国之功。

具体到卦中六爻，可以看到在"鼎新"的过程中，不同的阶段所应遵循的原则：在鼎新之初，首先要革除旧制，颠倒鼎趾，清除废旧污秽，呈现全新底色；在下卦巽体以巽顺为佳；鼎中有了食物，希望得到取用，但处于"鼎新"的前期阶段，条件尚不具备，当以中道自律，终将得吉；鼎中烹煮了嘉美食物，贤士具有嘉美才干，但取用的道路却被堵塞，当以调和阴阳为主，守正等待，必将有时雨降临；到达上卦离体以明智中道为佳，进入上层，任人当谨慎，如果所用非人，将重任交付给才德力量不足以胜任之人，将有鼎折足的危险；掌鼎大局的领导人，须中道守正，正位凝命，与贤能之士共同配合，使定鼎之功得以实现，新的社会秩序必能稳固地建立起来。

51.震卦第五十一

震下震上

《序卦》："主器者莫若长子，故受之以震。"

鼎是国之重器，象征着至高的权力。在中国古代宗法制度中，长子是家族权位的继承者，最有资格主持宗庙社稷的祭祀。在定鼎建立了新政权之后，国家要进行宗庙祭祀，于是就有了长子主器的安排。震为长子，所以鼎卦之后是震卦。从卦象看，震卦由两震相叠而成，如同雷声滚滚，一声接着一声，相继不断。从爻象看，上下两体，均由一阳两阴组成，阳气在下，向上升腾，刚爻雷动而上往，震动了上面的两个阴爻，有惊惧、振奋之象。

震：亨。震来虩虩，笑言哑哑。震惊百里，不丧匕鬯。

《彖》曰：震，亨。"震来虩虩"，恐致福也；"笑言哑哑"，后有则也。"震惊百里"，惊远而惧迩也；出可以守宗庙社稷，以为祭主也。

虩虩，恐惧的样子。哑哑，笑声。匕，祭祀时盛取鼎实的用具。鬯，香酒。震为雷，雷震使阳气由下方振动，能够使上面密集的阴气被震开，阴阳之气冲和，从而达致亨通。震雷响起的时候，瞬间会使人内心感到震动恐惧，外表显现出恐惧的样子，但这种恐惧是使人提高警惕、确保安全的前提。恐惧可以使人保持戒慎、冷静的状态。因而，在遇到大的变故和大的震动时，就有了心理准备，能够镇定若素，具备了常人难以具备的大气度，拥有了沉稳、诚敬而无畏的大胸怀。无畏正是由恐惧而来，是在经历了考验和磨炼后所具有的心态与涵养。

在鼎新之后，主持大局难免会遇到突如其来的变故，对于突然出现的变故不可以掉以轻心，要有恐惧之心，要意识到变故可能带来的灾祸，从而有所防备，这样恐惧反而能带来后福。这是心理上要充分重视，同时另一方面要有沉着冷静的心态，不可惊慌失措，自乱阵脚，在处理事务时仍然谈笑风生，处事有条不紊，但具体的应对措施、规则和法度已经在安排之中。雷声震惊百里，远近的人都听到了雷声感到了恐惧，长子却能够以不丧匕鬯、指挥若定的姿态稳定了大局。这样的长子可以继承宗庙社稷，成为祭祀之主，担起国家的重任了。

由此可以看出，突如其来的变故更能考验出人的应变能力和心理素质，懂得心存敬畏才能避免浮躁浅薄，才会因恐致吉，具备了知忧患、敢担当、沉稳凝练、知惧能守这种大气度的人才堪大任。

《象》曰：洊雷，震。君子以恐惧修省。

洊，通"荐"，屡次，接连。洊雷指雷声滚滚而来，声威愈盛。君子看到这样的卦象，以恐惧之心自修，不断反省，克己思过，努力提升自己的德行修为。君子对于震道的态度，不是将威势强加于外物，也不是因受外界的震动而张皇失措，乃是心中常存忧患意识，如履如临，自省不懈，才能锻炼出坚韧的品格，对外来突然的变故充分重视，应付自如，冷静处理。能够做到"临事而惧，好谋而成"，必将成就相应的功业。

初九，震来虩虩，后笑言哑哑，吉。
《象》曰："震来虩虩"，恐致福也；"笑言哑哑"，后有则也。

初九爻是成卦之主，又居于震卦最下方，是卦中体现阳刚力量的主爻。初九处于震的初始，在震雷将至的时刻，能够心存敬畏，恐惧修省，从而审慎行事，未雨绸缪。

当震雷突然炸响，局面出现震动的时候，初九以其阳刚之质就能够从容不迫，应付裕如，毫无畏惧之色，继而谈笑自若，做事不失法度，确保了安泰吉祥，这正是对"其初知惧"乃能"最终不惧"的最好诠释，恐而致福，后有则也。

六二，震来厉，亿丧贝，跻于九陵，勿逐，七日得。
《象》曰："震来厉"，乘刚也。

震动突然到来，危险将至。六二自知处境危厉，为躲避危险，它损失了大量的财物，升举远避到高高的丘陵之上。避过锋芒后，不需太多时日，就会出现转机。六二不要去刻意追逐所失去的东西，七日之期必将失而复得。六二在震之时凌乘于初九阳刚之上，是被动的受震对象，下面初九的阳刚之气锐势正盛，向上震动驱散积累已久的阴气。六二柔中且正，能够不顾恋其"贝"，以中道避之，待阴阳之气调和，所失终会复得。

六三，震苏苏，震行无眚。
《象》曰："震苏苏"，位不当也。

六三以阴柔之质居于阳位，在下体震卦之极，受到大的震动，一时精神涣散，不知所措。处在三爻的位置，本就是上下之交，凶惧难安，六三又本性柔弱，平时就常惶惶不安，在震卦上下二震之交，震雷滚滚，更使六三精神失其所守，惶惶不可终日。然而，六三虽居不正，但下不乘刚，上又承阳，如果能够惶恐修省，变恐惧为力量，怀恐惧而前行，脱离不正的位置，改变处境，则可以远祸避难，最终不会有灾眚。

九四，震遂泥。
《象》曰："震遂泥"，未光也。

遂，通"坠"。卦中两个阳爻，本应都是阳刚震动之主，下卦初九以一阳动于两阴之下，是震的本象，具备震卦长子的德能，阳刚有主，所以爻辞与卦辞相合，可以因恐惧而致福；而上卦九四与初九的位置不同，乃是以一阳动于四阴之间，形成了一个坎卦卦象，九四陷溺于众阴泥泞之中不能自拔。九四以阳居阴，所居不正，在四阴之间困顿不能奋发，阳刚得不到光大，如同一个人正处于困心衡虑之时，坠落委顿，沉陷阴气之中，志气未能自遂。若从君子修省的角度看，雷非发于地而震于空，乃是心生妄欲之象，心坠入私欲中，心绪不宁，其志不光。因而君子当自省其德，使心向光明，德行从善，以图自救。

六五，震往来，厉；亿无丧，有事。

《象》曰："震往来，厉"，危行也；其事在中，大无丧也。

六五居于震卦尊位，以柔居阳，往而向上就会以柔居于震动之极，向下来则以柔凌乘于阳，因而往来都面临危险。然而细分析六五的处境，已到了重震之上，前面的震雷已经过去，第二次震雷来时，其威势已大不如前。况且六五居于君位，是柔中之君，以中道处事，万无一失，主持祭祀，能够"不丧匕鬯"，长保宗庙社稷，虽然往来皆危，但能够谨慎戒惧，恐惧修省，中道自守，能够主器以君天下了。

上六，震索索，视矍矍，征凶。震不于其躬，于其邻，无咎。婚媾有言。

《象》曰："震索索"，中未得也；虽"凶""无咎"，畏邻戒也。

上六以阴柔处于震动之极，受到了过度惊吓，惊恐得双脚走不动路，畏缩不能向前，两眼惶恐不定，闪烁难安，有时恐惧会导致铤而走险，而这是不足取的，这时如果冒然前行去做事情，因为心志已经大乱，必然会遭致凶险。上六应该做的是：在震动尚未及于自身时就要有所警惕，看到近邻受到震动就预先做好戒备，恐惧修省，未雨绸缪，降低危险系数，提高抗击打能力，或许可以免除咎害。内心的极度恐惧还会导致猜忌多疑，这时不宜达成阴阳合作的意图，因为前有征凶之戒，心志尚未平和，不能得于中道，急于谋求阴阳应合，难免会受到责难。

〔震卦小结〕

本卦阐述了在突发事件来临时应采取的原则，揭示了"知惧致福"的道理：在惶恐惊惧之中能够修身省过，是应对震动危局使之转危为安的正确心态。卦中通过六爻所处的不同情状，阐明了处震之道：当首次遇到令人震惊的情况时，恐惧在所难免，但要及时调整心态，以戒惧审慎的心沉着应对，冷静地处理，并时刻警惧，提升自身应对突发事件的心志和能力；遇到危险，要以柔中处事，即便是积累已久的财货名利，该舍弃的就舍弃，"留得青山"以待转机；所居不正，往往遇事会加剧恐惧感，不能安然自处，所以应当慎行以免祸，去不正而就正，行得正、走得端自然会减免祸患；受震动之时内心要坚守原则，不可丧志，不为外势所陷，同时防止坠入私欲的泥沼中不能自拔；处于领导者的位置，当持守中道，惕惧修德，镇定处事，最大限度降低损失，确保大局的稳定；如果能在别人受到震动患难时就能预先戒备，可使危难免于危及自身。总之，"生于忧患，死于安乐"，始终戒惧才可以免祸而致福。

52. 艮卦第五十二

艮下艮上

《序卦》：“震者，动也。物不可以终动，止之，故受之以艮。艮者，止也。”

事物的动与静是互相承袭、互为促进的，动极必然会静，静极必然会动，前一卦震卦是动卦，所以在震之后是艮卦，艮德为止，有静止之义。同时，因为艮的卦象是山，山的形象高大安稳，坚实厚重，给人以笃实可靠、屹立不动之感。从卦象看，卦象为山，安于静止，上下两体为两山并立，有对峙静止之象，是为艮；从爻象看，在上下两个艮体中，一阳爻升到两阴爻之上，阳本性好动但已至极，无处可进，动极而静，转为静止，两个阴爻本性好静，静待于阳爻之下，呈现为上止而下静之态，是为艮。

艮：艮其背，不获其身；行其庭，不见其人，无咎。

《彖》曰：艮，止也。时止则止，时行则行；动静不失其时，其道光明。艮其止，止其所也。上下敌应，不相与也。是以“不获其身，行其庭，不见其人，无咎”也。

人总是很难静下来，因为人有太多的欲望。艮卦所言的艮之道，是以“后背”取义，背是全身最安静和无欲的部位，对于私欲和诱惑，转过身去，以背对着它，不闻不见，无欲无求，将自身脱离私欲的境地，进入一种忘我的状态，不让欲望乱了心志，从而获得内心的静止与安宁；如果人能够做到内欲不萌，那么外物就不会影响心灵之正，即便行走在庭院中，欲望和干扰近在咫尺，也会如同以后背对着一样，丝毫不为所动，这样无私无欲的状态必不会有咎害。然而，艮止之道必要在不可以行的时候，当止则止，到了可以行的时候，亦要当行则行。只有动静都不失其时宜，不失其正，才是光明的艮止之道。

《象》曰：兼山，艮。君子以思不出其位。

艮卦是两山对峙，安静地立于自己的位置，君子看到这样的卦象，学习山的品格，谨守自己的本分，抑止自己内心不正当的欲望，思虑不逾越自己的本位。万事万物都有自己的本性和本分所应守的位置，如果彼此不侵不乱，则能各居其所，各得其安。

君子当遵循"时行则行，时止则止"的原则，"知止而后有定"，抑止邪欲，止于正道，立于本位，不妄动贪求，亦不流于怠惰，坚而能容，静而能守，和而不流，以一种独立挺拔的姿态卓立于世。

 初六，艮其趾，无咎，利永贞。
《象》曰："艮其趾"，未失正也。

艮卦整体以人的身体背面取象，如同一位背面而立的人。六爻由下而上，用以比拟事物进行的阶段和状态，讨论如何"止"（即静下来）的问题。初六在全卦的最下边，是脚趾部位，象征事物的初始阶段，脚趾最易行动，是动之初，但由于是阴柔居下，因此较为薄弱，容易改变行为状态。如果要抑止一件事，在事物的初始阶段更容易做到，如同一个邪恶的念头刚萌发时就彻底打消它，那么邪恶的事情就不会有进一步的实施和发展，这样做不会有咎害。同时，还要将这样的守正意识长久保持，不断巩固才会不失其正，最终有利。

 六二，艮其腓，不拯其随，其心不快。
《象》曰："不拯其随"，未退听也。

六二爻在初六拇趾之上，如同小腿部位，外无系应，上承于九三，本是以中正之道随顺辅助于九三的，但九三却"艮其腓"，以阳刚失正之心抑止六二的行为。六二虽有中正之德，却无力拯救九三不中不正的妄动行为，其言不听，其计不从，其道不行，这种被九三强力抑止而勉强跟随的状态，使六二心中非常不愉快。可见真正做到"时行则行，时止则止"，不但要有主观的正确判断和努力，还要有客观条件的允许。六二在这样的处境下，当自守中正之德，随时做好准备，再寻时机以拯救九三的过失。

 九三，艮其限，列其夤，厉熏心。
《象》曰："艮其限"，危"熏心"也。

限，界限，分隔，指人体上下交界之处，即腰部。夤，脊背肉。九三处在艮卦上下两体交界，犹如人的腰，腰是人行动俯仰连接全身的枢纽部位。然而九三居于下体艮卦之极，阳刚而不中，有刚决抑止之象，又一阳而居于四阴之中，隔断了上下的连接，如同腰部强硬止动，致使脊夹骨断裂。脊夹骨正与心相对，它的断裂使心也处于危厉之中，这样的危险如同将心放在烈火中熏烤一般。从这一爻可以看出，艮止之道贵在得宜，时行则行，时止则止，根据情况和时势随时调整，以中道处世，不能固执于一端。九三不考虑客观实际，乖戾武断，强行抑止，这样的行为是非常危险的。人如果这样偏执，必不能与世人融洽，会遇到种种障碍，不断积攒种种不良情绪，以致整日心如油煎，不得安宁，这是愚痴而危险的。

 六四，艮其身，无咎。

《象》曰："艮其身"，止诸躬也。

人的身体，整体可称为"身"，分部位来说，在腰以上则称为身。六四处在下体之上，已进入上体，是身背之象。六四以阴居阴，阴柔居正，得其正位，能够自安于自己的位置，守其本分，止其身而不妄动，得其所宜，思不出其位，符合艮止之道，所以没有咎害。

 六五，艮其辅，言有序，悔亡。

《象》曰："艮其辅"，以中正也。

辅，是面颊两边的侧骨。咸卦中曾有爻辞"咸其辅颊舌"，是指说话部位，这里只说辅是因为从背后只能见到颊骨两侧，也是指言语之处。六五正处在辅的位置，以柔居于尊位，说的话初出时虽声音低柔，发出后却成为极具力量的君王"诏书"。所以六五要"艮其辅"，对语言有所限制，言不轻发，发出时就要谨慎而有秩序。六五以阴居阳，本疑于有悔，但因为能够得其中道，有柔中知止之德，所以悔恨得以消除。人处世莫大于言行，初六、六四"艮趾、艮身"艮其行，六五"艮辅"慎其言，君子思不出其位，自然行止得宜，不会有什么悔恨了。

 上九，敦艮，吉。

《象》曰："敦艮"之"吉"，以厚终也。

静与动互相为因，彼此促进，这是天道自然的道理。人心把握的微妙之处，懂得当止则止，并能够贯穿始终，堪称深得艮止之道的精髓。能够达到这种境界的人，必然是经历了许多的磨难，熟尝了世间的艰辛。体会出世间有必不可行的时候，才深谙时止则止的至理，心静安然，不离本分，即使再遭遇什么外在的干扰也会如山一般安重不移。上九立于全卦之上，经历了路途中的种种考验，对于物情事理的明察已经达到纯乎正而无妄的境界，因而能够敦厚于艮止之道，修己治人莫不吉祥。

〔艮卦小结〕

本卦取义于"止"，阐释了当止则止的道理，并通过"艮其趾、艮其腓、艮其限、艮其身、艮其辅"等一系列比喻，阐述了在不同情况下如何"时行则行，时止则止"

的原则。艮卦取象是一个人背面而立的形象，在卦辞中首先提出了抑止邪欲的最佳方式是"背对"诱惑与邪恶，保证客观条件的正当性，视听言动，非礼不处，这样才能够促进身心止于至善，知道自己要到达哪里，要坚守什么。

卦中六爻针对"艮"的各个阶段论述了如何"止"的原则。凡事要从一开始就把握好分寸，不该做的从开始就不要做；中正之德是知止的内在力量，在无力把握时局的时候，内心应有所坚持，当止则止；在抑止某件事物的时候，要合于时宜，符合事物发展规律，行止合于中道，不能盲目地强力抑止，否则将生祸患；何时行，何时止，当自我约束，合于正道；言语是用来表达心志的，适可而止、清晰有序的表达才是把握了语言的根本所在；能够敦厚笃实地运用艮止之道，是智慧和成熟的表现。

53. 渐卦第五十三

艮下巽上

《序卦》："艮者，止也。物不可以终止，故受之以渐。渐者，进也。"

艮止的阶段完成后必然会有所进，这是事物屈伸消长的规律，所以在艮卦之后是渐卦。事物从静止状态过渡到运动状态，要经过一个渐进的过程，"渐"有渐进、缓进的意思，指有次序地循序渐进。从卦象看，艮为山，巽为木，木在山上，显得很高，木因长在山上才会如此高，可见凡事发生必有根据和原因，其最终出现的结果必是依据条件顺次发展而来，其所由来者渐矣，所以此卦称为渐卦。渐卦中的六爻以鸿雁的飞行轨迹为喻，鸿雁为候鸟，春天向北，秋天往南，渐次飞行，往来有时，体现了事物发展的规律性，有其渐进不乱的道理。

渐：女归吉，利贞。

《彖》曰：渐之进也，"女归吉"也。进得位，往有功也；进以正，可以正邦也。其位，刚得中也；止而巽，动不穷也。

渐卦阐明事物渐进之理，以女子出嫁必须按照一定的礼仪程序逐次进行来比喻。古代女子出嫁要"六礼"俱备，必须按照纳采、问名、纳吉、纳征、请期、亲迎的程序逐次进行，不能省略也不能急进，守持正道合于礼仪才会有利吉祥。由此推出天下万事万物的发展也需遵循客观规律，不可急于求成。做事情当渐进而有序，循正道、按阶段逐步前进，就可以开创功业，成就梦想，兴邦立国。在卦中，九五循序渐进而居于尊位，阳刚中正，与六二刚柔正应，可以端正邦国民心。卦体艮下巽上，艮止巽顺，艮由静向动渐次发展，巽以顺行而不阻碍，静止不躁又谦逊和顺，所以渐卦的行动不会困穷。

《象》曰：山上有木，渐。君子以居贤德善俗。

山上生长着树木，看上去很高大，这种高大是树木立足于高山经过日积月累渐渐长成的。君子看到了渐卦之象，明白了积贤德、善风俗也需要渐进的道理。人要修进贤德，必要逐渐积累，不断沉淀、实践，才能有所长进，不是朝夕可以骤然提升的。君子要淳化民风，化美民俗，行教化之功，也需要渐次深入，逐步积累，风俗才会渐渐为之改变。

初六，鸿渐于干；小子厉，有言，无咎。
《象》曰："小子"之"厉"，义无咎也。

渐卦六爻以鸿雁取象，因为鸿雁往来有时，先后有序，和渐进的意义比较切近。古时用雁作为订婚礼物，取雁专一的品格，与卦辞中"女归"之义相合。鸿雁是水鸟，"干"是指水涯边，初六在渐卦之初，如鸿雁自下而上飞翔，刚刚从水面飞到涯边，既无应又无比，无所依托，柔弱处下，不得安宁。如同一个年轻人，刚进入社会做事，地位卑下，无依无靠，体质柔弱，不能展翅，此时最易被欺侮凌辱，也常会被小人谤言所伤，因此居处不安。君子看到这样的爻象，知道初六虽柔弱，却有着必然上进的趋势，如若能以柔而不躁的心态处事，循正道踏实渐进，必会按规律逐步上进，不会有咎害。

六二，鸿渐于磐，饮食衎衎，吉。
《象》曰："饮食衎衎"，不素饱也。

衎衎，和乐的样子。鸿雁飞行渐进落在了磐石之上。鸿雁自"干"而渐进于磐，位置渐高。磐石在江河之滨，安稳平坦，鸿雁在磐石上呼唤友伴共同饮食，衎衎和鸣，和乐安然，一派吉祥景象。六二从初六危厉有言的"小子"进而成为衎衎而乐的大臣，是因为时位已经发生变化。六二柔顺中正，居于大臣之位，上有九五之君相正应，近处又有九三可以亲比，时局有磐石之安，可谓条件优裕，六二柔中以尽臣道，食国家俸禄，并不是白吃干饭，而是辅助九五推行渐进之道，促成和乐向上的局面。

九三，鸿渐于陆，夫征不复，妇孕不育，凶；利御寇。

《象》曰："夫征不复"，离群丑也；"妇孕不育"，失其道也；"利"用"御寇"，顺相保也。

九三是下体艮卦之顶，如同一座小山的顶端，象征着鸿雁飞到了较平的小山顶上。九三所居位置，向上与上九无应，本应带领下边的两阴爻循序渐进，但九三刚居阳位，急于前进，有失中道，向上与六四逆比，却与其阴阳投合，乐而忘返，就如同出征的丈夫在外耽于邪遇，离弃自己的群类，放弃责任，去而不返，与六四失正道而邪配；如同妇不能守贞，致非夫而孕无颜生育，这种见利忘义的行为，贪图前进而忘记旧情，是取凶之道。对于九三来说，如果能够在渐进之时慎用刚强，戒贪戒躁，不走邪路，与其类和顺相保，不失正顺，并遵循渐进的原则，那么以其过刚之资，用于抵御强寇是有利的。

六四，鸿渐于木，或得其桷，无咎。

《象》曰："或得其桷"，顺以巽也。

桷，横且平的树枝。鸿雁继续飞翔，渐渐飞到了高坡的树枝上，所处位置更高了一层。由于鸿雁的脚趾有蹼，各趾相连，握不住树枝，在树上并不能安稳，所以鸿雁平时并不在树上栖息，只有落在平整的树枝上，才能安处，不会有咎害。六四所处位置恰如这只鸿雁，位置更高了，然而，六四阴爻乘于刚躁急进的九三之上，处境危险，立足不稳，并不是长久安居之所。这时的六四如果屈身俯就九三，就会丧失其原则操守；如果与九三决裂相抗，又会因阴弱不敌刚强，致使灾祸及身。在这样的危境中，六四只有坚定地贞守正德，以巽顺上承于阳刚中道的九五，获得九五的支持，才能求得平安无咎。

九五，鸿渐于陵，妇三岁不孕；终莫之胜，吉。

《象》曰："终莫之胜，吉"，得所愿也。

鸿雁飞行渐进到达了高陵之上，如同夫君远征终获高位，家中的妻子三年都不怀身孕，这是彼此忠贞相守之象，外物的阻隔不会得逞，夫妻终究会重新相聚，彼此相合的愿望终将实现，获得吉祥。九五通过渐次地进取，终于到达尊位，以刚爻居阳位，居中得正，是一位阳刚中正的领导者形象。九五刚中之君与六二柔中之臣彼此正应，或者说，是九五阳刚中正之夫与六二阴柔中正之妻彼此心心相印。九五需要得到六二的辅助，但二者之间却隔着九三和六四，九三乘于六二，六四承于九五，在中间横加挑拨，造成障碍。在渐卦之中，以缓进为佳，审时度势之后，六二不轻易冒进，九五不轻易任命，心中却彼此信任，以中正之德共待时机，三、四爻必不能久塞道路，不过三年，九五和六二必能得其所愿，吉祥如意。

上九，鸿渐于陆，其羽可用为仪，吉。

《象》曰："其羽可用为仪，吉"，不可乱也。

陆：繁体字写作"陸"，胡瑗、程颐解作"逵"，指天上的云路。鸿雁群起而高飞，离开高陵飞到了云天之上，其羽毛高洁华美，仪态飘逸远举，雁阵整齐有序，在天空中自由飞翔，吉祥无比，足可以成为人们的仪饰表率，让人们赞叹效法。上九爻居于渐卦顶端，鸿雁从水岸逐渐飞行到了广阔的天空，终于大展宏图，如同贤人君子循序渐进一步步地到达了人生的理想境界，所积累的功业德行隆盛高远成为天下的表率，可谓吉祥圆满，而贤人君子的志趣高洁，不为外物所动，不为情欲所迁，不为俗位所累，超然进退之外，其高洁的志向和积累的德业卓然光辉，任何力量不可扰乱。

〔渐卦小结〕

渐卦阐明了事物发展过程中的渐进规律。卦辞中以"女子出嫁"为喻，概括地说明了事物要遵循正道、按步骤逐次完成的道理。六爻通过鸿雁飞行的经历：水涯边、磐石上、小山顶、山上树木、高陵、云路等形象，揭示了事物由低渐高、循序渐进的发展过程。其中应遵循的原则是：力量弱小时，不可急进，也不必在意别人的嘲笑，要量力而行，逐渐进步，不断磨砺自己；渐进过程中要靠自己的力量获取"食物"，还要懂得与人分享；积累渐进的路上，会遇到一些困难和诱惑，要守正不邪，不可刚躁冒进；随着地位的逐渐升高，危险会时刻存在，当处于不太安稳的环境中时，要善于寻找平衡点以保全自身，但不可放弃原则误入邪路，同时应以柔顺正道争取强者的支援；在渐进过程中会遇到诸如压力、诱惑、挑拨离间等阻碍，对于这种复杂性要有心理准备，能够冷静处理，信任志同道合的人，向着光明的目标携手前进；在通过不断积累渐进、渐道大成，终于达到理想境界时，要秉持志向高洁、卓然超脱的品格德行，为世人作出精神表率。

54. 归妹卦第五十四

兑下震上

《序卦》："渐者，进也。进必有所归，故受之以归妹。"

渐进必会有所到达，到达也具有依归的意思，所以在渐卦后边是归妹卦。归妹是指少女出嫁。渐卦"女归吉"，重点在"归"，所以要礼备而渐行，而归妹的重点在"妹"，没有渐进的礼仪。从卦象看，兑下震上，震为长男，兑为少女，是少女要嫁归长男，所以称归妹。从卦德看，震为动，兑为悦，兑为内卦，震为外卦，泽悦于内，而雷动于上，也就是说少女喜悦在先，急于嫁归，因悦而动，这种不待礼备迎娶而自己求嫁的心态有失矜持与庄重，显得轻佻不自重，且以少女急归长男，既失礼节又不合常理，因而称其为归妹。

归妹：征凶，无攸利。

《彖》曰：归妹，天地之大义也。天地不交，而万物不兴。归妹，人之终始也。说以动，所归妹也；"征凶"，位不当也；"无攸利"，柔乘刚也。

归妹卦辞直言"征凶"，而且"无攸利"，是因为少女不守婚姻之礼，自媒自荐主动地归从长男，长男心生喜悦而有所行动，接受了少女，男女之情胜过了夫妇之义。因悦而动，有失端正，所以前行有凶，无所利。然而，这样做虽不合于礼，却合于以阴从阳、阴阳相配、繁衍生息的大义。如同天地相遇生育万物一样是符合自然规律的，少女从长男，可以解决生育子嗣的问题。归妹卦的征凶，另一方面的原因是居位不当，失时失位，二、三、四、五爻皆不当位，初上两爻虽当位，却又是阴上阳下，以柔乘刚，所以总的来说这样的婚姻不会有圆满的结果。

《象》曰：泽上有雷，归妹。君子以永终知敝。

泽上有雷，雷动雨沛就会使泽水滋盛，兑卦阴气悦于下，震卦阳气动于上，有少女悦以动长男之象，因而称为归妹。君子看到这样的卦象，明白夫妇之道宜于"永终"，永久保持才有好的结果。使夫妇之道得以长久，应该防止淫佚，不可敝坏夫妇之道。在夫妇关系中，"永终"有白头偕老之意，而"归妹"这样的婚姻缺乏道义的基础，是极容易敝坏的，应及早有心理准备，预防和避免敝坏。这个道理不仅在婚姻中是这样，扩展到社会人事中也是如此，君子当有远虑，及时警醒，防止悦以动产生敝坏，以保其善始善终。

初九，归妹以娣，跛能履，征吉。
《象》曰："归妹以娣"，以恒也；"跛能履""吉"，相承也。

古代以妹妹陪姐姐同嫁一夫，称妹为"娣"，相当于"侧室"。正配的女子婚嫁须备具六礼，年龄也有界限，否则就是失礼，就会如卦辞中说的"征凶"。而作为陪嫁的娣，因其地位卑下，可不备六礼也不受年龄限制。初九在归妹之时，处于最下位，上无正应，因而是归妹中的娣，不是君子正配，就如同人的跛脚，虽不正，却能够辅助行走。又初九以阳刚之德居于初位，说明初九是具有贤德的娣，能够安守本分，以偏助正，辅佐嫡夫人承助君子，因而征吉。

《仪礼·士昏礼》："古者嫁女，必娣侄从之，谓之媵。"《春秋公羊传·庄公十九年》说："媵者何？诸侯娶一国，则二国往媵之，以侄娣从。侄者何？兄之子也。娣者何？弟也。诸侯一聘九女，诸侯不再娶。"这种制度规定，诸侯一生只结一次婚，一次娶九个女子，从一国娶夫人，有两国前去随嫁，嫡妻的妹妹（娣）或侄女（侄）也要随嫁过来，如若其年龄尚小，就等到十五岁时再嫁，而且再不举行什么婚礼，二十岁时再与诸侯过夫妻生活。这些随嫁的女子都是媵妾。这就是古代的侄娣婚姻制度。

九二，眇能视，利幽人之贞。

《象》曰："利幽人之贞"，未变常也。

九二阳刚居中，是贤慧守中的刚正女子，与六五正应，但在归妹之时，六五阴柔不正，这样的相应是以阳应阴，反类相应，说明九二嫁夫不良，大臣遇君不明，只能勉力相从。九二处于这种境况下，有"眇能视"之象，与初九的"跛能履"相仿，不能两目皆明，只能勉强视物，还时刻有被遗弃的可能，这时的九二只能坚守己志，幽静安恬，以刚中之德执守正道，不变常道之贞，守志免祸。

六三，归妹以须，反归以娣。

《象》曰："归妹以须"，未当也。

六三在下体兑卦之上，阴居阳位，不中不正，又以急切取悦的姿态求嫁于人，然而上无相应，像六三这样失德失位又失时失礼的女子，没有人肯接受和迎娶，六三只能等待，最后也只能落得反归成为娣媵嫁出去的下场。此爻提醒少女在追求自己的幸福时，应保持适度矜持，走正道，维护女性的尊严，避免自甘流落，应以自尊、自爱、自强的态度去赢得尊重，以正当的途径获取幸福。

九四，归妹愆期，迟归有时。

《象》曰："愆期"之志，有待而行也。

愆期，误期，失期。归妹卦中的刚爻代表女子有才质贤德，九四以刚爻居阴位，与初九无应，表示这位有才德的女子不肯轻易委身于人，已经过了适婚的年龄而仍然未嫁。这种愆期未嫁，并非无人愿意娶，而是女子要静等有德的君子而后才肯嫁，这样的等待坚定不移，要遇到如意郎君才会行动。同理，这样的等待也似良臣蛰伏起来在等待明君，是矜持自重不轻易从人的智慧而高贵的表现。

 六五，帝乙归妹，其君之袂，不如其娣之袂良；月几望，吉。

《象》曰："帝乙归妹"，"不如其娣之袂良"也，其位在中，以贵行也。

　　帝乙嫁出王室少女，其衣饰不如陪嫁女子的衣饰美好，说明少女位尊而谦逊，守中而不偏，衣饰虽不如陪嫁的女子，但她的品德高贵而谦和，如同月亮接近圆满而不过盈，这样的婚嫁是吉祥的。六五居于尊位，在归妹之时，象征皇家女子出嫁，居震卦之中，是主动下嫁，普通女子主动下嫁有违常礼，而"帝乙归妹"地位尊贵，无人敢攀，必须主动表示愿嫁的态度，是屈尊降贵，以诚从人，而且在嫁归时尚德而不贵饰，表现了良好的德行，所以是吉祥的。

 上六，女承筐，无实；士刲羊，无血。无攸利。

《象》曰：上六"无实"，"承"虚"筐"也。

　　上六是归妹卦的最后一爻，无应无比，说明女子嫁归的愿望不能实现。在古代婚礼中，男女须到宗庙去祭祀祖先，女子背着装满祭祀用品的竹筐，男子宰羊取血进行祭祀，祭祀后，婚姻才具有合法性。在上六爻辞中，女子的筐里没有祭品，男子宰羊没有取到血，象征着婚礼祭祀没有完成，而婚姻关系就没有得到确立和认可，女子归嫁不成，没有找到归宿，这个境况对上六来说是不利的。也有解释认为，女承筐无实，士刲羊无血，是指没有生育能力，不能够延续血脉、承接祭祀，所以处境是非常不利的。其实，筐实和羊血也可以理解为双方的诚意，真正幸福的婚姻一定是男女双方心怀诚意，如果没有诚意，缺乏真心，这样的婚姻不会有好的结局。

〔归妹卦小结〕

　　本卦以少女出嫁为主题，阐释了少女择偶出嫁应遵循的原则：男婚女嫁是天经地义的事，是人类生生不息的根本因素，然而女子出嫁应严守正道，顺乎情理，不可违逆常规，过分强求。待嫁的女子如果才貌能力并不优秀突出，或者出身寒门，就要以柔顺厚德来要求自己，以守分、坚贞的品德使自身成为具备人格魅力的贤内助，以辅助夫君共同走向吉祥；才德一般的女子待嫁，对男方的期望不可奢求过分，更不可好高骛远，强人所难，以致婚配不成，自取其辱；才德兼备的女子应保持适当的矜持，充分显示自尊、自信的品质，不轻易许人，不急于求成，谨慎地选择佳偶以成婚配；客观条件比较优越的女子，应更注重培养内在的气质修养，以高贵的气质和谦逊的品格获得幸福的婚姻，而不在于是否有华丽的服饰和奢华的物资。女子是否能够找到归宿，并拥有幸福的婚姻，关键在于男女双方内心的诚意，如果没有诚意和真心，不可能获得美满的婚姻。

六十四卦中明显讨论男女相配之义的卦有四个——咸、恒、渐、归妹：咸卦，讨论男女之间的相互感应，充满感情，男追求女，笃定而喜悦；恒卦，讨论男女夫妇的伦常之道，注重责任，女顺从男，巽顺而后动；渐卦，讨论女子嫁归男子，男追求女，男女配合各得正位，笃定而顺从；归妹卦，讨论女子嫁归男子，女追求男，少女取悦于长男，喜悦而后动，居位不正当。咸、恒讨论的是恋爱和婚姻之道，由情感到责任；渐、归妹讨论的是女子嫁归男子之义，守礼节勿不正。咸和归妹，都是讨论男女之情，前者是止而说，真挚专一；后者是悦以动，情动失礼。恒和渐，都是讨论夫妇之义，前者是巽而动，夫唱妇随；后者是止而巽，水到渠成。这四个卦将男女之道、夫妇之义作了近乎全面的分析和论述。

55. 丰卦第五十五

离下震上

《序卦》："得其所归者必大，故受之以丰。"

事物得到依归，必然会丰大起来，因而在归妹卦之后是丰卦。"丰"是"丰硕、茂盛、丰盈、盛大"的意思。从卦象看，震为震雷，离为电火，雷电同时出现，声光互助，声势浩大，因而称为"丰"。从卦德看，离为明，震为动，只有以明而动，才能够致丰，只有动而能明，才能够丰大亨通。但在丰盛之时，人们常会陷于安乐，以致判断事物昏昧不明，当时刻警醒。丰卦中各爻的"丰"却是以日蚀时遮蔽太阳的阴影丰大为喻，以此来论述如何应对暂时的黑暗，动而能明，从而保持光明丰大的局面。

丰：亨，王假之；勿忧，宜日中。

《彖》曰：丰，大也。明以动，故丰。"王假之"，尚大也；"勿忧，宜日中"，宜照天下也。日中则昃，月盈则食；天地盈虚，与时消息，而况于人乎？况于鬼神乎？

"丰"是盛大的样子，电光雷动，光明照彻天地，震雷借光明而震动，气势盛大，天下只有王者才能达到这样丰大至极的气势。在盛大的气势下，做事就会亨通无阻。然而，世间的道理往往是盛极而衰，就如同太阳到达中天，再向前就会倾斜，所以丰大之中隐含着忧患。这时仅有忧患意识是不够的，还要能够执守中道，保持清醒务实的态度，明以动，不使过盛才能防止衰落，以维持丰大的局面。同时，要明白"日中则昃、月盈则食"的现象是天地自然运行的规律，因此不要整日忧虑惊慌，应及时修德，宜于像日上中天那样，用光明照亮天下，以宽容、大度的风范顺应天地盈虚之理，积极主动采取措施，将光明施与四方，防止过盛。

《象》曰：雷电皆至，丰。君子以折狱致刑。

丰卦下离上震，是雷电皆至之象，光明与震动同时发生，构成了丰大的气象。离火有明察之象，而震雷有威断之象，君子看到雷电明动的卦象，明白了决断讼狱、致用刑罚应遵循的原则，决断讼狱的时候必须明察事情的虚实，动用刑罚的时候必须轻重得中，如果动刑而不明察，就会滥用刑罚；如果明察而不威慑，就会姑息养奸，所以君子从丰卦获得了折狱致刑的道理。

与丰卦卦象相似的噬嗑卦，是离火光明在上，震雷威动在下，是先王明察立法在上，以警世人遵守；丰卦是王法已威立于上，而君子明察在下，依法折狱致刑。

初九，遇其配主，虽旬无咎，往有尚。
《象》曰："虽旬无咎"，过旬灾也。

旬，是"均"的意思，是指初九与九四均为阳爻。在其他卦中，诸爻取阴阳刚柔相应为正，丰卦却取明动相资助为正。初九以阳刚之质居于下体离卦之初，与上体震卦的初爻九四同德相遇，明与动可以互为支持，共同造就盛大丰满的态势，所以初九将与九四的相遇看作得遇配主。初九的明察与九四的威动在相互配合中，起到了均等的作用，既不过明，也不过威，彼此资助，没有过咎，这种明与动良好的配合是值得推广和效法的。这其中明与动的均衡作用非常重要，如果平衡被破坏，无论是哪一方面过度了，都会导致灾祸。

六二，丰其蔀，日中见斗。往得疑疾，有孚发若，吉。
《象》曰："有孚发若"，信以发志也。

蔀，覆盖于棚架上以遮蔽阳光的草席，引申为覆盖。丰其蔀，是指张大了障蔽物以遮蔽光明。六二以阴柔中正之德居于大臣之位，是离体主爻，其品德像悬挂于中天的太阳那样光明，然而此时却被巨大的障蔽物遮蔽，如同出现了日食一般，天色昏暗到有如黑夜，以致大白天能够望到星斗。张开遮蔽物的正是居于君位的六五，是一个柔暗不正的昏君，遮蔽了六二的美德与光辉。这时的六二不可轻动前往，否则必遭猜忌，六二应发挥自己的柔中诚信之德，谦虚低调，至诚无私，以感发君主的心志，若能以诚信开拓和发展君主明动之志，可获吉祥。

九三，丰其沛，日中见沫；折其右肱，无咎。

《象》曰："丰其沛"，不可大事也；"折其右肱"，终不可用也。

沛，通"旆"，幡幔。沫，通"昧"，微暗，一说为北斗辅星，一说为极小的小星。丰大遮掩光明的幡幔，比"丰其蔀"时更为昏暗，以致日当正中的时候却被遮蔽得天空漆黑，甚至能够看到极小的小星。九三以阳刚之质居于离体之上，当位得正，刚明有才干，但是与其相应的上六却是阴暗动极之徒，设置了遮蔽光辉的幡幔，阴气遮蔽了九三的明德，如同日全食中的太阳被昏暗整个遮盖。九三在这样的情况下，不能施展作为去做大事，应认识到黑暗势力是强大的，但也是暂时的，因而需痛下决心，舍车保帅，屈身断腕，以待时机。爻辞中"折其右肱"用以比喻将最得力、最常用的部分主动断除，以保无咎。

九四，丰其蔀，日中见斗，遇其夷主，吉。

《象》曰："丰其蔀"，位不当也；"日中见斗"，幽不明也；"遇其夷主，吉"，行也。

夷，等同，平列。在上位而交于下称作夷。九四以阳刚居于阴位，居不当位，其处境与六二相似，却又不居于中位，不中不正而居于两阴爻之下，光明被遮蔽得更深。虽然九四是上体震卦之主，但是以刚居柔，在近君大臣的位置，与六五相逆比，所处地位危险，且已经离开离体的光明，独自一个阳爻不能胜过众阴，于是，九四向下寻求，遇到了与自己阳德等同的初九，于是与初九互为资助，"动"与"明"遥相呼应，上下同德，真是难得的吉兆了。丰卦所以能够"明以动"，功劳在九四，九四又因为有了初九的鼎力相助，才能使丰之世的光明不会被昏暗彻底遮蔽。而九四能够退身下求，是使局面转而为吉的关键举措。

六五，来章，有庆誉，吉。

《象》曰：六五之"吉"，"有庆"也。

六五以阴暗之质坐在君主的位置上，他的势力足以障蔽阳刚与光明，这样的君主本来没有吉道可言。所幸他能够得守中道，居于上体震卦的中位，是六二"有孚发若"的对象，六二以至诚中道前来启发协助，六五虽阴暗但没有达到满盈，能够虚心向下接受六二，六二是离体之主，给六五带来了光明，弥补了六五的昏暗不善而彰显了他中道纳谏的善举，使六五得到了福庆和赞誉。所以，六五本不应有吉，以六二"来章"而获吉。

 上六，丰其屋，蔀其家，窥其户，阒其无人，三岁不觌，凶。

《象》曰："丰其屋"，天际翔也；"窥其户，阒其无人"，自藏也。

阒，空寂。"阒其无人"指空荡荡没有一个人。上六以阴居丰卦之极，阴柔昏暗，却住着很大的屋子，家被障蔽遮盖，有高处深藏之象，令人颇感神秘。然而，窥视屋内却寂静无人，三年不见有人露面，这一切都预示着凶象。在丰大的时候，本应谦虚处世，而上六住处和规模都很高；品质本应刚健光明，而上六阴暗至极，幽深昏暗遮蔽了九三的光明，迫使九三"折其右肱"。上六这样自高自大，自以为飞翔于天际而遮蔽家室，居处昏暗不明，是自我隐藏、自绝于人的表现，而上六本身只有阴柔之质，并无大才，其凶可知了。

〔丰卦小结〕

本卦说明事物丰大时如何求丰保丰的道理。卦辞重点阐明了处丰的两个原则：一是要有盛美之德；二是要常保光明，照耀天下，防止被自身或外来的昏暗所障蔽。丰卦的卦名为丰，而卦中各爻却处于日中见斗的昏暗之中，可见求丰保丰非常不容易。居于下位，自身具备光明的才智时，要寻求有行动能力的人，彼此资助，将光明付诸行动，以求丰大；当具有一定的地位，能够中正处事，又有光明的才智，却没有遇到善于识人用贤的领导，自身的光明被遮蔽时，不可妄自行动，以免遭猜忌，而应以至诚至信的柔中之德感化他人，可致丰获吉；自身刚毅履正，光辉日盛，却被巨大昏暗势力所遮蔽时，要能够忍辱负重，必要时要能够主动折损自己，以保存实力，以待重见光明；如果身至高位，却因为自身遇事不明而陷入昏暗之中，应积极主动寻求下层明德之士的支持帮助，同舟共济，求得丰大；居于领袖位置而自身缺少刚明之质的人，更应礼贤下士，广开言路，以获得志士贤才的真诚辅佐，才能保丰不衰。切不可自高自大，深居简出，自绝于人，否则凶兆必现，丰极而衰。总的看来，丰卦讨论了在不同的境况下怎样保持"明"与"动"的良好配合，以确保明以动，动而明，从而实现致丰、保丰的总体目标。

56. 旅卦第五十六

艮下离上

《序卦》："丰者，大也。穷大者必失其居，故受之以旅。"

丰盛达到极致的时候，就会衰败，会失掉曾经安居的地方，从而羁旅行役，过着漂泊的生活。所以，在丰之后是旅卦。从卦象看，离上艮下，山上有火，山是静止不移的，如同馆舍，而火是迅速燃烧蔓延的，有离开而不停留之象，如同旅人，所以称旅。又因为艮为内卦，离为外卦，离体之德是附丽，象征依托、附丽于外，有旅之象。从另一方面来说，山上的火，不会漫无止境地燃烧下去，就像人漂泊在外，最终还要回归故乡。旅卦主要阐述了在不安定的旅途中如何求得安定的原则。

旅：小亨，旅贞吉。

《彖》曰："旅，小亨"，柔得中乎外而顺乎刚，止而丽乎明，是以"小亨，旅贞吉"也。旅之时义大矣哉！

旅行的人失去了固定的居所，旅行在外会有些不安定，但还不至于困顿。卦中六五以柔爻居于尊位，能以柔中顺应上下两刚爻，可以在旅途中小有亨通，但不会有大亨。因为，一来旅居在外，身处异乡，有很多不安定因素，不太容易大亨，而途中遇到困难时须要有阳刚中正的助手支助，但六五与六二不能形成刚柔相济的配合，所以六五在柔中顺刚的情况下只能得小亨。旅行在外，有些时候迫于环境需要委屈苟且才能前行，虽然如此，也须在旅行中坚守信念，不离正道，以柔顺中正把握好处旅的原则，方可获吉。人生如逆旅，旅的时义是非常伟大的。

《象》曰：山上有火，旅。君子以明慎用刑而不留狱。

留狱，稽留讼狱。山上火光熊熊，光明炽热，无所不照，但这样的气势不能长久，有旅之象。君子看到这样的现象，懂得了要明察审慎地利用刑狱而不能稽留讼狱的道理，牢狱是不得已而设置的机构，用以惩罚犯罪的人，如果糊涂决断、淹滞拘留，就会使无辜的人受牵累，所以君子审案决断时要至明至慎，以审慎的态度明察所有的讼狱而不稽留讼狱，如此可以称得上正确吉祥的刑狱了。

初六，旅琐琐，斯其所取灾。

《象》曰："旅琐琐"，志穷灾也。

初六踏上了旅途，由于它地位卑微，不中不正，自身又阴柔懦弱，在旅途中遇到利益得失、穷途困顿的时候，就显得鄙猥琐细，没有一点胆识和正气。这样的情状，怎会不招致侮辱和灾祸呢？虽然初六上有九四与之相应，有外援支持，但因它的才质能力实在太弱，又行事猥琐，意志薄弱，穷则斯滥，在行旅之中不能自持自保，以致自取灾祸。

六二，旅即次，怀其资，得童仆，贞。

《象》曰："得童仆，贞"，终无尤也。

次，客舍。六二在旅行中，能够找到安居的客舍，又有足够的旅费，还有忠贞善良的童仆陪同，这样的旅行，算得上是难得的惬意了。之所以能够如此，一是因为六二有一定的地位，客观物质条件优越；二是因为六二柔顺宽和，为人处世中正得当，使内外和谐，童仆忠贞可信赖，所以可以免于灾祸，没有什么过尤。

九三，旅焚其次，丧其童仆，贞厉。

《象》曰："旅焚其次"，亦以伤矣；以旅与下，其义"丧"也。

九三以刚居阳，刚亢而不中，有自高自大、过刚致灾之象。刚亢过度在平时尚且容易招祸，何况是在旅途之中？九三这种过刚的行为给自己带来了严重的后果，他所居住的旅舍被火烧毁，童仆也背叛了他，自身受到伤害，处境非常危险，这都是因为他处旅之时太过刚暴，丧失了待人之义，因而才有了这样的祸患。

九四，旅于处，得其资斧，我心不快。

《象》曰："旅于处"，未得位也；"得其资斧"，心未快也。

处，止歇的处所。资斧，货财器用。九四以阳居阴，在上体离卦之初，质刚用柔，有阳刚才质并能够谦逊柔顺，适宜于旅行，下与初六相应，善于与人交往，情况比九三要好得多，不仅有了歇身的住处，也有了旅行的资费，但是心情并不愉快，因为，在旅途中很多因素并不稳定，又没有得到应得的正位，只能与下面的阴柔初六相应，其才能得不到施展，志向得不到实现，仍只是一个旅途中的匆匆过客而已，因而心情并不痛快。

六五，射雉，一矢亡；终以誉命。

《象》曰："终以誉命"，上逮也。

　　雉是文明之禽，六五居于上体离卦之中，以柔中而文明的德行，旅行于众刚爻之间，不断地修身奋进，如同要射到文明之禽一样，希望将光明的理想广施天下，但现实是六五自身只能在旅途中追寻，不但没有射到雉，还损失了射雉的箭。六五志向光明、执守中道，处世又能够刚柔相济，追寻光明而不疲倦，虽不得其位，但在人生如羁旅的旅途中彰显了高尚的德行，最终得到了美誉和爵命。

上九，鸟焚其巢，旅人先笑后号咷；丧牛于易，凶。

《象》曰：以旅在上，其义"焚"也；"丧牛于易"，终莫之闻也。

　　上九居于旅卦的最上位，作为一个旅人，竟然意外地得到了高位，上九大笑不止，却不知道自己是把极高而危险的地方当作了住宅，其结果是凶险随之而来，如同高枝上的鸟巢被火焚烧，荒远的田畔丧失了牛，旅人遭遇祸殃后痛哭号咷，可谓乐极生悲、亢极致祸。上九在羁旅中遭祸终将没有人闻知，最终也得不到援救。作为羁旅之人，贵在柔顺中正，不惹祸端为好，上九却最为亢进，以居穷高为乐，以客旅之身得到上位，招致众人的忌恨，埋下凶险的祸根，结果不但栖身之所被毁掉，连财产也全部丧失。遭遇这样的不幸却由于是羁旅之人而没有人闻知救助，可谓受伤到了极点。

〔旅卦小结〕

　　本卦阐明了在不安定的"行旅"状态下妥善处世的原则。羁旅生涯是孤独而难安的，所以在旅途中既要有坚强守正的品质，又要以柔顺持中为本。统观六爻，凡是阳刚高亢的都遇到了危险，尤其是得意忘形居于穷高之地的人更是会招致凶祸，而柔顺中道的却能够得到支持、赞誉和财富。柔顺是旅人应遵循的处世之道，但是那种卑下自辱、行为猥琐的人，却会因志短卑贱而自取灾祸。可见，人在旅途，卑下就会被侮辱，高调就会被嫉妒，如果能够执中不偏，内刚外柔，柔而不失中，就算得上难得的智慧了。

　　行旅的意义不仅指狭义的旅行，更可以将人生看作一次旅行，不同的人生经历着不同的境遇，遭遇着不同的机会和危险，如何做一个善于"行旅"之人，当从旅卦中得到某些启示。

57. 巽卦第五十七

巽下巽上

《序卦》："旅而无所容，故受之以巽。巽者，入也。"

人在旅途，漂泊不定，缺亲少友，如果不懂得巽顺之道，就很难找到谷身之地；如果能够以巽顺处事，顺而能入，终有一天会结束困苦的局面，从而得以安身。所以在旅卦之后继之以巽。巽的本义为入，为顺，从卦象看，巽为风，风吹过大地，将天的号令发布传送，万物都受到吹拂，号令一出，百姓顺从，是谓巽。从爻象看，上下两体的巽卦都是一阴爻伏于两阳爻之下，是阳入阴爻，阴顺阳爻，两个巽体反复重申政令，所以为巽。在六爻中，九五是刚中之君，号令天下，众爻顺从。

巽：小亨，利有攸往，利见大人。

《彖》曰：重巽以申命。刚巽乎中正而志行，柔皆顺乎刚，是以"小亨，利有攸往，利见大人"。

巽的卦德为入，能够巽顺以入，所以小有亨通，利于有所前往，见到大人。巽由上下两个巽体组成，一阴潜伏凝滞在下面，阳气由上方吹入，将阴气散开，如同风吹云散，从而阴阳合德，风调雨顺。上下两个巽体，象征反复申说号令，二和五是刚爻巽乎中正以推行政令，初和四是柔爻巽乎刚爻而顺从号令，这样双向沟通，其作用在于修敝举废，不断进行调整，所以是小亨。如果将这个道理用在人心，就是要用阳刚中正的心志去反思和察知内心隐伏的细微念头，以阳散阴；如果用在国家，就是要深入组织内部厘清弊端，使刚柔平衡。在巽之时，利于有阳刚之德的大人带领，同时刚爻应避免过于刚强而有违中正之德，柔爻应避免过度柔顺而丧失独立人格及原则立场，完美的巽顺应以刚柔适中为佳。

《象》曰：随风，巽。君子以申命行事。

巽为风，两风相重，所以称随风，随是"相继不断"的意思。君子看到风吹过万物，将天的号令普及深入各个地方，无所不至，无所不顺。于是君子效仿风之德，像春风那样发布命令，推行政事。发布的命令是顺民心而出，以德政行于天下，民众就会巽顺地听从号令，无不顺从，这样的政令就会如风吹大地一样无所不至。

初六，进退，利武人之贞。

《象》曰："进退"，志疑也；"利武人之贞"，志治也。

初六本质阴柔，又居于巽卦的最下方，地位卑下，性格柔弱，既无能力又没胆量，当上面发布命令要求执行政令时，由于本身柔弱自卑，心无主见，前怕狼后怕虎，茫然不知所措，进退不知所从。这个时候，初六应振作精神，学习军人的气质，以刚毅果断弥补自身柔弱的缺陷，顺应形势，敢于作为，执行政令，德业均会得以修立。初六如果自身不能焕发刚毅品质，虽然上无相应，但可上承于九二，巽顺于外在的阳刚从而使自身行动能够刚决正固，形成刚柔相济的良好组合。

九二，巽在床下，用史巫纷若，吉，无咎。

《象》曰："纷若"之"吉"，得中也。

史巫，史是祝史，巫是巫觋，指接事鬼神的神职人员，祝史司祭，巫以降神。纷若，盛多的样子。"床"相对来说是较为卑微之地，九二爻本来具有阳刚健取的本质，但由于处在巽体之中，又居于阴柔之位，所以太过恭敬谦巽，以至于接到上司的命令，就跪拜在床下，无比巽顺，形式纷繁，显得有些卑琐，行为有失中道。对于九二这样的人，不适合担负大臣的重任，这种无比恭敬的态度可用于对神的膜拜，并把神的意志传达给民众，至诚恭敬就不会显得过度，且有利于把民众的精神凝聚起来，更好地促进政令的推行。九二适合作一位宗教人士、神职人员或精神文化的传播者。由于九二内有阳刚的资质，又与初六亲比，有聚纳民众所行不正的嫌疑，而遭到九五猜忌，所以九二要不断地以刚中孚信之德和诚善之心为上下祈福，唯有获吉才可以无咎。

九三，频巽，吝。

《象》曰："频巽"之"吝"，志穷也。

频，指频繁，反复。"频巽"是不甘心顺从，迫于形势不得不顺从，但因本性刚强又忍不住会违逆，迫于压力再次顺从，如此反复，称为频巽，这样做的结果必然会有鄙吝。九三以刚爻处于阳位，刚强过中，又在下卦巽体之上，本性刚亢不愿俯首帖耳听从命令，但是在巽之时，迫于形势不得不低头，这种顺从并非发自内心，所以称其"志穷"。以九三的本性，并不能长久巽顺，又加之向上无应，向下无比，居于上下两卦的交界，六四又以阴柔之质居其上，更使其心有不甘而忍不住进行违逆和冒犯，屡次犯错误，又屡次归于巽顺，一再反复，这样的态度必会招致羞吝的结果。就九三本质而言，是一位阳刚居正的君子，但其缺点是不能中道行事，骨子里刚强自恃，不能适应外在的客观形势，形成矛盾冲突，这实在是由于性格所致。

 六四，悔亡，田获三品。

《象》曰："田获三品"，有功也。

田，田猎。三品，三种，三类，表示很多。六四本质阴柔，与初爻又不相应，没有外援，同时又处在上下都是刚爻的位置，是极易产生悔恨之事的。但是，在巽之时，情况就会有所不同，六四以柔居阴，首先是得巽顺之正，向上巽顺于九五、上九，向下巽顺于九三、九二，行顺履正，顺势善处，所以悔恨得以消除。以六四这样巽顺的处事方式，能够获得上上下下的普遍认可，如同田猎会获得很大的收益。六四在巽之时，能够行君的号令，又能够顺民意而执行，可以兴利除害，获得功勋。

 九五，贞吉，悔亡，无不利。无初有终。先庚三日，后庚三日，吉。

《象》曰：九五之"吉"，位正中也。

九五居于尊位，是巽卦之主，命令就是由九五发出的。九五既中且正，刚明无私，体现了巽之正道。巽道讲顺入，所以提醒九五号令天下要中正才会吉，顺入民心，会使悔恨消亡，无所不利。君王下达命令的目的在于变更旧有的制度与习惯，以除弊兴利。事情开始时会有很多问题，但推行新令后就会日臻完善，所以必须在变更前有所准备，反复叮咛，在变更后揣度考虑，观察实效，申命行事。庚，是十天干中第七位，过中之地，当事情变更的时候，所以"庚"是"变更"的意思，与蛊卦中"先甲三日，后甲三日"中的"甲"区别在于：蛊是完全败坏，重新开始，所以以"甲"为节点，而巽是顺应时势兴利除弊，因而以"庚"为节点。

 上九，巽在床下，丧其资斧，贞凶。

《象》曰："巽在床下"，上穷也；"丧其资斧"，正乎"凶"也。

"资斧"有两解：一是指货财器用；一是指能够断物的利斧。在巽卦上九爻中这两种解都可以阐明同一个道理：上九处于巽卦的极端，过于巽顺，以至于卑微巽伏到了床下，丧失了其作为阳爻的刚断本质，失去了齐物的利斧，只是一味巽顺，没有了裁断事理的原则，因而也就丧失了自己的权利以及货财器用等本该维护的东西，上九这样做下去，必会招致凶祸。

　　本卦阐述了以巽顺而入的道理：卦义中以巽顺为主，强调巽顺可以亨通，柔应顺乎刚，刚应顺乎中正，利于"大人"申命施治。在具体到六爻时，突出了巽顺过程中的权变之理，阐明了在不同的位置和具体情况下应遵循的原则：卦中两阴爻，初六位卑柔弱，进退疑惧；六四处于上下刚爻之间，不善处则有悔，因而勉励两阴爻要柔而能刚，才能够"利武人之贞"而志治、"田获三品"而悔亡；卦中四阳爻，九三与上九，一个过刚而生"吝"，一个过柔而有"凶"，可见巽顺要把握刚柔适度，以中道平衡为佳，过与不及都有问题；易道贵中，巽道尤其贵中，九二与九五居上下两体的中位，九二在下卦中爻，竭尽赤诚，申命行道，吉而无咎；九五"刚巽乎中正而志行"，先庚后庚，通权达变，贞吉无不利。总而言之，巽顺的内在核心恰恰是刚正不阿，其目的是兴利除弊，绝非趋炎附势，更不是柔弱畏懦。

58. 兑卦第五十八

兑下兑上

　　《序卦》："巽者，入也。入而后说之，故受之以兑。兑者，说也。"

　　兑，即"说"，通"悦"。事物彼此柔顺巽入就会相悦，所以在巽卦后是兑卦。经卦的兑由一阴两阳组成，内刚而外柔，如同人内心刚直坦荡，待人接物又谦逊柔和，自身和悦也会使人感到喜悦。所以，兑卦的卦德是悦。从卦象看，兑为泽，泽能滋润万物。两兑相连，象征两泽相邻，彼此润泽，喜悦而互助，更像是好友之间的关系，互相帮助，彼此关怀，愉悦和乐。

　　兑：亨，利贞。

　　《彖》曰：兑，说也。刚中而柔外，说以利贞，是以顺乎天而应乎人。说以先民，民忘其劳；说以犯难，民忘其死；说之大，民劝矣哉！

　　人心喜悦就容易使事情亨通。但前提是使人喜悦的缘由不能脱离正道。如果脱离正道以悦己或取悦于人，就会邪佞谄媚滋生而最终悔恨。君子应内正己心，坚持原则，阳刚中道，待人接物柔和谦逊，以利民为怀，才能够顺乎天的道理而又合于人心。君子、大人欣然喜悦于不辞劳苦地身先于百姓而操劳，百姓也必然能任劳任怨忘掉辛苦；君子、大人欣然喜悦于趋赴危难，不避艰险，百姓就会舍生忘死地追随。好逸恶劳、贪生怕死是人之常情，那些能够不辞劳苦、不怕死亡的人，除非是从心里愿意这样做并为此感到欣悦。历史上有句名言："士为知己者死，女为悦己者容"，民众欣于所悦时甘愿吃苦犯难并为此自我奋勉，可见"悦"道的伟大。

《象》曰：丽泽，兑。君子以朋友讲习。

两泽并连，交相浸润，彼此滋益，有欣悦之象。君子看到这样的卦象，效法两泽相悦相助，欣悦于朋友在一起讲解道义、研习学问、彼此帮助，通过互相讲解而阐明道理，通过共同习练而熟悉学问。朋友之道，乐在其中。

初九：和兑，吉。
《象》曰："和兑"之"吉"，行未疑也。

在欣悦的总体环境下，初九以阳刚的本性，居于初始阳位，品行端正，又没有任何系应，象征没有党系之嫌。初九和悦待人，广泛交往，这样的和悦态度不存在任何诌媚私邪，是和而不流的君子作风，这样去行为做事，不会遭人疑忌，合宜而吉祥。

九二，孚兑，吉，悔亡。
《象》曰："孚兑"之"吉"，信志也。

九二以阳居阴，又上承亲比于阴柔的六三，而阴爻代表没有原则地去追求愉悦的人。如果九二悦于六三，受他影响终将后悔。然而，九二有刚中之德，阳刚而有诚信，自守而不失德，坚持和而不同的处世之道，即便与六三这样的人相处，仍能持守正道，欣悦而纯正，所以悔恨得以消除，信守志向而吉祥。

六三，来兑，凶。
《象》曰："来兑"之"凶"，位不当也。

正确的欣悦之道应是没有偏系和私欲的，更不可以用口舌去求悦于人。六三居于下体兑卦之极，有口舌善言之象，且柔居阳位，不中不正，欲以柔邪诌佞来取悦上下阳爻，这种首鼠两端、表面逢迎的做派是心中缺乏诚信的表现，其以巧言令色的伎俩谋取私利，虽然短时间内有可能博取对方的欢心，但时间不会长久，终将原形毕露、咎由自取，成为被鄙视唾弃的对象，所以六三这种做法其结果为"凶"。

九四，商兑未宁，介疾有喜。

《象》曰：九四之"喜"，有庆也。

介，间隔，隔开。九四进入兑卦上体，刚居阴位，上面有阳刚中正的九五，下面有阴柔谄媚的六三，何去何从？不能定夺。人都有爱听好话、喜欢奉承的弱点，九四质刚用柔，就说明他不能果敢决断地拒绝诱惑和奉承，意志动摇，但阳刚的本性又使他明白原则之所在，站在选择的十字路口，九四反复商度权衡，不能安宁。所幸九四阳刚的本质战胜了诱惑，使他最终选择了坚守原则，断绝了柔邪的诱惑，去除了弊坏，守持了原则，没有走上歧途，真是一件可喜可庆的事。

九五，孚于剥，有厉。

《象》曰："孚于剥"，位正当也。

九五以刚爻居尊位，阳刚中正，本是大人君子之象，但由于处在兑悦之时，顺境中往往丧失警惕，上六居兑卦之极，极尽阴柔谄媚之能事。九五不信阳刚九四的劝谏，却亲信于上六，九五与上六相亲比，彼此相得，形成了不正当的欣悦关系。九五的阳刚被上六所剥，国家社稷也遭到剥蚀，如此下去，是危厉之道。九五的高位和权力是小人所贪恋和觊觎的对象，所以，巧言令色、趋附谄媚之事总是会不断发生的，而其危险与祸端亦由此而来。居位掌权者当以此为戒。

上六，引兑。

《象》曰：上六"引兑"，未光也。

引，引诱。上六在兑卦的终极，是悦之极，本性阴柔没有真实才干，又没有阳刚的德行，但有一套善于谄媚取悦于人的本领，欲以柔邪之道欺骗引诱周围的人为其所利用。上六这套为私欲而表演的阴邪把戏，是不可能施展广大的，即便暂时得势，蒙蔽了别人，但终究不会有好下场。

〔兑卦小结〕

兑卦阐述了人应该以什么为"悦"以及如何与人建立和悦关系的问题。愉快喜悦本是人情所追求的，与人和悦相处也是一件好事情，所以卦辞言"兑：亨"，但"悦"的前提条件是"利贞"，贞固守正的欣悦、和悦才是于人、于己都有利的。要做到贞固守正且能够和悦处事，就需要像兑体那样刚中而柔外：品质刚健诚信，做事柔和谦逊，这样才能既坚持原则又与人相处愉快。

卦中六爻阐述了在不同情况下把握愉悦的原则：不偏私结党，无私欲妄求，做一个和而不流的君子，这样的愉悦是和谐而吉祥的。如果自身有原则性和判断力，但常与小人打交道，就要保持阳刚中道的品质，以诚信笃实来要求自己，洁身自好才能防止悔恨发生；如果求悦不以正道，做左右逢迎的两面派，就成了谄媚小人，终将被人鄙弃，结果是凶；在正义道德与利益诱惑面前，要保持清醒的头脑，不能贪图享乐愉悦而丧失原则；居于尊位掌握权力的人，更应时刻警醒，不要被小人的谄媚所蒙蔽蛊惑，否则江山社稷甚至身家性命都将面临危险；那些极善伪装以悦人的面孔牵引人走向邪路的小人，即便暂时得逞也不会长久，邪恶终将失败。但兑卦提醒所有君子要时刻警惕，小心愉悦，以免受其所害。

59. 涣卦第五十九

坎下巽上

《序卦》："兑者，说也。说而后散之，故受之以涣。"

人忧愁时气血就会郁结，喜悦时气血就会舒散，可见"悦"会引起舒散的结果，所以在兑卦之后继以涣卦，涣有"离散""涣散"的意思。从卦象来看，坎水在下，巽风在上，风吹拂于水面，冰冻消解，水波涣散，因而风与水的组合称为涣卦。同时，巽有木象，木在水上，有乘木涉川之象。涣卦探讨在涣散的处境下，如何处涣、治涣的问题。

涣：亨，王假有庙，利涉大川，利贞。

《彖》曰："涣，亨"，刚来而不穷，柔得位乎外而上同。"王假有庙"，王乃在中也。"利涉大川"，乘木有功也。

涣指离散之世人们之间的离散是因为心散了。若想把人再聚合起来，必须先聚合人心，聚合人心的办法是要使人们有共同的精神信仰和追求。古代的君王亲自到太庙祭祀，以德政孝道来聚合人心，这样做在涣之世就有了亨通的可能。涣卦有木行水上之象，可以渡过险难，在治涣的过程中，固守正道才会有利。在卦爻中，刚爻九二能够来到下体坎卦之中，以阳刚中道主于内，使内部有主心骨。内部有九二就有了力量的聚合而不会使力量困乏穷尽；柔爻六四去往上体巽卦之下，以巽顺辅佐九五，与九五密切配合，使领导层能巽顺民意，聚合民心。如此上下同心，必可以涉险治涣，聚合天下人心，建立功业，大有可为。

《象》曰：风行水上，涣。先王以享于帝，立庙。

风行水面，有涣散之象，领导者看到这样的卦象，明白了散中有聚的道理，于是通过享帝立庙的方式聚合人心。祭祀是一项使精神凝聚的活动，以共同的信仰和价值观念将社会整合成一个精神共同体，这是人心所归，凝聚涣散之道。涣，在历代文论中有"散而不乱""文采绚烂"之义，风行水上，水面泛起涟漪，自然成文，波光粼粼，形散而神聚，所以有分中见合的含义。

初六，用拯马壮，吉。

《象》曰：初六之"吉"，顺也。

初六是涣卦的初爻，象征在涣散之初涣散之势还没有形成。在刚出现涣散趋势的初始阶段应尽早拯救，就会更容易成功，也不会太费力。然而初六只是一个柔爻，没有拯救涣散的能力，需要有强有力的外援来共同完成。初六与六四阴柔不应，但是有条件就近亲比于九二。如果初六能顺从于九二，借九二的力量来拯济局面，就如同借助了健壮的良马前行，可获吉祥。

九二，涣奔其机，悔亡。

《象》曰："涣奔其机"，得愿也。

到九二时，涣散的形势已经形成。九二在涣散的形势下自身居于坎险之中，上与九五不相应，眼见悔恨的结局即将出现，这时九二应着眼于固其根本，俯身急奔，向下寻找安身之所。在涣散的局面下，初六已将九二视作壮马，而九二将初六视作可以栖身凭借的案几，彼此阴阳相扶，合力同心，在涣散之时能够聚集力量，共度患难，九二的举措使悔恨消除，得偿所愿。

六三，涣其躬，无悔。

《象》曰："涣其躬"，志在外也。

六三以柔爻居阳位，其位不正，行事又不能守中，在下体坎卦之极，有危险之象。在这样一个涣散的大环境下，六三如果能够涣散自身的保守与自私，敞开胸怀向外寻求合作伙伴，与上九阴阳相应，携手同心，共同济助患难，必可以消除悔恨。在《周易》

中，六三与上九相应的爻，很少有吉爻，然而在涣散时，能够舍弃自身的利益，与人合作共进，非常难得，因而"无悔"。

 六四，涣其群，元吉；涣有丘，匪夷所思。

《象》曰："涣其群，元吉"，光大也。

群，指朋党。丘，指聚集。六四解散朋党，大吉。因为只有解散私党才能聚合大众民心，这不是一般人能够按这样的思维去思考的。六四居位得正，上承于九五，是济助九五合力解决人心涣散问题的近君大臣。六四已经进入上体巽卦，向下无所应与，是能够散除朋党而巽顺于九五阳刚君主的大臣形象。散除朋群私党而成就公道大义，六四的散是为了聚，这是正道得以光大的象征。世间有些人以结党拉群用以自固，然而这样的群党是由私欲和势力结附而成的，不是真正的聚，当势去群散的时候，彼此背叛，比没有群党的人还要危险，这是值得人深思的。只有无私的人，才能以公道之心服人，以正理聚人。

 九五，涣汗其大号，涣王居，无咎。

《象》曰："王居""无咎"，正位也。

九五在涣散之世，尊居君位，面对涣散的局势，发出号令以消释天下之难，消除民怨，化解郁积，就如同人得了疾病，要发汗以解除郁积一样，使汗水散出而不返，病体可望缓解、痊愈。九五阳刚居中，是涣散之世的主心骨，当居正行中，散发号令疏散居积之物，广布德泽，以宣散天下的壅滞，归聚民心，这样的态度和措施可治理涣散局面，没有咎害。

 上九，涣其血去逖出，无咎。

《象》曰："涣其血"，远害也。

上九以阳刚居涣之极，有散极而见聚之象。在涣卦中，各爻少有相应，唯独上九与六三阴阳相应，六三居于坎险之极，象征着危险和伤害，上九与其相应，有伤害和惕惧之象。然而，六三能够脱离朋党，以大局为重，真诚求助于上九，上九以阳刚居于上体巽卦之极，品质阳刚而善于用柔和的态度办事，顺应时势，与六三刚柔相应，合力解除涣散的局面，终于在涣极之时"血去逖出"，脱离了险难，无所咎害。

〔涣卦小结〕

涣卦阐述了在涣散之时如何治涣、济涣的原则。卦辞中首先阐明了治涣当以聚合人心为上，领导者应着力于提升民众共同的精神信仰和价值认同，以享帝祭庙等活动凝聚人心。

卦中六爻阐明了在不同形势和阶段下应采取的态度措施：在涣散的形势还没有形成，只是有了涣散的苗头时，应尽早聚合有生力量大力挽救；当涣散的形势已经形成，身陷危险之中时，应急速想办法离开险境，在保证安全的前提下寻找伙伴，以图共同挽救危局；涣散的局面往往因为私欲膨胀、朋党纷争所致，如能够去除私欲、涣散朋党，就可以成就公道，聚合人心；处于涣散之世的领导者，与忠诚下属的配合非常重要，要结合辅助的力量，发出号令以舒解社会矛盾，并不惜涣散所拥有的财富和利益，更多地造福于民众，归拢民心；在涣散之极就会有聚合的倾向，这时仍有潜在的危险，需保持清醒，远离伤害。

60. 节卦第六十

兑下坎上

《序卦》："涣者，离也。物不可以终离，故受之以节。"

涣卦是离散。事物不可能永久地离散下去，要有所节制，所以在涣卦之后是节卦。节是节制，有限度地控制和约束，使事物不至于发展太过，适可而止。从卦象看，下兑上坎，水在泽上，泽对水有所调节和制约，水不能太多亦不能太少，适量适度才是良好的状态。节有止义，但与艮卦的止不同，艮是指导人们"当行则行，当止则止"，艮止是"静止""停止"的意思，而节卦的止是"调节""适度"，在行动中有所节制，适可而止的意思。

节：亨，苦节，不可贞。

《彖》曰："节，亨"，刚柔分而刚得中。"苦节，不可贞"，其道穷也。说以行险，当位以节，中正以通。天地节而四时成；节以制度，不伤财，不害民。

节，是指有制度，能够节制，做事情有章法，不致散漫或过度，所以"节"自有亨通的道理。节卦整体阴阳均衡，六爻中刚柔各三，九二与九五阳刚居中，均衡有节，无过与不及，是节制适当之象。事物节制的准则必须得中道，如果节制太过，就会伤于刻薄，反而失去了规范事物归于正道的作用。怀着喜悦的心情去克服险阻，各当其位，以正立身，中道行事，必能亨通。天地有节律，才能够四时分明。如果没有节律，时序就会混乱。人类社会要效法天地，建立制度，有效地节制，做到既不伤财也不害民。如果没有节制地肆意妄为，伤财害民，终将造成天怒人怨、社会混乱的严重后果。

《象》曰：泽上有水，节。君子以制数度，议德行。

水在泽里面，受到泽的调节和制约，泽中水少了就会接纳新水的注入，水多了就会进行泄流。君子看到这样的卦象，制定礼数法度使社会人事有秩序、有准则，用这些准则和法度详细地评议道德品质和行为得失，使人才任用恰当得宜。总之，使社会人事得到有效节制。人生来就有欲望，如果不能对欲望所节制，天下就会弱肉强食，混乱不堪。人类的圣明先王制定了礼义以区分和节制这些欲望，使人的欲望与社会的资源财富相适应，以道德礼义来规范节制人的行为，以形成和谐有序的社会状态。节道贵在适中，如卦辞所说"说以行险，当位以节，中正以通"。

初九，不出户庭，无咎。

《象》曰："不出户庭"，知通塞也。

户庭，户外的庭院。初九刚居阳位，有能力，有才干，当位得正，又与六四相应，本可以有一番大的作为，但是初九所处在下，且向前的道路又被九二堵塞，时机未到，难以通行。初九审时度势，深知路途可通的时候就行动，路途阻塞时当节止的道理，于是节制慎守，不跨出户庭，视听言动都能很好地节制，因而不会有咎害。此爻运用到修身方面，当君子前行无路，才能得不到施展时，应做到"行有不得皆反求诸己"，调节性情，修身明德，静以待时，追求"穷则独善其身，达则兼济天下"的理想人格。

九二，不出门庭，凶。

《象》曰："不出门庭，凶"，失时极也。

门庭，门内的庭院。九二在节之时，居于大臣的位置，刚而得中，向上两阴爻在前方，没有阻塞道路，前路畅通，通则利往。九二本当抓住时机，出门庭有所作为，然而九二拘于节制，束手束脚，担心自己上无相应出门不利，于是选择了闭门不出，结果坐失良机，最终陷入了凶险的境地。节卦九二居中而未能行中，当出未出，失时而凶，是六十四卦二爻位上少有的凶爻，可见，节的关键在于"知几""贵中"，对行为应据时而不断进行调节，使行为能够适应形势，适时而动，不失中道，才能避免凶险。

六三，不节若，则嗟若，无咎。

《象》曰："不节"之"嗟"，又谁"咎"也？

六三在节之时，以阴居阳，不中不正，以阴柔之质滋养愉悦、充盈在上，下乘二刚，而且居于上下两体交界，面临险境，是必当产生咎害的处境，如不及时改弦更张，继续耽于贪欲不知节制，结果就只有后悔莫及了。其实，在当节之时，六三居于兑体和悦之极，事情仍有挽救的余地。如果六三懂得节制，痛悔过失，嗟叹忏悔自己的过错，及时改正，顺于大义，迁善补过，做事有理有节，态度诚恳，那么又有谁会再去责怪他呢？

六四，安节，亨。

《象》曰："安节"之"亨"，承上道也。

六四柔居阴位，安于自己的正位，上承于九五，顺承九五之君的管理与节制，下应于初九，象征着不满不溢，与下层交往循礼而有节，将上下关系处理得有序而和谐。六四如此承上安下能做到恰当有节，并不是刻意做作，而是自然而然，得其所安，毫不勉强，可见六四是深谙节己之道的人，因而前途必然会亨通。

九五，甘节，吉。往有尚。

《象》曰："甘节"之"吉"，居位中也。

《说文》："甘，美也。"九五居节卦尊位，阳刚中正，下有重阴顺承，既能很好地节制自身，又能阳刚适中地施行节制之政，不伤财、不害民，其节制令人感到甘美而恰当，是顺天时得民心之举，以这样的制度进行下去，必会获得吉祥，受到尊尚。

上六，苦节，贞凶，悔亡。

《象》曰："苦节，贞凶"，其道穷也。

上六处在节卦之极，节制过分，令人深觉其苦，但由于上六是以柔居阴，行为是守正的，所以爻辞又勉励上六如果用这样的苦节来守持正道防止凶险，是可以使悔恨消亡的。可见，对别人施以苦节，节制过度，是难以长久的，而对于自己的修身，节制欲望，艰苦修身可以使自己守正不妄为，从而不会做出日后悔恨的事来。无论是对己还是对人，这种行节的苦心是无可厚非的。当然，如果能化苦节为甘节，才是能够行之长久的"节"之道。

本卦阐述了对事物进行适当的调节和限制的原则。自然界以四时的变化体现天地之节；人类社会以规章制度、道德礼义体现人文之节；君子以惩忿窒欲、迁善改过体现修身之节。卦辞中强调了适当的节制是使事物顺利发展的重要因素，而施行节制的原则是：节制要有度，持正守中，适可而止，当位以节，不可过分。

具体到六爻，爻辞揭示了不同情况下进行节制的原则：在前方有阻碍，时势不利于前行的时候，即便自身有能力也应自觉地把握和节制自己，防止祸患发生；在条件有利于前行时，如果仍节制不出，就是僵化了节制的原则，不能灵活运用，失去了大好时机，而失时就会导致凶险；对自身的能力和地位要有一个客观的认识，适当有效地进行节制才能避免悲剧的结局；在处理上下级间的人际关系时，能够真诚而自然地节制自己，可获得相对安稳的人际环境，立身行事、与人交往当然会畅通；领导者首先要以阳刚中正的标准节制自己，所施行的规章制度应合乎规律、符合中正利民的原则，才能获得民众的拥护和爱戴，制度才能得以畅行；过度地节制往往会事与愿违，对此应有清醒的认识。

61. 中孚卦第六十一

兑下巽上

《序卦》："节而信之，故受之以中孚。"

上一卦节卦讲制度的问题，使制度达到预期效果的关键在于执行，而执行的关键在于人们对制度的信任。如果上层能够信守制度，下层就会随之信从，可见"信"是核心，因而在节卦之后是中孚卦，中孚是"心怀诚信"的意思。从卦象看，兑下巽上，风吹拂于泽水之上，风入泽，泽纳风，彼此贴切相感，有互信之象。从爻象看，整卦上下各有两阳爻，中间两阴爻居卦的中心，有虚心守中谦逊之象，虚中才能受人，这是诚信的根本，而中孚卦上下两体的中爻二、五爻都是阳爻，有信实、中道之象，忠实才能以诚待人，自信才能信人，这是诚信的实质。从卦德看，上顺下悦，彼此真诚呼应，互相信任，因而称为中孚。

中孚：豚鱼吉，利涉大川，利贞。

《彖》曰："中孚"，柔在内而刚得中。说而巽，孚乃化邦也。"豚鱼吉"，信及豚鱼也；"利涉大川"，乘木舟虚也。中孚以"利贞"，乃应乎天也。

心中诚信到了能感化小猪和小鱼的程度，这样必然能获得吉祥，可以排除困难成就大事，当然，前提是守正。诚信的德行可以教化民众，内心慈柔谦虚，对外诚实守信，做事中道不失，刚直守正，于是上下和悦顺畅，不会出现争端和巧诈，这样笃实守信的品德和敦厚诚实的作风，甚至施及那些至为细小微贱的事物，因此必然会吉祥。拥有这样的品质，就如同乘着木舟航行在水泽之上，即便途中遇到险难也能安全渡过（中孚卦中，上体巽为木，下体泽为水，有船行水上之象；又中孚卦的整体卦象恰如一艘船腹虚空的大船，以此可以渡过大河）。这样诚信而守持正固的美德，应合于天道：真诚自然、中正而信、光明无私。

《象》曰：泽上有风，中孚。君子以议狱缓死。

泽是安静的，泽水上面有风吹来，泽水为风所动，就如同人的心在虚静的时候会感受到外物细微的变化。君子从这个现象上体会到万物有其情，必当中心虚静以真诚守信对待万物，才符合天地万物之情。应用到社会政治中，对那些触犯了刑律的人，在判决前要进行充分的合议讨论，尽量把可疑的证据查实，不能轻率地予以定罪；对判决的死刑，当从缓执行，尽量找出可以使之不死的因素。这是君子在尽心尽力地尊重生命，诚意寻求缓于执刑的忠诚恻隐之心。

初九，虞吉，有他不燕。
《象》曰：初九"虞吉"，志未变也。

虞，戒备，防范。燕，安宁，安逸。初九在中孚卦之初，刚居阳位，阳刚守正，是一位心存诚信，无待于外、安于处下的君子。初九自修明德，内强素质，不期许和依赖于外在的力量，自信自立的志向坚定不移，对于邪僻、伪诈、依傍等不正当的倾向能够及时地戒备防范，因而初九能够获吉。假若初九心有所动摇，变动了心志，转而去求孚于六四，这就是向外别有他求，就不得其安宁了。中孚卦六爻，都不取外应，而是提倡孚信于中，无待于外。初九安处于下，不假他求，是非常吉祥的。

九二，鸣鹤在阴，其子和之；我有好爵，吾与尔靡之。
《象》曰："其子和之"，中心愿也。

九二处于六三、六四重阴之下，却能够阳刚笃实，不失中道，内心坚定，不求于外，是一位真诚信实的君子，即便居于幽隐暗昧的地方，不闻于世，其美德也会得到远方同道的呼应，彼此心愿相通。如果用于为政，九二则是不私权利、唯德是与的贤者，他至诚无私，以忠心诚信之德执政待人，有美酒愿与民众共享，有好处愿广施于大众，民众也会以诚信来拥护和爱戴他，这是彼此心中的愿望。鹤是飞禽中吉祥高逸者，它的鸣叫清越朴实，是贤士君子的化身。"其子"指与它同声相求的同类。《周易·系辞上传》写道："鸣鹤在阴，其子和之。我有好爵，吾与尔靡之。子曰：'君子居其室，出其言善，则千里之外应之，况其迩者乎？居其室，出其言不善，则千里之外违之，况其迩者乎？言出乎身加乎民，行发乎迩见乎远。言行，君子之枢机。枢机之发，荣辱之主也。言行，君子之所以动天地也，可不慎乎？'"所以，九二内心刚实孚信、对外中道待人的美德是把握了言行的枢机，是君子行于天地间的立身之本。

六三，得敌，或鼓或罢，或泣或歌。

《象》曰："或鼓或罢"，位不当也。

罢，疲劳，衰弱。六三以阴居于阳位，内心不能中正，做事往往偏激，将自身轻信牵系于上九，内心没有坚守的原则与信念，不能自信充实于内，而以阴柔善依附的本质偏听偏信于外，中无定见，为外物所牵，殊不知盲目追随的目标却正在使其失去自我，对方成了己方的敌人，在对方的牵引下，一会儿激动，一会儿颓废，一会儿哭泣，一会儿歌唱，其忧乐动静都系于所信的目标，如同一具被牵着线的木偶，完全不能自主，这实在是很可悲的事。明达的君子是不会有这样的心态的，君子内心充实自信，对外物及私欲保持清醒的认识和淡泊的态度，才是人真正的自我救赎之路。

六四，月几望，马匹亡，无咎。

《象》曰："马匹亡"，绝类上也。

月几望，是指月亮即将圆满但尚未充盈。匹，匹配。六四已进入上体的巽卦，柔居阴位，当位得正，上承于九五，是行为端正、行事巽顺的近君大臣，受到九五的信任与器重，其地位和光芒如月亮将要圆满，月在未盈满的时候是最好的时刻，因为如果盈满就面临亏损，能够达到和保持这样光辉却不盈满的状态，当然是与六四经得起考验的至忠至诚是分不开的，六四在位极人臣的时候，能够自觉主动地脱离所有的朋党同类，使与自己匹配的"良马"亡失，专一至诚地辅佐九五，从而也得到了九五的信任，彼此互信加深，没有咎害。

九五，有孚挛如，无咎。

《象》曰："有孚挛如"，位正当也。

挛如，紧密连接而不可分开的样子。九五居于尊位，阳刚中正，有至诚至信的品格。作为居于君位的领袖，九五以至诚至信的心广系天下，天下亦以诚信相应，如风行泽上，孚乃化邦，社会上下以信相交，诚信相通，这是圣明君主的为君之道，将天下人心以诚信牵系在了一起，如此美好的社会形态，自然正当而没有咎害。

 上九，翰音登于天，贞凶。

《象》曰："翰音登于天"，何可长也！

《礼记·曲礼下》："凡祭宗庙之礼……羊曰柔毛，鸡曰翰音。"后因以"翰音"为鸡的代称。鸡飞上了天，这是不可能长久的事，固守下去必然凶险。上九居信之极，信极则衰，巽有鸡之象，在上体巽之极，所以有登于天之象，鸡本不具备登天的本领，但却高调居上，不知变通，实情与名位极不相符，这种自信是完全不符合实际的妄想，且其虚张声势，欺世盗名，已无诚信可言，上九如不及早醒悟，其结果只能是凶。

〔中孚卦小结〕

本卦阐明了诚信的原则。孔子说"人而无信，不知其可也"，人要是没有诚信，不知道他还可以做什么。中孚卦卦辞强调：以诚信守正之德广及于众，甚至对那些微小的生物也不失信。拥有诚信的德行必然吉祥，即使遇到危险也会如同乘着木舟渡河一样，能够化危为安。

卦中六爻，阐释了具体情况下如何"信"的问题，包括如何自信、信人和为人所信的原则。居于下位或与人交往之初，要修养充实自己诚信的德行，不可盲目轻信向外求，轻信依赖于外在的力量是不明智而危险的；有了一定的德行和位置，但尚不被理解和重视甚至被压抑的时候，要相信"德不孤，必有邻"，坚守笃实诚信的品格，言行都不失诚信本色，必然会有同道相应；信的根本是要自信，如果内心没有中正诚信的原则，没有对自身道德、能力的自信，就会始终被外物影响和牵累，以致烦恼无穷；与人合作或辅佐领导做事的时候，专一不私是忠诚守信的基础；领导者以诚信之德为政，广施诚信，方可以取信于民、凝聚人心和淳化民风；人的自信和取信于人一定要符合实际，如果盲目自信，好高骛远，或言过其实，欺世盗名，就走向了诚信的反面，最终将自食苦果，身败名裂。综而观之，信是一种能力，自信才能信人，互信才能发展，而自信的前提是充实中正、道德自律。

62. 小过卦第六十二

艮下震上

《序卦》："有其信者必行之，故受之以小过。"

人相信某些事物的时候就会采取行动，很容易造成行为过分，因而在中孚卦之后是小过卦。小过的意思是"小有过越"，即过越的程度小、事情小，或是小人物出现过越。从卦象看，震为雷，艮为山，雷在山上震响，远不如在天上有声威，仅仅比平常响亮一些，因而称小过。从爻象看，四个柔爻包围了两个阳爻，被包围的两阳爻都不中不正，力量不足，因此有柔超过刚之象，阴柔为小，因而称小过。

小过：亨，利贞；可小事，不可大事；飞鸟遗之音，不宜上，宜下，大吉。

《彖》曰：小过，小者过而亨也。过以"利贞"，与时行也。柔得中，是以"小事吉"也。刚失位而不中，是以"不可大事"也。有"飞鸟"之象焉，"飞鸟遗之音，不宜上，宜下，大吉"，上逆而下顺也。

过，是指某些事物超越了中道，失去了平衡状态。以小过卦与大过卦对比来看，大过是四阳二阴，阳刚过盛，小过是四阴二阳，阴柔过盛，都超过了平衡状态。"小过"含有亨通的道理，比如矫枉过正，用力稍稍有所过越，才能够使原有的偏差回归于正，但这种过越不可以常用，且不适合用于大事。在处理小事时也一定要把握好分寸，要在坚守正道的前提下不失时宜地进行，目的是使事物达到中正平衡的状态。小过卦六二、六五阴爻居于上下卦的中位，有柔中之德，缺乏阳刚支持帮助。九三、九四两阳爻力量薄弱，失其位又没有中道之德。小过卦总体阴盛阳衰，不能用以做大事。整体卦象来看，小过卦如同一只在展翅飞行的小鸟，不时发出鸣叫声，能够听到鸣叫声证明小鸟飞过去尚不太远。小鸟是不宜超过能力所及的正常高度向上强飞的，向上逆飞就会穷极，在小过之时，应舍逆取顺，向下顺飞才能够找到栖身之所。如同君子小有过失时，应及时顺理行事，才能获得吉祥。

《象》曰：山上有雷，小过。君子以行过乎恭，丧过乎哀，用过乎俭。

山上有响雷震动，声音超过了正常的雷声，是小有过越之象。君子看到这样的卦象，效法天象自然，适时适地作出小有过越的举动，其目的是纠偏除弊。天下的事情，有必须有所过越和宜于过越的时候。大过之时以阳刚之盛立大事、成大功；小过之时以阴柔之盛躬行于慈惠之类的小事，以达到回归中正的功效。比如：以过于恭谨的行为去纠正傲慢无礼，以过于哀戚朴素的丧礼去纠正烦琐奢侈，以过于节俭的用度去纠正铺张浪费，这些都是小有过越，以使对方复归于正。当过的时候过越，是合乎时宜的时中之道。如果不当过的时候过越，那就是过错了。

 初六，飞鸟以凶。

《象》曰："飞鸟以凶"，不可如何也。

从整个卦象看，初六处在飞鸟的翅翼尖锐处，有迅飞向上之势。从爻位看，初六处在最下方，是小过的初始阶段，初六向上与九四相应，如同飞鸟逆势向上飞，违背了小过之时"不宜上，宜下"的告诫，如此不自量力地逆飞，必然导致无处措足的结果，甚至有迅速坠落的凶险，这是初六自取其凶，无奈其何，没有人能解救它。

 六二，过其祖，遇其妣；不及其君，遇其臣，无咎。

《象》曰："不及其君"，臣不可过也。

六二柔顺中正，居于大臣的位置，时、德、位俱备，是既有能力又有盛德的贤能之士。在小过之时，六二采取了果敢而过越的行动，它向上逐次超过了九三、九四，直到遇到六五。六五是柔中之君，如果再超过六五，六二就成了篡位僭越的叛臣。六二没有擅越，而是适时地停止了下来，其结果是没有过咎。之所以有上述情况，是因为六二向上顺承于阳刚的九三、九四，在小过之时，六二在刚爻接应下向上过越并逐次地超过了他们，九三可看作父，九四可看作祖，再向上遇到了六五，可看作妣。六二与六五两阴爻不应，说明六二停下来没有继续过越六五，这是非常正确的选择。如果从君臣关系的角度来看，六二当过而过，超过了两阳爻，当止而止，面对六五，谨守臣道而不过，使六五得遇了中正柔顺的贤臣。六二既过又不过，在过于不过之中妥善处理，动静得其时，在小过之后归于中道的行为可谓智勇双全，恰到好处，不会有咎害。

 九三，弗过防之，从或戕之，凶。

《象》曰："从或戕之"，凶如何也。

九三以刚爻居于阳位，又与上六相应，既正且应，刚健前行，无所顾忌。然而九三没有认清面临的形势是在阴盛阳衰的小过之时，不宜大事，况且九三是唯一居正位的阳爻，是小人忌妒的焦点，加上九三自恃刚健，不收敛自己的行为，更不屑于做过于周密谨慎的防备，这样发展下去，就会有人对他进行加害，九三的凶险是非常严重的。"君子能勤小物，故无大患"，九三阳刚端正本没有必然的凶险，但在阴气过盛的小过之时，还是要多加小心，防范做得严格些是非常有必要的。

九四，无咎，弗过遇之；往厉必戒，勿用永贞。

《象》曰："弗过遇之"，位不当也；"往厉必戒"，终不可长也。

九四以刚居柔，在阴盛阳衰的环境下，善于以柔顺处理事务，调整自己的行为，不以阳刚胜人，不倚仗自己阳刚的能力向上逆比去超过阴柔的六五，而是向下与初六正应相遇，符合小过之时"不宜上，宜下"的原则，因而没有咎害。九四所处的环境是有危险因素的，如果九四自恃刚强，选择向上行进，就会对六五之君形成凌逼之势，这是非常危险而且不正当的举动，对整体形势和个人安危都是一种破坏，即便暂时取得成果也最终不能长久。因而，君子不固守阳刚必进的常规，随时顺处，时刻戒备，如果有所行动，方向也是要向下行，关心爱护民众，得到基层的支持，可保无咎。

六五，密云不雨，自我西郊；公弋取彼在穴。

《象》曰："密云不雨"，已上也。

小过卦以飞鸟取象，却以飞为戒，因为飞就会向上，违背了小过之时"不宜上，宜下"的警告。阴盛阳衰的时候，阳的力量得不到施展，而阴的力量又本质柔弱，均不能做大事。六五以阴爻居于尊位，有悬在天空中之象，因为是阴居上，阴气凝结悬挂于天空，是为云。六五阴柔居中，得不到阳刚的支持配合，不能形成阴阳和合，所以虽云气密集，却不能降下雨露，膏泽不能施于民众，六五急需贤能的大臣辅佐，于是俯身向下求贤人出来相助，将中正柔顺的六二努力争取过来，如同用带丝绳的箭将穴中的鸟射取过来一样。六五的做法虽然有些急切和过当，但在小过的情况下，这样做是合于情理的，六五和六二都是阴爻，这也是小过卦"可小事，不可大事"的根本原因。

上六，弗遇过之；飞鸟离之，凶，是谓灾眚。

《象》曰："弗遇过之"，已亢也。

上六处在小过卦的终极，是飞鸟最高处的翅翼，逆飞上行到了穷极之地，以阴柔之质太过高亢不知限度，已没有地方可以栖止安身，自己招来的凶险和灾祸，又能怨谁呢？就如同一些人高亢不近人情，不能自我克制，处世没有限度，最后灾自外来，无处栖身，甚至灾祸灭身，这正是"祸福无门，唯人自召"的道理，世人不可不以此爻为戒。

〔小过卦小结〕

本卦阐明了事物有时必须"小有过越"的道理，并以飞鸟为喻阐述了在"小有过越"时应遵循的原则。小过的前提和宗旨有两方面：一是仅可用来处理小事情，不可用于大事；二是不宜上宜下。小过的本质是谦恭柔顺，在这方面过越些，会起到纠偏扶正的作用，使事物归于正道，自然会顺畅亨通。

卦中六爻具体分析了不同情况下如何适当"小过"的原则：在阴盛阳衰的大环境下，处于底层且能力卑微的人不要自不量力地逆势上行，否则将招致凶祸；柔顺中正是善处小过的良好品质，当过的时候过，当收敛的时候又能收敛，关键是合于时宜；即便自己有阳刚的本质又占据正位，也需谦柔向下，宁可防范过当，也不可自恃刚强而疏于防范，不然凶险将至；守刚居柔，随时处顺，在小过之时不会有咎害；领导者本身的柔弱往往是造成阴盛阳衰之势形成的原因，在这样的形势下，领导者应努力争取下属的支持，但在形势没有转变之前，不可以做大事；小有过越要注意方式、程度和灵活性，如果过而不知限度，违背了不宜上宜下、复归于正的原则，必会亢极取灾。可见小过之时各爻凶多吉少，不可不戒。

63. 既济卦第六十三

离下坎上

《序卦》："有过物者必济，故受之以既济。"

人认识和顺应事物的发展规律，并能够超越和驾驭物性，必然可以渡过险难，所以在小过卦之后是既济卦。既，已然。济，渡过。既济就是已然渡过河流，象征着事情已经完成。从卦象看，离为火，坎为水，水在火上，火性炎上，水性润下，水火交融，彼此交流沟通，都能起到各自的作用，火可以给水加温烧开，水可以给火降温而不至于迅速烧尽，水火相辅相成，水汽氤氲，所以称为既济，象征着事情已经完成，大势已定。既济卦是六十四卦中唯一一个六爻都当位、都有应的卦，六爻排列整齐有序，表明矛盾已经全部解决，一切按部就班，出现了安定、平衡、有序的局面。

既济：亨小，利贞。初吉终乱。

《彖》曰："既济，亨"，小者亨也。"利贞"，刚柔正而位当也。"初吉"，柔得中也。终止则乱，其道穷也。

既济是指所有的事情已经完成，社会安定，形势一片大好，就连小的细节也得以亨通，可见既济之时已是万事亨通。当一切都有条不紊刚柔都各正其位的时候，仍需时刻提醒要贞固守正，越是优越的客观条件越容易生怠惰傲慢之心。既济卦在初始时无比吉祥，那是因为能够以柔顺中道处事。但安舒的时间久了，就很容易形成奢侈享乐的习气，不再进德修业，放松了警惕之心，不能居安思危，慎终如始，当发展到了终极的时候，危乱就会产生，既济之道就会完结，社会就会由大治转向大乱。

天地相交为泰，不相交为否，水火相交为既济，不相交为未济。研究治和乱转换的规律，用这四个卦可以大概地描述出来：泰和否是两个极端，既济和未济是它们之间转换的交界。既济是一切安定平稳了，之后就开始向否转变，达到否塞不通最严重状态时又开始向好的方面转化，进而到了未济，未济又转而向泰。未济像春天，泰像夏天，既济像秋天，否像冬天。四季轮转，生生不息。既济不如泰，因为既济比泰更接近于否，未济比否要好些，因为未济更接近于泰。

《象》曰：水在火上，既济。君子以思患而豫防之。

水在火上，有点火烧水做饭之象。人将水和饭煮熟进行饮食，将水和火很好地配合运用，饮食得以完成，生命有了保障，象征事情已经完成，所以称水在火上为既济。既济卦中水与火彼此沟通本是吉象，但其中隐藏着相互覆灭的因素：水势过大就会浇灭下面的火，而火势过盛就会烧干上面的水，整个局面将出现颠覆，所以君子看到这样的卦象，在事成之后、一切安定的情况下仍然思虑可能出现的祸患，并预先做好预防，这就是治不忘乱、居安思危的思想。既济之时虽然不是有祸患的时候，但是祸患往往产生于既济之后，君子能够明白这个道理因而提前预防，就可以保证"初吉"而没有"终乱"的后患了。

初九，曳其轮，濡其尾，无咎。
《象》曰："曳其轮"，义无咎也。

初九在既济的初始，居下体离卦之初，有阳刚的品质，又有六四的接应，所以具备锐意进取的志向。但初九卑居于下位，对于刚刚稳定的局势，还没有足够的了解和把握。既济卦上体是坎卦，有坎陷之象，说明初九前行的远处有危险。初九如同一辆车子，在渡河的时候，有意拽着车轮使车子先不要前行，或者如一只小狐狸渡河时（由未济卦中的"小狐汔济"知以狐狸为喻）只有扬起尾巴才能快速前进，而初九这只小狐狸将尾巴浸湿在水中，以减缓前进的速度并可以及时停止，说明初九既明智又稳重，能够谨慎守成，不贪功冒进，这是合于既济之道的，因而不致咎害。

六二，妇丧其茀，勿逐，七日得。
《象》曰："七日得"，以中道也。

茀，古代贵族妇女所乘车辆上的蔽饰，用以遮蔽使外面看不到车内。六二柔中居正，居下体离卦的中心，如同一位深明大义、端庄柔顺的妇人，与九五中正相应，本应得志前行，但由于丧失了车辆的蔽饰，难以出行。六二处在既济之时，对于丢失的蔽饰并不急于去追寻，而是安静等待，过不了七日必将失而复得。六二之所以会丧失其茀，是因为在既济之时，事情已经完成，居于尊位的九五不再有求贤的想法，九五在既济之时的刚中反而是自满的象征了，既然九五无心起用六二，六二也就无法前行，在这样的境况下，六二只有静守柔顺中正之德，不去追逐外在的名利，潜心自修，"居易以俟命"。七日是时变周期，过一段时期，时局运转变化，丧失的自然会回来，当下不被起用，在合适的时候自然会得以施展。君子当待价而沽，应时而出。

九三，高宗伐鬼方，三年克之；小人勿用。
《象》曰："三年克之"，惫也。

高宗是殷王武丁的号。鬼方是一个国名，我国古代西北地区狁狁部落之一。殷高宗是殷代中兴之主，他为了维护疆域的安全和统一，率军讨伐鬼方，用了三年的时间才获胜。九三以刚爻居于阳位，在既济卦下体离卦的终极，兼具刚强文明的才干。九三的历史责任是在"大局已定"的形势下排除余患，因以"高宗伐鬼方"为喻，象征在既济情况下也必须以"三年克之"的精神持久不懈地努力，才能确保已经完成的功业不会被瓦解。同时也表达了战争的残酷性，致使民力劳惫，如果没有像殷高宗那样的德行切不可轻动干戈。越是在既济之世越容易头脑不清醒，这时谨防刚躁小人贪功好战，小人偏重私欲却不去忧虑可能出现的衰败，只注重成功却不思虑其中的艰难，如果小人得势，必将日就危乱，丧其邦国。闻者不可不戒。武丁中兴既是商朝兴盛的顶点，也是由兴盛走向衰败的开始。

六四，繻有衣袽，终日戒。

《象》曰：终日戒，有所疑也。

繻，通"濡"，指船有渗漏。衣袽，败絮，这里指破旧的衣服。既济卦到了六四已经了离开离体进入坎体。坎为水，要涉水过河，所以取舟为义。行船最怕有渗漏，因而急切时要用败絮类的东西堵塞渗漏才能防止渗水沉船。六四到达了近君大臣的位置，柔顺居正，能够胜任其职。四爻多惧，且既济的时局已有所变化，表面上虽然歌舞升平，但隐患已经显现，已开始涉坎入险。处既济之世，难得的是有居安思危之心，能够及时地发现隐患查堵漏洞，防止祸患，提防灾变，这都是六四日夜思虑的问题，因而终日戒惧，不敢怠慢，即便如此仍然怀疑自己的安排是否有疏漏，是否有应急防备措施，能否做到有备无患，因而更加忧虑，六四是一位谨慎戒惧的大臣形象。

九五，东邻杀牛，不如西邻之禴祭，实受其福。

《象》曰："东邻杀牛，不如西邻"之时也；"实受其福"，吉大来也。

九五居于既济卦的尊位，在天下太平的时候，最易产生骄奢之心，有了骄奢之心就会使诚敬心减损，缺少诚敬之心将是衰颓的开始。什么是诚敬心呢？比如，东边的邻居祭祀，杀牛用做牺牲，以最隆重的祭礼献祭，只注重豪华的形式，而西边的邻居只用简约的禴祭进行祭祀，虽然素朴却充满诚敬之心，那么真正受到神灵赐福的是怀着诚敬之心的西邻，大吉祥将会到西邻家里来。此爻告诫九五要常怀诚敬之心，进德修业、居安思危，而不要讲究排场、好大喜功。积善有余庆，积恶有余殃，真正能够得到护佑的是诚敬心而不是祭品，能保证长治久安是为民众做事而不是文饰虚夸，这才是处于既济之世的领导者应不断自我警醒的祈天保命之道。

上六，濡其首，厉。

《象》曰："濡其首，厉"，何可久也！

上六居于既济卦的终极，积蓄的隐患和矛盾已日渐突出。在初九爻时，小狐狸渡河将尾巴浸入水中以减缓渡河的速度，是谨慎稳健的态度，因而无咎；而处在坎险之极的上六，如同一只渡河的小狐狸被水淹没了脑袋，可谓危险到了极点。上六对所处的坎险处境竟浑然不知，还以为依然是既济之世天下太平。上六安逸久了因而失去了判断危险的能力，也失去了自立自主的拼搏精神和生存能力，甚至染上种种恶习，成为道德败坏的小人，这种状况怎么可能长久？上六最终遭遇了灭顶之灾，被时代的洪流所淹没。反观整个卦的发展过程，能慎始却不能慎终，画出了一道"初吉终乱"的轨迹。

〔既济卦小结〕

本卦借"已经渡过河流"为喻，象征事情已经成功，事无大小均已获得亨通，但随之就告诫"利贞，初吉终乱"，阐释了"创业不易，守成更难"的道理。卦中六爻逐次阐明了处既济之世应遵循的原则：在获得成功之初，行事要谨慎稳健，不要急于前进，需多思慎行，防止得而复失；在安定的环境下，如果有才德却得不到施展，不要苟且前行，当守志以待时，自然会有施展的时候；安平之世，尽量少折腾，免得劳民伤财，民生疲惫，更忌任用小人，祸乱大局；居于上层的高职人员要常具危机意识，时刻戒惧，要有前瞻性，尽早发现隐患和漏洞，并及时进行预防和弥补；太平之世的领导者极易产生骄逸自满之心，轻用民力，好大喜功，这都是导致盛世衰败的重要因素，因此爻辞告诫居尊位的领导者要诚敬修德，求实不求文，才能安保吉祥；承平日久，如果在安乐中丧失了忧患意识，没有了警惕性和判断力，最终将有灭顶的危险。

64. 未济卦第六十四

坎下离上

《序卦》："物不可穷也，故受之以未济终焉。"

事物发展到既济卦的时候，一切似乎都已经完成，所有的矛盾都已消失，问题均已解决。因此，一切似乎停滞了下来，乾坤几乎止息不动了，但宇宙自然的运转不可能停滞，乾坤不可能止息，事物也不可能穷尽，所以，在既济之后是未济卦。整部《周易》都在讲变易，事物变动不居，没有穷尽，一个过程结束预示着新的过程开始，生生不息，没有止境，《周易》六十四卦，将未济卦置于最后，正是揭示了这个道理。未济是指想要渡河，却没有到达对岸，是指事情没有成功。从卦象看，坎为水，离为火，火向上燃烧，水向下滋润，火在水上，彼此无法沟通辅助，因而是未济。从爻象看，未济六爻皆不当位，也是未济。

未济：亨，小狐汔济，濡其尾，无攸利。

《彖》曰："未济，亨"，柔得中也。"小狐汔济"，未出中也；"濡其尾，无攸利"，不续终也。虽不当位，刚柔应也。

小狐狸渡河，将要渡过时，还没有脱出险境，却被水沾湿了尾巴，前进艰难。这种情况很不利，表示前边的努力不能持续至终，事情尚未完成。未济是事情没有成功，但成功的可能性是存在的，终究会有亨通的时候。由于卦中各爻均不得位，所以是未济，但居于尊位的六五柔顺而中道，虚心待人，君德谦逊而有光辉；九二大臣阳刚中道，与六五阴阳相应，刚柔并济，主体结构稳定和谐；卦中初六与九四，六三与上九均阴阳相应，彼此依赖，互动互补，说明内部的力量刚柔凝聚而不散漫，亨通之理已经蕴含在其中了。未济之道在于慎始慎终，若处事不敬不慎，必将不能成济而无所利。

《象》曰：火在水上，未济。君子以慎辨物居方。

火在水上，各自失去了应有的位置，互相不能辅助利用，不能够达成烹煮食物的目的，因而有事情不能完成之象。君子观此卦象，意识到水火、刚柔的居位不当是造成事情不能完成的主要原因。联系到社会人事中，虽然人、财、物客观条件具备，但事业进展缓慢，不能顺利完成，究其原因，就是由于组织管理中配置失当、安排错位、人不能尽其才、物不能尽其用所致。于是君子审慎地分辨人员、物类的特性，根据特点合理安排，使各当其位，各显其能，充分发挥它们的才智潜能，使阴阳刚柔各得其所，互为济用，事业的成功指日可待。

初六，濡其尾，吝。
《象》曰："濡其尾"，亦不知极也。

初六以阴居于阳位，质柔而用刚，又在坎险之下，身临险境，在未济的情况下，急于前进，不考虑行为的后果，去追求与九四的相应，其行为既不中道也不端正，这种不自量力、盲目冒进的行为，会招致羞惭与遗憾。未济是指渡河未成功，初六如同一只小狐狸，在条件不具备的情况下贸然渡河，被河水浸湿了尾巴，不能前进，困于水中，情况窘迫。既济卦初九与未济卦初六都有"濡其尾"的情况，但结果却大相径庭，前者无咎，后者羞吝，导致这样不同的后果是因为：其一，客观条件不同。一个是既济，一个是未济，既济时以守成为主，"濡其尾"可放缓速度，有利于守成；未济时以求济为主，"濡其尾"是被限制前行，不利于求济。其二，主观判断不同，既济初九质刚用柔，离明之体，知道快速前行的最终后果，因而主动濡其尾，而未济初六质柔用刚，坎险之境，在力不足以渡河的情况下不考虑后果，冒险前行而被动濡其尾，两者后果因此大不相同。

九二，曳其轮，贞吉。
《象》曰：九二"贞吉"，中以行正也。

九二爻辞说："拖住车轮使车子不轻易前行，守正则会吉祥。"九二以阳刚居于中位，在未济之时，虽然与六五相应，但因为六五乃柔中之君，九二自身又处在坎体之中，还没有脱离险境，所以行为谨慎稳健，不敢轻进，因而有"曳轮"之象。九二能够这样谨慎持中，行事端正，可致吉祥。九二有阳刚本质，力量足可以济险，但它能够审时度势，不盲目大刀阔斧去做事，是质刚而用柔的明智之举。如果九二不量时度力，只逞一时之强，就失去了中道之吉，结果就会适得其反了。

六三，未济，征凶，利涉大川。
《象》曰："未济，征凶"，位不当也。

六三在未济的情况下一心求济，但由于自身阴柔的本质，力量弱，底子薄，又处在坎险之上，不中不正，如此情况下如果躁进，必然会有凶祸。六三有两种选择，如果质柔用刚，以为与上九相应就毅然前进，结果就会凶险；如果自知力量不足，避免意气用事，放弃自己的躁进欲望，以阴柔的本质反身依托于九二，就会借助中道阳刚的九二共同渡险，利涉大川。

九四，贞吉，悔亡；震用伐鬼方，三年有赏于大国。
《象》曰："贞吉，悔亡"，志行也。

未济到了九四的阶段，可济的希望已经显现，九四居近君大臣之位，怀有阳刚的才质和立志济难的决心，本身已从坎险中走出，虽然阳居阴位，居位不正，如果能贞固守正，就会获吉并使悔恨消亡。救济天下的艰难，一定要有明智而刚健的人才能做到，九四有刚健之才，辅佐虚中柔顺的六五以共同求济，有匡时济难的责任，以震动之威攻伐外侵的敌人，如同讨伐鬼方一样，奋力远伐，长期作战，全力以赴，以艰苦卓绝的精神去获取天下太平，经过三年的努力，终于克敌制胜，其志大行，受到大国封赏。

六五，贞吉，无悔；君子之光，有孚，吉。

《象》曰："君子之光"，其晖"吉"也。

六五居于未济卦的尊位，又禀赋上体离卦的光明之质，虚中柔顺，散发着君子的盛德光辉，唯一的缺憾是阴居阳位，有不正之虞。如果六五能够持正，并虚心下求九二阳刚贤臣，彼此结为刚柔正应，则全卦整体的力量都会得到凝聚，阴阳刚柔携手共济，必然吉祥而没有悔恨。六五是离明之主，德行的光辉积充于内而散发于外，君子的光辉感召并聚集了团体的力量，与九二相应，刚柔相济，带领众人，化"未济"为"既济"，其功勋卓著，令所有人信服不疑，其结果吉而又吉。

上九，有孚于饮酒；无咎，濡其首，有孚失是。

《象》曰："饮酒"濡首，亦不知节也。

未济卦发展到六五，刚刚由未济变为既济，到了上九时，所有的事情都已安排停当，所有的人都各得其位，内心信实而没有疑虑，心里没有了烦忧，于是终于可以放下心来饮酒祝贺，这本来是无可厚非的。然而，治乱同出一门，忧乐生于一根，正所谓"祸兮福之所倚，福兮祸之所伏"，孰知其极？上九阳刚居于极地，行为没有节制，自我放纵，逸乐享受，丧失了居安思危、慎终如始的忧患意识。如果上九不及早醒悟，将会如既济卦的上六一样，遭受"濡其首"的灭顶之灾。既济上六溺于水，而未济上九溺于酒，不能不引人深思。

〔未济卦小结〕

本卦以小狐渡河为喻，阐明了在事情没有完成的情况下求取成功应遵循的原则：在未济之中蕴含着亨通的道理，审慎进取、慎始慎终是求取路上最重要的行为准则，而调整和安排各方面力量，使组织结构和谐有序，不同的物类各自居于合理的位置，使人尽其才，物尽其用，是求取成功的有力措施。

卦中六爻具体阐述了在未济中求济的不同阶段应遵循的原则：在力量薄弱、条件险恶的情况下，不可急功冒进，要能够判断和预料行为最终的结果，做到审慎不失；即便自身有刚健的实力，也需了解和衡量客观条件，要谨慎稳健、执守正道；在自身力量不足，却身处危险的风口浪尖时，更要多思慎行，要积极寻求阳刚有实力者与之和衷共济；求取成功要做好长期的打算，以艰苦不懈的奋斗去不断争取；领导者要具备光辉的德行，以高尚的品德感召下属和民众，将各方力量凝聚在自己的周围，共同去争取成功；在事业终于成功时，要有清醒的头脑，慎始慎终，节制欲望，不可沉溺于安逸享乐，否则将有覆败的危险。

乾坤两卦是《周易》之门户，打开了一个纷繁复杂、变化万千又妙趣横生的世界。既济、未济两卦《周易》六十四卦之门缓缓闭合，未济卦是《周易》最后一卦。最后一卦为何是事业没有完成、心愿没有达到、仍然留有缺憾的未济卦呢？可见世事沧桑，随时变迁，永无停滞。然而，贞下起元，物不可穷，未完成的状态也正是事物发展的动力所在。六十四卦以未济卦收尾，令人但觉意味深长、余韵未尽。

五

《易传》解读

　　一阴一阳之谓道，继之者善也，成之者性也。仁者见之谓之仁，知者见之谓之知，百姓日用而不知，故君子之道鲜矣！

——《周易·系辞上传》

系辞上传

《系辞传》概括论述了《周易》八卦起源、卦爻结构、基本性质、体用原理以及象数体例等内容，堪称《周易》通论。

《系辞传》分为《系辞上传》和《系辞下传》两篇。对上、下篇的分章，旧说各有不同，宋代朱熹的《周易本义》将上、下篇各分为十二章，这种分法较为通行，今取此例。

第一章

天尊地卑，乾坤定矣。卑高以陈，贵贱位矣。动静有常，刚柔断矣。方以类聚，物以群分，吉凶生矣。在天成象，在地成形，变化见矣。

是故刚柔相摩，八卦相荡。鼓之以雷霆，润之以风雨。日月运行，一寒一暑。乾道成男，坤道成女。乾知大始，坤作成物。

乾以易知，坤以简能；易则易知，简则易从；易知则有亲，易从则有功。有亲则可久，有功则可大。可久则贤人之德，可大则贤人之业。易简，而天下之理得矣。天下之理得，而成位乎其中矣。

【解读】

本章总述了易道的本原，分别用三段文字进行论述。第一段写乾坤的定位：依据天地自然的秩序对应确立了《周易》乾坤的位置，这样的定位效法天地，自古不变，此谓"不易"，乾动坤静互相配合，按照一定规律运行，从而分刚柔、生吉凶、见变化。第二段写乾坤的流行：八卦是由阳刚阴柔摩擦交感而生，《周易》将八卦看作一个宇宙大家庭，乾坤生六子，其中的男和女分别体现了阳刚的乾道和阴柔的坤道，乾道的作用是创始，坤道功能是成物，于是阴阳刚柔彼此推荡消长、变化无穷，万事万物就在这变化流行之中，此谓"变易"。第三段写乾道和坤道的性质：乾的性质是平易，坤的性质是简约，这就使得万物既能够自然亲近又能够立身成就，人类可以发扬乾道的平易长久而崇德立身，也可以发扬坤道的简约广大而成就事业，人类明白了这个道理，就能够在天地之间成就人道。乾道与坤道的创始与配合，一阳一阴，一刚一柔，平易简约，此谓"简易"。

第二章

　　圣人设卦观象，系辞焉而明吉凶。刚柔相推，而生变化。是故吉凶者，失得之象也；悔吝者，忧虞之象也；变化者，进退之象也；刚柔者，昼夜之象也。六爻之动，三极之道也。

　　是故，君子所居而安者，《易》之序也；所乐而玩者，爻之辞也。是故君子居则观其象而玩其辞，动则观其变而玩其占，是以"自天祐之，吉无不利"。

【解读】
　　本章论述了圣人设卦系辞来向世人揭示易道，君子观卦玩辞、观变玩占来学习易道，卦爻象和卦爻辞所揭示的吉凶悔吝，是对世人的提醒和告诫。对于第一章所提到的"不易""变易""简易"的易道，圣人将其体现在六十四卦之中，世人得易道就会顺应，结果就吉利，反之，失易道，悖逆则凶。而那些品尝悔恨和遗憾苦果的人，是在处世时没有很好地顺道而行、因有些小的违逆和过失所导致的。卦和爻的变化、刚爻柔爻的推移是模拟行为进退之象，人应该从中得到启示，确立人在天地间的位分，用以指导行为实践，推天道以明人事，成就天、地、人"三才"之道。

第三章

　　彖者，言乎象者也；爻者，言乎变者也。吉凶者，言乎其失得也；悔吝者，言乎其小疵也；无咎者，善补过也。

　　是故，列贵贱者存乎位。齐小大者存乎卦。辩吉凶者存乎辞。忧悔吝者，存乎介。

震无咎者，存乎悔。是故卦有小大，辞有险易。辞也者，各指其所之。

【解读】

本章论述了卦爻辞的通例及其对人事的指导意义。君子辨析玩味卦爻辞是为了更好地指导行为。本章明确了这方面的宗旨：从卦体和爻位来对应人事的大小轻重、贵贱高低，结合卦爻辞来作出决策选择，确定行为方向，迁善除恶，趋吉避凶，正确地立身行事。

第四章

《易》与天地准，故能弥纶天地之道。仰以观于天文，俯以察于地理，是故知幽明之故；原始反终，故知死生之说；精气为物，游魂为变，是故知鬼神之情状。

与天地相似，故不违；知周乎万物而道济天下，故不过；旁行而不流，乐天知命，故不忧；安土敦乎仁，故能爱。

范围天地之化而不过，曲成万物而不遗，通乎昼夜之道而知，故神无方而《易》无体。

【解读】

本章阐述了《周易》成书的来历和易道的广大与神通。分三段论述：第一段写《周易》以天地为框架，仰观俯察天文地理，囊括了世间万物死生变化的道理，并发现了阴阳聚散乃是贯穿于天地之间使万物变化流行的根本原因。第二段写通晓易道足以成为贯通天地、"与天地合其德"的大人。第三段写易道的神妙与变化。

第五章

一阴一阳之谓道。继之者善也，成之者性也。仁者见之谓之仁，知者见之谓之知，百姓日用而不知，故君子之道鲜矣！

显诸仁，藏诸用，鼓万物而不与圣人同忧，盛德大业，至矣哉！富有之谓大业，日新之谓盛德。生生之谓易，成象之谓乾，效法之谓坤，极数知来之谓占，通变之谓事，阴阳不测之谓神。

【解读】

本章在前四章的基础上进一步论述了"一阴一阳"是道的本质。第一段主要写了道的蕴义和人们对道的认知。阴与阳的对待流行创生并成就万物，且贯穿于天地万物的始终。创生的本原之初，能够将阴阳生生之功承递下来并绵延不绝的是善，承继生生之善，是绝对的善，而将善所承继的道成功赋予万物之中就是性，所以万物自然之性皆源于道。有仁德、有才智的人各自看到了道的一方面，百姓日用伦常、行走坐卧无时无刻不在道中而自身却浑然不知。第二段写道的特征：道在万物生生不息之中显现出了它的仁德，万物对道是如何推行其功用却毫不知情，这便是道的显和隐。一阴一阳之道鼓动了万物却不需要用任何心思，这便是道的自然无心。万物皆备叫作"富有"，变化不息叫作"日新"，这便是"道"的功业和盛德。一阴一阳相互作用实现"生生不息"的这种流行和对待的关系便是易道了。而乾、坤、占都是《周易》模拟效法天地阴阳之道而设立的符号与法式，其神妙不可测度。

第六章

夫《易》，广矣大矣！以言乎远则不御，以言乎迩则静而正，以言乎天地之间则备矣。夫乾，其静也专，其动也直，是以大生焉；夫坤，其静也翕，其动也辟，是以广生焉。广大配天地，变通配四时，阴阳之义配日月，易简之善配至德。

【解读】

本章论述易道的广大，天地、四时、日月、至德，从空间到时间，从精义到盛德，无所不包。同时，也更形象地阐述了乾、坤所代表的阳和阴的性质。

第七章

子曰："《易》其至矣乎！夫《易》，圣人所以崇德而广业也。知崇礼卑，崇效天，卑法地。天地设位，而《易》行乎其中矣。成性存存，道义之门。"

【解读】

本章论述圣人体悟易道，用以修身崇德，广大事业。圣人由易道通晓：人的智慧要学习天的高明，礼节要学习地的谦卑。人在天地间追求道义，途径就在于后天对本性的存养，使万物亦不失其本性，从而各得其宜。

第八章

圣人有以见天下之赜，而拟诸其形容，象其物宜，是故谓之象。圣人有以见天下之动，而观其会通，以行其典礼，系辞焉以断其吉凶，是故谓之爻。言天下之至赜而不可恶也，言天下之至动而不可乱也。拟之而后言，议之而后动，拟议以成其变化。

"鸣鹤在阴，其子和之。我有好爵，吾与尔靡之。"子曰："君子居其室，出其言善，则千里之外应之，况其迩者乎？居其室，出其言不善，则千里之外违之，况其迩者乎？言出乎身，加乎民；行发乎迩，见乎远。言行，君子之枢机。枢机之发，荣辱之主也。言行，君子之所以动天地也，可不慎乎？"

"同人，先号咷而后笑。"子曰："君子之道，或出或处，或默或语。二人同心，其利断金；同心之言，其臭如兰。"

"初六，藉用白茅，无咎。"子曰："苟错诸地而可矣，藉之用茅，何咎之有？慎之至也。夫茅之为物薄，而用可重也。慎斯术也以往，其无所失矣。"

"劳谦，君子有终，吉。"子曰："劳而不伐，有功而不德，厚之至也，语以其功下人者也。德言盛，礼言恭；谦也者，致恭以存其位者也。"

"亢龙有悔。"子曰："贵而无位，高而无民，贤人在下位而无辅，是以动而有悔也。"

"不出户庭，无咎。"子曰："乱之所生也，则言语以为阶。君不密则失臣，臣不密则失身，几事不密则害成，是以君子慎密而不出也。"

子曰："作《易》者其知盗乎？《易》曰：'负且乘，致寇至。'负也者，小人之事也；乘也者，君子之器也。小人而乘君子之器，盗思夺之矣。上慢下暴，盗思伐之矣。慢藏诲盗，冶容诲淫。《易》曰：'负且乘，致寇至。'盗之招也。"

【解读】

本章论述了《周易》阐明事理的方式：观物取象，用卦象和爻变来揭示事物本质和变化规律，用卦爻辞来说明吉凶，通过类比和象征的方式来喻明事理、指导人们的行为实践，重点突出了《周易》"以象喻事"的特征。接下来分别列举了不同卦时下的七条爻辞，并援引孔子的言论诠释和阐发爻辞所蕴含的义理，向人们提示了读《周易》的方法，而用这样的方法对七条爻辞的诠释蕴含着精微的易道至理，发人深省。

第九章

天一，地二；天三，地四；天五，地六；天七，地八；天九，地十。天数五，地数五，五位相得而各有合。天数二十有五，地数三十，凡天地之数五十有五，此所以成变化而行鬼神也。

大衍之数五十，其用四十有九。分而为二以象两，挂一以象三，揲之以四以象四时，归奇于扐以象闰，五岁再闰，故再扐而后挂。

乾之策二百一十有六，坤之策百四十有四，凡三百有六十，当期之日。二篇之策，万有一千五百二十，当万物之数也。

是故四营而成易，十有八变而成卦。八卦而小成。引而伸之，触类而长之，天下之能事毕矣。

显道神德行，是故可与酬酢，可与祐神矣。子曰："知变化之道者，其知神之所为乎？"

【解读】

本章较细致地论述了用大衍之数揲蓍求卦的方法，重点阐释了揲蓍古筮法中"数"的推演和象征意义，与第八章的"观物取象"的"象"构成了《周易》的两大要素："象"和"数"。两者结合用来共同体现变化之道。本章最后一节"显道神德行，是故可与酬酢，可与祐神矣"，将象与数最终都抽象纳入易理的轨道上来。

第十章

《易》有圣人之道四焉；以言者尚其辞，以动者尚其变，以制器者尚其象，以卜筮者尚其占。

是以君子将有为也，将有行也，问焉而以言，其受命也如响，无有远近幽深，遂知来物。非天下之至精，其孰能与于此？

参伍以变，错综其数：通其变，遂成天地之文；极其数，遂定天下之象。非天下之至变，其孰能与于此？

《易》，无思也，无为也，寂然不动，感而遂通天下之故。非天下之至神，其孰能与于此？

夫《易》，圣人之所以极深而研几也。唯深也，故能通天下之志；唯几也，故能成天下之务；唯神也，故不疾而速，不行而至。子曰："《易》有圣人之道四焉"者，此之谓也。

【解读】

本章承接上一章的文意，阐明《周易》能够指导人的四个方面：言论、行动、制器、占问。而人们向《周易》请教的途径为尚辞、尚变、尚象、尚占。对于人的求教，《周易》会如响应声一样地给予指导和应答。说明了《周易》既神妙深邃又可以用世的特点。

第十一章

子曰："夫《易》，何为者也？夫《易》，开物成务，冒天下之道，如斯而已者也。"是故，圣人以通天下之志，以定天下之业，以断天下之疑。

是故蓍之德圆而神，卦之德方以知，六爻之义易以贡。圣人以此洗心，退藏于密，吉凶与民同患。神以知来，知以藏往，其孰能与于此哉？古之聪明睿智神武而不杀者夫！

是以明于天之道，而察于民之故，是兴神物以前民用。圣人以此斋戒，以神明其德夫！

是故阖户谓之坤，辟户谓之乾。一阖一辟谓之变，往来不穷谓之通。见乃谓之象，形乃谓之器，制而用之谓之法，利用出入，民咸用之谓之神。

是故易有太极，是生两仪，两仪生四象，四象生八卦。八卦定吉凶，吉凶生大业。

是故法象莫大乎天地；变通莫大乎四时；悬象著明莫大乎日月；崇高莫大乎富贵；备物致用，立成器以为天下利，莫大乎圣人；探赜索隐，钩深致远，以定天下之吉凶，成天下之亹亹者，莫大乎蓍龟。

是故天生神物，圣人则之；天地变化，圣人效之；天垂象，见吉凶，圣人象之；河出图，洛出书，圣人则之。《易》有四象，所以示也；系辞焉，所以告也；定之以吉凶，所以断也。

【解读】

本章根据蓍草占筮推演过程所代表的意义阐释了《周易》如何是一部"开物成务"之书。文中先阐明了《周易》的功用：开物成务，包容天下之道。接着，写圣人借助它来为天下通志、定业、断疑。那么圣人是如何做到的呢？蓍是圆通周遍的，卦是体正德方的，爻是体现变动不居的真相的，圣人就是通过这三样介质来提升自己的修为，使自己变得心灵清澈、思维明达。接下来文中说道"易有太极，是生两仪，两仪生四象，四象生八卦，八卦定吉凶，吉凶生大业"，从宇宙论的角度诠释了揲蓍成卦法的原理和依据。

第十二章

《易》曰："自天祐之，吉无不利。"子曰："祐者，助也。天之所助者，顺也。人之所助者，信也。履信思乎顺，又以尚贤也，是以'自天祐之，吉无不利'也。"

子曰："书不尽言，言不尽意。"然则圣人之意，其不可见乎？

子曰："圣人立象以尽意，设卦以尽情伪，系辞焉以尽其言，变而通之以尽利，鼓之舞之以尽神。"

乾坤，其《易》之缊邪？乾坤成列，而《易》立乎其中矣；乾坤毁，则无以见《易》；《易》不可见，则乾坤或几乎息矣。

是故形而上者谓之道，形而下者谓之器，化而裁之谓之变，推而行之谓之通，举而错之天下之民谓之事业。

是故夫象，圣人有以见天下之赜，而拟诸其形容，象其物宜，是故谓之象。圣人有以见天下之动，而观其会通，以行其典礼，系辞焉以断其吉凶，是故谓之爻。极天下之赜者存乎卦；鼓天下之动者存乎辞；化而裁之存乎变；推而行之存乎通；神而明之存乎其人；默而成之，不言而信，存乎德行。

【解读】

本章可以看作一篇结构完整的议论文。开篇第一段提出论点"履信思乎顺，又以尚贤也，是以自天祐之，吉无不利"，上天会佑助顺应天道、诚实守信且崇尚贤德的人，并使其吉无不利。第二、三段论述圣人是通过"立象""设卦""系辞"这套系统来体现天道的，这套系统即《周易》。第四段阐明贯穿于六十四卦中的乾爻和坤爻所代表的阳和阴蕴含着《周易》的精髓。第五段论述"形而上"与"形而下"的关系，即由道至器，由变到通，由理论到实践，将体现天道的《周易》运用于天下之民，成就天下的事业。第六段归结到"不言而信，存乎德行"，与第一段的"履信思乎顺"首尾呼应。结论：顺应易道，默而成之，诚实守信，崇尚贤德，就会"自天祐之，吉无不利"。

系辞下传

第一章

八卦成列，象在其中矣；因而重之，爻在其中矣；刚柔相推，变在其中矣；系辞焉而命之，动在其中矣。

吉凶悔吝者，生乎动者也；刚柔者，立本者也；变通者，趣时者也。

吉凶者，贞胜者也；天地之道，贞观者也；日月之道，贞明者也；天下之动，贞夫一者也。

夫乾，确然示人易矣；夫坤，隤然示人简矣。爻也者，效此者也；象也者，像此者也。爻象动乎内，吉凶见乎外，功业见乎变，圣人之情见乎辞。

天地之大德曰生，圣人之大宝曰位。何以守位？曰人。何以聚人？曰财。理财正辞，禁民为非曰义。

【解读】

本章论述了卦象爻辞在易学体系中的地位和作用，说明《周易》是阐明变化规律和行动准则的书，指导人们的行动应合于时宜，遵循天地法则，专一守正。圣明的领导者体悟天地的好生之德，因而珍重分位，仁民爱物，关心民众的切身利益，端正号令，禁民为非，弘扬正义。这些都是顺应天道、遵循易道的表现。

古者包牺氏之王天下也，仰则观象于天，俯则观法于地，观鸟兽之文，与地之宜，近取诸身，远取诸物，于是始作八卦，以通神明之德，以类万物之情。作结绳而为罔罟，以佃以渔，盖取诸《离》。

包牺氏没，神农氏作，斫木为耜，揉木为耒，耒耨之利，以教天下，盖取诸《益》。

日中为市，致天下之民，聚天下之货，交易而退，各得其所，盖取诸《噬嗑》。

神农氏没，黄帝、尧、舜氏作，通其变，使民不倦，神而化之，使民宜之。《易》穷则变，变则通，通则久。是以"自天祐之，吉无不利"。黄帝、尧、舜，垂衣裳而天下治，盖取诸《乾》《坤》。

刳木为舟，剡木为楫，舟楫之利，以济不通，致远以利天下，盖取诸《涣》。

服牛乘马，引重致远，以利天下，盖取诸《随》。

重门击柝，以待暴客，盖取诸《豫》。

断木为杵，掘地为臼，臼杵之利，万民以济，盖取诸《小过》。

弦木为弧，剡木为矢，弧矢之利，以威天下，盖取诸《睽》。

上古穴居而野处，后世圣人易之以宫室，上栋下宇，以待风雨，盖取诸《大壮》。

古之葬者，厚衣之以薪，葬之中野，不封不树，丧期无数，后世圣人易之以棺椁，盖取诸《大过》。

上古结绳而治，后世圣人易之以书契，百官以治，万民以察，盖取诸《夬》。

【解读】

本章列举了十三个卦，古代圣人从这些卦中得到启示，从而落实到生产、生活实践中，进行发明创造用以造福天下民众，以此论述古人观象制器的思想，从这个层面阐明了《周易》经世致用的价值。此章颇具以史解《易》之风。

第三章

是故《易》者，象也；象也者，像也；彖者，材也；爻也者，效天下之动也。是故吉凶生而悔吝著也。

【解读】

本章论述《周易》的象、彖、爻是用来模拟和显现事物规律的，人们可以借此认识事物的客观规律，从而做出正确的行为决策。

第四章

阳卦多阴，阴卦多阳。其故何也？阳卦奇，阴卦偶。其德行何也？阳一君而二民，君子之道也。阴二君而一民，小人之道也。

【解读】

本章论述阳卦和阴卦的不同特质，分别判定为君子之道与小人之道，但这种判定并不是将阳卦和阴卦的含义固定，只是借卦中阳爻阴爻的配合情况表达以下理念：阳主阴从，既有秩序又上下协调，以此达到和同共济的平衡状态，此为君子之道；而两阳并争，整体失序，破坏平衡乃是小人之道。

第五章

《易》曰："憧憧往来，朋从尔思。"子曰："天下何思何虑？天下同归而殊途，一致而百虑，天下何思何虑？日往则月来，月往则日来，日月相推而明生焉；寒往则暑来，暑往则寒来，寒暑相推而岁成焉。往者，屈也；来者，信也；屈信相感，而利生焉。尺蠖之屈，以求信也；龙蛇之蛰，以存身也。精义入神，以致用也；利用安身，以崇德也。过此以往，未之或知也；穷神知化，德之盛也。"

《易》曰："困于石，据于蒺藜，入于其宫，不见其妻，凶。"子曰："非所困而困焉，名必辱；非所据而据焉，身必危。既辱且危，死期将至，妻其可得见邪？"

《易》曰："公用射隼于高墉之上，获之，无不利。"子曰："隼者，禽也；弓矢者，器也；射之者，人也。君子藏器于身，待时而动，何不利之有？动而不括，是以出而有获；语成器而动者也。"

子曰："小人不耻不仁，不畏不义，不见利不劝，不威不惩。小惩而大诫，此小人之福也。《易》曰：'屦校灭趾，无咎。'此之谓也。"

"善不积，不足以成名。恶不积，不足以灭身。小人以小善为无益而弗为也，以小恶为无伤而弗去也，故恶积而不可掩，罪大而不可解。《易》曰：'何校灭耳，凶。'"

子曰："危者，安其位者也；亡者，保其存者也；乱者，有其治者也。是故君子安而不忘危，存而不忘亡，治而不忘乱，是以身安而国家可保也。《易》曰：'其亡其亡，系于苞桑。'"

子曰："德薄而位尊，知小而谋大，力小而任重，鲜不及矣！《易》曰：'鼎折足，覆公𫗧，其形渥，凶。'言不胜其任也。"

子曰："知几其神乎？君子上交不谄，下交不渎，其知几乎！几者，动之微，吉之先见者也。君子见几而作，不俟终日。《易》曰：'介于石，不终日，贞吉。'介如石焉，宁用终日？断可识矣！君子知微知彰，知柔知刚，万夫之望。"

子曰："颜氏之子，其殆庶几乎？有不善，未尝不知；知之，未尝复行也。《易》曰：'不远复，无祗悔，元吉。'"

"天地𬘡缊，万物化醇。男女构精，万物化生。《易》曰：'三人行，则损一人；一人行，则得其友。'言致一也。"

子曰："君子安其身而后动，易其心而后语，定其交而后求：君子修此三者，故全也。危以动，则民不与也；惧以语，则民不应也；无交而求，则民不与也。莫之与，则伤之者至矣。《易》曰：'莫益之，或击之，立心勿恒，凶。'"

【解读】

本章引用孔子对十一条爻辞的解释，论述了如何将爻辞所阐发的大义应用到行为实践中的君子处世之道。文中所阐释的爻义，运用《周易》取象类比的思维方法，将各爻的象征意义引申到客观事物中，达到了"精义入神，以致用也"的效果。

第六章

子曰："乾坤，其《易》之门邪？乾，阳物也；坤，阴物也。阴阳合德而刚柔有体，以体天地之撰，以通神明之德。其称名也，杂而不越。於稽其类，其衰世之意邪？"

"夫《易》，彰往而察来，而微显阐幽。开而当名辨物，正言断辞则备矣。其称名也小，其取类也大；其旨远，其辞文，其言曲而中，其事肆而隐。因贰以济民行，以明失得之报。"

【解读】

本章进一步叙述了易学体系的结构与功能。先论述乾坤两卦是进入《周易》殿堂的必由门户，然后阐明了《周易》的意旨是运用卦爻体系通过取象寓意的方法彰显事理、辨别吉凶，从而接济和指导民众采取正确行为。同时说明了《周易》的语言表述方式是运用生动、精当的语言表达深邃悠远的内涵。

第七章

《易》之兴也，其于中古乎？作《易》者，其有忧患乎？

是故《履》，德之基也；《谦》，德之柄也；《复》，德之本也；《恒》，德之固也；《损》，德之修也；《益》，德之裕也；《困》，德之辨也；《井》，德之地也；《巽》，德之制也。

《履》，和而至；《谦》，尊而光；《复》，小而辨于物；《恒》，杂而不厌；《损》，先难而后易；《益》，长裕而不设；《困》，穷而通；《井》，居其所而迁；《巽》，称而隐。

《履》以和行；《谦》以制礼；《复》以自知；《恒》以一德；《损》以远害；《益》以兴利；《困》以寡怨；《井》以辨义；《巽》以行权。

【解读】

本章首先提出了"《周易》兴起于中古时代，作《易》的人有忧患之心"这样一个论点。接着列举了九个卦分三轮对上述看法进行了论述，后人称之为"三陈九卦"。三轮陈述都是围绕着同样的九个卦展开的，体现出重德修身的主体意识。第一轮论述九个卦在道德构建过程中所处的阶段和位置；第二轮论述九个卦在道德提升过程中的作用；第三轮论述九个卦在巩固和发挥道德功能时的重点所在。"三陈九卦"所有的论述都突出一个"德"字，可见作《易》者内心对于当时社会"德之不修"所怀有的深深的忧患意识。

第八章

《易》之为书也，不可远，为道也屡迁。变动不居，周流六虚，上下无常，刚柔相易，不可为典要，唯变所适。其出入以度，外内使知惧，又明于忧患与故，无有师保，如临父母。初率其辞，而揆其方，既有典常。苟非其人，道不虚行。

本章论述了《周易》的变化之道以及对人的指导意义。"道"通过在各卦六爻间的周流变动来体现，人在决策自身行为的时候，其"出入""外内"要把握分寸尺度，要明白可能出现的忧患，就要从《周易》唯变所适的变化规律中获取通权达变的智慧，就像接受父母的爱护和教导一样，从而避免凶咎悔吝。"苟非其人，道不虚行"突出了人弘扬《易》道的重要作用，《易》道广大精微，但如果没有人去弘扬它，就不能够经世致用，正如"人能弘道，非道弘人"的道理一样。

第九章

《易》之为书也，原始要终以为质也。六爻相杂，唯其时物也。其初难知，其上易知：本末也。初辞拟之，卒成之终。若夫杂物撰德，辨是与非，则非其中爻不备。噫！亦要存亡吉凶，则居可知矣。知者观其《彖辞》，则思过半矣。

二与四，同功而异位，其善不同：二多誉，四多惧，近也。柔之为道，不利远者；其要无咎，其用柔中也。三与五，同功而异位，三多凶，五多功，贵贱之等也。其柔危，其刚胜邪？

【解读】

本章统论读《易》之法，先就《周易》这部书的整体说起，其探究事物的思维特质是探究事物自始至终发展的全过程，而六爻相互错杂就是在体现这些变化。初爻和上爻是开始和结尾，中间四爻体现的就是事物变化的重要过程。文章对不同爻位进行了大略的阐释，说明各爻位功能和位置的同异所在，而爻位的变化象征着事物发展的吉凶趋势。在观卦过程中，除认真辨析每个爻的变化外，整体上对于卦象辞的研究和把握是了解全卦整体意义并用以审时度势的重要依据。

第十章

《易》之为书也，广大悉备：有天道焉，有人道焉，有地道焉。兼三才而两之，故六。六者非它也，三才之道也。道有变动，故曰爻；爻有等，故曰物；物相杂，故曰文；文不当，故吉凶生焉。

【解读】

本章承接前两章，继续说明《周易》这部书的特质。《周易》包含着天、地、人"三才"之道，六爻仿效道的变动，其所构成的位次、物象、文理体现着天地万物的变化吉凶，因而《周易》这部书广大悉备，无所不包。

第十一章

《易》之兴也，其当殷之末世，周之盛德邪？当文王与纣之事邪？是故其辞危。危者使平，易者使倾。其道甚大，百物不废。惧以终始，其要无咎，此之谓《易》之道也。

【解读】

本章论述了《周易》中所蕴含的忧患思想，目的是让人们"惧以终始，其要无咎"，也就是提高危机意识，提前防范，免除灾祸。其道理正如后来的孟子所说的"生于忧患，死于安乐"。本章根据卦辞中普遍含有的忧患意识，推测《周易》的兴起大概是殷周之际。

第十二章

夫乾，天下之至健也，德行恒易以知险；夫坤，天下之至顺也，德行恒简以知阻。能说诸心，能研诸侯之虑，定天下之吉凶，成天下之亹亹者。是故变化云为，吉事有祥，象事知器，占事知来。天地设位，圣人成能，人谋鬼谋，百姓与能。

八卦以象告，爻彖以情言。刚柔杂居，而吉凶可见矣。变动以利言，吉凶以情迁。是故爱恶相攻而吉凶生，远近相取而悔吝生，情伪相感而利害生。凡《易》之情，近而不相得则凶，或害之，悔且吝。

将叛者，其辞惭；中心疑者，其辞枝；吉人之辞寡；躁人之辞多；诬善之人，其辞游；失其守者，其辞屈。

【解读】

本章为《系辞下》全篇的总结，分三段进行论述：第一段写乾刚坤柔，两者有机结合，其德行平易而简约，这正是《周易》"一阴一阳之谓道"的阴阳哲学的核心。人把握住了这个核心，就可以消除疑虑，断知吉凶，成就事业。天地间所有的变化，就在这阴阳的推移配合之中，人们运用自身的主观思考参验占筮卦爻所提示的阴阳规律，就可以立身行事，连平常百姓也能够运用。第二段论述由于卦爻的刚柔远近、变动迁移、爱恶真假的不同，产生了吉凶悔吝等不同的后果，通过卦爻性质和关系的分析，可以给人以启示和指导。

第三段主要论述了如何通过言辞特点来辨别说话人的性格和心理状态，判断对方的行为趋势。

　　《系辞传》至此章结束。从上、下两篇来看，《系辞传》是对《周易》的综述、概括和升华，是一篇较为系统的通论文章。《系辞传》对《周易》这部书从基本原理到卦爻结构、从卦爻象所蕴含的易理到阴阳哲学等诸方面进行了高度概括和精妙阐发，起到了堪称"经"之主"翼"的作用。"十翼"为《周易》插上了哲学的翅膀，使其在哲学思想的天空展翅飞翔，"其羽可用为仪"，奠定了《周易》群经之首、大道之源的重要地位。

说卦传

第一章

昔者圣人之作《易》也，幽赞于神明而生蓍，参天两地而倚数，观变于阴阳而立卦，发挥于刚柔而生爻，和顺于道德而理于义，穷理尽性以至于命。

【解读】

《说卦传》主要陈述和解说有关八卦的知识内容。对八卦的形成、意义、取象、性能、方位等分别进行说明。

本章阐述了从前圣人最初创作《周易》的过程：生蓍、倚数、立卦、生爻，并以这套方法去和顺于道德、穷理尽性，从而做到随事得宜、通达天命。

第二章

昔者圣人之作《易》也，将以顺性命之理，是以立天之道曰阴与阳，立地之道曰柔与刚，立人之道曰仁与义。兼三才而两之，故《易》六画而成卦。分阴分阳，迭用柔刚，故《易》六位而成章。

【解读】

本章承接上一章圣人作《周易》的过程，进一步阐述卦体的形成，论述《周易》是顺应性命之理、体现天地万物运行规律的书。卦由六个爻位构成，象征着"天、地、人"三才的和谐周遍，其中蕴含着"三才""两体"的对待统一。

第三章

天地定位，山泽通气，雷风相薄，水火不相射：八卦相错。数往者顺，知来者逆，是故《易》，逆数也。

【解读】

本章就八卦所代表的八种自然界的基本物象进行了论述，阐明宇宙中万事万物对立统一的关系和彼此推荡流行的运动规律。把握事物间的对立统一关系和运行规律就可以推算过去、预知未来。这个排列顺序被后人绘制成了先天八卦图。

第四章

雷以动之，风以散之，雨以润之，日以烜之，艮以止之，兑以说之，乾以君之，坤以藏之。

【解读】

本章对八卦所代表的物象所具备的功能分别进行了描述，再次阐明了《周易》八卦乃是顺应万物性命之理、宇宙变化规律而创立的。

第五章

帝出乎震，齐乎巽，相见乎离，致役乎坤，说言乎兑，战乎乾，劳乎坎，成言乎艮。

万物出乎震，震，东方也。

齐乎巽，巽，东南也。齐也者，言万物之絜齐也。

离也者，明也，万物皆相见，南方之卦也，圣人南面而听天下，向明而治，盖取诸此也。

坤也者，地也，万物皆致养焉，故曰致役乎坤。

兑，正秋也，万物之所说也，故曰说言乎兑。

战乎乾，乾，西北之卦也，言阴阳相薄也。

坎者，水也，正北方之卦也，劳卦也，万物之所归也，故曰劳乎坎。

艮，东北之卦也，万物之所成终，而所成始也，故曰成言乎艮。

【解读】

本章论述了八卦的又一种排列方式：帝（万物的主宰）推动万物沿着正东、东南、南方、西南、西方、西北、正北、东北的方位顺序运动流转，使万物顺应春夏秋冬的时序生长完成，八个卦各主一个方位，依次排列为震、巽、离、坤、兑、乾、坎、艮。将八卦置于空间和时间的综合架构中，形成了大化流行、万物生育、循环日新的宇宙图式。这个排列顺序被后人绘成了后天八卦图。

第六章

神也者，妙万物而为言者也。动万物者，莫疾乎雷；挠万物者，莫疾乎风；燥万物者，莫熯乎火；说万物者，莫说乎泽；润万物者，莫润乎水；终万物始万物者，莫盛乎艮。故水火相逮，雷风不相悖，山泽通气，然后能变化，既成万物也。

【解读】

本章进一步论述了八卦所代表的各物象的神奇功用。所谓神奇是指大自然运行所显现的万物和谐统一的造化之功，万物生长化育，生生不息，其运行规律体现出一阴一阳、交互作用、对立统一、万物协调的特点。天地雷风水火山泽，彼此配合，流转运行，平衡制约，互为作用，形成了和谐一体、生生不息的宇宙图式。

第七章

乾，健也；坤，顺也；震，动也；巽，入也；坎，陷也；离，丽也；艮，止也；兑，说也。

【解读】

本章对八卦的卦德进行了说明，阐述了每个卦的属性和功能，也可称为八卦之"义"。通过前面几章的论述，八个卦由"象"而逐渐抽象出"义"：根据天、地、雷、风、水、火、山、泽的这些自然物象可以抽象出健、顺、动、入、陷、丽、止、悦这些相应的属性和功能。接着就可以用这些抽象出来的"义"来统摄更为广泛的"象"：宇宙万象均可按照八卦所具有的"义"分为八类，将之归纳到相应的卦中。这样，每个卦就象征了多种物象，而这些物象具备同这一卦类似的属性和功能。

第八章

乾为马，坤为牛，震为龙，巽为鸡，坎为豕，离为雉，艮为狗，兑为羊。

【解读】

本章是就八卦取动物之象的例说。《周易》的论述特点是"取象比类"，八卦的卦象可以象征各个层面、领域、种类的事物，包括自然天象、物象、社会人事、人体器官等。每一个卦的卦象可以象征多重事物，而卦德是恒常不变的，因而每一个卦都会特定地象征具有相同德行的不同事物。那么，在《周易》中，所有的事物都可以按八种卦德分别归类进行论述，以下三章分别例举了不同的八卦取象。

第九章

乾为首，坤为腹，震为足，巽为股，坎为耳，离为目，艮为手，兑为口。

【解读】

本章是就八卦取人体之象的例说。

第十章

乾，天也，故称乎父；坤，地也，故称乎母；震一索而得男，故谓之长男；巽一索而得女，故谓之长女；坎再索而得男，故谓之中男；离再索而得女，故谓之中女；艮三索而得男，故谓之少男；兑三索而得女，故谓之少女。

【解读】

本章是就八卦取家庭成员之象的例说，即"乾坤六子说"。八卦既可以象征天地自然最基本的要素，也可以象征家庭中的成员。将天地万物视为一个大家庭，天地为父母，万物为兄弟姐妹，其中蕴含了彼此亲和、互补包容、和谐共生的思想。此章提到的"一索""二索""三索"从阴阳配合的角度描述了八卦的形成过程及"乾坤六子"背后的理据，生动而合理。

第十一章

乾为天，为圆，为君，为父，为玉，为金，为寒，为冰，为大赤，为良马，为老马，为瘠马，为驳马，为木果。

坤为地，为母，为布，为釜，为吝啬，为均，为子母牛，为大舆，为文，为众，为柄。其于地也，为黑。

震为雷，为龙，为玄黄，为旉，为大涂，为长子，为决躁，为苍筤竹，为萑苇。其于马也，为善鸣，为馵足，为作足，的颡。其于稼也，为反生。其究为健，为蕃鲜。

巽为木，为风，为长女，为绳直，为工，为白，为长，为高，为进退，为不果，为臭。其于人也，为寡发，为广颡，为多白眼，为近利市三倍。其究为躁卦。

坎为水，为沟渎，为隐伏，为矫輮，为弓轮。其于人也，为加忧，为心病，为耳痛，为血卦，为赤。其于马也，为美脊，为亟心，为下首，为薄蹄，为曳。其于舆也，为多眚。为通，为月，为盗。其于木也，为坚多心。

离为火，为日，为电，为中女，为甲胄，为戈兵。其于人也，为大腹。为乾卦，为鳖、为蟹，为蠃，为蚌，为龟。其于木也，为科上槁。

艮为山，为径路，为小石，为门阙，为果蓏，为阍寺，为指，为狗，为鼠，为黔喙之属。其于木也，为坚多节。

兑为泽，为少女，为巫，为口舌，为毁折，为附决。其于地也，为刚卤。为妾，为羊。

【解读】

本章广泛地列举了八卦所象征的各类事物，其中最基本的象征是：乾为天，坤为地，震为雷，巽为木，坎为水，离为火，艮为山，兑为泽。其他事物按照八卦的属性与功能分类，分别归入健、顺、动、入、陷、丽、止、悦这八种类别。

序卦传

有天地然后万物生焉。盈天地之间者唯万物，故受之以《屯》。屯者，盈也。屯者，物之始生也。物生必蒙，故受之以《蒙》。蒙者，蒙也，物之稚也。物稚不可不养也，故受之以《需》。需者，饮食之道也。饮食必有讼，故受之以《讼》。讼必有众起，故受之以《师》。师者，众也。众必有所比，故受之以《比》。比者，比也。比必有所畜，故受之以《小畜》。物畜然后有礼，故受之以《履》。履者，礼也。履而泰，然后安，故受之以《泰》。泰者，通也。物不可以终通，故受之以《否》。物不可以终否，故受之以《同人》。与人同者，物必归焉，故受之以《大有》。有大者不可以盈，故受之以《谦》。有大而能谦必豫，故受之以《豫》。豫必有随，故受之以《随》。以喜随人者必有事，故受之以《蛊》。蛊者，事也。有事而后可大，故受之以《临》。临者，大也。物大然后可观，故受之以《观》。可观而后有所合，故受之以《噬嗑》。嗑者，合也。物不可以苟合而已，故受之以《贲》；贲者，饰也。致饰然后亨则尽矣，故受之以《剥》。剥者，剥也。物不可以终尽，剥穷上反下，故受之以《复》。复则不妄矣，故受之以《无妄》。有无妄然后可畜，故受之以《大畜》。物畜然后可养，故受之以《颐》。颐者，养也。不养则不可动，故受之以《大过》。物不可以终过，故受之以《坎》。坎者，陷也。陷必有所丽，故受之以《离》。离者，丽也。

有天地然后有万物，有万物然后有男女，有男女然后有夫妇，有夫妇然后有父子，有父子然后有君臣，有君臣然后有上下，有上下然后礼义有所错。夫妇之道，不可以不久也，故受之以《恒》。恒者，久也。物不可以久居其所，故受之以《遁》。遁者，退也。物不可终遁，故受之以《大壮》。物不可以终壮，故受之以《晋》。晋者，进也。进必有所伤，故受之以《明夷》。夷者，伤也。伤于外者，必反其家，故受之以《家人》。家道穷必乖，故受之以《睽》。睽者，乖也。乖必有难，故受之以《蹇》。蹇者，难也。物不可终难，故受之以《解》。解者，缓也。缓必有所失，故受之以

《损》。损而不已必益，故受之以《益》。益而不已必决，故受之以《夬》。夬者，决也。决必有所遇，故受之以《姤》。姤者，遇也。物相遇而后聚，故受之以《萃》。萃者，聚也。聚而上者谓之升，故受之以《升》。升而不已必困，故受之以《困》。困乎上者必反下，故受之以《井》。井道不可不革，故受之以《革》。革物者莫若鼎，故受之以《鼎》。主器者莫若长子，故受之以《震》。震者，动也。物不可以终动，止之，故受之以《艮》。艮者，止也。物不可以终止，故受之以《渐》。渐者，进也。进必有所归，故受之以《归妹》。得其所归者必大，故受之以《丰》。丰者，大也。穷大者必失其居，故受之以《旅》。旅而无所容，故受之以《巽》。巽者，入也。入而后说之，故受之以《兑》。兑者，说也。说而后散之，故受之以《涣》。涣者，离也。物不可以终离，故受之以《节》。节而信之，故受之以《中孚》。有其信者必行之，故受之以《小过》。有过物者必济，故受之《既济》。物不可穷也，故受之以《未济》终焉。

【解读】

《序卦传》是一篇阐明《周易》六十四卦的排列次序及其间各卦相承续意义的专论。全篇依据上下经，分为两部分，分别为上经卦序和下经卦序。

上经卦序自"有天地然后万物生焉。盈天地之间者唯万物，故受之以《屯》"开始，开篇取"乾坤"所象征的天地之象，说明"乾坤"乃自然万物之始。下经卦序自"有天地然后有万物，有万物然后有男女，有男女然后有夫妇，有夫妇然后有父子"开始，说明"咸恒"所具备的感应和恒久的意义乃社会人伦之始。在对六十四卦顺序意义的阐述中，《序卦传》非常简约地论述了各卦卦义和顺序结构，六十四卦中前后卦的顺序基本体现为相因关系或相反关系。

相因关系：前一卦顺着趋势进一步发展产生了后一卦。前一卦是后一卦形成的因素，后一卦因承前卦而来，这是相因的关系。六十四卦中大多数为这种关系，比如："屯者，物之始生也。物生必蒙，故受之以《蒙》……物畜然后有礼，故受之以《履》……有大而能谦必豫，故受之以《豫》。豫必有随，故受之以《随》。以喜随人者必有事，故受之以《蛊》；蛊者，事也。有事而后可大，故受之以《临》……"

相反关系：前一卦已经发展到了终极，到了物极必反的程度，后一卦转变为一个与之相反的卦，这是相反的关系，《序卦传》中有这样的句式"……不可以终……，故受之以……"，或者"……不可不……，……故受之以……"比如："泰者，通也。物不可以终通，故受之以《否》。物不可以终否，故受之以《同人》……蹇者，难也。物不可终难，故受之以《解》……井道不可不革，故受之以《革》……"

从卦序结构关系可以看出其中变化周流、对立统一、物极必反的辩证思维特点。六十四卦的最后两卦以"既济""未济"结束，则表达了《周易》看待事物生生不息、永不停滞且变易无穷的观点。

杂卦传

《乾》刚《坤》柔，《比》乐《师》忧。《临》《观》之义，或与或求。《屯》见而不失其居，《蒙》杂而著。《震》，起也。《艮》，止也。《损》《益》，盛衰之始也。《大畜》，时也。《无妄》，灾也。《萃》聚而《升》不来也。《谦》轻而《豫》怠也。《噬嗑》，食也。《贲》，无色也。《兑》见而《巽》伏也。《随》，无故也。《蛊》则饬也。《剥》，烂也。《复》，反也。《晋》，昼也。《明夷》，诛也。《井》通而《困》相遇也。《咸》，速也。《恒》，久也。《涣》，离也。《节》，止也。《解》，缓也。《蹇》，难也。《睽》，外也。《家人》，内也。《否》《泰》，反其类也。《大壮》则止，《遁》则退也。《大有》，众也。《同人》，亲也。《革》去故也。《鼎》取新也。《小过》，过也。《中孚》，信也。《丰》多故也。亲寡，《旅》也。《离》上而《坎》下也。《小畜》，寡也。《履》，不处也。《需》不进也。《讼》不亲也。《大过》，颠也。《姤》，遇也，柔遇刚也。《渐》，女归待男行也。《颐》，养正也。《既济》，定也。《归妹》，女之终也。《未济》，男之穷也。《夬》，决也，刚决柔也。君子道长，小人道忧也。

【解读】

《杂卦传》将《序卦传》中的卦序打乱，根据卦的意义及特点错杂搭配，重新编排，所以称作杂。《杂卦传》虽然是将《序卦传》卦序打乱了杂说，但文章仍保留了前三十卦以《乾》《坤》始，后三十四卦以《咸》《恒》始的特点，与卦序上下经卦数相合。

《杂卦传》基本上是以两卦一组的形式简述了六十四卦的卦德。文章前五十六卦形成二十八组，最后的八个卦与前文规律不相符合，历来多有学者认为是错简所致，宋代人蔡渊根据前五十六卦的写作规律，认为应将后面八个卦修改为：

《大过》，颠也。《颐》，养正也。《既济》，定也。《未济》，男之穷也。《归妹》，女之终也。《渐》，女归待男行也。《姤》，遇也，柔遇刚也。《夬》，决也，刚决柔也。君子道长，小人道忧也。

这样的修改合乎文章结构和韵律，全篇一气贯通，六十四卦就分成了每两卦一组的三十二对组合，把《序卦传》中的六十四卦分成三十二个小单位（六十四卦顺序中自乾坤始，每两个卦是非综即错，非覆即变的关系），按照押韵的需要，进行了重新排列，每组中两个卦的卦义彼此相对，其间也是"非综即错，非覆即变"的关系，两卦对举明义，或者是同类相从，或者是对立相反。《杂卦传》是一篇简明而极富韵律的短文，将六十四卦的卦义特点和卦与卦之间的对立统一的关系非常精准扼要地表述了出来，既适合朗读背诵，又有助于概括理解。

参考文献

说明：参考文献按照本书撰写过程中参考的重要程度编次。

《周易》，【魏】王弼注，【晋】韩康伯注，四部丛刊本

《王弼集校释》，【魏】王弼著，楼宇烈校释，中华书局 1980 年版

《周易程氏传》，【宋】程颐撰，台湾商务印书馆景印文渊阁四库全书本

《周易本义》，【宋】朱熹撰，廖名春点校，中华书局 2009 年版

《周易正义》，【唐】孔颖达撰，阮刻十三经注疏本

《诚斋易传》，【宋】杨万里撰，九州出版社 2008 年版

《周易折中》，【清】李光地等撰，九州出版社 2006 年版

《周易现代解读》，余敦康著，华夏出版社 2006 年版

《周易译注》，黄寿祺、张善文译注，上海古籍出版社 1989 年版

《易学哲学史》，朱伯崑著，昆仑出版社 2005 年版

《汉宋易学解读》，余敦康著，华夏出版社 2006 年版

《内圣外王的贯通——北宋易学的现代阐释》，余敦康著，学林出版社 1997 年版

《横渠易说》，【宋】张载撰，通志堂经解本

《易学启蒙》，【宋】朱熹撰，中国书店藏板 1991 年印刷

《周易浅述》，【清】陈梦雷撰，台湾商务印书馆景印文渊阁四库全书本

《易学今昔》，余敦康著，广西师范大学出版社 2005 年版

《周易集解》，【唐】李鼎祚撰，中国书店 1984 年版

《六十四卦经解》，【清】朱骏声著，中华书局1953年版

《船山全书》，【清】王夫之著，岳麓书社1988年版

《周易全解》，金景芳，吕绍纲著，上海古籍出版社2005年版

《易经白话例解》，朱高正著，沈阳出版社1999年版

《周易卦爻辞中的故事》，顾颉刚撰，载《燕京学报》第6期

《周易口义》，【宋】倪天隐述其师胡瑗之说，吉林出版集团有限责任公司2005年版

《东坡易传》，【宋】苏轼撰，津逮秘书本

《解读周易》，周山著，上海书店出版社2002年版

《紫岩易传》，【宋】张浚撰，通志堂经解本

《读易详说》，【宋】李光撰，四库全书本

《易小传》，【宋】沈该撰，四库全书本

《周易外传》，【清】王夫之著，中华书局1977年版

《张子正蒙注》，【清】王夫之著，中华书局1975年版

《易汉学易例》，【清】惠栋撰，四库易学丛书，上海古籍出版社1999年版

《温公易说》，【宋】司马光撰，四库易学丛书，上海古籍出版社1989年版

《易纂言》，【元】吴澄撰，通志堂经解本

《大易哲学论》，高怀民著，作者在台湾以个人名义发行1978年版

《先秦易学史》，高怀民著，广西师范大学出版社2007年版

《周易解读》，杨庆中著，中国人民大学出版社2010年版

《周易古筮考通解》，尚秉和原著，刘光本撰，山西古籍出版社1994年版

《周易尚氏学》，尚秉和著，中州古籍出版社2008年版

《周易通义》，李镜池著，中华书局1981年版

《周易古经通说》，高亨著，中华书局1958年版

《周易表解》，潘雨廷著，上海社会科学院出版社1993年版

《周易参同契》，【汉】魏伯阳撰，东方出版社2009年版

《易学象数论》，【清】黄宗羲撰，九州出版社2007年版

《周易消息大义》，唐文治著，华东师范大学出版社2012年版

《楚竹书与汉帛书周易校注》，丁四新撰，上海古籍出版社2011年版

《大易集释》，刘大钧主编，上海古籍出版社2007年版

《今、帛、竹书〈周易〉综考》，刘大钧著，上海古籍出版社 2005 年版

《周易古经白话解》，刘大钧、林忠军译注，山东友谊书社 1989 年版

《周易象数例解》，王亭之著，复旦大学出版社 2013 年版

《易经讲义》，张廷荣讲，易学研究杂志社 1973 年版

《易经杂说》，南怀瑾著述，复旦大学出版社 2006 年版

《二十一世纪中国易学史》，杨庆中著，人民出版社 2000 年版

《易图明辨》，【清】胡渭撰，中华书局 2008 年版

《周易图释大典》，施维、邱小波主编，中国工人出版社 1994 年版

《象数易学发展史》第二卷，林忠军著，齐鲁书社 1998 年版

《象数易学研究》，刘大钧主编，巴蜀书社 2003 年版

《易学论著选集》，黄沛荣编，长安出版社 1985 年版

《伊川击壤集》，【宋】邵雍著，郭彧整理，中华书局 2013 年版

《中国传统中和思想》，程静宇著，社会科学文献出版社 2010 年版

《现代易学优秀论文集》，段长山主编，中州古籍出版社 1994 年版

《中国远古时代》，苏秉琦主编，张忠培，严文明撰，上海人民出版社 2014 年版

《汉字构形学导论》，王宁著，商务印书馆 2015 年版

《左传》（春秋经传集解），【战国】左丘明撰，【晋】杜预集解，上海古籍出版社 1997 年版

《春秋左传注》，杨伯峻编著，中华书局 2009 年版

《春秋会要》，王贵民，杨志清编著，中华书局 2009 年版

《史记》，【汉】司马迁撰，点校本二十四史修订本，中华书局 2013 年版

《资治通鉴》，【宋】司马光编，中华书局 1956 年版

《战国策》，【宋】鲍彪校注，四部丛刊本

《贞观政要》，【唐】吴兢撰，中华书局 2009 年版

《朱子语类》，【宋】黎靖德编，中华书局 1986 年版

《诗集传》，【宋】朱熹注，凤凰出版社 2007 年版

《四书章句集注》，【宋】朱熹撰，中华书局 1983 年版

《论语正义》，【魏】何晏等注，【宋】邢昺疏，阮刻十三经注疏本

《孟子正义》，【汉】赵岐注，阮刻十三经注疏本

《颜氏家训》,【隋】颜之推撰,汉魏丛书本

《说文解字》,【汉】许慎撰,中华书局景印同治十二年陈昌治刻本1963年版

《说文解字注》,【清】段玉裁撰,上海古籍出版社景印经韵楼刻本1981年版

《王力古汉语字典》,王力主编,中华书局2000年版

《周易集解纂疏》,【清】李道平撰,潘雨廷点校,中华书局1994年版

《中国易学文献集成》,国家图书馆出版社2013年版